이펙추에이션Effectuation
: 실현, 달성, 효과를 발생시킴

기업가정신 연구에서 이펙추에이션은 인과관계론과 반대되는 실행 중심의 경영 논리로, 원하는 목표를 실제로 일어나게 만드는 기업가적 행동을 의미한다. 이미 있는 기회를 '발견'하는 것이 아니라 자신의 역량과 네트워크에서 기회를 '창조'하는 기업가들의 사고방식이 바로 이펙추에이션이다.

스튜어트 리드에게

공동 창업자, 친구, 전우! 나의 사무실, 그리고 나의 인생에
걸어 들어와 당신의 경험에서 비롯한 기업가정신의 '이론'을
전해줘서, 그리고 이펙추에이션 커뮤니티라는 조각 퀼트를
함께 바느질하는 파트너가 되어줘서 감사합니다. 당신은 아마
전혀 예상하지 못했겠지만!

일러두기
· 사고 구술 내용은 줄임표를 삭제해 다듬었다.

이펙추에이션
EFFECTUATION

2023년 8월 11일 초판 발행 · **지은이** 사라스 사라스바티 · **옮긴이** 엄소영 · **펴낸이** 안미르, 안마노 **편집** 이주화
디자인 박민수 · **영업** 이선화 · **커뮤니케이션** 김세영 · **제작** 세걸음 · **글꼴** AG 최정호스크린, AG 최정호민부리, Univers LT

안그라픽스
주소 10881 경기도 파주시 회동길 125-15 · **전화** 031.955.7755 · **팩스** 031.955.7744
이메일 agbook@ag.co.kr · **웹사이트** www.agbook.co.kr · **등록번호** 제2-236(1975.7.7)

ISBN 979.11.6823.034.7 (03320)

일상에서 기회를 창조하는 기업가의 5가지 비밀

이펙추에이션

EFFECTUATION 사라스 사라스바티 지음 엄소영 옮김

안그라픽스

통찰력으로 점철된 페이지들

레스터 레이브
카네기멜론대학교 경제학부 교수

이 책은 전반적으로 창의적 프로세스를 다루면서 특히 기업가정신에 대한 통찰로 가득하다. 기업가정신 교육 과정은 대부분 자금을 조달하고 현금의 흐름을 파악해 소규모 사업을 시작하도록 하는 방법을 담은 레시피에 가깝다. 즉 다음과 같은 핵심 질문에 관한 연구와 설명은 거의 없었다. 미국과 다른 나라에선 기업가정신을 어떻게 장려할 수 있는가? 대규모 기업은 신생 기업을 인수하는 대신 내부 기업가들을 어떻게 찾고 육성할 수 있는가? 발전 가능성이 높은 연구 과제를 어떻게 성공적인 회사로 전환하는가? 미래 기업가들을 도울 수 있는 교육과 훈련은 무엇인가?

나의 학문적 배경은 경제학으로, 고정적인 우선순위와 고정적인 기술 그리고 합리적인 연구에 대한 가정이 대부분이다. 이러한 방식은 최적점을 찾을 때는 강력하지만 사람들이 기업가가 되는 이유, 생산할 상품이나 서비스를 선택하는 방식, 사업을 시작하고 피드백을 처리하며 자신과 타인의 노력을 체계적으로 분배하는 방식을 이해할 때는 크게 관련이 없다. 일부 학자들은 기업가를 구별하는 성격적 특성을 찾아보려 했으나 중요한 질문에 대해서는 거의 답을 찾지 못했다.

사라스바티 박사는 기업가정신을 이해하기 위해 과정 중심의 접근법을 취한다. 그는 기업가적 행동 연구에 대한 기존 접근 방식과 그

5

한계점을 설명하며 성공적인 기업가적 행동을 반영한 다양한 예시로 자신의 주장을 피력한다. 그 과정에서 그는 사람들이 고정된 효용 함수인 선호를 바탕으로 합리적인 탐색을 한다는 경제학과 여러 학문의 기본 가정을 부드럽게 반박한다.

사라스바티 박사는 기업가, 그리고 창조적 업무를 하는 사람들은 세 가지 유형의 불확실성을 마주한다고 설명한다. 나이트의 불확실성(확률분포와 결과마저 알려지지 않아 확률이나 예상 결과를 연산할 수 없다), 목표 불명확성(선호도가 주어지거나 정리되지 않는다), 그리고 등방성(처한 환경의 어떤 요소를 주목하고 무시해야 할지 명확하지 않다)이다. 최초의 새벽 배송 서비스나 새로운 음식을 선보일 식당을 고안하고 있는 사람이라면 이러한 세 가지 유형의 불확실성을 마주하게 된다. 가망 고객의 규모나 서비스에 대한 지불 의향을 알 수 있는 데이터와 정보가 부족하다. 혁신가는 고객이 무엇을 원하고 얼마나 지불할 용의가 있는지 알기는커녕, 사업이 성공하길 바라는 점 외에는 아마 자기 자신의 선호조차 모를지도 모른다. 가망 고객에게 무엇을 좋아하는지 질문하는 방법은 고객의 쓰레기통을 뒤져서 무엇을 버렸는지 확인하는 것만큼 효과가 없다. 사람들 간의 인식과 욕구는 아주 다르다. 과연 무엇이 중요한가? 어떤 아이디어가 성공적인 사업으로 이어질 가능성이 높은가?

사고 구술법을 통해 성공적인 기업가들에게 가상의 사업 구상안을 성공적으로 실현시키는 과정을 물었을 때, 사라스바티 박사는 그들 모두 단계를 넘을 때마다 검토하거나 분석하는 과정을 거치지 않는 '이펙추에이터'라는 사실을 알아냈다. 그는 이 과정을 분석적이고 복잡한 접근법과 구별해 다음과 같이 설명했다.

인과관계는 의사 결정의 문제고 이펙추에이션은 설계의 문제다.
인과관계 논리는 선택하도록 돕고 이펙추에이션 논리는 구현하도록 돕는다. 인과관계 전략은 미래가 예측 가능하고 목표가 분명하며 환경과 행동이 서로 독립적일 때 유용하다. 반면에 이펙추에이션 전략은 미래가 예측 불가능하고 목표가 불분명하며 인간의 행동이 환경에 영향을 미칠 때 효과적이다. 인과관계론자는 원하는 효과를 생각하며 '이 특정한 효과를 얻기 위해 무엇을 해야 할지' 묻는다. 반면에 이펙추에이터들은 가지고 있는 수단을 생각하며 '이 수단으로 무엇을 할 수 있을지' 고민한다. 그리고 더 나아가 '이것으로 또 다른 무엇을 할 수 있을지' 묻는다.

나는 각 장, 거의 모든 페이지에서 창의적 프로세스에 관한 통찰력을 얻었다. 사라스바티 박사는 내가 해낼 수 있는 수준 이상으로 이러한 개념을 잘 표현했기에, 그가 기업가적 기능을 유형화한 혁신적인 방법을 독자들이 꼭 발견하길 바란다.

키보드에서 손을 떼기 전에 개인적인 감상을 추가하고자 한다. 사라스바티 박사는 이 책을 위한 연구를 카네기멜론대학교 대학원생일 때 시작했다. 연구를 시작하기 전에도 사라스바티는 굉장한 에너지와 의욕을 품은 기업가의 완벽한 전형이었다. 그는 허버트 사이먼과 여러 관리직, 그리고 나를 설득해서 그의 경력과 연구를 지원할 수 있는 특별 학제 간 연구 프로그램을 개설하도록 했다. 그의 비전은 매우 명확했고 그의 주장은 굉장한 설득력이 있었기에 마치 성공적인 기업가처럼 세상은 그를 환영했다.

사이먼은 사라스바티의 생각이 아주 탁월하다고 표현했고 나는 사라스바티의 독창성과 통찰력에 깊게 감명받았다. 사이먼이 살아 있었다면 이 서문을 작성하고 있었을 것이다. 그가 사라스바티 교수를 높이 샀던 점은 결코 가볍게 여길 일이 아니다. 나는 사이먼처럼 명확한 비전을 제시할 수는 없지만 이 책을 독자들에게 강력히 권하며 여기 페이지들 속에서 깊은 통찰력을 얻으리라고 장담한다.

기업가정신의 새로운 여명, 이펙추에이션

상카란 벵카타라만

버지니아대학교 다든경영대학원 교수

『기업가정신의 새로운 지평들』 시리즈 편집자

종종 사람들은 진정으로 새로운 생각을 떠올린다. 사라스 사라스바티 교수의 '이펙추에이션'이라는 생각도 그런 것이다. 이펙추에이션은 기업가정신에 관한 기존의 현상을 바라보는 아주 새로운 관점이다. 사실은 우리를 둘러싼 세계를 바라보는 완전히 새로운 관점이기도 하다. 이 책을 읽은 뒤 당신은 기업가정신의 세계를 결코 이전과 동일한 관점으로 보지 못할 것이다. 사라스바티의 연구는 아름다운 서술, 탄탄한 이론, 기업가정신 현상과 일상적 사실 및 사건에 대한 깊고 본능적인 이해를 기반에 두고 있으며 탁월하게 실용적이다. 이러한 가치들은 빠른 시간 안에 고전으로서 자리매김할 수 있는 요소다.

이펙추에이션의 핵심은 이미 존재하는 기회를 발견하거나 활용하기보다, 평범한 일상생활과 가치 체계에서 기회를 '창조하는' 사람들이 바로 실현적 기업가라는 주장에 기반한다. 사라스바티 교수의 고무적인 서술에 따르면 기업가들은 "자신이 누구인지, 무엇을 알고 있는지, 누구를 알고 있는지"에서 시작해 기회를 만들어낸다. 즉 이 세계에서 기업가적 유산을 창조하고자 하는 사람은 자신의 지적 재산, 인적 재산, 사회적 재산에서 시작하면 된다는 뜻이다. 즉시 생각을 자유롭게 해주면서 실용적인 이 간단한 아이디어는 기업가정신 학문의 대부분의 교과서와 논문에서 다루는 '발견하는' 세계가 아니라 '만들어가는' 세계의 이론을 위한 기반을 마련한다. 중요한 점은 사라스바티 교수가 정의하는 기업가정신이란 단순히 상업적으로 신사업을 시작하는 평범한 활동이 아니라는 것이다. 그 대신 모든 시장은 인류의 희망과 관련되어 있고 모든 경제적 가치는 결국 인간에서 비롯하기 때문에 상품, 서비스, 기관 그리고 인류의 희망과 가치를 담은 다른 인공물을 설계하고 창조하는 모든 활동은 실현적 기업가정신에 속한다고 멋지게 주장한다.

사라스바티의 이펙추에이션 논리의 핵심은 크게 두 가지로, 인공물의 과학(그는 기업가정신의 관점에서 가공품의 과학이라고 다시 명명한다)과 실용주의다. 사라스바티가 제안한 바와 같이 인공과학으로서의 기업가정신 연구는 자연과학과 그런 자연과학을 모방하려는 여러 사회과학의 특성인 '왜' 질문이나 '(불변하는) 종속 관계' 설명보다는 설계 중심적인 질문을 던지게 한다. 따라서 우리는 '왜 어떤 사람들은 기업가가 될까?'라는 질문에서 '기업가정신에는 어떤 장애물이 있는가?'로 주의를 옮길 수 있다. 비슷하게도 대부분 MBA 기업가정신 프로그램에서 다루는 '어떻게 성공적인 기업가가 될까?'라는 질문은 '나의 정체성과 내가 알고 있는 것, 그리고 나의 사회적 관계를 기반으로 나는 어떤 기업가가 될 수 있을까? 나는 어떤 종류의 기업가적 행동을 추구할 수 있으며 어떤 회사를 창업할 수 있을까?'로 대체된다. 그제야 비로소 설계 행위와 설계 원칙은 기업가정신에 필수 요소가 된다.

이펙추에이션의 두 번째 요소는 실용주의 방식이다. 사라스바티가 말하듯, 실용주의 방식을 활용한다면 기업가정신적 과정을 통해 인공물을 창조할 설계 원칙을 세울 수 있다. 기업(또는 시장)이 인간의 가공물이 아니라면 대체 무엇인가? 일반적인 이론, 또는 맥락이 없는 '진리'를 추구하기보다는 어떤 상황이건 실용적이고 유용한 행동을 강조함으로써 사라스바티는 인공물의 설계와 그 과정을 논할 이펙추에이션이라는 유용하고도 강력한 방법론을 제시한다. 그의 유려한 설명에 따르면 "가장 중요한 가치가 신이든 중력이든 시장이든 실용주의자는 어떠한 성배도 좇지 않는다. 대신에 그는 여러 개의 잔을 만들고 다듬어 항아리나 다른 유용한 물건으로 재탄생시키고자 한다."

이 책은 과감하고 직설적인 이론, 문예력을 갖춘 서술, 적절한 예시와 사례, 그리고 일상생활에 미치는 영향 등 평범한 것부터 심오한 것까지, 지적 충족감으로 가득하다. 실제로 위에서 언급한 장점들을 모두 포함한 10장 「인류 희망의 가치」만으로도 이 책을 살 가치는 충분하다. 이 책을 읽은 뒤 독자는 "이펙추에이션은 중요하다."라고 인정할 것이다. 놀랍게도 이전에는 생각해보지 못했던 이유들 때문이다. 사라스바티 교수의 말을 요약해보자면 우리가 세계를 바라보는 방식은 우리의 사고 방식, 문제를 정의하는 방식, 인지하고 생성하는 대안, 수용하고 거절하고 조정하는 제약들과 그 방법, 그리고 새로운 방안을 만들고 실행하는 데 있어 특정한 영역에 주의를 기울이는 이유에 영향을 미치기 때문에 이펙추에이션은 중요하다. 사라스바티의 새로운 시각 덕분에 나는 기업가정신 영역의 새로운 여명과 그 이상을 기대할 수 있다.

『기업가정신의 새로운 지평들New Horizons in Entrepreneurship』 시리즈를 편집하면서 이 책의 서문을 쓸 수 있어 영광이다. 완벽한 최종 결재다.

1부 탁월한 성과를 내는 기업가적 특성

2부 이펙추에이션의 과정

3부 지향점을 향한 여정

4부 앞으로 나아갈 길

들어가며

2판을 집필하면서 가장 어려웠던 점은 지난 10년간 이펙추에이션에 관해 발간된 500개 이상의 출판물을 읽는 것이었지만 동시에 가장 즐거운 일이기도 했다. 이펙추에이션뿐 아니라 2판에서 다루는 여러 주제 및 아이디어와 관련 있는 연구 결과를 담기 위해 최선을 다했다. 하지만 내 의도만큼 깊은 수준으로 다루지는 못했다는 점을 인정해야겠다.

1판에서 제외한 내용

이번 개정판에서 11장과 12장은 제외했으며, 13장은 11장으로 재배치했다. 제외한 장은 진행 중인 연구를 담았는데 이제는 교과서로 출판된 『실현적 기업가정신』[1]에 포함되어 있다.

1판에서 추가한 내용

필요한 논문을 갱신한 점을 제외하고는 초판의 핵심 내용은 대부분 남겨두었다. 일부 내용은 다음과 같이 추가했다.

① 브리콜라주 (4장)
② 선택적 진화 (4장, 5장, 9장)

③ 인과관계와 이펙추에이션 논리의 상호 관계 (5장)

④ 각 원칙의 장점과 단점 (6장)

⑤ 기회의 단점 (8장)

⑥ 전망 이론과의 관계 (8장)

⑦ 오류 영역에서의 실현적 전문성 개발 (8장)

⑧ 질문Ask 프로젝트 개요 (11장)

⑨ 경영의 중산층 (11장)

⑩ 이펙추에이션과 구분되는 실험 (11장)

⑪ 예측-제어 영역 (4장, 11장)

요약

이 책은 네 개 파트로 구성되어 있다.

▸ 첫 번째 파트에선 이펙추에이션으로 이어진 전문 기업가에 대한 기존의 연구를 상세히 다룬다. 그리고 최근의 실증 연구도 일부 담았다.

▸ 두 번째 파트에선 실증적인 뼈대에 살을 붙여 이론적인 몸통을 구축하고 성과에 미치는 영향을 설명한다.

▸ 세 번째 파트에선 좀 더 광범위한 학문과 현상과의 연관성을 살펴본다.
  - 허버트 사이먼의 『인공과학의 이해』
  - 경영 전략과 기업가정신에 관한 최근 논쟁
  - 실증 경제학에 대한 밀턴 프리드먼의 유명한 에세이
  - 비영리 영역의 기업가정신

▸ 네 번째 파트에선 교육, 실천, 정책 등을 포함해 진행 중인 연구의 개요를 설명한다.

장별 요약

1장

1장은 연구 목적부터 결과까지 전반적인 개요를 서술한다. 기업가정신 분야의 학자들이 관심을 두고 있는 핵심 연구 이슈를 다뤘고 인지과학의 전문가적 관점이 왜 그리고 어떻게 유용한지를 설명했다. 요약하자면 스타트업 회사의 열 가지 전형적인 의사 결정과 관련하여 17쪽 분량의 문제 상황을 가정했고, 27명의 전문 기업가들에게 문제 해결 과정에서 드는 그들의 생각을 끊임없이 입 밖으로 내어 말하도록 했다. 이러한 사고 구술법으로 녹음된 내용은 연구의 주요 데이터로 활용되었고 핵심 결과를 요약하며 마무리했다.

2장

2장에서는 연구 설계를 상술하고, 수집한 데이터를 정량적으로 분석하여 검증할 핵심 가설을 수립했다. 또한 데이터를 분석한 방법을 설명했고 이후 사고 구술법 내용에 대한 정성 분석으로 옮겨 갔다. 그다음으로 데이터에서 직접적으로 도출한 기업가적 전문성의 요소를 살펴보았다. 이는 이후 장에서 다룰 기업가적 논리의 뼈대에 살을 붙인다.

3장

3장은 2장에서 도출된 요소와 그것이 향후 연구에 끼치는 영향을 어떻게 해석하기 시작했는지 설명한다. 또한 이 지점에서 나 자신의 이해도가 핵심적으로 변한 것을 설명한다. 이의 바탕에는 온전한 실증주의적 접근법의 어젠다에 대한 의심과 좀 더 실용주의적인 접근법의 유혹이 있었다. 책의 이 지점부터 이펙추에이션은 기존 학문과 반대되는 '이론'이라기보다 기업가정신 연구에 이론적이면서 방법론적 영향을 미치는 기업가적 행동의 '논리'로서 다뤄지기 시작한다. 그렇다고 이후 등장하는 개념들의 실증적 유효성을 검증하는 작업에 무관심하다는 뜻은 아니다. 실제로 이 장에서 나는 완전히 실증적인 관점에서 진행 중이거나 완료된 다수의 연구를 검토한다. 하지만 이 책의 다른 장에서는 이펙추에이션 논리를 아주 상세하게 살펴보고, 다양한 핵심 이슈와의 연관성을 찾아 기업가정신에 관심 있는 이들에게 제공하는 데 집중한다.

4장

4장에서는 이펙추에이션 논리의 불변적 측면을 설명하고 각 요소를 자세히 설명한다. 특히 이펙추에이션 논리를 대입하고 이펙추에이션의 다섯 가지 문제 해결 원칙을 심층적으로 적용할 수 있는 문제 영역의 세 가지 측면을 살펴본다. 그리고 그 과정에서 이 원칙을 다른 최근 이론들과 연결 지어본다.

5장

5장은 이펙추에이션 논리의 핵심을 담고 있다. 여기서 새로운 시장을 창조하는, 역동적이고 상호작용하는 과정에 이펙추에이션 원칙이 어떻게 쓰일 수 있는지 그 윤곽을 자세히 그려본다. 특히 신시장 개척은 꼭 모든 시장에 대한 가능성이 열려 있는 어떤 이론상의 공간에서 탐색과 선택 과정을 거쳐 이뤄지는 것이 아니라고 주장한다. 그보다도, 존재하는 현실을 새로운 가능성으로 변환하는 작업인 것이다. 이펙추에이션 논리의 역학 관계를 분석하면서 나는 신규 시장이 어떻게 구성되는지에 대한 우리의 생각 깊은 곳에서 강한 긴장감을 마주한다. 이 긴장감의 중심에는 실용주의 철학자 넬슨 굿맨이 정의한 더 심층적인 긴장감이 있다. 일부 독자들은 철학적 논의가 부담스럽게 느껴질 수도 있다. 따라서 핵심 논점을 이해하기 위해 이러한 철학적 관점을 '수용'할 필요가 없다는 것을 서둘러 강조한다.

6장

6장에서는 실증적 문제로 돌아와 기업가적 성과와 관련하여 확인할 수 있는 이펙추에이션의 예측에 대해 알아본다. 이 예측에 내재되어 있는 통찰력은 기업의 성과와 기업과의 성과를 분리하는 것이다. 이 관점에 기반해서 나는 이펙추에이션 논리가 설명하는 성과 결과를 기업의 생애 주기와 기업가의 이력 위에 겹쳐 그려본다. 이는 기업의 실패가 실은 기업가의 성공에 필수 자양분이 될 수 있다는 점을 살펴볼 수 있게 한다. 그리고 이는 기업 성과에 미치는 인적자원의 설명적 효과에 대한 기존의 관습적인 관념을 뒤엎는 발상이다.

7장

7장에서는 허먼트 사이먼의 저서 『인공과학의 이해』에서 제시된 개념과 이펙추에이션 사이의 관련성을 살펴보는데, 이 책에서 사이먼은 새로운 종류의 과학을 특유의 솜씨로 소개한다. 인공과학은 자연과학, 사회과학 모두와 다른데, 지적 설계자의 목적과 의도인 설계를 포함하기 때문이다. 이 장에서 나는 기업가정신을 인공과학으로서 연구하도록 제안하며, 복잡한 구조에서 나타나는 흔한 특성으로서 사이먼의 근접 분해 가능성 설명에 특히 집중했다. 7장은 정식 분석 기법이 유일하게 반영된 장이다.

8장

8장에는 경영 전략과 기업가정신에 관한 최근의 논쟁과 이펙추에이션의 개념을 연결한다. 지속 가능한 경쟁 우위는 오랫동안 경영 전략에서의 성배였다. 그리고 기회는 기업가정신에서 최근에 강조되고 있는 항목이다. 이펙추에이션 논리는 양쪽에 기여하는데 이 장에서 그 내용을 탐구한다. 이펙추에이션은 전략적 수단으로서 출구 전략의 역할을 강조한다. 이 내용은 깊이 연구된 영역은 아니며 앞으로 더 많은 관심을 기울일 가치가 있는데, 기업가정신이 개인뿐 아니라 기업에게도 전략적인 출구 전략의 원인과 결과로서 상당한 역할을 수행하기 때문이다. 이와 유사하게 이펙추에이션은 또한 기업가정신에서 잘 다뤄지지 않은 핵심 문제 영역인 기회의 근원에 주목한다. 최근의 이론은 기회는 존재하며 기업가의 역할은 그것을 발견하는 것이라고 추정하지만 이 책은 기회 자체가 실현적 과정을 통해 비롯된다고 제안한다. 이는 언제, 그리고 어떤 조건하에서 기회를 주어진 것으로서 받아들여야 하는지 생각해보게끔 한다.

9장

9장은 실현적 경제를 구축하는 첫 걸음이라는 큰 야망을 품은 장이다. 나는 이러한 진취적 시도에 대한 철학적 기반을 시험적으로 고민하고 전반적인 방법론을 간략히 개괄한다. 그리고 실증 경제학 방법론에 대한 밀턴 프리드먼의 유명한 에세이를 참고했다. 그의 주장과 밀접한 방향성을 유지하면서 이펙추에이션 논리의 미시적 기반 위에서 펼쳐질 수 있는 새로운 경제학파의 (대부분 완전히 검증되지는 않았지만) 여러 흥미로운 가능성을 살펴본다.

10장

10장은 개인적으로 굉장히 중요한 장으로, 영리사업과 다른 영역의 사업을 구분하기 위한 여러 근거, 그중에서도 경제적 근거의 결여를 고민하면서 작성했다. 기업가들은 영리사업, 비영리사업, 사회적 사업 그리고 혼합 형태hybrid 등 다양한 유형의 벤처 사업을 시작한다. 그리고 이펙추에이션 논리는 이 모든 유형의 사업에서 유용하다. 하지만 이러한 기업들이 자금을 모으는 방식과 기업 설립 시 충족해야 하는 규제 사이의 인위적인 구분은 존재한다. 따라서 이 장은 개인과 사회가 수단과 목표 모두에서 참신함을 창출하고 또 달성하기 위해 기업가정 방식을 더 잘 활용하고 잠재력을 펼칠 수 있도록 이런 불필요한 구분을 극복할 것을 제시한다.

11장

마지막 장은 지난 10년간의 이펙추에이션 관련 작업물을 뒤돌아본다. 여기에는 700개 이상의 출간물, 100개 이상의 유수한 학술지, www.effecutation.org에서 살펴볼 수 있는 다양한 교육 자료, 실현적행동연구회Society for Effectual Action라는 이름으로 활동하고 있는 커뮤니티가 포함되어 있다. 그다음으로 새로 진행 중인 연구도 잠시 소개하는데 하나는 기업가적 행동과 상호작용의 근본적 요소 중 하나인 질문Ask과 관련되어 있고, 다른 하나는 기업가적 방법론의 핵심인 이펙추에이션이 어떻게 경영의 중산층을 만들어내는지 이야기한다.

1부

탁월한 성과를 내는
기업가의 특성

1장

기업가와
기업가정신

이 책은 기업가정신의 전문성이라는 역량을 이해하기 위한 나의 노력을 재구성한 결과물이다. 이 책의 초판을 작성하기 시작한 2004년 6월 21일은 공교롭게도 민간 자본으로 구축된 유인 상업 우주 비행선 스페이스십원SpaceShipOne이 성공적으로 발사된 역사적인 날이기도 하다. 그날 시험비행 조종사였던 마이클 멜빌Michael Melvill은 스페이스십원을 사상 초유의 고도인 32만 8,491피트(대략 62마일 또는 100킬로미터) 상공까지 주행하여, 대기권 밖으로 우주선을 운행한 최초의 민간인이자 미국연방항공국으로부터 우주비행 배지를 수여받은 최초의 민간 조종사가 되었다. 이러한 사례는 이펙추에이션effectuation을 추구하는 기업가정신의 요소를 내포하고 있다.

스페이스십원 이야기는 설계자 버트 루탄Burt Rutan의 이야기와 연결되어 있다.* 루탄은 10살에 처음 비행 모형을 만들었다. 치과 의사였던 그의 아버지는 네 명의 조종사와 힘을 모아 자기 소유의 비행기를 구매했고, 그의 형 딕 루탄은 베트남전쟁에서 복무하여 훈장을 수여받은 공군 조종사였다. 버트 루탄은 1965년 캘리포니아폴리텍대학교에서 항공학 학위를 받은 뒤 공군에 입대해 새 항공기를 시험비행하는 일을 했고, 1972년에는 캔자스비드항공 시험센터의 이사가 되었다. 그리고 1974년에 그는 가족과 함께 모하비 사막으로 이주해 자신의 사업을 시작했다. 그의 첫 벤처인 루탄항공기제조사는 경비행기를 개발했으며, 자체 제작 항공기 시장에 뛰어들어 설계도를 개발하고 판매했다. 1982년에는 보잉Boeing과 국방부를 비롯한 다양한 고객사에게 제공할 아이디어 검증용 모형 비행기를 개발하기 위해 스케일드컴포지트Scaled Composites를 설립했다. 루탄의 포트폴리오는 48개 이상의 독창적인 디자인으로 구성되어 있다. 한 예시로 그는 1986년에 연료를 재급유하

---

* 수십 개의 출간물을 활용하여 이 이야기를 재구성했다.

지 않고 지구를 한 바퀴 돌 수 있는 보이저 비행기를 설계하기도 했다.

2002년 8월, 루탄이 디자인한 함재기인 화이트 나이트가 비행을 시작했다. 이후 2004년 6월 21일까지 56번의 비행이 단계적으로 이루어졌고, 2004년 10월에 스페이스십원은 안사리 X 상Ansari X을 수상했다. 국제 대회에서 안사리 X상을 타기 위한 수상 조건은 재활용할 수 있는 항공기에 세 명의 승객을 태워 저궤도 우주로 14일 안에 두 번 발사하는 것이었다.

루탄의 사업에 함께했던 전우는 마이크로소프트 공동 창업자인 폴 앨런Paul Allen으로, 2001년 3월 일찍이 버턴의 회사에 입사했다. 1975년 마이크로소프트 설립 이후 앨런은 1983년까지 연구와 신제품 개발을 담당했다. 그 후엔 다양한 과학 및 우주 관련 프로젝트에서 투자자이자 자선 사업가로서 참여하는 등 그는 우주 연구를 위한 비정부 민간자금의 강력한 지지자였다. 한 예시로 앨런은 비영리 연구 기관 세티SETI에 독창적인 다목적 전파망원경 집합체 건설 과정의 1단계와 2단계를 지원하기도 했다. 세티는 우수한 우주생물학 기관으로, 우주 생명의 근원, 본성, 확장 등을 연구한다. 앨런이 후원한 망원경 집합체의 목적 중 하나는 은하계 어딘가에 존재하는 기술적으로 선진화된 문명이 보냈을 법한 신호를 찾는 것이다.

6월 21의 비행으로부터 3달 후 버진그룹의 창업자 리처드 브랜슨Richard Branson은 모하비항공사업MAV과 협약을 맺고 상용 승객이 탑승할 세계 최초 민간자금 기반의 우주 비행선을 개발할 계획을 발표했다. MAV는 스페이스십원에 탑재된 기술을 보유한 앨런의 회사로, 스페이스십원은 버트 루탄이 디자인했고 그의 회사 스케일드컴포지트가 제작한 비행선이다. 브랜슨은 2007년까지 우주 관광산업 분야를 개척하는 것을 목표로 버진갤럭틱Virgin Galactic을 창립했다. 버진갤럭틱의 사업 계획은 3,000명의 우주 비행사 양성과 승객당 3일의 훈련 과정을 포함한 20만 달러 이하의 티켓 가격을 목표로 잡았다. 공식 발표에 관해 버진 갤럭틱의 창업자 리처드 브랜슨은 다음과 같이 말했다.[1]

> 저는 항상 우주 관광사업을 구체화하고 싶은 꿈이 있었고 폴 앨런의 비전과 버트 루탄의 기술적 천재성이 결합하여 그 꿈에 한 발 더 다가갈 수 있게 되었습니다. 오늘 발표한 두 회사와의 협약은 단지 우리가 기대하는 인류의 새로운 역사의 시작일 뿐이며, 합리적인 인간 우주탐사를 가능케 할 것입니다. 앞으로 몇 년간 수천 명의 우주 비행사를 양성하고, 그들이 우주에서 바라보는 지구의 장엄한 경관과 빛나는 별들 그리고 무중력의 경이로운 감각을 실제로 경험할 수 있도록 할 것입니다. 이 발전을 통해 일부 국가만 특권을 누리지 않고 세계 모든 나라가 자국의 우주 비행사를 육성할 수 있을 것입니다.

그리고 여기 2판을 집필하며 우주 관광산업 전반의 진행 상황과 버진 갤럭틱의 최신 소식을 추가한다.

「모건 스탠리, '버진갤럭틱 주가 726% 상승 가능성'」 밀리 덴트, 《CNN 비즈니스》, 2019년 12월 9일 월요일

버진갤럭틱의 우주 비행선이 언젠가 항공 산업의 변혁을 가져올 것이며 연간 수조 원의 매출을 기록할 잠재력이 있다는 전문가의 분석 이후, 회사의 주가가 크게 상승하고 있다. 모건 스탠리가 버진갤럭틱이 성공적으로 사업 목표를 달성한다면 주가(NYSE: SPCE)가 몇 년 이내 60달러까지 상승할 수 있다는 예측 보고서를 발표한 다음, 월요일에 이 우주 비행선 회사의 주식은

12%가량 치솟았다. 보고서가 공개되기 전 버진갤럭틱의 주가는 8달러에 조금 못 미치는 수준이었다.

갤럭틱은 우주 관광 회사에서 (민간인의 우주 비행은 아직이지만 곧 진행할 예정이다) 여행사로 전환하고자 한다. 일반 승객의 초음속 세계 여행을 보내줄 수 있는 우주 여객기를 생산함으로써 이 목표를 달성할 계획이다. "현실성 있는 우주 관광사업은 오늘날에도 가능하다." 모건 스탠리의 애널리스트 애덤 존스는 투자자들에게 전했다. "하지만 수조 원의 항공 산업을 변혁할 수 있는 기회가 진정한 주가 상승을 기대할 수 있는 항목입니다."

이 모든 이야기는 가히 기업가적 정신의 지나친 패러다임이라고 할 수 있다. 등장인물들은 허레이쇼 앨저 신화에서 방금 튀어나온 듯 현실성이 없다. 천재적인 우주 비행선 디자이너 버트 루탄, 거침없는 비행 조종사 마이클 멜빌과 브라이언 비니Brian Binnie, 억만장자 후원자 폴 앨런 그리고 물론, 대담한 배포의 리처드 브랜슨까지.

한편 이런 이야기로 영광스러운 본보기를 만드는 일은 쉽다. 하지만 그들을 예외적인 사례라고 치부하는 일 역시 쉽다. 이 책은 성공적인 기업가정신에 대한 이런 양극단의 태도를 지양한다. 또한 오늘날 기업가정신을 두고 벌어지는 학구적 논의의 지배적인 주제들과 다르면서도 일관적인 논점들을 제기하고 또 검증하고자 한다. 예를 들어,

▶ 어떻게 캘리포니아폴리텍주립대학교 졸업생인 버트 루탄이 1974년 유망한 직장인 비드항공을 떠나기로 결심했는가? 그런 결정을 하게 만든 전제 조건, 촉매제, 프로세스는 무엇이었는가? 의사 결정 시점에 그가 고려한 다른 선택지가 있었다면 과연 무엇이었으며, 선택을 내리기 위해 적용한 기준은

무엇이었는가?

- ▸ 이야기 속 등장인물들은 서로 어떻게 만났는가? 이들을 소개한 사람이 있다면 과연 누구였는가? 무엇이 이들을 사업에 전념하게 했는가? 직원들을 '자발적으로' 충원했다는 언급이 있는데 이 중 몇 명을 기존 이해관계자가 선발했으며, 몇 명이 스스로 참여했는가? 이 네트워크는 어떻게 성장했는가?
- ▸ 여러 주요 이해관계자는 그들 스스로의 목표와 더불어 사업 목표의 윤곽을 다양한 지점에서 잡아갔다. 따라서 이들 각자의 이야기는 서로 일관되지는 않지만 이들은 함께 스페이스십원의 비행을 가능케 했다. 개개인의 목표와 열망은 얼만큼 명확하거나 모호했으며, 이러한 목표들은 어떻게 하나로 엮여 실존하는 비전으로 이어졌는가? 시간이 흐름에 따라 이 비전은 어떻게 특정한 프로젝트의 목표에 투영되었는가?
- ▸ 이 이야기의 모든 과정에서 행운이 아닌, 우연의 역할은 무엇인가?

위에 나열된 질문은 기업가정신에 관한 여러 기존 이론의 미시적 기반을 대표한다. 이 질문들은 기술 발전이나 제조 기업을 바탕으로 한 좀 더 광범위한 이론을 검증하기 위함은 아니다. 그보다도 이해관계자들이 어떻게 행동하고 반응하며 상호작용하는지 이해하기 위함이다. 이러한 일련의 행위가 왜 그리고 어떤 측면에서 중요한지, 그리고 기존 이론의 통념과 관련해 무엇을 시사하는지 질문한다. 특히 다음 사항을 묻고 있다.

실제 기업가적 행동, 반응, 상호작용은 좀 더 거시적인 수준에서 기존 이론의 행동론적(미시적) 가설에 얼마나 부합하거나 불일치하는가?

예를 들면 이상적인 결과를 얻기 위해서 기업가는 다른 유형의 정보보다 예측을 얼마나 활용하는가? 이와 관련해 스페이스십원의 제어 시스템 설계 방식은 흥미로운 대답과 함께 새로운 질문들을 제공한다. 안사리 X상을 수상한 두 번째 비행의 조종사 브라이언 비니는 이렇게 말했다.

> 나사의 컴퓨터 기반 우주 비행선과 달리 스페이스십원은 단순한 스틱 앤드 러더stick and rudder 제어 시스템으로 구성되어 있다. 대학원생 시절 누군가가 '브라이언, 당신은 35년 이내에 컴퓨터가 없는 최초의 상업 우주 비행선을 운행하게 될 거야.' 라고 말했다면 나는 이렇게 대답했을 것이다. '당신은 엉터리야. 사람들은 그렇게 순진하지 않아.'[2]

탐사 보도 프로그램 〈60분〉 중 스페이스십원에 관한 에피소드에서 진행자 에드 브래들리는 디자인 의사 결정에 대해 "성공은 조종사의 손에 달려 있다."라는 꽤 설득력 있는 설명을 내놓았다. 그리고 9월 비행 동안 예상치 못하게 연속 횡전橫轉이 발생한 일에 대해 물었을 때 조종사 마이클 멜빌은 이렇게 답했다. "저는 비행할 때 자신감에 매우 차 있습니다. 제 손에 제어장치가 있을 때는 아무리 상황이 나빠지더라도 해결할 수 있다고 항상 믿었습니다."

아폴로 우주 비행사들이 꿈꾸던 것에서 훨씬 발전한 저비용의 컴퓨터 기술을 손쉽게 사용할 수 있는데도 왜 조종사가 예상치 못한 상황을 해결하도록 했는가? 만약 제어가 중요하다면 컴퓨터가 아닌 조종사에 의존하는 데는 어떤 장점이 있는가? 이러한 디자인 의사 결정은 비예측 제어non-predictive control 개념을 설명하는 적절한 비유로 사용되는데, 이는 이펙추에이션 논리의 중요한 요소다.

끊이지 않는 기업가정신에 대한 연구

이펙추에이션을 자세히 알아보기 전에 기업가정신 연구 분야에서 주류를 이뤄온 이론적 관점들을 알아보고 이를 스페이스십원 사례에 적용해보자.

1. 기업가의 성격

스페이스십원 사례에서 대부분의 심리학자들은 버트 루탄의 성격과, 의사 결정 과정에서 그가 보일 법한 휴리스틱heuristics과 성향을 궁금해할 것이다. 예를 들어 데이비드 매클렐런드는 루탄이 높은 성취욕이 있다고 주장할 것이고[3] 좀 더 최근의 심리학자들은 그가 높은 자기 효능감이나 높은 통제 소재統制 所在를 가지고 있다는 가설을 내놓기도 할 것이다.[4] 기업가적 인지 분야의 연구자들은 루탄이 과잉 확신 편향에 취해 있거나[5 6] 평균보다 더 높은 역경 지수Adversity Quotient를 보인다고 예측할 것이고[7], 다른 이들은 기업가적 마음가짐의 필요성을 상정하기도 할 것이다.[8]

이펙추에이션은 위 가설들이 흥미롭고 중요하긴 하지만 스페이스십원이라는 풍성한 대서사시에서 잘해봐야 한 구절 정도밖에 차지하지 않는다는 점을 들어 이러한 시각에 중요한 문제의식을 제기한다. 각각의 연구는 특정 심리학적 변수와 특정 기업가들 일부와의 강한 연관관계를 밝혀낸다. 이어서 다른 연구들은 반대 양상의 상관관계를 찾아내기도 한다. 예를 들어 최근의 몇몇 연구는 5대 성격 유형Big Five personality traits의 역할을 재조명했다.[9] 하지만 심리학적 특성을 기업가의 의도 및 성과와 연결하려 한 메타 분석은 위험을 감수하는 것과 실제 성과 사이의 연관성이 그다지 크지 않다는 결과를 보였다.[10] 한편 또 다른 연구는 이러한 특성들을 여러 번의 메타 분석으로 검증했고, 그 효과가 상당히 적다는 결론을 내렸다.[11] 요약하자면 심리학적 요소는 기업가정신이나 기업가적 성과에 필수적이지 않으며 충분한 설명을 제공하지 못한다. 반면에 이펙추에이션은 심리학적 변수의 (불충분한) 효과를 해석하는 새로운 방식을 제시한다. 4-6, 9장에서 위 내용을 좀 더 상세히 다룰 예정이다.

위에서 살펴본 기업가정신에서의 심리학적 변수를 설명할 수 있는 역량과 관련한 이펙추에이션의 한계는 어느 기업가정신 연구와 일맥상통하는데, 이 연구에는 비슷한 한계가 있고 창업 과정을 면밀하게 살펴보는 과정에서 기업가의 성격과의 관계를 분리해서 생각할 수 없다고 여긴다.[12] [13]

2. 환경과 진화 과정

진화 이론가에게 기업가의 성격은 필요하지도 충분하지도 않다. 사실 대다수의 경우 전혀 관계가 없다. 중요한 점은 기업가들이 변화를 창조한다는 사실이다. 이러한 변화는 이후 무엇이 살아남고 도태되는지 결정하는 선별 과정과 관련이 있다. 진화론에는 적어도 두 가지의 뚜렷한 학파가 존재하는데, 한쪽은 사회학적 전통에 기반을 둔 인구 생태학자들이고 또 한쪽은 경쟁 역학의 관념에 높은 비중을 둔 경제학자들이다.

인구 생태학

하워드 올드리치Howard Aldrich는 인구 생태학을 예시로 들며 이 관점으로부터 도출된 결과를 기업가정신 연구와 연결시킨다.[14] 올드리치는 재생산자에서 혁신가에 이르는 기업가적 조직의 연속체를 상정하기 위해 역량 향상적 혁신과 역량 파괴적 혁신을 다룬 문헌에 의지한다.[15] [16] [17]

재생산자에서 혁신가까지의 연속성은 의도가 아닌 결과로 정의된다.[18] 일부 기업가는 의도적으로 기존 지식에서부터 시작하고자 하는 반면에 다른 기업가는 기존 지식에 크게 개의치 않는다. 의도와는 별개로 우리는 기존의 관습 및 경쟁력을 벗어나는 것과 순응하는 것 사이의 긴장감을 마주하게 된다. 도널드 캠벨Donald Campbell에 따르면 장난스러움과 실험 정신은 엄청난 힘과 지속성을 지닌 인간의 본능적인 욕구로, 훌륭한 효용의 변화를 생산할 수 있도록 한다.[19] 하지만 타인의 믿음을 따르고 싶어하는 사람들의 경향은 이러한 능력이 최대로 발현되는 것을 일부 상쇄한다.[20]

이러한 조직 진화론과 연계된 다양한 주제를 면밀히 분석한 결과, 올드리치는 스페이스십원과 같은 현상을 분석하고 설명할 특정 질문 및 가설을 제안하는 연구가 미진한 여러 영역과 이론적 문제를 찾아낸다. 그중 몇몇은, 예컨대 내가 곧 설명할 충고의 긍정적인 역할에 대한 주장처럼, 위의 올드리치의 부정적 함의와는 반대로 이 책에서 다루는 미시적 기반micro-foundations과 맞닿아 있다. 예를 들어 올드리치는 "기업가적 지식은 궁극적으로 개인의 경험, 네트워크 안의 연결 관계, 타인으로부터 얻는 배움, 그리고 맹목적 다양성blind variation이 혼합해 이루어진다."라고 주장하며 기업가가 이러한 지식을 어떻게 역량 파괴적인 조직적 혁신으로 변환하는지 다음과 같은 의문을 제기했다.[21] "어느 상황에서 모방과 차용은 창의력과 혁신이 되는가?" 이를 스페이스십원의 경우에 적용해보면 루탄이 정부 부처의 연구 비행 물체를 디자인하다가 민간자금을 활용한 적정 가격의 우주 비행선을 디자인하게 된 배경을 떠올릴 수 있다.

올드리치가 제기하는 또 다른 의문은 집단행동과 관련이 있다. "어떤 행동 주체들이 행한 조직적 행동이 새로운 조직, 인구, 공동체의 발전에 기여하는 프로세스를 연구해야 한다."라는 그의 주장은 스페이스십원 사례와 꽤 명백한 유사점이 있다.[22] 서로 전혀 다른, 심지어 독립적이기까지 한 인물들이 모여 스페이스십원의 비행을 가능케 했다는 점에서 말이다. 하지만 최근에는 이러한 이해관계자들의 네트워크 형성 과정에 대한 이론적 연구가 거의 이루어지지 않고 있다.

마지막으로 최신 논문에서 올드리치와 마틴 루프Martin Ruef[23]는 기업가정신 연구 분야에서 유니콘 기업(최소 10억 달러 이상의 기업 가치를 보유한 벤처기업)과 가젤 기업(최근 4년 이상 연 매출 성장이 최소 20% 이상인 급성장 기업)에 과하게 치중하는 경향이 수많은 중요한 일반 기업가들을 외면하는 결과를 낳았다는 점을 지적한다.[24][25]

이펙추에이션 논리는 다음의 모든 항목을 살펴보고자 한다. 첫 번째로 기업가의 정체성과 지식과 인맥을 새로운 사업과 시장으로 변화시킬 수 있는 세부 메커니즘을 살펴본다. 두 번째로 창립한 기업가가 자발적으로 참여하는 이해관계자와 새로운 유대 관계를 형성하는 세부 프로세스를 살핀다. 마지막으로 블랙 스완(좀처럼 일어나지 않는 일이 실현되는 것)일 가능성이 높은 유니콘 기업과 가젤 기업을 분석한다.[26][27] 그뿐 아니라 다양한 사업을 육성하기 위해 이러한 메커니즘과 프로세스를 일반 사람들이 활용할 수 있는 방법도 포함한다. 5장에서 위 항목을 좀 더 상세하게 해석할 것이다.

경쟁 역학

오랜 기간 경제학에서는 기업가정신을 경쟁 역학의 넓은 범주 안에서 균형을 이루는 개념이라고 보았다. 조지프 슘페터Joseph Schumpeter는 기업가를 경제 불균형의 근원으로 상정했고[28], 이즈리얼 커즈너Israel Kirzner는 경제 불균형을 균형으로 되돌리는 시장 프로세스의 촉매제로서 기업가적 기민함을 강조했다.[29] 그리고 이 사이에는 윌리엄

보멀의 생산적, 비생산적, 파괴적 기업가정신 개념을 포함한 다양한 스펙트럼의 관점이 존재한다.[30]

그러나 각각의 관점은 개인의 의사 결정 행위와 각 결정이 내려지는 조건에 관해 특정 가정을 상정한다.[31][32] 특히 미래는 미지의 영역임에도 불구하고 어느 정도 예측할 수 있다고 짐작하기도 하고, 의사 결정을 내리는 기업가는 선호도나 우선순위 등 자신이 원하는 바를 잘 알고 있다고 가정하기도 하며, 환경이란 개인의 행동에 대체로 외재적 요인으로서 작용한다고 추정하기도 한다. 앞으로 살펴보겠지만 이펙추에이션은 이러한 가정들이 성립되지 않는 경우에도 효과적이다. 다시 말해 이펙추에이션은 개인, 기업, 시장에 대한 기본적인 경제 세계관을 현재의 한계 너머로 확장시킨다. 스페이스십원을 예로 들어보면 시장에서 균형과 불균형이 어떤 상태인지 정의하기 어려운 것을 떠나, 시장 자체가 무엇인지 불명확하다.

경쟁 역학을 통해 스페이스십원 사례를 이해하기 위해서는 초기 시장, 잠재수요, 기술 궤적 등 파악하기 힘든 현상들을 다뤄야 한다. 지금까지도 우주 관광산업을 지속할 만한 실제 수요나 유효한 공급이 존재했는지, 또는 앞으로도 존재할지 확실하지 않다. 루탄이 스페이스십원을 개발할 당시 존재했던 것은 미국항공우주국NASA이라는 독점적 행정기관에 지배당한 기술적 한계였다. 시간이 흘러야만 스페이스십원이 창조적 파괴의 시작이었는지, 아니면 버트 루탄이 거대한 불균형에서 기회를 포착한 기민한 기업가였는지 알 수 있을 것이다. 이 이야기의 끝은 과연 경제에 생산적 이익을 가져올 것인가, 아니면 우리 문명을 파괴할 것인가?

한편 이 연극에서 배우들은 장막이 언제, 어떻게 내려올지 그리고 다음 장은 어떻게 펼쳐질지 모른 채 계속해서 각자의 역을 연기하고 있다. 조지 섀클George Shackle이 주장하듯 이들의 행동은 실제 데이터보다는 상상에 기반하고 있다.[33] 이펙추에이션은 구성원이 무엇을 기반으로 어떻게 행동하는지, 그리고 이 기반이 주요 경제 이론에서 다루고 있는 인간 행동의 가정과 어떻게 일치하거나 반대되는지 설명한다. 특히 조반니 도시Giovanni Dosi가 다음과 같이 미시경제학, 거시경제학, 진화 경제학 및 산업 조직의 실증 사례들을 검토한 후 제기한 문제에 답할 수 있다.[34]

> 내가 주장하고자 했던 논점 중 하나는 균형과 이성, 그리고 구성원의 동질성에 대한 개입을 상당히 완화하는 기술적 역학 해석으로, 최근 증거로 명확해졌으며 공식적인 이론적 논거를 형성하고 있다. 이 이론은 기술적 변화 자체뿐 아니라 미래와 과거가 어떻게 연결되어 있는지, (아마도 실수투성이인) 개인의 결정들이 어떻게 공동체적 결과로 통합되는지, 그리고 문제 해결 지식이 사회에 어떻게 축적되는지 등의 기본적인 주제를 다룬다.[35]

도시의 주장은 최근 시드니 윈터Sidney Winter의 연구에서 다음과 같이 재차 언급되며 더욱 강화되었다.[36]

> 오늘날 주요한 문제는 경제 이론의 미약한 지지로 인해 기업가정신 연구의 질이 저하했다는 것이 아니라 기업가정신의 영향을 밀접하게 반영하지 못해 경제학이 빈약해졌다는 사실이다.

이펙추에이션은 다양한 방식으로 경제학을 풍부하게 할 미시적 기반을 제공하며, 이 내용은 9장에서 상세하게 파헤칠 것이다. 또한 이펙추에이션은 전략 경영의 경쟁 역학 분야에도 미시적 기반을 제공하며(8장), 기업가(사람)와 시장(기회)을 흥미로운 방식으로 조합하는 좀 더 최신의 기업가 연구에 영향을 미치기 시작한다. 특히 마크 카슨Mark Cas-son[37]과 스콧 셰인Scott Shane[38]의 연구를 살펴볼 텐데, 그중에서 셰인이 상카란 벵카타라만Sankaran Venkataraman의 영향력 있는 연구를 기반에 두고 있다는 점은 중요하다.[39]

3. 기업가와 환경의 조화

마크 카슨의 기업가정신 연구는 슘페터와 프랭크 나이트Frank Knight 그리고 프리드리히 하이에크Friedrich Hayek의 영향을 받았는데, 이들 각각은 극도의 불확실성을 마주했을 때 기업가적 판단의 필요성을 증명했다.[40] 이들의 연구는 기업가적 맥락에서 부분적인 이해 또는 이해의 결여로 인해 생기는 문제를 조명했고, 주류 경제학 이론이 완전한 정보와 현존하는 시장에 대한 가정을 넘어설 수 있도록 기여했다. 카슨은 이 기업가적 판단이 기업가가 시장 지배적 기업을 설립하기 위해 이용하는 독특한 정보에 기반한다고 주장한다. 그가 말하는 시장 지배 개념은 단순 차익 거래를 넘어, 거래 시 주로 무지해서 발생하는 장애물을 극복하는 것도 포함한다.[41] 그러므로 그가 바라보는 기업가는 올바른 판단을 뒷받침하는 정보를 잘 습득하고 처리하며, 다른 기업가와의 경쟁이 비교적 치열하지 않은 상황을 잘 찾아내는 역량의 인물이다. 그다음으로 시장 지배적 기업가는 수익을 극대화하기 위해 진입 장벽을 높이기 시작한다.

카슨의 이론을 바탕으로 스페이스십원 사례를 살펴보면 루탄의 독특한 이력이 많은 것을 설명해줄 수 있을 것이다. 하지만 어떤 방식으로든 루탄과 팀원들이 수익을 극대화하기 위해 노력했는지는 확실하지 않다. 또한 카슨이 명명한 시장 지배 과정을 거쳤는지도 명확하지 않다. 그러나 시장 지배 비용을 줄이는 데 필요한 과거 경험과 명성, 그리고 협상의 필요성과 여타 조직 기술 등 카슨이 내린 결론 중 일부는 조성 과정에 있는 우주 관광산업과 상당히 연관되어 있으며 유효하다. 바로 이 책에서 말하고자 하는 바가 중요해지는 부분이다. 이 책은 카슨이 기업가적 기능에 필수적이라고 정의한 역량들의 내용을 살피는데, 면밀히 살펴보면 그의 이론과 일부 반대되는 세부 요소들을 찾을 수 있다. 예를 들어 카슨은 기본적으로 대부분의 이해관계자 협상에서 대립적인 자세를 고수한다. 그러나 이펙추에이션의 실증 연구에 따르면 기회주의와 도덕적 해이의 위험에 대한 계약설의 기본 주장은 전문 기업가가 실제로 훌륭한 판단을 내리고 새로운 시장을 개척하는 데 그다지 유효해 보이지 않는다. 오히려 여기서 다루는 자세나 행동에 관한 가정은 애덤 스미스의 『도덕감정론』에 묘사된 것과 유사하다.[42]

　이 책에서 정의하는 기업가적 전문성의 요소는 기업가적 기회에 관한 셰인의 이론과 유사점 및 차이점이 모두 있다. 나는 기업가정신을 더 잘 이해하기 위해선 진취적인 개인과 중요한 기회의 결합을 들여다봐야 한다는 셰인과 벵카타라만의 의견에 완전히 동의한다.[43] 더 나아가 전문성을 띤 기업가정신은 수단-목표 프레임워크에 대한 셰인과의 공통 관심사를 기업가적 난제의 핵심 요소로 여긴다. 그러나 책 말미에서 명확하게 다루겠지만, 셰인이 정의한 기회를 찾고 이용하는 데 몰입하는 기업가의 논리적 사고방식은 자발적으로 참여한 이해관계자들과 함께 평범한 일상 및 가치 체계에서 기회를 창출하는 실현적 기업가와 근본적인 차이가 있다.

　지나친 단순화의 위험을 무릅쓰고 스페이스십원 사례에 이 두 가지 관점을 한번 빠르게 적용해보는 것도 의미 있을 테다. 셰인은 루탄이 우주 관광산업에서 수익 창출 기회를 발견했기 때문에 스페이스십원을 개발했다고 추측한다. 반면에 이 책은 우주 관광산업의 시장 기회와 발생 가능한 모든 수익이 루탄과 동료들이 한 행동에 뒤따른 결과라고 본다. 그리고 결과적으로 그들의 행동은 비행선 디자인에 대한 애정과 기술이 있는 루탄, 우주탐사에 열정을 품은 앨런, 그리고 다양한 이해관계자 간의 상호 주관적 교류에서 비롯했다. 이들은 향후 수익이 얼마나 날지 걱정하기보다 자발적으로 사업에 참여해 자신이 쏟을 수 있는 여력을 다했다.

위 논문들의 경향과의 연관성 외에도 이펙추에이션은 기업가정신 연구와 융합하기 시작하는 다양한 연구 갈래와 일맥상통한다. 몇 가지 예를 들어보자. 늘 기업가정신의 핵심이었으나 최근 들어 경영학자와 경제학자에게 영감을 주면서도 이의를 제기하기 시작하는 나이트의 불확실성Knightian uncertainty이 있다. 예컨대 이 주제를 다룬 《미국 경영학회 리뷰Academy of Management Review》 2020년 특별호[44] 또는 데이비드 타운젠드David Townsend 외의 논문에서 다룬 여러 기타 출간물을 참고해보자.[45] 또한 딘 셰퍼드는 기업가정신 연구의 향후 비전을 제시한 그의 사설에서 이펙추에이션 연구에서 직접적으로 비롯했거나 그와 중복되는 여러 주제를 강조한다.[46] 그 예시로는 기회에 관한 좀 더 상호적인 관점, 활동에 좀 더 기반을 둔 기업가정신 그리고 친사회적 동기같이 동기부여에 관한 좀 더 풍부한 시각 등이 있다. 마지막으로 인적 교류를 주제로 한 연구가 점점 확장하고 심화함에 따라 네트워크의 형성 및 발전 역학을 파헤치기 시작했다.[47] 그리고 점점 부상하는 이러한 연구 흐름은 이펙추에이션 연구와 관련한 생산적인 논의를 확실히 보장하고 있다.[48] [49] [50] 이러한 연관성은 스페이스십원과 같은 풍부한 기업가적 현상을 분석하는 데 많은 도움이 될 수 있다. 언뜻 보기에는 그저 극적인 사건으로 보일 수 있지만, 사실은 탁월하고 평범한 모든 기업가정신에 큰 이익을 가져다줄 수 있는 다양한 화제를 제기한다. 각각의 화제는 기업가정신의 이론이 작용할 수 있는 불특정한 미시적 기반 메커니즘과 관련이 있는데, 나의 관점에서 이러한 메커니즘은 기업가적 전문성의 요소로 구성된다. 그리고 이 책에서 내 목표는 이러한 요소들을 정의하고, 이를 복합적인 맥락과 시점에 걸쳐 기업가적 사업을 형성하는 과정과 정밀하게 연관 짓는 것이다.

모든 기업가가 전문가는 아니다

요컨대 기업가적 성과는 전통적으로, 설립한 기업의 성패를 설명하는 기업가의 성격 특성[51] 또는 성패를 좌우하는 프로젝트와 주변 환경의 상황 및 속성으로서 연구되었다고 할 수 있다.[52] 전자의 경우 잠재적 기업가는 적절한 특성을 가지고 있거나 그렇지 않기도 하다. 만약 그렇지 않다면 적절한 특성을 키울 수밖에 없다. 후자의 경우 잠재적 기업가는 현 상황에서 전망이 좋은 기회를 인지하고 찾아내어 이용할 수 있는 전략과 기술을 개발하도록 요구받는다.

나는 기업가적 전문성에 집중함으로써 이 주제에 다르게 접근하고자 한다.[53] 전문성은 관습과 더불어 특정한 영역의 뛰어난 성과와 관련 있는, 배울 만하고 가르칠 만한 경험으로 구성된다. 특성과 상황을 모두 고려해서 성과의 변동을 설명하는 대신, 전문성 관점은 높은 수준의 성과라는 조건 아래 특정한 한 영역에 존재하는 다양한 전문가 사이의 공통점을 찾고자 한다. 연구 결과와 마찬가지로 나는 전문가를 의식적인 연습deliberate practice과[54] "수년간의 경험으로 한 영역에서 높은 수준의 성과를 이룬 사람"이라고 정의한다.[55] 의식적으로 신중하게 연습하는 것이 기업가정신에서 유효한지,[56] 그리고 실현적인 기업가적 전문성으로 이어질 수 있는 의식적인 연습을 어떻게 구성할 수 있는지는 11장에서 자세히 다룰 예정이다.[57]

1. 주요 실증 질문

나는 다음의 질문을 던지며 실증 연구를 시작했다.

> 똑같은 아이디어로 새로운 사업을 준비하고 정확히 똑같은 문
> 제를 마주한 전문 기업가 집단의 의사 결정 과정에는 어떤 공통
> 점과 차이점이 있을까?

기업가적 환경에서 모든 결정은 미래 시장 또는 미래 상품과 서비스를
위한 시장과 관련 있기 때문에 다양한 종류의 위험과 불확실성을 지닌
다.[58] 또한 사람들은 미래를 예측할 때 각기 다른 신념을 가지고 있다.[59]
이는 두 번째 질문으로 이어진다.

> 존재하지 않거나 막 형성되려 하는 시장에서 전문 기업가가 새
> 로운 사업을 구축하는 과정에서 내리는 의사 결정은 미래 예측
> 에 관한 어떤 내재적 신념의 영향을 받는가?

전문 기업가가 경험을 토대로 무엇을 배웠는지 알아보는 가장 단순한
방법은 그들에게 직접 물어보는 것이다. 기업가와 이해관계자를 대상
으로 한 인터뷰와 공개된 데이터를 조합하여 흥미로운 결과를 이끌어
내는 타당한 연구의 기반을 형성할 수 있다.[60] [61] [62] 하지만 전문 기업가
들은 대부분 뛰어난 이야기꾼이다.[63] 따라서 이미 일어난 일에 관한 그
들의 이야기를 바탕으로 연구를 진행한다면 회고 오류를 범할 수 있다.
나는 이 오류를 줄이고자 사고 구술법을 활용했다. 연구 대상자는 각자
의 전문 분야에서 발생할 수 있는 전형적인 문제 상황을 마주하고, 문
제를 해결하는 사고 과정을 끊임없이 입 밖으로 말해야 한다.

프로토콜 분석 기법 활용의 기본 논리는 다음과 같이 정리할 수

있다. 회상적 구술 기법은 대상자들이 문제를 해결한 방식을 미화할 가능성이 있고 자극-반응 기법은 연구자들이 대상자의 사후 의사 결정 프로세스를 추론하게 될 가능성이 있는 반면에 동시적 구술 기법은 뇌의 단기 기억 구조로 인해 인지 과정의 블랙박스 안을 직접 들여다볼 수 있게 한다. 이와 관련해 K. 안데르스 에릭슨K. Anders Ericsson과 허버트 사이먼Herbert Simon은 다음과 같이 말했다.

> 연구 대상자가 침묵하며 과제를 수행할 때보다 생각을 말하면서 수행할 때 관찰할 수 있는 행동의 양이 급격하게 증가한다.[64]

2. 기업가적 전문성 연구

허버트 사이먼의 생애 마지막 6년을 그와 함께 연구하며 보낸 것은 내게 큰 행운이었다. 사이먼은 동료들과 함께 30년 전부터 인지과학 분야의 전문성 연구를 이끌었다. 초기 연구는 체스 그랜드 마스터에 관한 것이었다.[65] 전문 체스 선수를 대상으로 한 초기 연구에서 윌리엄 체이스와 사이먼은 단순한 지능은 체스 숙련도와 상관관계가 없음을 확인했고[66] 훗날 다른 연구에서도 일반적인 사실로 입증되었다. [67 68 69]

대신에 그랜드 마스터의 전문성은 선수가 정보를 저장하고, 문제를 인식하고, 해결책을 도출하는 방식 등 다른 요소들에 더 큰 영향을 받았다. 사이먼과 그의 동료들이 일군 연구 기반을 바탕으로 전문성 연구의 범위는 더욱 확장해갔다. 초기 실증 논문과 이론은 체스 중심으로 발전했지만, 뒤잇는 연구들은 체스만큼 규칙이 잘 정의되어 있지 않거나 시간이 지나면서 결과물이 여러 복잡한 과제와 얽히는 등 좀 더 역동적인 환경으로 연구 영역의 이론적 기반을 입증하고 넓혀갔다. 예를 들면 택시 운전[70], 약학[71], 작곡[72], 소방[73], 소비자 의사 결정[74], 그리고 과학적 발견 등의 영역이 있다.[75] 또한 더 역동적인 환경보다 덜 역동적인 환경에서 대부분의 연구 결과가 더 분명하다는 점을 잊지 말아야 한다.

전문가-초심자 연구를 상세히 다루려면 이 주제에 관한 더 방대한 자료가 필요할 것이다. 다행히도 수십 개 영역의 수백 개 연구를 다룬 두 개의 훌륭한 지침서가 있다.[76] [77] 특정한 영역의 전문성 연구가 흥미로운 점은 전문성 요소가 영역 특수적domain-specific인 휴리스틱 원칙으로 이어져 향후 엑스퍼트 시스템에 반영되기도 하고, 시험하거나 전수할 수 있는 의사 결정 기술 및 문제 해결 기술로 쓰이기도 한다는 것이다. 전문성으로서 기업가정신을 연구하는 것은 기업가정신을 위한 기술을 발전시킬 수 있을 뿐만 아니라 기업가적 성과와 관련된 최근 시각에 영향을 끼치는 중요하고도 새로운 관점을 제공한다.

3. 기업을 넘어선 기업가의 성과

최근의 기업가정신 연구는 가장 주요한 종속변수로 벤처기업의 성과에 집중하는 경향이 있다.[78] 특성, 학습, 지식 및 관습 습득, 그리고 영역 특수적이지 않은 일반적인 휴리스틱과 편향의 용례에 대한 연구조차 이러한 요소가 기업가들이 창조하는 기업의 성과에 어떤 영향을 주는지 설명하고자 한다. 그러나 기업가적 전문성의 관점은 회사의 성과와 가끔은 조화를 이루지만 가끔은 그렇지 않은 기업가 개인의 성과에 더 집중한다. 최근의 학계는 기업가를 회사의 탄생과 성장을 돕는 도구로 취급하는 반면에 기업가적 전문성의 관점은 기업을 도구로 취급하는 시각을 제시한다.[79]

전문성 연구에서는 전문성이 가끔 성공이라는 개념과 중첩하기도 하고 성공의 이유를 설명하기도 하지만 성공 자체와 같은 것은 아니라고 말한다.[80] [81] 체스 선수가 경기에서 이겼다고 해서 자동으로 그랜드 마스터 또는 보통의 전문가라 할 수 없고, 비슷한 맥락으로 전문 체스 선수라고 해서 승리가 보장되는 것은 아니다. 우리는 이를 기업가적 전문성에 좀 더 적용해볼 수 있다. 예컨대 전문 기업가는 기업 설립과 운영에 수차례 실패하기도 하고 평범한 사업가가 첫 사업에서 비정상적으로 엄청난 이익을 거두기도 한다.

이렇듯 기업가적 성과를 오직 회사의 성과와 동일시한다면 전문 기업가가 성공을 달성하는 중요한 방식, 즉 실패 관리failure management를 간과하게 된다. 오랜 기간 지속적인 성과를 달성하려면 전문가는 실패를 극복하고 성공을 축적하며 두 경우 모두에서 배우는 것이 필요하다. 그러므로 기업가정신이라는 개념에서는 기업가의 성과와 회사의 성과를 분리할 필요가 있다. 이러한 분리는 또한 복합적 영역에서의 전문성을 연구하려면 성공과 실패의 구분을 뛰어넘는 기준을 통해 전문가를 정의해야 함을 뜻한다. 6장에서는 회사의 성과 및 기업가 개인의 성과와 기업가적 전문성 사이의 미묘한 관계에 관해 더 탐구할 것이다.

다음 장에서는 상세한 연구 설계를 설명하고 분석 방법을 제시할 것이다. 앞으로 다룰 연구 결과들을 간략하게 요약하며 1장을 마무리하겠다.

이펙추에이션의 5원칙

아래 내용은 기존의 프로토콜 분석 결과와 뒤따른 이론적 발전에서 알게 된 사실들을 요약한 것이다. 크게 세 가지 영역으로 나뉜다.

1. 기업가적 전문성의 프로세스 요소

▸ 프로세스는 문제 상황과의 우연한 만남 또는 기업가 자신이 아닌 이해관계자들의 권고, 심지어는 순전히 일상적인 순간 등 어디서든 비롯할 수 있다. 하지만 대개 전문 기업가는 자신이 누구인지, 무엇을 아는지, 누구를 아는지에서부터 출발한다.

▸ 전문 기업가는 무엇을 해야 하는지 크게 걱정하지 않는다. 그는 감당할 수 있는 손실 범위 안에서 무엇을 할 수 있는지 집중하고 실행에 옮긴다.

▸ 전문 기업가와 상호작용하는 몇몇 사람은 벤처 사업에 전념함으로써 자발적으로 참여한다.

▸ 각 참여는 벤처기업의 새로운 수단과 새로운 목표로 이어진다.

▸ 성장하는 네트워크 속에 자원이 축적되면 제약도 많아지기 시작한다. 제약은 미래 목표의 변동성을 감소시키고, 이해관계자 네트워크에 누가 포함되고 포함되지 않는지 제한한다.

▸ 이해관계자가 모이는 단계가 초기에 중단되지 않는다고 가정했을 때 목표와 네트워크는 동시에 회사, 시장, 기관 등 새로운 인공물人工物로 변환한다.

이 프로세스는 도표 5.1에 도식화되어 있으며 5장에서 상세히 다룰 예정이다. 최근 연구에서 이 프로세스 모델이 다양한 방식으로 변형되고 확장했으므로 그중 일부를 11장에서 약술하겠다.

2. 기업가적 전문성의 원칙

프로세스의 각 단계에서 전문 기업가는 다음의 원칙을 활용한다. 각 원칙은 기존의 보편적 이론과 전통적 경영 실제에서의 주요 의사 결정 기준을 뒤집는다.

수중의 새 원칙

The bird-in-hand principle

목표 중심이 아닌 수단 중심적 행위의 원칙. 주어진 목표를 달성하기 위해 새로운 방법을 찾기보다 기존의 수단으로 새로운 것을 창조한다.

감당 가능한 손실 원칙

The affordable loss principle

프로젝트의 기대 수익을 계산하기보다 잃을 각오가 되어 있는 것에 미리 집중한다.

조각 퀼트 원칙 (또는 자발적 참여 원칙)

The crazy quilt principle (the self-selection principle)

프로젝트에 실질적으로 전념하고자 하는 모든 이해관계자와 협상한다. 기회비용 걱정, 정교한 경쟁 분석, 특정 공급망 목표 설정은 하지 않는다. 프로젝트에 참여하는 자들이 기업의 목표를 결정하고, 그 반대로는 작용하지 않는다.

레모네이드 원칙

The lemonade principle

변수를 피하거나 극복하거나 변수에 적응하기보다는 변수를 활용하여 만일의 사태를 인지하고 조정한다.

조종사 원칙 (또는 공동 창조 원칙)

The pilot-in-the-plane principle (The co-creation principle)

역사는 자동조종으로 흘러가지 않고 인간의 행위와 함께 공동 창조된다. 모든 이해관계자를 부조종사로서 대해야 한다. 이펙추에이션의 과정에 승객이라는 개념은 없다.

위에서 살펴본 다섯 가지 원칙은 비예측 제어 방식을 내포하고 있다.

다시 말해 불확실한 상황을 제어하기 위해 예측하는 전략을 줄이는 것이다. 그리고 이 원칙들은 모두 이펙추에이션이라고 불리는 행동 논리로 이어진다.

이펙추에이션은 인과관계causation와 정반대다. 인과관계 모델은 미래에 발생할 효과에서 시작한다. 이 효과를 달성하기 위해 여러 수단 중 하나를 선택하거나 미리 지정된 결과를 얻기 위해 새로운 수단을 창조하고자 한다. 그와 반대로 이펙추에이션 모델은 주어진 수단에서 시작하고 비예측 전략을 활용해 새로운 결과를 만들어내고자 한다. 수단과 결과, 예측과 제어 사이의 관습적인 관계를 변화시키는 것과 더불어 유기체와 환경, 부분과 전체, 주관성과 객관성, 개인과 사회 등 다른 수많은 전통적 관계를 재조정한다. 이펙추에이션은 특히 이러한 관계를 결정의 문제보다도 설계의 문제로서 정의한다.

실증적으로 기업가는 인과적 접근 방식과 실현적 접근 방식을 다양하게 조합하여 사용한다. 기업가의 전문성 수준과 기업의 생애 주기에 따라 특정 방식을 사용하고 선호하기도 한다. 그러나 이론적으로는 인과관계 접근법과 이펙추에이션 접근법을 철저히 양분하여 분석하는 것이 일반적이다.

참고

풍부하고 복합적인 실증적 현실과 냉철하고 단순한 이론적 이분법은 장황하게 논의할 가치가 있다. 아르헨티나 작가 호르헤 루이스 보르헤스는 언젠가 지도 제작자 이야기를 쓴 적이 있는데, 현실과의 일치성에 너무나 집착한 나머지 그가 만든 지도는 점점 커져 도시와 맞먹게 되었다는 이야기다. 물론 그런 지도는 아무 쓸모가 없다. 나는 같은 도시를 두고 만든 수많은 유용한 지도 중 하나로서 이펙추에이션의 논리를 제안한다. 이는 경제학의 주관적 기대 효용 모델이나 사회 운동의 자원 의존적 모델 또는 기업가정신의 기회 인식 모델 등 대체 논리를 부정하는 것이 아니다. 내가 이 책에서 증명함으로써 주장하고자 하는 바는 수많은 경제 이론과 사회철학의 중심에 있는 미시적 기업가적 행동을 이론화할 때 이펙추에이션은 특별하고 유일무이한 쓰임새가 있다는 것이다.

3. 이펙추에이션: 기업가적 전문성의 논리

여기서 '논리'란 어떤 행동에 대해 명확한 근거를 제시하는 내부적으로 일관된 관념을 뜻한다. 인과관계 논리는 예측 범위 안에 있는 미래는 제어할 수 있다는 전제를 기반으로 한다. 이펙추에이션 논리는 제어 범위 안에 있는 미래는 예측할 필요가 없다는 전제를 기반으로 한다. 결국 이펙추에이션 논리를 활용하는 것은 세계와 구성원에 대한 특정한 태도를 암시한다.

▸ 이펙추에이터들은 세계를 가능성이 열려 있고 현재 진행 중인 곳으로 바라본다. 이들은 인간의 행동을 중요하게 여긴다. 사실은 기업과 시장 모두 인간이 만들어낸 인공물이라고 본다. 이 관점에서 실현적 기업가정신은 사회과학이 아니다. 인공과학이다.[82] [83]

▸ 이펙추에이터들은 기회가 저절로 주어지거나 제어할 수 없다고 생각하지 않는다. 대부분은 기회를 포착하고 발견할 뿐만 아니라 창조하기 위해 노력한다.[84]

▸ 이펙추에이터들은 종종 기업과 시장을 도구의 시각으로 바라본다. 이들은 기업의 대행사나 수요를 충족하고자 하는 공급자처럼 행동하지 않는다. 기업은 이펙추에이터 자신과 세상에

가치 있는 무언가를 창조하는 하나의 수단이며 시장은 발견하는 것이 아니라 형성하는 것이다. 그리고 고객을 포함한 다양한 이해관계자들은 자발적으로 모험에 참여한 파트너다.[85]

▸ 이펙추에이터들은 실패를 피하려 하지 않는다. 이들은 성공을 실현시키고자 한다. 이러한 마음가짐은 실패를 성공적인 모험의 필수 요소로서 인정하는 것을 수반한다. 이펙추에이터들은 기꺼이 실패하고자 하는 마음을 통해 성공과 실패를 관리하여 현실에서의 사업 포트폴리오를 만든다. 실패의 규모를 작게 유지하고 초기에 정리하면서 실패를 극복하는 법을 배우고 지속적인 레버리징과 자발적인 이해관계자들과의 협업을 통해 성공 경험을 키워간다. 실현적 세계관에서 성공과 실패는 불Boolean 변수가 아니며 기업가의 성공과 실패는 회사의 성공과 실패와 같지 않다.[86]

단순히 전문 기업가가 인과관계 논리보다 이펙추에이션 논리를 선호해서 이펙추에이션이 중요한 것이 아니라, 기업가적 문제를 해결하는 데 필요한 종합적 대안 체계를 자세히 제공하기 때문에 중요하다. 기업가들이 사용하는 체계는 이들이 문제를 자각하는 방식, 인지하고 생성하는 대안, 이들이 수용하거나 거부하거나 조정하는 제약 사항, 그리고 새로운 해결책을 만들고 실행할 때 특정한 영역에 더 주의를 기울이는 이유에 영향을 미친다. 논리적 체계가 중요한 이유는 현실에서 실제 변화를 일으키고 기업가들이 인식하는, 실현하거나 실현하지 못하는 현실에서 하늘과 땅만큼의 차이를 발생시키기 때문이다. 인과관계 체계와는 달리 이펙추에이션 체계는 문제가 되는 상황을 재조정하며 기존의 현실을 새로운 기회로 재구성한다.

2장

기업가의
사고방식

내면의 블랙박스를 들여다보는 사고 구술법

이 장에서는 연구 설계의 근거와 사고 구술법의 상세한 내용, 대상자 선정 과정 그리고 연구 방법론을 살펴볼 것이다.

1. 연구 설계 근거: 카르나프 vs. 포퍼

철저히 실증적인 과학 연구 설계에는 적어도 두 가지 관점이 존재한다. 두 관점의 차이점은 오래된 논쟁으로 거슬러 올라간다. 이언 해킹Ian Hacking이 기록한 내용은 다음과 같다.[1]

> 루돌프 카르나프Rudolf Carnap와 칼 포퍼Karl Popper는 모두 빈에서 각자의 경력을 처음 쌓았고 1930년에 망명했다. 카르나프는 시카고와 로스앤젤레스에서 주로 활동했고 포퍼는 런던에서 주로 활동하며 이후 많은 논쟁을 벌였다.
>
> 그들은 많은 부분에서 의견 차이를 보였는데, 기본적인 부분에 대해서는 동의했기에 가능한 일이었다. 그들은 자연과학은 대단하며 물리학이 최고라 생각했다. 물리학은 인간 이성을 대표하므로 이러한 훌륭한 과학을 터무니없는 난센스나 어설픈 추정과 구분할 수 있는 기준이 있으면 좋을 것이었다.
>
> 여기서 첫 번째 이견이 발생한다. 카르나프는 언어를 통해 구분하는 것이 중요하다고 생각했지만 포퍼는 의미를 연구하는 것은 과학을 이해하는 데 관련이 없다고 생각했다. 카르나프는 과학 담론은 유의미하지만 형이상학적 담화는 그렇지 않다고 말했다. 의미 있는 명제는 원론적으로 증명할 수 있어야 하며 그렇지 않을 경우에는 현실에 적용할 수 없다. 포퍼는 강력한 과학적 이론은 절대 증명될 수 없기에 카르나프의 증명 방향성

이 잘못되었다고 생각했다. 그러기엔 강력한 과학적 이론의 범위가 너무 넓었다. 대신에 실험하고 오류가 있음을 증명하는 것은 가능하다. 결국 명제를 반증할 수 있다면 과학적이라고 할 수 있다. 포퍼에 따르면 반증할 수 없는 형이상학은 종종 반증할 수 있는 과학의 모태가 될 가능성이 있으므로 과학적일 수 있는 형이상학이 꼭 나쁜 것만은 아니다.

　이 차이는 더 심오한 이견을 낳는다. 카르나프의 증명은 관찰을 통해 일반적인 서술을 확인하거나 검증하는 상향식 방식이다. 반면에 포퍼의 반증은 먼저 이론적인 추측에서 시작한 뒤 결과를 도출해 그것이 정확한지 검증하는 하향식 방식이다.

대부분의 경영 이론가는 포퍼의 관점을 받아들여 훌륭한 연구는 이론을 기반으로 반증 가능한 가설을 발전시키고 이후 검증과 기각, 또는 잠정적 승인으로 이어진다고 생각했다. 하지만 허버트 사이먼과 그의 동료들이 개발한 카네기 이론과 같은 몇몇 이론들은 카르나프의 관점을 받아들였다. 이들은 직접 관찰하여 실증적 규칙성을 발견한 뒤에 신뢰할 만한 이론을 수립하고 검증하는 방식을 선호했다.[2] 사이먼은 시카고에서 카르나프와 함께 연구했고 사이먼의 제자인 나는 실증 연구에 그들의 관점을 적용했다.

　나는 기업가의 전문성 연구를 다음과 같은 단계로 설계했다. 먼저 2장에서 전문성을 갖춘 기업가들의 공통점을 특정하고 3장에서 대안이 될 수 있는 해석을 살펴본 뒤 4장과 5장에서 어느 정도 수용할 수 있는 이론을 수립했다. 추가적인 근거 제시와 이론 검증은 이후 다양한 연구를 통해 진행되고 그중 마무리되었거나 진행 중인 연구 일부는 3장과 11장에서 다룰 것이다. 성과를 위한 연구 결과는 6장에서, 교육에 관한 연구 결과는 11장에서, 기존 연구 결과와의 관계는 7장부터 10장에 걸쳐 다룬다.

실증 연구에서 기인한 이론을 수립하면서 나는 급진적 실증주의에 관한 윌리엄 제임스William James의 의견과 실용주의 철학을 수용했다. 그 후 (제임스 학파의 용어에 따라) 명백한 사실이 있음에도 불구하고 과학을 "행하는doing" 것은 과학 철학자들이 논쟁해왔던 온갖 규칙을 압도했다. 하지만 이 이야기는 3장에서 계속할 것이다. 지금은 실증 연구에서 내가 선택하고 실행한 방법론과 설계 방식을 이어서 설명하겠다.

2. 방법론: 사고 구술법

지난 30년간 사고 구술법을 활용한 수백 개의 연구가 이루어졌다. 이러한 연구는 다양한 문제 해결과 의사 결정 업무에서 인간의 인지 과정과 휴리스틱 전략을 기반으로 한 모델을 개발하는 데 활용되었다.

구술법과 관련한 개념적이고 방법론적인 주제에 대해 더 자세히 살펴보면 에릭손과 사이먼은 체스[3], 의료 진단[4], 수학[5] 등의 분야에서 사고 구술법을 활용한 200개 이상의 실증 연구에서 여러 사례를 발췌해 제공했다.[6] 경영 분야의 사례로는 의사 결정[7], 회계[8], 경영 컨설팅[9], 소프트웨어 비용 예측 등이 있다.[10]

이 방법론의 효과는 최근 한누 쿠셀라와 팔라브 폴의 연구에서 재검증되었다.[11]

구술 분석에서 담화는 의사 결정 과정 또는 그 후의 과정 모두에서 발생하여 동시적 데이터 또는 회고적 데이터로 존재할 수 있다. 두 방법 모두 장단점이 있지만 실증 연구에서 이를 직접적으로 비교한 전례는 없다. 이 연구는 인간의 의사 결정 과정을 밝혀내기 위해 동시적 데이터와 회고적 데이터의 효과를 비교했다. 대체로 동시적 구술 분석 기법이 회고적 구술 분석 기법보다 효과적이었다. 동시적 구술 기법에서 이끌어낸 구절 수가 회고적 구술 기법보다 높았을 뿐만 아니라 동시적 데이터가 시작 요인과 최종 선택 결과 사이의 의사 결정 단계에서 더 많은 통찰력을 제공한다는 것을 알 수 있었다. 하지만 회고적 구술 기법의 흥미로운 장점이 한 가지 있는데, 동시적 구술 기법보다 최종 선택에 관한 언급이 더 많이 발생한다는 것이다.

사고 구술법이 기업가들의 의사 결정 과정을 연구하는 데 유용한 방법론이라는 또 다른 증거가 있다. 나는 다른 연구자들과 함께 한 1998년 연구에서 기업가와 금융인 사이에 다양한 위기 요인을 인식하고 대응하는 데 상세한 차이가 있는지 살펴보고자 사고 구술법을 사용했다.[12]

앞서 언급했듯이 이 방법론의 기본 개념은 문제 해결이나 의사 결정 실험에 참여한 피실험자들이 문제를 풀거나 결정을 내리면서 자신의 생각을 계속해서 소리 내어 말하도록 하는 것이다. 동시에 내용을 녹취한 뒤 정량 기법과 정성 기법을 활용해 기록을 분석한다.

이 방법론에는 두 가지 사전 작업이 필요했다. 먼저 전문 기업가 대표 집단이 선정되어야 했다. 그다음으로 스타트업에서 흔히 발생하는 의사 결정 문제들을 항목화해야 했다.

3. 표본: 전문 기업가

이 연구의 의도를 충족하고자 '전문 기업가'를 개인 또는 집단으로서 하나 이상의 회사를 설립했고, 창립자 및 기업가로서 10년 이상 정규 근무했으며, 하나 이상의 회사를 상장하는 데 기여한 인물로 정의했다. 마지막 조건은 기업가적 전문성의 아주 엄격한 정의를 만족할 뿐만 아니라, 대상자들이 실제 경험한 사업보고서나 프레스키트 등과 관련한 부가적 데이터를 제공해주었다.

　나는 연구에 적합한 피실험자를 특정하기 위해 두 자료를 참조했다. 첫 번째는 벤처 캐피털리스트 데이비드 실버가 작성한 1960년과 1985년 사이 가장 성공한 기업가 100명의 리스트고[13] 두 번째는 컨설팅 회사 언스트&영Ernst&Young에서 작성한 '최우수 기업가상' 국내 수상자 리스트다. 두 자료는 1960년에서 1996년 사이 미국에서 기업가들이 창업한 회사 중 성공한 모든 회사를 포함한 목록을 기반으로 구축되었다. 그들이 발표한 자료에 명시되어 있듯이 양쪽 모두 여러 평가 과정과 충족 조건을 활용하여 각 시대에 존재했던 기업가적 회사의 총 개체군으로부터 리스트를 추출했다. 따라서 이 연구의 표본은 간접적으로는 총 기업가 집단에서, 직접적으로는 총 전문 기업가 집단에서 추출되었다.

표 2.1 전문 기업가 기술 통계

	전문 기업가 대상자(N=27)			
변수	평균	표준편차	최솟값	최댓값
출생 연도	1943	8.8	1918	1953
창업 횟수	7.3	7.4	3	40
근속 연수	21.6	9.3	12	43
ANL(분석)	0.9	1.1	0	4
BAN(베이지안 분석)	1.3	1.7	0	6
EFF(이펙추에이션)	6.5	4.7	0	20

표본추출의 첫 단계로 양쪽 출처에서 비상장 기업을 제외했다. 이를 통해 245명의 기업가(실버 자료에서 43명, 언스트&영 자료에서 202명)를 추렸고 연구에 참여할 의향을 물었다. 그중 55개의 요청서는 주소가 부정확하거나 사망했다는 이유로 반송되었다. 그리하여 총 190명에게 요청서가 전달되었고 응답한 71명 중 26명은 거절했다. 두 명을 제외한 응답자들은 참여하기 어려운 이유로 시간이 부족하다거나 업무가 과중하다는 점을 들었다. 나머지 두 명은 연구에 참여하고 싶지 않다는 의사를 표했다. 최종적으로 45명의 기업가가 연구에 참여하는 데 동의했다. 응답자와 무응답자 간 유의미한 차이가 있는지 알아보기 위해 답하지 않은 119명을 조사했다. 회사의 규모, 기업가의 이력, 산업군에 따른 무응답 편차는 없었다. 표본의 상세 통계는 표 2.1에 나와 있다.

최종 표본 집단의 특성을 살펴본 결과, 표본이 전문 기업가 집단을 상당히 대표한다는 것을 알 수 있었다. 이들은 미국 17개 주 출신으로 모두 남성이었으며 90%가 미국인으로 41세와 81세 사이의 연령대였고 3분의 2가 석사 학위를 보유했다. 모든 표본이 남성이었지만 대표성이 부족하다고 볼 수 없었는데, 실제로 기존 집단에서 기준을 충족한 여성 기업가 비율이 0.5%도 되지 않았기 때문이다. 표본 기업가들은 회사를 창립하고 활발하게 운영했을 뿐만 아니라 여러 개의 벤처기업을 설립하고 운영했거나, 성공 전후로 실패를 경험했거나, 인수 합병을 겪어냈거나, 심각한 PR 쿠데타를 겪었거나, 회사를 상장시켰거나, 그 반대의 경우를 겪는 등 다양한 기업 운영 경험을 지녔다.

그들이 설립하거나 관여한 회사의 연 매출은 1997년 3월 기준 2억 달러부터 65억 달러까지 다양했다. 산업군 역시 다채로웠는데 소매용품 및 서비스, 가정용품, 곰 인형, 아이스크림, 면도기, 보안 서비스, 계약 프로그래밍, 컴퓨터, 소프트웨어, 통신, 미디어, 바이오테크놀로지, 환경 기술, 철강, 철도, 발전소 등이 있었다.

각 대상자는 스타트업에서 흔히 일어나는 열 가지 전형적인 의사 결정 문제를 푸는 2시간가량의 실험에 참여하는 것에 동의했다. 선행 연구에 비춰봤을 때 대상자들은 실험을 완료하는 데 대략 1시간 반이 필요할 것으로 예측했다. 남은 시간엔 비공식적인 반半구조적 인터뷰를 진행했고 실제 회사를 설립할 때 내렸던 의사 결정에 관해 주로 질문했다. 피실험자들은 실제로 의사 결정 실험을 완료하는 데 평균 1시간 반가량 소요했고 몇몇은 반구조적 인터뷰에 남은 30분 이상의 시간을 소요했다.

　　나는 30개의 사례를 수집했고 추가 연구를 위해 나머지 15개 사례를 유예했다. 20회 이상 실험을 반복하면서 데이터가 뚜렷한 패턴으로 수렴하기 시작했고 이후 중복하는 결과가 증가함에 따라 내린 결정이었다. 30개 사례 중에서 오직 27개 사례가 분석에 적합했다. 두 명의 참가자 중 한 명은 고령으로 인해, 다른 한 명은 언어 장벽으로 인해 실험 과정에서 어려움을 겪었기에 인터뷰에만 참여하기로 결정했다. 나머지 한 명은 모든 문제를 읽고 나서 해결하고자 했고, 이는 의도한 문제 구성 방식과는 맞지 않았기에 이 참가자의 응답은 무효 처리되었다.

4. 연구 기법

표본 대상들은 서로 전혀 다른 산업군에서 창업한 경험이 있다. 이러한 변수는 의도된 것이었고 전문 기업가의 전반적인 규모를 적절히 반영했지만 이 연구 방법의 핵심 문제는 산업군을 넘나들어야 했다는 것이었다. 나는 모든 연구 대상의 유일한 공통 요소는 기업가정신이라고 결론지었다. 그래서 기업가정신 자체를 중심으로 이 연구의 의사 결정 문제를 설계했다. 이를 위해 나는 기업가정신을 담은 사업인 벤처링Venturing이라는 가상의 상품을 제시했다.

　　이 연구에서 사용된 마지막 연구 기법은 '벤처링'을 기업으로 발전시키기 위해 해결해야 하는 열 가지 의사 결정 문제였다. 이 연구 기법을 완성하기 위해 피츠버그 현지 기업가들과 비공식적 면담을 거쳐 다양한 문제 상황을 개발하고 점검한 뒤 선행 연구를 진행했다. 이 기업가들은 최종 연구에는 포함되지 않았다. 이후 다양한 사례 연구와 스타트업 창업 배경을 조사하여 초기 선정을 재확인했고 가장 자주 언급되었고 폭넓게 설명되었던 문제들을 골랐다.

실험 도중 또는 인터뷰 이후 내가 구체적으로 질문했을 때 모든 참가자는 실험의 문제 상황이 현실적이라고 생각했다고 대답했다. 18명은 문제 상황이 현실 속 자신의 경험과 유사했다고 답했다. 6명의 참가자는 연구 기법의 사본을 요청하면서 새로운 관리자를 고용하거나 교육할 때 사용하고자 함을 밝혔다. 모든 참가자는 연구 결과를 확인하고 싶어했고 향후 필요하다면 질문지나 전화 인터뷰 등의 절차에 참가할 용의를 밝혔다. 또한 참가자들과 그들이 창업한 회사에 관한 여러 출판물도 수집했는데 그중에는 이력서, 프레스키트, 언론 기사나 연례 보고서 등이 포함되어 있었다.

'이펙추에이터'를 발견하다

1. 가설 개발에 앞서

표본 집단에 속한 전문 기업가들로부터 사고 구술 사례를 수집하기 위해 미국 전역으로 이동할 때, 나는 기업가들이 의사 결정 과정에서 보이는 공통점을 발견하는 분석 양식을 개발하고자 하는 관점에서 사고 구술을 탐구하기 시작했다. 첫 세 개의 사례를 수집하고 반복적으로 녹음본을 듣자 다음 사례에서는 어떤 일이 일어날지 구체적으로 예측할 수 있었다. 다음 사례를 수집하면 나의 예측이 들어맞았는지 확인한 뒤 새로운 가설을 만들었다. 이 방식으로 나는 데이터로부터 도출되고 분석 가능성으로 수렴하는 여러 가지 주제를 정의했다. 그 후에는 가설 개발을 위해 참고할 만한 연관 논문을 찾아보았다.

데이터에서 도출한 첫 번째 주제는 '전문 기업가들은 시장조사를 믿지 않는다'는 것이었다. 여기서 나는 교과서적 관점의 시장조사, 즉 설문, 표본 집단 조사 그리고 잠재수요를 예측할 수 있는 체계적인 시도 들을 지칭한다 . 하지만 왜 이들은 시장조사를 믿지 않는가? 시장조사 대신 무엇을 하는가? 데이터에 다시 몰두하자 나는 더 중요한 이슈를 명확히 발견할 수 있었다. 이 연구 대상자들은 단지 공식 시장조사의 효용성을 명백하게 거부하는 것에 그치지 않았다. 의식적으로 또는 무의식적으로 이들은 의사 결정을 하는 데 미래를 예측하려는 시도 자체에 대해 깊은 불신을 드러냈다. 이는 또 다른 질문으로 이어진다. '미래를 예측하려는 시도 없이 어떻게 의사 결정을 하는가?' 이 새로운 질문과 함께 나의 데이터로 검증할 가설을 개발하기 시작했다.

2. 가설 개발과 연관된 논문

불확실성하의 의사 결정에 관한 연구는 역사적으로 합리적 의사 결정 모델의 규범적 발전과[14] 실제 의사 결정자의 합리성에 관한 실증적 조사로 양분할 수 있다.[15]

규범적 발전은 나이트가 연구한 위험risk과 불확실성uncertainty 사이의 개념적 구분에 뿌리를 두고 있다.[16] 다른 색의 공이 들어 있는 주머니는 흔히 사용되는 통계적 비유로, 이 두 가지 개념의 차이를 보여준다.[17] 첫 번째 게임에서 초록색 공 다섯 개와 빨간색 공 다섯 개가 들어 있는 주머니에서 공을 꺼낸다고 가정해보자. 만약 빨간 공을 꺼내면 50달러를 상금으로 갖는다. 공을 꺼낼 때마다 주머니 안에 있는 공의 비율을 알기 때문에 빨간 공을 꺼낼 확률을 정확히 계산할 수 있다.

이러한 종류의 게임은 위험의 대표적인 예다. 이제 빨간 공을 꺼내면 50달러의 상금을 얻지만 주머니에 얼마나 많은 공이 있는지, 무슨 색의 공이 있는지, 아니면 아예 빨간 공 자체가 있는지조차 알지 못한다고 가정해보자. 이런 종류의 게임은 불확실성을 대표한다. 통계학적으로 첫 번째 주머니와 같이 알려진 분포를 둘러싼 의사 결정, 즉 위험의 특성이 있는 상황에는 전통적인 분석 기법이 필요하다. 그리고 두 번째 주머니와 같이 알려지지 않은 분포, 즉 불확실성의 특성이 있는 상황에서의 의사 결정은 추정 기법이 필요하다. 추정 과정을 통해 알려지지 않은 분포들이 하나하나 모이면 미지의 표본이었던 주머니는 알려진 분포가 되고, 이후 분석적 기법을 적용할 수 있게 된다.

사람들이 실생활에서 분석 기법을 활용하여 위험에 대응하는 예로는 보험 구매, 주식 매수와 매도, 다양한 종류의 사업 등이 있다. 코카콜라나 개인용 컴퓨터와 같이 자리를 확실히 잡은 상품군의 수요 예측도 이 분류에 속한다. 불확실성을 지닌 문제를 해결하기 위해 추정 기법을 활용하는 실생활 사례에는 환경오염, 지구온난화, 유전자 복제, 기술혁신의 상업화 등이 있다. 규범적인 모델을 개발하는 연구자들은 실험을 통해 일반적으로 사람들은 불확실성이 있는 주머니보다 위험성이 있는 주머니, 즉 미지의 분포보다 알려진 분포를 더 선호한다는 사실을 밝혀냈다.[18] 하지만 기업가정신을 연구하는 이들은 기업가들이 모호함을 잘 수용하는 편이므로 미지의 분포를 더 선호할 것이라고 예상했다.[19]

두 개의 규범적 방법론은 일반적으로 사람들이 엄격히 합리적이지 않다는 것을 증명한 다른 연구 결과들에 부합한다.[20] 대신에 사람들의 합리성은 연산 능력에 가해지는 생리적 제약과 같은 인지적 한계와[21], 편견과 오류와 같은 심리적 한계에 제한받는다.[22][23] 그러나 이러한 결과는 의사 결정자들이 비합리적이라는 것을 의미하지는 않는다. 오히려 특정 범위 안에서는 의사 결정자들이 휴리스틱과 귀납적 논리를 활용하여 아주 효과적인 결정을 내리곤 한다.[24]

합리성과 제한된 합리성bounded rationality 이 두 관점의 논거는 다음과 같이 정리할 수 있다. 만약 의사 결정자들이 측정할 수 있거나 상대적으로 예측할 수 있는 미래를 다루고 있다고 생각한다면 체계적으로 정보를 수집하거나 특정 범위 안에서 상당량의 분석을 시도할 것이다. 이와 비슷하게 만약 의사 결정자들이 상대적으로 불확실한 현상을 대하고 있다고 생각한다면 그 미래의 기본 분포를 예측하기 위해 먼저 실험적이고 반복적인 학습 기술로써 정보를 취득할 것이다. 이는 의사 결정자들이 결정을 내릴 때 사용하는 휴리스틱과 논리적 접근법의 유형을 살펴보면 특정한 의사 결정에 영향을 끼치는, 미래에 관한 어떤 내재된 믿음을 유추할 수 있다는 논리적인 근거가 된다.

나이트의 불확실성 분석으로 다시 돌아가보면 두 가지가 아닌 세 가지 유형의 불확실성을 다뤘다는 것을 알 수 있다. 첫 번째는 알려진 분포와 미지의 추첨으로 구성된 미래, 두 번째는 미지의 분포와 미지의 추첨으로 구성된 미래, 마지막 유형은 미지일 뿐만 아니라 원칙적으로 알 수 없는 미래에 관한 것이다. 나이트는 이렇게 말했다. "유형을 분류할 때 그 어떤 유효한 기반도 없다는 것이 차이점이다."[25]

이제 미래에 대한 세 가지 유형의 믿음을 다루기 위해서는 최소 세 가지의 접근법 분류 체계가 필요함이 확실하다. 처음 언급된 두 가지 유형은 쉬운 편에 속했으며 나이트가 제안한 바 있다. 앞서 말한 것과 같이 첫 번째 유형은 전통적 방식의 분석 기법을 필요로 하고 두 번째 유형은 베이지안 추정을 포함한 추정 기법을 필요로 한다. 하지만 세 번째 유형은 나이트조차 어려워했다.[26]

이러한 심의의 궁극적 논리나 심리학은 그 내용이 모호하고, 과학적으로 불가해한 삶과 정신의 미스터리 중 하나다. 다소간 올바른 결정을 내리고 직관적인 가치관을 형성하기 위해서 고등동물의 '역량'에 기대야 한다. 우리가 합리적이라고 여기는 것들은 경험을 통해 확인될 때가 많으며, 만약 그렇지 않았다면 우리는 살아남지 못했을 수도 있다.

만약 내가 진행한 실험의 참가자들의 가치관이 나이트의 불확실성 중 세 번째 미래관이라면 어떻게 행동할 것인가? 실험 데이터에서 직접 대답을 추출하는 방법밖에는 없어 보였다. 역설적으로 나이트의 불확실성하의 의사 결정 논리와 관련한 논문에서의 이론이 너무나 부족했기에, 나는 앞서 언급한 나이트의 '판단'에 대한 개념과 같이 자의적 판단을 내리게 되었다. 나는 첫 두 개의 유형에 부합하지 않는 모든 것을 담을 수 있는 세 번째 유형을 만들어내기로 했다. 그 후에 나이트의 불확실성에 대응하기 위한 논리를 알기 위해 정량적 분석 기법을 활용하며 데이터를 직접 다뤘다. 나는 그 논리를 '이펙추에이션'이라고 명명했다. 나는 이펙추에이션이라는 단어를 '인과관계'의 인지적 반의어로서 사용했는데, 인간 행위성human agency 또는 현실에서 인간이 일으킨 인과적 개입을 뜻하는 '인과관계'의 사전적 의미에 따른 것이다. 이 책의 나머지 내용은 이펙추에이션에 관한 데이터가 말하고자 하는 바를 설명하고 명확하게 정리하며 설득력 있게 강화하고자 하는 노력이다. 그리고 동료들과 함께 수집해온 추가 데이터가 초기 데이터와 얼마나 일치하는지 확인하고자 한다.

표 2.2 미래 현상의 분류 체계

	낮은 예측 가능성 (불확실성/불균형)	높은 예측 가능성 (위험/균형)
인간 행동	미지의 규칙 이펙추에이션	알려진 규칙 게임 이론
인간 행동과 자연현상	미지의 분포 추정 (주관적 확률)	알려진 분포 분석 (고전적 확률)
자연현상	예: 펜실베이니아 지진	예: 단기 날씨 예보

3. 미래 예측 가능성에 대한 믿음: 위험, 불확실성, 나이트 불확실성

미래 현상은 예측 가능성에 따라 달라지기도 하지만 인간의 행동이나 자연적 요소에 얼마나 영향을 받는지에 따라 달라지기도 한다. 표 2.2는 미래 현상의 분류 체계와 이에 대응하기 위해 연구자들이 사용한 방법론이다. 추후 이 책에서 이펙추에이션을 구체적으로 다룰 예정이므로 여기서는 전문 기업가들로부터 수집한 구술 사례를 어떻게 분석했는지 간단히 설명하겠다.

이펙추에이션은 인간이 미래를 발생시키고 그에 따라 미래는 상호 합의된 인간의 행동을 통해 조정될 수 있다는 깨달음에 기반하고 있다. 앞선 공이 들어 있는 주머니의 비유를 들어 설명하자면 이펙추에이션 논리를 사용하는 사람들은 주머니에 들어 있는 공의 비율을 예측하는 데 에너지를 낭비하지 않는다. 대신 그들은 빨간 공을 어떤 방법으로든 모아서 주머니 안에 넣고자 한다. 그리고 빨간 공을 가진 사람들에게 주머니에 공을 넣고 동업자로서 같이 게임에 참여하도록 설득한다. 핵심은 추첨에 이익이 되도록 공의 분포를 조작하는 것이다. 만약 불가능하다면, 그리고 이펙추에이터들이 녹색 공만 가지고 있다면 이들은 빨간 공에 상금을 주는 게임을 거부하고 녹색 공이 이기는 새로운 게임을 개발할 것이다.

물론 이러한 관점은 현실보다는 희망 사항에 가까울 수 있고 실제 다수의 기업가는 실패하기도 한다. 그러나 이펙추에이터들이 세계를 예측하거나 그 예측에 대응하는 것보다도 관심 있는 미래를 다지고 창조하는 데 더 몰두한다는 가설이 무효가 되지는 않는다.

4. 귀무가설

위에서 살펴본 개념적 발전에 따라 연구 대상들의 의사 결정 과정이 미래 예측 가능성에 대한 아래의 세 가지 믿음 중 하나에 영향받는다고 기대해볼 수 있다.

1. 참가자들은 경기순환과 같이 인간의 행동과 자연현상, 또는 인간 행동 자체만을 둘러싼 쉽게 예측 가능한 현상에 의해 미래가 발생한다고 믿는다. 이 경우 의사 결정은 자세하고 체계적인 정보를 찾은 뒤 특정 목적을 달성하기 위한 관점에서 그 정보를 분석하는 과정을 거친다. 강조할 점은 합리적인 결정을 내리기 위해 미래를 분석하려고 시도한다는 것이다. 나는 이 관점을 분석analysis, ANL이라고 부르기로 했다.

2. 주가와 같이 예측하기 매우 어려운 현상에 의해 미래가 발생하지만 검증과 실험을 통한 체계적인 방식 그리고 시간이 흐름에 따라 형성되는 신뢰성 있는 전문성을 기반으로 미래를 연구할 수 있다고 믿는 사람들도 있다. 이 경우 이들의 의사 결정은 검증과 실험의 기술, 전문가와의 컨설팅 그리고 주관적 확률을 통해 이루어진다. 여기서도 예측을 강조하지만 반복적인 학습으로 개선된다는 점이 중요하다. 나는 이 방식을

베이지안 분석Bayesian analysis, BAN이라고 부르기로 했다.

3. 미래는 새로운 패션처럼 본질적으로 예측할 수 없고 측정하기 어려운 인간의 행동에 의해 주로 발생한다고 믿는 경우도 있다. 이 경우 의사 결정을 위해서는 인간 주체를 향한 직관을 기른다. 즉 귀납적 사고와 더불어 면밀하고 개인적인 관찰을 수행한다. 그리고 미래를 예측하기보다는 미래를 조정하고 만들어나가려는 관점에서 이해관계자들과 협업 관계를 구축하고 그 사이에서 합의를 이끌어내려는 시도를 수반한다. 나는 이 방식을 이펙추에이션effectuation, EFF이라고 부르기로 했다.

따라서 귀무가설은 다음과 같다.

전문 기업가들은 새로운 사업을 시작할 때 미래 예측 가능성과 관련 기법에 관련한 세 가지 믿음 중 어느 것에도 선호가 없다.

궁극적으로 이 귀무가설이 기각된다면 연구 대상이 미래 예측 가능성에 관한 특정 믿음에 선호가 있는지 그의 의사 결정 과정을 분석함으로써 알 수 있다.

5. 코드 분류 체계

처음에 분석한 데이터는 시장조사 질문과 관련이 있다. 다시 말해 문제 상황 1의 4번 질문은 다음과 같다. "어떻게 이 정보를 획득할 것인가? 어떤 시장조사 방법을 사용할 것인가?"

먼저 시장조사 질문에서 코드화하기에 유효한 의미 구절semantic chunk을 정의했다. 의미 구절은 가설 검증을 위한 분석의 기초 단계다. 결정을 내리는 데 유의미한 지점을 표현하는 하나의 절이나 문장일 수도 있고 여러 문장의 집합일 수도 있다. 그 후 외부 코드 전문가와 함께 독립적으로 구절을 분류했다. 외부 코드 전문가는 경험이 많은 인지 과학자였고 해당 특정 작업 외에는 연구에 참여하지 않았다.

우리가 사용한 코드 분류 체계는 표 2.3에 정리되어 있다. 표 2.3의 상세한 분류는 아래 가설과 관련된 세 개의 통합 카테고리로 정리된다.

분석(ANL) = AG + AN + AB/AN

베이지안 분석(BAN) = MA + TM + AB/TM

이펙추에이션(EFF) = GF + EF + AB/GF + AB/EF

대부분의 연구 대상자가 미래에 대한 믿음과 관계없이 도서관이나 인터넷에서 쉽게 구할 수 있는 출간 자료들을 통해 2차 시장조사를 할 수 있을 것이라는 가정 아래 출간물PUB이라는 요소는 고려하지 않았다. 오직 16개의 의미 구절만이 이 유형에 속했다. 분류된 구절들은 이어지는 내용에서 계속 인용될 것이다. 연구 대상은 [E1] [E2] 등으로 칭하고 편의를 위해 각 구절의 끝에 표시하도록 하겠다.

ANL 유형에서는 표본 집단 조사나 설문, 전문가 고용 등을 통한 전통적 시장조사 방식을 제안하는 의미 구절들을 찾아볼 수 있다. 예시는 다음과 같다. "네다섯 개의 시장조사 업체를 방문해서 이 영역에서 조사한 적이 있는지 물어볼 것 같다. [E8]" "아마 경영 대학원 같은 곳에 찾아가 시장조사를 해줄 인턴십 프로그램을 활용할 것 같다. [E17]" "세계시장 상황을 살펴보고 내 제품을 위한 시장 규모를 예상할 수 있을 것이다. [E18]" "핵심 고객군을 알고 얼마나 성장할지 시장조사를 하고 싶다. [E28]"

BAN 유형에는 테스트 마케팅이나 시험 적용 같은 체계적이고 반복적인 학습법을 사용한다는 진술이 있다. BAN으로 분류된 의미 구절은 다음과 같다. "학교 이사회에 관한 한 이는 훨씬 품을 들여야 하는 어려운 연구 프로젝트일 것이고 거의 직감적일 것이다. [E23]" "아마 테스트 마케팅을 해볼 것이다. [E7]" "나라면 테스트 시장조사를 하는 회사를 찾아볼 것이다. [E11]" EFF으로 분류된 의미 구절들은 정량적 데이터 분석을 다루는 다음 장에서 살펴볼 것이다.

표 2.3 시장조사(MR) 질문에 대한 코드 분류 체계

PUB(published materials) = 출간물	기존에 출간된 자료, 도서관 도서, 인터넷을 살펴보거나 2차 조사 또는 형식적 시장조사를 한다.
AG(agency) = 기관	시장조사 대행사나 다른 전문가에게 조사를 의뢰한다.
AN(analysis) = 분석	질문지나 설문을 이용하는 방법으로, 목표 시장점유율을 계산하기 위한 시장 규모, 성장률 등 분석적 질문에 대한 구체적 답변을 통해 정확한 정보를 얻는다.
MA(modified analysis) = 변형 분석	AN을 제안하지만 '확신할 순 없다.' 등의 언급을 한다.
TM(test marketing) = 테스트 마케팅	테스트 마케팅, 시험 적용 등 위에서 언급된 분석적 질문에 대한 대답을 찾고 표본 집단 조사, 디자인 개발 등 반복적 학습을 한다.
GF(gut feel) = 직감	사람들과 대화하며 시장에서 일어나는 일에 대한 직관적 느낌을 발전시킨다. 또는 시장 상황에 몰입함으로써 시장과 고객에 대한 깊은 믿음을 형성한다.
EF(effectuation) = 이펙추에이션	전통적 시장조사에 대한 불신을 표현하고 시장조사를 하기 전에 전략을 발전시키거나 실행하는 것을 중시한다. 단순히 시장에 무엇이 있는지 찾기보다 일을 실현하는 전략을 발전시킨다. 가장 흔한 예는 시장조사 대신 전략적 동업자나 네트워크를 찾는 것이며 계획보다는 먼저 고객을 확보하는 일을 강조한다.
AB(awareness of bias) = 편향 인식 AB/AN AB/TM AB/GF AB/EF	연구 대상자의 편향에 대한 우려를 나타낸다. 이 인식은 AN, TM, GF, EF 모두와 관련이 있을 수 있다. 예를 들어 대상자는 '시장을 모르기 때문에 내가 직접 관찰해야 한다(AB/GF)' 또는 '어떤 질문을 해야 할지 모르기 때문에 먼저 실험해봐야 한다(AB/TM)'고 말하기도 한다. 이러한 구절들을 AB로 먼저 분류해놓고 네 개의 카테고리 중 어떤 것에 속하는지 결정하는 것이 좋다. 최종 분류는 AB/AN, AB/TM, AB/GF, AB/EF 중 하나가 되어야 한다.

6. 귀무가설의 정량적 실험

가설 검증을 위한 시장조사 질문에서 추출한 235개의 의미 구절 중 24개(10%)는 ANL, 35개(15%)는 BAN, 176개(75%)는 EFF로 분류되었다. 외부 코드 전문가는 235개 중 아홉 개(3%) 의미 구절은 시장조사 방식에 대한 질문에 적용할 수 없다고 결정했다. 이 중 네 개는 E10 참가자가 한 말이다. 두 명의 코드 전문가 사이에 22개(9%)의 불일치 결과가 있었고 여기에 앞서 말한 적용하기 어려운 아홉 개의 결과가 포함되어 있다. 분류자 간의 신뢰도는 코헨의 카파 계수($p < 0.01$ 일 때, 0.90 유의미성)를 통해 검증했다.[27] 예이츠 연속성 수정을 적용한 카이 제곱 검정($\chi^2 = 99.62$; $p < 0.001$)은 귀무가설을 기각하는 증거를 제공한다.[28] 확률 행렬은 표 2.4에 나와 있다.

두 번째 가설 검증을 통해 추가적인 엄격함을 적용할 수 있었다. 참가자마다 의미 구절의 총량이 다르기에 이 검증에서는 좀 더 수다스러운 참가자가 가설에 유리한 방향으로 숫자를 왜곡한 것은 아닌지 확인했다. 여기에서는 사회 선택이론에서 비롯된 보르다 계산법Borda count을 사용하여[29] 대상자마다 세 개의 유형에 해당하는 의미 구절 개수의 절대적 숫자를 0, 1, 2의 상대적 등급으로 변환했다. 만약 E21과 같은 대상자가 ANL과 관련해서 아무 진술도 하지 않고 BAN과 관련해서는 한 번, EFF 관련해서는 아홉 번 진술했다면 보르다 계산법에 따라 ANL은 0, BAN은 1, EFF는 9 대신 2로 변환되기 때문에 오히려 극단적인 방법이 될 수도 있다. 전체 표본에 보르다 계산법을 적용했을 때 ANL은 15, BAN은 20, EFF는 46으로 변환되었다. 이는 일말의 가능성을 제거한 후에도 EFF와 관련한 진술이 ANL보다 세 배, BAN보다 두 배 많을 정도로 우세하다는 것을 뜻한다. 결국 새로운 제품군을 위한 시장을 개척할 때 참가자들은 전통적 시장조사 방식보다 휴리스틱 방식을 더 선호한다는 가설이 성립한다는 것을 알 수 있다. 사실 74%의 참가자(27명 중 20명)가 말한 내용 중 63%가 이펙추에이션에 관한 것이었으며 27명 중 일곱 명은 EFF 유형이 아닌 진술은 아예 하지 않았다. 이어지는 정성 분석에서 이 일곱 명을 '극단적 이펙추에이터'로 지칭하겠다.

이펙추에이터는 어떻게 사고하는가

27명의 연구 대상자 중 네 명만이 시장조사나 다른 예측 분석을 유효한 방식으로 사용했다는 것을 알게 된 후, 분석의 핵심은 다른 23명이 사용한 특정한 방식을 정의하는 것으로 옮겨 갔다. 내용을 분석하기 위해 사용한 간단한 프로세스 추적 방식은 인지과학 분야에서 연구자들이 엑스퍼트 시스템을 작성하기 전 사전 작업으로서 사용하는 기법이다.[30] 이 정성적 내용 분석은 두 단계로 이루어진다. 첫 번째 단계에서는 시장조사 질문에서 추출한 의미 구절들을 다시 살펴보고 참가자들이 말한 내용 중 인과적 추론의 대안이 될 수 있는 특정한 제안들을 밝혀내거나 비슷한 제안을 제안들을 공통의 유형으로 묶고 그로부터 반복되는 패턴을 정의한다. 정성적 분석의 두 번째 단계에서도 비슷한 방식이 사용된다. 첫 번째 문제 상황의 다섯 가지 질문 전체에 대한 답변을 분석했고 벤처링을 위한 시장을 특정하는 데 관련된 모든 의미 구절을 먼저 정의하는 단계가 추가되었다.

표 2.4 카이 제곱(X^2) 검정 확률 표 (예이츠 연속성 수정)

대상	ANL	BAN	EFF	종합
E1	0	0	12	12
E2	1	0	6	7
E3	2	2	6	10
E4	2	1	9	12
E5	0	0	10	10
E6	2	2	7	11
E7	0	5	9	14
E8	3	0	5	8
E10	1	3	0	4
E11	2	3	10	15
E12	2	0	4	6
E15	0	1	20	21
E16	0	0	3	3
E17	1	0	2	3
E18	0	0	9	9
E19	2	1	3	6
E20	1	0	10	11
E21	0	1	9	10
E22	0	5	5	10
E23	0	0	2	2
E24	0	1	5	6
E25	0	0	14	14
E26	0	1	11	12
E27	1	2	1	4
E28	4	1	1	6
E29	0	0	2	2
E30	0	6	1	7
종합	24	35	176	235

1. 정성적 분석에서 도출한 여섯 가지 요소

이 장에서는 데이터에서 직접 발견한 골격 구조를 소개하고자 한다. 이는 앞으로 설명할 이펙추에이션의 풍부한 논리의 기반이 된다. 시장조사 질문을 담당했던 외부 코드 전문가를 제외한 두 명의 독립적 연구자들이 모델의 각 요소를 뒷받침하는 진술의 빈도수를 분류하는 데 참여했다. 분석 결과를 설명하는 과정에서 각 요소의 빈도수를 뒷받침하기 위한 다수의 기존 진술이 제시된다. 이 진술들은 의사 결정 모델을 뒷받침할 뿐만 아니라 연구자들 간의 높은 신뢰도(90% 이상)를 강화했다.

요소 1. 목표보다 수단에 집중하기

대부분의 연구 대상자는 사전에 정의된 목표보다 주어진 수단을 고려하여 의사 결정 과정을 시작했다. 데이터에서 세 가지 유형의 수단을 발견할 수 있었다. 참가자들은 그들의 고객을 자신이 어떤 사람인지, 무엇을 아는지, 누구를 아는지 이 세 가지 유형 중 하나, 또는 여러 조합으로 자신의 첫 '고객'을 선택했다. 그들의 정체성을 기반으로 한 초기의 고객 선정 과정은 아래 진술에 나타난다.

> ▸ 나는 학교를 좋아하지 않기 때문에 미국 경제계를 대상으로 사업하겠다. [E22]
> ▸ 나는 게임 산업보다는 교육산업에 뛰어들고 싶다. [E2]
> ▸ 나는 게임에 큰 관심이 있다. 정말이다. 굉장히 흥미로운 분야라고 생각한다. [E3]

두 번째로, 자신이 무엇을 알고 있는지에 따라 판단하는 유형에는 초기 고객 선정을 위한 두 가지 원천이 있다. 이 유형에 속하는 대상자들은 이전의 업무 경험을 활용하거나 예전에 겪은 일에 비유했다. 다섯 명의 참가자들은 다른 게임(모노폴리, 마우스트랩, 심시티, 시드마이어의 문명 등)을 비유로 들며 아이들과 자신이 컴퓨터 게임을 즐기기 때문에 어린이와 게임을 즐기는 어른을 첫 번째 고객군으로 설정했다. 세 명은 장난감이나 게임을 판매한 경험이 있거나 교육 소프트웨어 스타트업의 가망 투자자였던 적도 있었다.

누구를 알고 있는지에 따라 판단을 내린 세 번째 유형의 참가자들은 전략적 동업자들을 첫 번째 고객군으로 설정했다. 여섯 명의 대상자가 첫 고객으로 자신이 알고 있는 경영 대학원 교수를 선정했다. 앞선 두 유형에서 고객군을 선정한 참가자들조차도 이들과 파트너십 맺는 것을 제안했다. 극단적 이펙추에이터들은 항상 동업자부터 시작했다. 예를 들어 E26 참가자는 이렇게 말했다.

> 전통적인 시장조사에서는 우편물 등을 활용해 광범위하게 정보를 수집한다. 나는 그렇게 하지 않을 것이다. 나는 말 그대로 앞서 말한 것처럼 플래그십이라고 부를 수 있는 핵심 회사들을 뇌절제술을 하듯 낱낱이 분석할 것이다. 그 후 중요한 것은 동업자를 선택하고 많은 자본을 지출하기 전에 얼른 준비해야 한다는 것이다.

요소 2. 기대 수익보다 감당 가능한 손실을 생각하기

27명의 참가자 중 아무도 기대 수익에 관한 구체적인 정보를 얻으려 하거나 프로젝트에 적당한 투자 수준을 예측하려고 노력하지 않았다. 대신에 이들은 감당할 수 있는 수준까지 투자하길 원했다. 27명 중 23명(85%)은 자금에 대한 걱정을 표했고 제품 출시에 돈을 쓰지 않거나 3만 달러 정도의 초기 가상 부존자원의 한도를 유지하길 바랐다. 일곱 명의 극단적 이펙추에이터는 아예 돈을 쓰지 않기를 원했다. 이들은 시장조사나 사전 판매 활동에 어떠한 자원도 사용하지 않고 직접적으로 시장에 제품을 내놓길 원했다.

요소 3. 동업자로서의 초기 고객, 초기 고객으로서의 동업자

초기 고객을 동업자로 전환하는 것은 선호도가 높은 고객군 정의 방식이다. 다른 인기 있는 방식은 아주 초기 단계에서 고객 및 동업자에게 직접 판매하는 것이다. 일곱 명의 대상자, 즉 극단적 이펙추에이터는 제품을 개발하거나 생산하기도 전에 판매하는 것을 제안했다.

▶ 누군가 말하기를 오직 필요한 것은 고객이라고 했다. 모든 것에 대해 질문하기 전에 나라면 먼저 판매해보려고 노력할 것 같다. 내가 어느 정도의 위치에 와 있는지 가늠해보고 동료들을 모아 판매를 시작할 것이다. 어떤 사람에게 어떤 가격으로 파는 것이 나은지 그리고 방해물은 무엇인지 배울 것이고 그냥 실행할 것이다. 그냥 부딪치고 판매해보라. 제품이 있기도 전에 그냥 판매해보려고 노력할 것 같다. 생산을 시작하기도 전에 말이다. 그래서 내 방식의 시장조사라고 하면 실제로 나서서 판매해보는 것에 가깝다. 물론 어렵겠지만 시장조사를 위해 노력하는 것보다는 훨씬 나을 것이다. [E1]

▶ 가망 고객들이 사용하고 있는 모든 제품을 면밀히 관찰한다면 당신의 특정 제품에도 유용한 통찰력을 제공할 것이다. 엄청난 실험을 굳이 직접 할 필요가 없다. 실제로 대여섯 개의 다른 제품을 살펴보면 고객의 행동과 요구 사항, 원하는 바와 역학관계를 배울 수 있을 것이다. 제품을 만들지 않아도 지향하는 특정 시장의 역학을 이해하고 싶을 것이다. 그 시장은 아직 존재하지 않기 때문에 그것이 개인이 할 수 있는 최선이다. [E4]

요소 4. 경쟁을 무시하고 파트너십을 강조하기

새로운 사업을 위한 고객이 누구일지 묻는 질문에 대다수는 경쟁 분석을 하기 전에 초기 고객군을 구성하기를 선호한다고 답변했다. 27명의 대상자 중에서 20명(74%)이 경쟁자에 관해 걱정하지 않는다거나 목표 고객군을 성공적으로 형성할 때까지 경쟁자는 그다지 중요하지 않다고 말했다. 오직 일곱 명(26%)이 경쟁자에 대해 궁금한 점이 있었고, 경쟁자는 언제나 존재한다고 진술했다. 답변의 예시는 다음과 같다.

- ▸ 만약 성공적이고 인기 있는 사업이 있다면 수백 명의 다른 참가자가 모방할 것이다. [E1]
- ▸ 이 영역은 초기 단계고 경쟁이 분명 있을 테지만 성공 요소는 실제로 경쟁에 영향받지 않는다. [E4]
- ▸ 언젠가 회사에서 직원들에게 경쟁자들을 신경 쓰지 말라고 한 적이 있다. 그냥 맡은 일에 최선을 다하라고 말이다. 자신의 일에 집중하라고 했다. 이제는 그것이 온전히 가능하지는 않고, 우리는 경쟁자 조사를 많이 하고 있다. [E15]
- ▸ 내 생각에 경쟁은 부차적인 요소다. 마치 말 앞에 짐칸을 놓는 격이다. [E10]

데이터에 따르면 전반적으로 전문 기업가들은 경쟁 구도를 분석하는 대신, 놀라울 정도로 파트너십을 구성하는 데 집중하길 선호했다. 27명 중 21명(78%)이 첫 고객으로서 전략적 파트너를 선정했다. 44%(27명 중 12명)가 고객보다 전략적 파트너의 중요성을 강조했다. E25 대상자는 정확히 다음과 같이 말했다.

내 생각엔 미래에 기업이 돈을 버는 방식은 직접 판매가 아니라

간접 판매다. 특허를 취득하고 네트워크를 개발하는 역량이 중요한 것이다. 네트워크의 구성원은 단순히 공급자나 사용자가 아니라 기술 파트너가 될 수도 있고, 따라서 지금 제품의 특허와 교환함으로써 새로 진입할 수 있는 시장의 제품을 제공해줄 수도 있다. 그래서 솔직하게 말하면 회사의 성장 여부는 직원의 수나 자본금의 수준이 아닌 파트너의 수로 제한된다. 만약 파트너십 네트워크를 구축할 수 있으면 그들의 재무제표의 대차대조표를 발판 삼을 수 있으며 내 것을 만들 필요는 없어진다. 어떻든 미래의 도전 요소가 될 것이다.

요소 5. 시장을 찾기보다 창조하기

한 명의 고객 또는 파트너에서 시장으로 확장하는 과정에는 두 가지 추가적인 단계가 필요하다. 첫 번째는 기존 고객군을 위한 추가적인 제품을 만들거나 전략적 파트너십을 맺어 고객군을 넓히는 것이다. 두 번째 단계는 회사의 전략적 비전을 통해 시장을 정의하는 것이다. 이 책의 마지막에 한 답변(문제 상황 5에서 새로운 회사의 성장 가능성에 대한 E5 참가자의 대답)을 전부 실었는데, 그 사례가 이 두 단계를 아주 훌륭하게 표현하기 때문이다. 표 2.5는 E5 참가자가 사용한 이펙추에이션의 전 과정을 보여주기 위해 문제 상황 1과 4의 데이터를 활용한 답변 추적 과정을 담고 있다.

E5 참가자는 이전의 경험을 바탕으로 초기 고객군을 설정했다. 이 참가자는 최근에 책을 출간했고 유망한 기업가들 또는 기업가정신을 공부하는 학생들, 즉 책의 독자들을 초기 고객군으로 설정했다. 그 후 문제 상황 4번에서 어떻게 시장조사를 할지 설명해야 했을 때 그는 출판사와 논의하면서 고객을 이해하겠다고 제안했다. "내가 방문하는 장소는 내가 처음 뒤집어보는 돌이 될 것이고, 그곳에서 나는 어김없이 계속되는 실마리를 찾을 것이다." 만약 그 대상자가 지금의 위치에 없었

다면 그는 "성공적인 경영 서적을 쓴 멘토를 찾아가 그 사람에게 이 제품이 훌륭하다고 설득하며 방안을 찾기 위해 노력할 것"이라고 말했다.

고객-파트너를 설정하고 기업가정신 도서의 최근 독자층을 목표 고객군으로 정의한 후, 이 참가자는 이 제품에 엄청난 가능성은 없다고 생각한다고 말하며 다섯 번째 질문에 답했다. 그러나 그는 상품과 초기 고객군의 추상적인 면들을 계속해서 고려했고 이론적인 시장을 반복적인 상황을 통해 배우는 과정으로 정의했다. 그 후 점진적으로 초기의 정의를 반복하고 재구성하면서 새로운 고객군을 추가했고, 그의 말에 따르면 "수천만 달러의 기업이 탄생할 수도 있는" 기술 요건을 보유한 조직으로서 시장 기회를 창출했다. 그 외 참가자들은 다른 단어를 사용했지만 패턴은 비슷했다.

표 2.5 문제 상황 1, 질문 5에 대한 E5 참가자의 사고 구술 추적 과정

기존 구술 내용 중 의미 구절	의미 구절 코드
이 회사가 규모가 커질 것 같지 않다.	초기 잠재력 인식
기본 개념은 비즈니스 시뮬레이션이다. (가망 기업가들의) 성공적인 첫 제품 론칭 이후 가능한 한 많은 시장에 진입하기 위해 대규모 마케팅 공세를 펼치는 스타트업 모의실험이다.	초기 고객 정의 (참가자는 질문 1에서 초기 고객으로 정의하고 질문 4에서 직감(GF)을 통해 구체화한 고객군을 언급하고 있다)
성공적인 두 번째 제품이 되었을 수 있다. 예를 들어 대규모 기업에서 성공하고 성장하며 승진할 수 있는 방안에 관한 제품으로 만들 수도 있다.	고객군 추가
스탠퍼드대나 하버드대 또는 예일대에서 상위 10% 성적으로 어떻게 졸업할까?	
모의실험이 유용한 상호적인 상황에서 배울 수 있는 점을 말하고 있다.	시장 정의 시작

기존 구술 내용 중 의미 구절	의미 구절 코드
다음으로는 협상이 발생하고 따라서 판매가 이루어진다.	고객군 추가 지속
계속 진행하다가 기술적 지식이 필요한 상황이 올 수 있다. 인간 조직과 관계되어 있는 협상 기술이나 생체분자의 기술적 지식 등이 있다. 회사 밖에서 도움을 줄 수 있는 사람들 그리고 회사의 방식과 목표를 이해시키기 위해 회사 안의 사람들과 소통해야 한다.	시장 정의 지속
조직은 기술적 요구 사항을 학습해야 하는 상황에 있다.	시장 정의
그래서 여기서 수백만 달러의 회사를 엿볼 수 있다.	가능성 인식의 변화

요소 6. 기존 목표가 아닌 예상치 못한 목표

하나의 똑같은 상상 속 제품에서 시작해 27명의 기업가는 18개의 서로 다른 시장 정의를 내리게 되었다. 더 큰 회사에 상품 특허권 판매 [E6, E21, E28], 기술집약적 사업 개발 [E7, E26], 컴퓨터 및 소프트웨어 제품 개발 [E24], 교육 사업 개발 (비슷한 주제로 경영 기능과 관련된 사업 등) [E17, E18, E20, E28], 기업 교육 및 재교육 프로그램 개발 [E3]. 컨설턴트를 위한 도구 개발 [E15], 국제적 교육 서비스 개발 [E15], 세계적인 관심과 관련한 간접 산물 개발 [E25], 출중한 학생, 세일즈맨, 협상가가 되고 싶은 사람들을 대상으로 한 컴퓨터 시뮬레이션 기반 교육교재 및 도서 개발 [E5], 학교에서 구매하는 경영 대학원용 제품군 개발 [E3], 진로 결정을 돕는 제품 개발 [E30], 특정한 유통수단 및 채널을 위한 제품군 개발 [E3, E9], 기업가를 위한 실무에 도움이 되는 제품을 지속해서 혁신 [E11], 벤처링의 고객을 기반으로 설립된 회사의 성장 과정에 참여하는 신규 기업 개발 [E4], 다양한 종류의 학교를 위해 여러 벤처링 버전 개발 [E2], 기업가정신 교육의 국제적 장려 [E8, E16], 체크프리 같은 인터넷 기업 [E22], 학군을 대상으로 한 제품 판매 [E23] 등이다.

2. 인과관계와 이펙추에이션: 종합적 결론

프로세스 모델을 종합해보면 데이터에서 확인할 수 있는 프로세스는 기업가정신 교육과정에서 학생들에게 가르치는 인과관계적 추론과는 반대라는 것을 명확히 알 수 있다. 도표 2.1에서는 필립 코틀러Philip Kotler의 주류 마케팅 교과서에서 사용하는 인과관계 방식의 시장 세분화-목표 시장 설정-포지셔닝Segmentation-Targeting-Positioning, STP 프로세스를 이펙추에이션 프로세스와 비교하고 있다.[31]

이펙추에이션 모델에서 의사 결정자는 사전에 정의된 효과나 시장에서 시작하지 않는다. 대신에 주어진 수단, 즉 의사 결정자가 어떤 사람이고 무엇을 알고 누구를 아는지 정의한 뒤, 유연한 자세로 가능한 효과를 생성하고 선택하며 새로운 기회로부터 이득을 얻기 위해 지속적으로 노력한다. 이펙추에이션은 본능적으로 목표보다는 과정에 의존적이며 특히 자원보다는 이해관계자에 의존적임을 알 수 있다.

STP 프로세스의 단계와 데이터로부터 비롯된 이펙추에이션의 단계를 비교함으로써 이펙추에이션이 인과관계와는 반대됨을 보여주고 있다. 교과서에서는 제품의 예상 가능한 모든 고객군으로 이루어진 미리 정의된 시장으로부터 프로세스가 시작한다.[32] 표본 집단 조사, 설문 등을 이용해서 이 시장에 관한 정보를 수집한 뒤 이 시장은 관련된 시장 세분화 변수를 통해 여러 고객군으로 분류된다. 그 후 시장 수익의 성장 가능성을 전략적으로 평가하여 특정한 고객군을 타깃으로 삼는다. 마지막으로 경쟁 분석을 통해 이 상품은 자원과 기술적 제약에 의거하여 최적화된 방식으로 목표 고객군에 자리 잡는다.

전통적인 시장조사 기술을 제안했던 네 명을 포함해 연구 대상자 중 그 누구도 벤처링을 위한 시장을 개발하는 과정에서 인과관계 모델을 사용하지 않았다.

도표 2.1 교과서적 마케팅 모델(인과관계)과 이펙추에이션 모델 비교

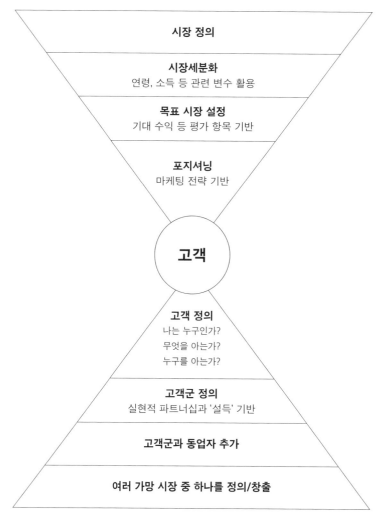

마케팅 교과서의 전통적 인과관계 모델

시장 정의

시장세분화
연령, 소득 등 관련 변수 활용

목표 시장 설정
기대 수익 등 평가 항목 기반

포지셔닝
마케팅 전략 기반

고객

고객 정의
나는 누구인가?
무엇을 아는가?
누구를 아는가?

고객군 정의
실현적 파트너십과 '설득' 기반

고객군과 동업자 추가

여러 가망 시장 중 하나를 정의/창출

전문 기업가들이 활용한 이펙추에이션의 과정

불확실성을 발판 삼는 사고의 전환

문제 상황 1의 데이터에서 이펙추에이션의 기본 모델을 추출하고 난 뒤에 나는 두 가지의 특정한 경우를 예측했다. 하나는 인과관계에, 또 다른 하나는 이펙추에이션에 기반을 두었다. 그 후 문제 상황 2의 구술 내용을 활용해서 데이터로 어떤 예측을 뒷받침할 수 있는지 확인했다.

　　문제 상황 2에서 대상자들은 벤처링과 관련한 시장조사 데이터를 확인했고 다음과 같은 마케팅 의사 결정을 하도록 요청받았다.

　　1. 어떤 시장과 고객군에게 상품을 판매할 것인가? (고객군 질문)
　　2. 어떻게 가격을 매길 것인가? (가격 질문)
　　3. 선택된 시장과 고객군에게 어떻게 제품을 제품을 판매할 것
　　　인가? (채널 질문)

여기서 나는 실제 시장을 대상으로 벤처링에 대한 조사를 실행했다는 점을 염두에 두기 바란다.

1. 문제 상황 2에 대한 인과관계와 이펙추에이션 예측

인과관계 예측

인과관계 방식에 따르면 연구 대상자는 가장 높은 기대 수익에 기반하여 타깃 시장을 설정하고 그 고객군에 판매하기 위한 적정한 채널을 선택할 것이라고 전망할 수 있다. 이러한 관념은 문제 상황 2에 대한 다음의 예측으로 이어진다.

　　1. 고객군: 타깃　고객군은 성인층으로 예상하는데 그 이유는 모

수와 예상 매출에 기반했을 때 가장 큰 고객군이기 때문이다. 이 고객군은 3,000만 명 정도의 규모와 40억 달러 매출의 규모일 것으로 예상한다. 가격 결정을 고려했을 때, 이 고객군에게서 가장 높은 기대 수익을 예측해볼 수 있다.

2. 가격: 성인 고객층은 제품 가격의 기댓값도 139.5달러로 가장 높은 수준이다. 따라서 가격은 약 100-150달러로 형성될 것으로 예상한다.

3. 채널: 네 개 중 세 개의 채널, 즉 학교에 직판하는 채널을 제외한 모든 채널을 통해 성인 고객층에게 판매할 수 있다. 따라서 세 채널의 어느 것이든, 또는 전체가 이 질문에 대한 예상 답안이 될 수 있다.

이펙추에이션 예측

이펙추에이션 논리에 따르면 요소 2, 즉 감당 가능한 손실을 통해 초기 고객을 찾아내고 시장 세분화의 정의로 일반화할 수 있다. 이는 연구 대상자들이 우선 잠재적 고객에게 접근하는 방식을 선택할 것이고, 아마도 가능한 한 가장 저렴한 채널을 선택할 것임을 시사한다. 게다가 요소 5, 즉 시장은 발견하는 것보다 창조하는 것이라는 말은 초기 선택의 대상이 고객군이 아닌 파트너임을 의미한다. 따라서 이펙추에이션은 문제 영역 2와 관련해 다음과 같은 예측을 제시한다.

1. 고객군: 초기 고객군은 선택된 채널에 따라 달라진다.

2. 가격: 모든 가격 범위는 초기 채널, 초기 고객-파트너 또는 이해관계자 네트워크에 따라 달라질 수 있다.

3. 채널: 가장 저렴한 비용의 채널, 즉 인터넷을 선택한다.

2. 예측 검증: 문제 상황 2에서 확인한 증거

표 2.6, 2.7, 2.8은 문제 상황 2에서 참가자들이 내린 서로 다른 결정의 수를 담고 있다.

고객군 결정: 표 2.6

참가자의 26%만이 성인 고객층을 선택하며 인과관계 관점의 예측이 빗나갔다. 사실 48%가 어떠한 고객층도 선택하지 않았으며 채널이나 파트너를 선정하고 그에 따라 고객군이 형성될 것이라고 보았다. 또한 자기 자신이 누구인지, 무엇을 아는지, 누구를 아는지에 기반하여 어린이나 학교, 기업을 초기 고객으로 선정한 참가자들도 있었다. 그러므로 데이터는 74%의 대상자가 이 질문과 관련하여 이펙추에이션 접근법을 사용했다는 것을 보여준다.

표 2.6 고객군 결정 : 문제 상황 2 근거

고객군	대상자 수	비율(%)
성인	7	26
채널이나 동업자에 따라 유연함	13	48
아동	5	19
학교	1	4
기업	1	4
종합	27	100

표 2.7 가격 결정 : 문제 상황 2 근거

단위 가격(달러)	대상자 수	비율(%)
50 이하	3	11

단위 가격(달러)	대상자 수	비율(%)
50–100	10	37
101–150	4	15
151–200	3	11
201–250	3	11
해당 없음	4	15
종합	**27**	**100**

표 2.8 채널 결정 : 문제 상황 2 근거

채널	대상자 수	비율(%)
인터넷	12	44
고객-파트너	11	41
저가 소매점	2	7
잡지	2	7
종합	**27**	**100**

가격 결정: 표 2.7

27명 중 4명(15%)만이 100-150달러의 가격, 즉 기존에 예측한 가격을 선택하며 참가자들이 최대 기대 수익에 기반하여 가격을 결정할 것이라는 예측이 완전히 빗나갔다. 대신에 초기 채널이나 파트너에 기반하여 다양한 가격 범위를 설정했다. 사실 네 명의 참가자는 아예 초기 가격을 설정하지 않았으며 초기 고객-파트너 선정에 따른 불확실한 상황에 맡기기도 했다. 모든 참가자는 분석적이거나 예측적으로 계산하기보다는 실험적인 태도로 가격을 설정했다.

채널 결정: 표 2.8

여기서 확인된 결과 역시 이펙추에이션 예측을 뒷받침한다. 85%의 참가자가 인터넷이나 동업자를 먼저 선택했다. 나머지 15%마저도 타깃 고객군이 아닌 기존의 경험에 기반하여 채널을 선택했다. 대부분의 경우 특정 채널을 선택한 이유는 아주 저렴하거나 접근성이 좋았기 때문이라고 대답했다. 타깃 고객군을 기반으로 채널을 선택했다고 대답한 참가자는 없었다. 사실 특정한 고객군을 선택하는 것보다는 어떤 고객에게라도 접근하는 것에 더 중점을 두었다.

종합하면 27명 중 그 누구도 마케팅 결정을 내리는 초기 방법으로서 최적화된 시장 고객군을 계산하는 것에 집중하지 않았다.

3장

탁월한
기업가의 특성

실증적 분석의 결과를 해석하고 유용한 결론을 도출하기 위해 두 가지 철학적 접근법 중 하나를 사용할 수 있다. 한 가지는 관측 가능한 변수에 기반한 이론을 지속적으로 검증하는 철저한 실증주의적 관점이며 나머지 하나는 우리가 기업가정신에 관해 아는 바를 좀 더 급진적인 실용주의적 관점에서 변환해보는 것이다. 초반에 밝힌 바와 같이 나의 실증주의는 포퍼보다는 카르나프에 가깝지만, 여기서 설명할 내용처럼 이론적인 연구에서는 실증주의자보다는 실용주의자에 가까운 길을 걸었다. 그러나 진행 중인 실증적 연구가 두 관점을 인용하지 못한다는 것은 아니다. 관점을 선택하는 것 자체가 선험적 이데올로기보다는 각각의 프로젝트에 적합한 연구 방법을 설계하는 방식이다. 이 장에서는 결과에 대한 실용주의적 해석에 앞서 실증주의적 관점의 한계와 진행 중인 연구를 논하겠다.

초보 기업가와 전문 기업가의 차이

실증주의 관점의 연구에서 가장 주요한 문제점은 대조군이 부족하다는 것이다. 초기 연구를 설계할 때 어떤 집단을 선택해야 할지 명확하지 않았고, 결과적으로 아래의 세 그룹을 고려했다.

1. 성공하지 못한 기업가
2. 기업가정신 외 분야의 전문가
3. 초보 기업가

1. 성공하지 못한 기업가

실패한 기업가를 대조군으로 설정하는 것은 전문성이 성공을 보장하거나 성공과 같은 의미라는 전제로 이어진다. 하지만 1장에서 설명했듯이 이 논리는 부정확하다. 게다가 기업가를 성공과 실패로 분류하는 것은 위험한 사고방식이다. 특정한 기업들을 성공과 실패로 분류하는 것조차도 쉽지 않은 일이다. 성공적인 기업을 일군 기업가도 나중에는 실패할 사업을 시작할 수 있고 그 반대도 마찬가지다. 또한 첫 번째 사업에서 성공하지 못한 사람들은 대부분 또 다른 사업을 시도하지 않는다. 이러한 사례를 성공하지 못한 기업가로 분류해야 할까 아니면 중도 포기자로 분류해야 할까? 성공하지 못한 기업가를 대조군으로 설정할 수 없다는 판단은 전문 기업가의 성과와 관련한 중요한 이슈를 제시한다.

새로운 사업의 성패와 명백하고 인과적으로 연관될 수 있는 하나 이상의 요소를 정의하는 것은 당연히 어떤 기업가정신 연구에서도 아주 중요한 핵심 논제일 것이다. 사실 이 분야의 실증적 연구 대부분은 20년 이상 거의 전적으로 이 논제를 추구해왔지만 별다른 성과는 없었다. 근거의 중요도(또는 압도적인 결여)를 고려했을 때 기업의 성공과 기업가적 전문성을 동일시하는 것은 현명하지도, 이론적으로 적합하지도 않다. 케네스 애로우Kenneth Arrow는 이에 관해 다음과 같이 강력하게 주장했다.

특정한 특성을 지닌 개인 또는 조직이 펼치는 주장을 분리하고 이를 통해 성공과 실패를 구분하려 하는 것인가? 그렇다면 나는 이러한 귀무가설을 소개하고자 한다. 세상에 그런 일은 없다.[1]

성공과 실패가 전문 기업가의 역량과는 전혀 관계없이 다양한 양상으로 발생한다는 것은 상식이다. 성공적인 기업가가 창업한 회사의 실패 일화는 너무나 많고 그 반대도 마찬가지다. 단순한 운, 전쟁이나 자연재해와 같은 불가항력적 천재지변부터 신기술 도입, 규제 정책의 외재적 변화, 자원이나 역량에 대한 초기 부존자원의 차이까지 여러 원인이 회사의 성공과 실패에 영향을 미친다. 그러나 기업가적 역량이 전문 기업가가 설립한 회사의 성공 가능성을 높이지 않는다면 그 역량의 내용은 무엇이며 어떻게 활용할 수 있을까? 6장에서 자세히 설명하겠지만 이펙추에이션은 기업의 성과에 두 가지 시사점을 제공한다. 첫째, 기업이 성공할 때 이펙추에이션은 기업이 추구하는 혁신의 가능성을 높인다. 둘째, 기업이 실패할 때 이펙추에이션은 실패의 비용을 줄인다.

하지만 기존의 연구를 설계할 시점에서는 여러 기업을 오랜 시간에 걸쳐 조사하지 않는 이상, 전문성이 기업의 성과에 미치는 영향에 대한 질문을 가설로서 수립할 수 없었다. 그래서 나는 성공하지 못한 기업가를 대조군으로 설정하지 않기로 결정했고, 대신에 이 프로젝트를 실존하는 근거처럼 접근했다. 위에서 언급한 애로우의 귀무가설을 검증하는 관점에서 기존 연구에서는 다양한 전문 기업가 사이의 공통점 존재 여부를 밝혀내고자 했다. 만약 존재한다면 그 공통점은 기업가적 전문성을 구성하는 기준 모델이 될 것이었다. 그 후엔 향후 검증을 위해 그 기준과 기업 성과 사이의 관계를 조심스레 가설로 세워볼 수 있다. 바로 6장에서 다룰 내용이다.

동시적이기보다 연속적인 설계 방식으로써 성과 관계를 입증한 것은 이 연구가 사고 구술법을 통해 인지적 전문성의 관점에서 기업가정신을 연구한 첫 사례라는 점에서 특히 적합했다. 사실 높은 실패율에 대한 지배적인 견해를 고려했을 때, 어떤 형태로든 기업가정신에 전문성 자체가 존재하는지에 대해서는 앞서 애로우가 언급한 바와 같이 충분한 회의감이 있었다. 다시 말하면 성공이 가장 중요한 것이고 기업가적 성공은 단순히 통계적 산실이라는 것이다. 이른바 전문가라고 불리는 집단 내에서의 차이 그리고 전문가와 초보자의 차이는 위험 경향, 자원의 차이 등등의 동일한 기저 요소에서 비롯될 수 있다. 자원과 관련한 일화적 근거도 마찬가지로 양면적이다. 페덱스FedEx와 UPS의 사례를 예로 들어보자. 페덱스의 창업자 프레드 스미스는 아칸소항공의 지배 지분을 사기 위해 아버지로부터 수백만 달러를 제공받았다. 하지만 짐 케이시는 UPS를 설립할 때 친구에게 100달러를 빌려 시작했다. 같은 산업군의 기업가 간 변주의 상이한 출처를 고려했을 때, 그리고 기업가와 비기업가의 차이를 보여줄 수 있는 독립적인 요소를 찾기 위한 20년 이상의 좌절된 노력을 고려했을 때, 내 연구의 목적은 전문성 있는 기업가 집단의 공통점이라는 것이 과연 존재하는지 확인하는 것이었다.

먼저 기업가적 전문성의 현상을 분리하는 데 집중하자는 주장은 기업가정신을 구성하는 요소에 대한 혼란으로 인혜 더욱 강화되었다. 체스, 음악, 회계와 달리 기업가정신의 내용이야말로 아주 불명확했고 연구자들도 의견을 모으기 어려웠다. 예를 들어 전문적 회계사는 초보 기업가가 될 수 있는가? 전문 기업가는 전문 회계사여야만 하는가? 상식적으로 전문 기업가가 전문 회계사일 필요는 없지만 기업가적 역량에 전문적인 회계 지식이 포함될 수도 있고, 전문 회계사라면 세금 소프트웨어 회사를 설립하는 것처럼 특정 기업가정신의 영역에서는 이점이 있을 수도 있다.

2. 초보 기업가

가장 논리적인 대조군은 초보 기업가일 것이다. 전문 기업가와 초보 기업가를 비교하기 위해선 두 가지 변수 연구를 진행할 수 있다. 하나는 전문가에 대한 연구와 병행하는 것이다. 다른 하나는 전문성의 기준을 세운 뒤에 전문가-초보자 연구를 진행하는 것이다. 나는 첫 번째 방식으로 학위 연구를 진행했고 두 번째 방식으로 니컬러스 듀Nicholas Dew, 스튜어트 리드Stuart Read, 로버트 윌트뱅크Robert Wiltbank와 연구를 수행했다. 나를 포함한 네 명은 지난 20년 이상의 기간 동안 다양한 실증적 연구를 완성하고 출간하며 내 학위논문에서 비롯한 기존 이론을 계속해서 발전시켜 왔다.

우리가 처음 발행한 전문가-초보자 연구 논문은 기업가적 의사결정의 논리적 접근 방식의 측면에서 27명의 전문가와 37명의 초보 기업가의 차이를 측정했다.[2] 정량적 수치로 보았을 때 89%의 전문가는 인과관계 방식보다 이펙추에이션 방식을 선호한 반면에 81%의 초보 기업가는 이펙추에이션 방식보다 인과관계 방식을 사용했다.

도표 3.1 전문가와 초보자 간 의사 결정 방식 점수 비교[3]

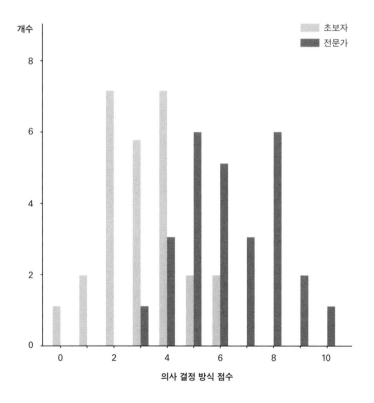

전문가와 초보자 양쪽 집단이 기업가적 전문성과 연관된 여러 요소에서 차이를 보인다는 것을 확인한 후, 우리는 위에서 언급한 유의미하게 다른 요소들을 모두 조합하여 각각의 대상자에게 적용할 수 있는 의사결정 방식 점수 계산법을 세웠다. 각각의 유의미한 요소마다 참가자가 전문적인 반응과 관련 있는 반응을 보이면 1점을, 그렇지 않으면 0점을 부여했다. 예를 들어 전문성은 데이터에 대한 불신과 유의미한 관련성이 있었다. 따라서 데이터에 대한 불신을 드러낸 참가자는 1점을 받고 나머지는 0점을 받았다. 이 논리적인 계산법 체계를 적용했을 때 도표 3.1처럼 대상자를 두 개의 집단으로 분리할 수 있다는 것을 발견했다.

3. 기업가정신 외 분야의 전문가

전문 기업가와 다른 영역의 전문가가 공통점과 차이점을 모두 공유한다는 사실은 명확하다. 하지만 다른 전문가 집단을 대조군으로 설정하는 일의 장애물은 비교하는 데 유의미한 집단을 찾아야 한다는 것이다. 예를 들어 음악이나 체스처럼 기업가정신과 아주 동떨어진 영역이라면 대조군과의 차이는 영역의 이질성에서 기인할 수 있다. 하지만 경영론이나 리더십처럼 기업가정신과 유사한 영역이라면 변주를 기대할 만한 뚜렷한 이론적 근거가 없다. 대부분의 CEO는 창업자이며 모든 전문 기업가은 리더의 역할을 하고 있다. 게다가 우리 연구 대상자들의 기술적, 직무적 배경은 아주 다양하다. 이는 다른 유형의 전문성과 기업가적 전문성을 구분하기 위함이었지만 오히려 경영관리의 특정 직무적 영역에 있는 전문가와의 비교를 불가능하게 했다. 기업가적 전문성은 존재하지 않는다는 현존 연구의 가설이 존재한다는 점을 고려했을 때, 나는 기업가정신 영역 외에 어떤 전문가 집단이 유의미한 대조군이 될지 결정하기에 앞서 실질적인 근거를 정립하기로 했다.

　마케팅 전문가, 전략 컨설턴트, 마케팅 전략 교수 등이 훌륭한 비교

집단이 될 수 있다는 연구 결과 정도는 얻을 수 있었다. 앞 장에서도 다뤘듯이 이펙추에이션 모델은 코틀러의 마케팅 교과서에 등장하는 인과관계 모델과는 정반대의 개념이다.[4] 또한 우리는 전문 경영진을 대상으로 기존의 전문 기업가 연구를 반복했고 유의미한 결과를 발견했다.[5][6] 표 3.1은 전문 기업가와 초보 관리자 그리고 숙련된 마케팅 관리자와의 통계적 차이점을 설명하고 있으며 도표 3.2는 이를 시각적으로 표현하고 있다.

4. 다른 비교 연구

시나리오 기반의 설문을 활용한 다른 연구에서 우리는 엔젤 투자자 중 예측을 강조한 사람과 제어를 강조한 사람 간의 차이점을 발견했다.[7] 이 연구에서 우리가 세운 가설은 예측적 제어 전략의 투자자들은 비예측적 제어 전략의 투자자들보다 성공률은 낮지만 굉장한 규모의 성장인 '홈런'을 달성할 확률은 높다는 것이었다. 결과를 살펴보니 예측을 강조한 엔젤 투자자들은 유의미한 규모의 투자를 한 반면에 비예측적 제어를 강조한 투자자들은 성공 횟수는 줄지 않았지만 투자 실패 횟수를 줄였다는 것을 확인할 수 있었다.

우리는 이 설문을 다양한 기업가 경험과 관리자 경험이 있는 412명의 기업가와 경영진을 대상으로도 진행했는데, 어떤 상황에서 제어 또는 예측 전략을 사용하는지 알아보기 위함이었다.[8] 제어 전략을 사용하는 것과 관련하여 전문 기업가가 초보자와 경영진을 유의미하게 앞지른 점을 발견했지만 예측 전략에서는 그렇지 않았다. 또한 우리는 기업가적 경험이 적은 사람일수록 상황에 맞는 전략을 선택하지 못한다는 사실을 발견했다.

내가 직접 참여한 위의 연구 외에도 전문 기업가와의 비교에 활용할 수 있는 다양한 집단 연구에서도 데이터를 확보할 수 있다. 이어지는 장에서는 몇 가지 진행 중이거나 발간된 내용을 요약해서 설명하겠다.

표 3.1 전문 기업가와 전문 관리자 비교: 기술 통계 변수 요약, 코드 전문가 간 동의 및 분석 결과

변수 설명	기술 통계	PRL*	기업가/ 관리자 차이	기업가/ 경영진 차이	전문 기업가와 전문 관리자의 차이 결과 요약
문제 1 (시장조사)					
시장조사	전문가: 13Y, 14N 관리자: 34Y, 3N	0.81	χ^2=15.31 p<0.001	χ^2=11.63 p=0.001	전문 기업가는 관리자보다 시장조사를 덜 믿고 덜 수용한다.
문제 2 (이전 경험)					
이전 경험	최댓값: 4 최솟값: 0 표준편차: 0.96	0.77	F=20.89 p<0.001	F=11.01 p=0.002	전문 기업가는 관리자보다 불확실한 상황에서 경험을 활용하는 경향이 있다.
문제 3 (감당 가능한 손실)					
감당 가능한 손실	최댓값: 10 최솟값: 0 표준편차 2.57	0.69	F=41.52 p<0.001	F=18.11 p=0.000	전문 기업가는 관리자보다 감당할 수 있는 비용을 더 많이 신경 쓴다.
문제 4 (의사 결정 체계)					
의사 결정 체계	전문가: 21Y, 4N 관리자: 4Y, 33N	0.62	χ^2=29.41 p<0.001	χ^2=9.54 p=0.004	전문 기업가는 사업에 관해 전체론적으로 생각하는 경향이 있다.
의사 결정 체계: 시간	최댓값: 12 최솟값: 0 표준편차: 1.77	0.78	F = 10.74 p = 0.002	F = 6.26 p=0.015	전문 기업가는 좀 더 장기적 시각으로 보는 경향이 있다.
문제 5 (시장)					
시장과 제품	최댓값: 8 최솟값: 0 표준편차: 1.38	0.82	F=14.93 p<0.001	F=3.87 p=0.048	전문 기업가는 관리자보다 신규 시장을 더 정의하고 창조한다.

변수 설명	기술 통계	PRL*	기업가/ 관리자 차이	기업가/ 경영진 차이	전문 기업가와 전문 관리자의 차이 결과 요약
문제 6 (가격)					
가격 전략	전문가: 높은 가격 9, 낮은 가격 3 관리자: 높은 가격 1, 낮은 가격 11	0.77	$\chi^2=12.21$ $p=0.002$	$\chi^2=0.46$ $p=0.793$	전문 기업가는 현금 보유를 최대화하기 위해 가격을 높게 측정하는 경향이 있다. 관리자는 수용도를 높이기 위해 가격을 낮게 측정하는 경향이 있다.
가격 수량	최댓값: 1,000달러 최솟값: 30달러 표준편차: 141달러	0.98	$F=4.19$ $p=0.046$	$F=0.62$ $p=0.435$	전문 기업가는 관리자보다 제품 가격을 높게 책정한다.
문제 7 (채널)					
채널: 전부 직접 판매	전문가: 6Y, 21N 관리자: 8Y, 29N	0.75	$\chi^2=0.003$ $p=0.954$	$\chi^2=2.24$ $p=0.098$	직접 판매 채널 선택에서 전문 기업가와 관리자는 차이가 없다.
채널: 직접 판매	기업가: 3Y, 3N 관리자: 0Y, 8N	0.81	$\chi^2=5.09$ $p=0.024$	$\chi^2=0.36$ $p=0.455$	관리자보다 전문 기업가가 직접 판매를 더 많이 선택한다.
채널: 파트너십	최댓값: 3 최솟값: 0 표준편차: 0.73	0.86	$F=13.24$ $p=0.001$	$F=3.59$ $p=0.032$	관리자에 비해 전문 기업가는 유통 파트너와 협업한다.
채널: 채널 개수	최댓값: 4 최솟값: 0 표준편차: 1.03	0.71	$F=0.29$ $p=0.864$	$F=0.21$ $p=0.646$	전문 기업가와 관리자 사이 채널 개수에는 차이가 없다.
채널: 고객군 수	최댓값: 4 최솟값: 0 표준편차: 1.02	0.75	$F=5.80$ $p=0.019$	$F=4.46$ $p=0.039$	전문 기업가는 관리자에 비해 특별한 고객군을 추구하지 않는다.

- 카이 제곱(χ^2) 검정은 양방 검정이다.
- PRL은 변수에 대한 코드 전문가의 상호 동의를 측정하는 비례 손실 감소 방식을 제공한다.[10]

도표 3.2 초보 관리자, 전문 관리자, 전문 기업가 간 차이점

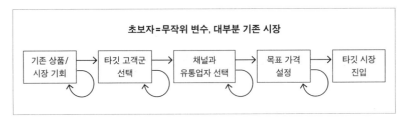

초보자=무작위 변수, 대부분 기존 시장

기존 상품/시장 기회 → 타깃 고객군 선택 → 채널과 유통업자 선택 → 목표 가격 설정 → 타깃 시장 진입

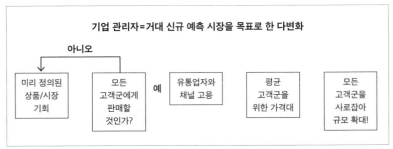

기업 관리자=거대 신규 예측 시장을 목표로 한 다변화

아니오

미리 정의된 상품/시장 기회 | 모든 고객군에게 판매할 것인가? | 예 | 유통업자와 채널 고용 | 평균 고객군을 위한 가격대 | 모든 고객군을 사로잡아 규모 확대!

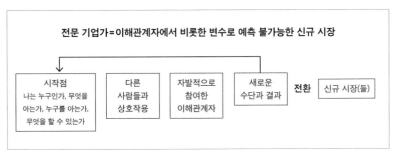

전문 기업가=이해관계자에서 비롯한 변수로 예측 불가능한 신규 시장

시작점 나는 누구인가, 무엇을 아는가, 누구를 아는가, 무엇을 할 수 있는가 | 다른 사람들과 상호작용 | 자발적으로 참여한 이해관계자 | 새로운 수단과 결과 | 전환 | 신규 시장(들)

전문 기업가는 분명히 이펙추에이션을 거친다

2020년 《중소기업 경제학 저널Small Business Economics Journal》에 51개국 이상의 다양한 산업과 영역에서 여러 방법론을 통해 장기간 수집한 데이터를 활용한 이펙추에이션 예측 특집 기사가 실렸다.[11] 이 특집호는 이펙추에이션에 관한 두 가지 연구를 다뤘는데 하나는 방법론

에 관한 것이었고[12] 다른 하나는 이펙추에이션 학자들에 관한 전반적인 관점을 다룬 것이었다.[13] 표준의 정량 분석이나 정성 연구 외에도 수학적 모델[14][15][16] 및 역사적 분석[17][18] 등을 방법론으로 사용했다.

마케팅 영역의 니콜 코비엘로Nicole Coviello와 리처드 조지프[19], 공공 정책의 유이타-엘레나 유수프와 마거릿 슬론[20], 윤리학의 빈센트 폼페[21]의 연구 등 기업가 연구 외의 영역에서 이펙추에이션 관련 출간물이 나타나긴 했지만 대다수의 연구는 여전히 다양한 영역에서 이펙추에이션이 언제 어떻게 쓰이는지 집중했다. 예를 들어 말테 브레텔 외 연구에서는 대기업의 연구 개발R&D 관리자를 살펴보았고[22] 아일린 피셔와 A. 리베카 라이버의 연구에서는 소셜 미디어를[23], 한스 베렌트 외 연구에서는 상품 혁신 프로세스를 검증했다.[24] 그리고 국제화 측면에서의 다양한 이펙추에이션 연구도 수행되었다.[25][26][27] 모든 연구가 이펙추에이션 현상이 발생했다는 사실을 보여주는 것에 그치지는 않았다. 어떤 연구는 다른 이론이나 프로세스와의 접점을 찾거나 비교하는 일에 집중했다. 예를 들어 찰스 머닉스 외 연구에서는 기업가정신을 기반에 둔 회사를 벤처캐피털리스트가 평가할 때 이펙추에이션 모델과의 유사점이 있는지를 살펴보았다.[28] 오나 아키무 외 연구는 사회적 기업에 대한 장기적 사례 분석을 통해 이펙추에이션이 분배 기능과 맞닿아 있다는 것을 발견했다.[29] 또한 리드 넬슨과 에드밀손 리마는 브라질의 주요 자연재해 연구를 통해 이펙추에이션과 관련한 새로운 개념을 발견했다.[30] 그리고 매튜 머피 외 연구는 캐나다의 토캇Toquaht 지역에 조각퀼트 원칙과 조종사 원칙을 통합적으로 적용했다.[31]

새로운 궁금증과 질문으로 이어지는 관점과 내용을 다루는 연구가 계속되었다. 크리스토프 가론 외 연구는 초기 회사에서 전략적 선택이 중요한지 질문했고[32] 알렉산더 매켈비 외 연구는 이펙추에이션을 위한 적당한 종속변수가 무엇일까 의문을 던졌다.[33] 소프트웨어 스타트업에서 새로운 상품과 관련하여 의사 결정을 할 때의 불확실성에 대해 매켈비 외 연구는 다음과 같이 해석했다.[34]

> 한편으로는 이 논문에서 다룬 이론적 논점이 사라스바티의 논리와 잘 연동된다. 사라스바티가 말한 대로 불확실성은 기업가의 의사 결정에 선행하기 때문에 기업가적 행동의 결과에는 유의미한 영향을 주지 않는다고 생각한다. 그러나 이펙추에이션 관점의 논리는 의사 결정자들이 명확하고 정의할 수 있는 '목표'를 만들기 위해 가능한 '수단'을 조합하는 프로세스를 뜻하기도 한다. 이러한 생각은 누군가의 행동의 결과를 예측할 수 없다는 사실이 기업가의 행동에 장애가 된다는 우리의 제안과 상충한다. 이러한 결과는 이펙추에이션이 기업가적 행동과 결과물을 종합적으로 이해하는 데 한계가 있다는 점을 보여준다.

이러한 이펙추에이션 연구는 저서가 초기 단계에서 발전할 수 있는 조짐이었다. 2015년 《미국경영학회 리뷰》에 실린 이펙추에이션에 대한 비판[35]에 이어 네 개의 추가 문헌이 뒤따랐다.[36] [37] [38] [39] 이 비판의 쟁점은 실증주의적 주제 안에서 이펙추에이션을 검증하기 어려운 상황과 관련이 있었고 그에 대한 응답은 경험적 측면에서의 노력을 계속하면서 실증주의적 관점 이상을 내다보는 기회를 제공했다.

가장 최근에는 학자들이 이펙추에이션의 구체적인 측면을 파고들기 시작했다. 리지앙과 샤를-클레망 휠링은 두 개의 이펙추에이션 프로세스 유형을 정의했는데 하나는 외부적 동기부여, 또 하나는 내부적 동기부여였다.[40] 이 두 가지 유형은 불확실성 인식, 영감의 원천, 정보 처리, 신규 목표의 생성, 목표를 향한 집중도의 다섯 가지 다른 특성이 있다. 존 커Jon Kerr와 코비엘로의 연구는 실현적 네트워크가 발전하는 방식과 이유, 그 결과를 개념화하기 위해 심층적으로 발전 과정을 분석했다.[41] 그들의 2020년 연구는 기존의 네트워크 또는 새로운 네트워크의 분절적, 관계적, 체계적 성격이 이펙추에이션을 실행하는 방식에 어떻게 영향을 미치는지 자세히 설명했다.[42] 또한 이펙추에이션의 원칙을 구체적으로 설명할 수 있는 새로운 이론 체계를 확립하고자 하는 노력이 계속되었다. 예를 들어 네덜란드의 퀴라소섬에서 진행한 일곱 개의 기업가적 연구 사례를 기반으로 리처드 마르티나는 전망 이론prospect theory과 감당 가능한 손실 이론을 연결하는 귀납적 모델을 개발했다.[43] [44] 이러한 주제는 극복하고자 하는 노력에도 불구하고 측정 이슈와 관련해서 지속적으로 시험받는다.[45]

종합적으로 기존의 프로세스는 계속되고 있다. 하지만 극복해야 할 것이 많다. 이는 계속해서 강조해야 할 부분이다. 이펙추에이션과 반대되는 이론의 역사를 살펴보라. 다양한 변수를 포함한 예측 이론은 수 세기간 지속되었다.[46] [47] 인간 행동론에서 기업가정신이 계속해서 중요해지는 것을 고려할 때 이펙추에이션 논리의 역할이 단기간에 소멸되지 않으리라고 기대할 수 있다. 모든 이론은 그다음에 등장하는 더 나은 이론에 의해 대체되지만 이펙추에이션 논리는 우리가 이미 예상했던 것보다 더 가치 있고 흥미롭다는 것을 알 수 있다. 계속해서 발전하고 있는 분야이기에 신중하게 선택한 사전적 결론을 소개하고자 한다.

1. 사전적 결론

지난 20년간 700개 이상의 출간물을 기반으로 다음과 같은 잠정적 결론을 도출할 수 있다.

> ▸ 전문 기업가들이 이펙추에이션 논리를 사용하는가? 답은 분명히 '예'다.

- 전문 기업가들이 인과관계 논리와 이펙추에이션 논리 모두를 사용하는가? 그렇다. 전문가들은 자신이 처한 상황을 측정하고 논리와 상황을 연결하는 데도 전문가다. 그러나 어떤 상황인지 의구심이 들 때는 이펙추에이션 논리를 기본적으로 사용한다. 이 이유는 11장에서 다룰 것이다.

- 전문 기업가들은 어떤 범위까지 이펙추에이션을 사용할까? 보수적으로 결론을 내리자면 이해관계자의 관계 측면에서 절반 이상이 경우 이펙추에이션을 실천한다. 5장에서 좀 더 살펴보도록 하겠다.

- 이펙추에이션 논리가 기업의 발전 단계에 영향받는가? 기업가와 회사 모두에게 생애 주기 및 상황적 효과가 있다고 본다. 이 내용은 6장에서 좀 더 논의할 것이다.

- 전문 기업가들이 이펙추에이션 논리를 사용하는 유일한 집단인가? 나는 그렇지 않다고 생각한다. 이펙추에이션에는 여러 차원이 존재한다. 어떤 사람은 본인이 속한 영역과 상관없이 이펙추에이션을 자연적으로 선호하기도 하는 것처럼, 특정한 측면이 존재한다. 게다가 이펙추에이션은 나이트의 불확실성에 기반한 일반적 행동 논리이고 인간의 행동에 의해 발생하는 어떠한 영역에서도 쓰일 수 있다. 한편으로는 기업가정신이 이펙추에이션 논리를 강화하고 보상하는 독특한 환경을 제공한다고 생각한다. 11장에서는 강단에서의 경험과 교육학과 관련하여 진행 중인 연구 주제를 설명할 것이다.

이펙추에이션의 실질적 가치는 무엇인가

기존의 기업가적 전문성 연구의 결과를 해석하면서 나에게는 여러 선택지가 있었다. 인과관계 논리와 이펙추에이션 논리의 변수에 따른 기업가적 성과를 실증주의적으로 바라보는 것도 그중 하나였다. 최근 우연하게도 19세기 말 철학자이자 심리학자인 윌리엄 제임스와 그의 동료들을 알게 됐다. 제임스를 통해 나는 완전히 새로운 시각으로 '그래서?'라는 질문을 던지게 되었다.

실용주의는 최근 사회과학 분야에서 관심과 논쟁을 불러일으키고 있다. 20세기 초반부터 존재하긴 했지만 리처드 로티Richard Rorty, 넬슨 굿맨Nelson Goodman, 도널드 데이비드슨Donald David-son과 같은 철학자들에 의해 최근 다시 부흥하기 시작했다. 여기서는 실현적 기업가정신에 적용되는 실용주의를 다루고자 한다. 다음과 같은 리처드 포즈너Richard Posner의 말에 동의한다.

> 고전적인 실용주의 개념이란 없다. 필수적이기보다는 실용적이고 도구적인 접근 방법이며 실존보다는 어떻게 작용하고 유용한지 관심이 있는 것이라고 말할 수 있다. 그래서 선구안적이며 과거와의 통일성은 현재와 미래의 문제를 해결하는 데 도움이 되는 선에서 필요하다.
>
> 실용성을 중시하고 앞을 내다보며 결과를 강조하는 실용주의자, 또는 최소한 나 같은 실용주의자는 실용주의를 반실증적이며 비과학적이라고 여기기 때문에 실증적이다.[48]

실용적이며 도구적인 실용주의의 특성은 '전문 기업가들이 정말 이펙추에이션 논리를 사용하는가?'라는 질문보다 '왜 이펙추에이션 논리를 사용하는가? 이펙추에이션 논리를 사용하지 않을 때와 사용할 때 어떤 차이점이 있는가?'와 같은 질문에 집중하게 한다.

제임스가 설명한 것처럼 실용주의는 현실과의 합치라는 진실과는 다른 지향점이 있다. 실용주의는 세계를 진실과 거짓으로 양분하는 하나의 진실이라는 개념을 부정한다. 대신 우리가 살아가는 세상과 상호작용하는 방식의 관점에서 진실 대 진실을 파헤치고자 한다. 제임스는 다음과 같이 말했다.[49]

이 경우에서 실용주의적 방식이란 실용적 결과를 따라가면서 각각의 관점을 해석하려고 노력하는 것이다. 어떤 관념보다 진실한 관념이 있다면 실질적으로 무엇이 달라지는가? 실질적으로 다른 점이 없다면 대안은 기본적으로 같고 모든 논쟁은 쓸모없다. 논쟁이 심화될 때마다 우리는 각 논점의 실질적 차이를 설명할 수 있어야 한다.

출간 문헌에서 오스트발트는 자신이 말하고자 하는 사례를 보여준다. 화학자들은 토토머tautomer라고 불리는 특정 요소의 내부 구성을 두고 오랫동안 언쟁을 벌여왔다. 이것의 특성은 불안정한 수소 원자가 내부에서 진동한다는 주장과 두 물체의 불안정한 합성물이라는 주장 모두와 일관성이 있었다. 격렬한 논쟁이 있었지만 결론은 나지 않았다. 오스트발트는 "이 논쟁은 전투에 참여한 사람들이 다른 관점이 옳을 때 어떤 특정한 실험적 사실이 달라질 수 있을지 스스로 물었다면 시작되지 않았을 것이다."라고 말했다. 사실의 차이점이 뒤따를 가능성이 없다는 것이 명확했기 때문에, 그리고 그 다툼은 선사시대에 이스트로 반죽을 부풀게 하는 것을 이야기하는 것처럼 비현실적이었기 때문에 한쪽에서는 현상의 실제 원인을 '브라우니'라고 주장한 반면에 다른 쪽은 '요정'이라고 말했다.

이펙추에이션의 관점에서 나는 자문하기 시작했다. 전문 기업가들이 이펙추에이션 논리를 사용한다고 추정했을 때와 그렇지 않을 때 기업가정신의 어떤 사실이 실질적으로 달라지는가? 이펙추에이션의 어떤 요소가 우리가 기업가정신에 관해 모르던 사실을 알려주는가? 어떤 새로운 질문을 불러오는가? 기존에 없던 어떤 새로운 연구 프로젝트가 생성되는가? 이펙추에이션 원칙을 가르칠 때와 그렇지 않을 때 학생들이 기업가정신을 배우는 방식이 어떻게 달라지는가? 다시 말하면, 이펙추에이션의 실질적 가치는 얼마인가?

　기업가정신과 관련된 최근의 다양한 저서를 실용주의 관점에서 살펴봄으로써 단순히 가설을 수용하고 기각하는 대신 우리가 알던 것을 재구성하는 데 많은 도움이 되었다. 그와 동시에 새로운 연구의 기회가 물밀듯이 밀려오기 시작했다. 이 기회는 기업가정신, 경영학, 경제학 연구의 풍부한 전제를 뒤집는 것에서 시작되었다. 아래 몇 가지 예를 살펴보자.

전제 1

몇몇 특정한 존재가 기업가를 만든다. 또는 어떤 특정한 상황이 기업가를 만든다.

반전: 특정 행동 유형이 기업가를 만든다.

결과: 누구나 기업가처럼 행동할 수 있으며 이것은 선택의 문제다. 제임스가 말한 것처럼 자연적인 성향이나 상황적 필요성 또는 사회적 명령이 아닌 '살아 있는 대안'이다.

전제 2

기회가 풍부한 세계에서 기업가들은 이득을 취할 것이다. 정책 입안자들은 기회를 만들어야 하며 잠재적 기업가들은 기회를 발굴해야 한다.

반전: 사람들이 기업가적으로 행동하는 세상에서는 새로운 기회가 생성되고 가치가 따라온다. 기회는 기업가정신의 산물이며 기업가정신은 기회의 결과가 아니다.

결과: 목표 기회나 자원을 제공함으로써 기업가들을 독려하는 데 집중하는 것이 아니라 그저 기업가적으로 행동할 수 있는 자유를 주고 그들이 만들어내는 기회를 이용하면 된다.

전제 3

'어떻게 성공적인 기업가가 될 수 있을까?'는 중요한 질문이다.

반전: '어떻게 성공적인 기업가가 될 수 있을까?'는 잘못된 질문이다. 더 중요한 질문은 '나의 정체성과 지향점을 생각했을 때 어떤 기업가가 될 수 있을까? 나의 상황에서 어떤 기업가적 행동을 할 수 있을까? 어떤 기업을 설립하고 성과를 낼 수 있을까?'다.

결과: 우리의 연구는 개인의 정체성이나 영역을 넘나드는 성공의 필요충분조건을 쫓는 것이 아니라 기업가와 환경과 기업, 이들 간의 논리적 연결 고리를 위한 용어를 만드는 데 집중한다.

전제 4

기업가들은 기업의 성과에 중요한 요인이다. 그러므로 기업가들은 기업의 실패를 피하고 생존, 성장, 규모, 수익성 등 정해진 지표를 달성해야 한다.

반전: 기업은 기업가들이 야망을 달성하는 하나의 방식이다. 다시 말하면 기업가의 도구적 시각은 기업의 도구적 시각으로 대체된다.

결과: 기업의 실패는 기업가의 성공에 중요한 요인이 될 수 있다. 나아가 기업의 실패는 경제에서 생산적인 기능을 할 수도 있다.

기업가들의 행동과 규범 이론보다는 기업가적 행동 논리로서 이펙추에이션 발전으로 이어지는 실용주의적 접근이 거부할 수 없는 많은 기회를 생성한다는 것은 자명하다. 논리는 현실의 행동을 구성하는 내부적으로 일정한 관념의 집합이다. 이론은 세상의 현상이나 진실에 대한 언급이다.

책의 나머지 부분에서는 진실과 거짓을 증명하거나 검증하는 실증주의적 이론보다는 실용주의적 논리로서 이펙추에이션을 조심스럽게 다룰 것이다.

2부

이펙추에이션의 과정

4장

문제를 해결하는
이펙추에이션의 힘

조각 퀼트와 직소 퍼즐의 상반된 비유는 이펙추에이션 논리와 인과관계 논리의 차이점을 잘 드러낸다. 기업가에 관한 만연한 미신 중 하나는 기업가를 보통 사람보다 미래를 더 잘 내다볼 수 있는 선지자, 수익 기회라는 복잡한 퍼즐을 남들보다 빠르고 효과적으로 해결하는 해결사, 그리고 거대하고 지속적인 경쟁 우위를 창출할 수 있는 자원과 핵심 인력 및 역량을 끌어올 수 있는 사람이라고 생각하는 것이다. 하지만 직소 퍼즐 비유의 문제점은 그림, 즉 시장 기회가 이미 존재하고 기업가정신은 단순 발견에 지나지 않는다는 점이다. 연구 대상자였던 전문 기업가들은 스스로를 선구자로 인식하는지와는 상관없이 이미 정해진 그림을 맞추기를 기다리지 않았다. 대신 이들은 조각 퀼트를 만드는 재봉사처럼 바느질을 했다. (조각 퀼트란 타지마할처럼 정해진 그림을 완성하는 것이 목적이 아니다. 대신에 추상적인 그림을 만들어나간다.)

퀼트를 만드는 것은 퍼즐을 푸는 것과 크게 세 가지 방식에서 차이가 있다.

1. 먼저 바느질을 하는 사람은 패턴을 조합하는 데 퍼즐을 푸는 사람보다 높은 자유도가 있다. 무작위 조각들로 시작하더라도 자신이 만족스럽고 유의미하다고 느끼는 방식으로 조각을 사용하고 조합할 수 있다.
2. 거대한 바느질 작업은 한 사람이 할 수 있는 일이 아니다. 이들은 각자의 취향과 재능을 가지고 자기가 가진 조각을 함께 이어 붙인다. 이 과정에서 바느질하는 사람들은 누구와 함께 일할 것이며 그 이유는 무엇인지 결정해야 하고 예상치 못한 위기 상황을 해결하기 위해 협동과 문제 해결 과정을 거친다.
3. 퀼트는 만족스럽고 유의미할 뿐만 아니라 실용적이고 가치 있어야 한다. 궁극적으로 인도의 자리 퀼트 문양처럼 퀼트는

따뜻하거나 아름다워야 한다. 주어진 그림을 찾아서 맞추는 것이 유일한 목적인 직소 퍼즐과 달리 조각 퀼트는 바느질하는 사람들을 사용자 집단으로서 이어주는 목적이 있다.

새로운 회사나 단체, 또는 집단적 조직을 구축하는 이펙추에이션 논리는 퍼즐보다는 퀼트를 꿰매는 비유와 비슷한 상대적 요소 및 절대적 요소가 있다. 퀼트 비유는 이 장과 다음 장에서 실현적 문제의 이론적 구조와 해결 논리의 정적 측면 및 동적 측면을 살펴볼 때 계속해서 등장할 것이다.

과연 스타벅스는 예측된 성공이었는가

제임스 마치James March는 《벨 경제학 저널Bell Journal of Economics》에서 다음과 같이 말했다. "합리적 선택은 두 가지 추측으로 이루어진다.[1] 불확실한 미래의 결과에 대한 추측과 불확실한 미래의 선호에 대한 추측이다." 첫 번째 추측인 나이트의 불확실성에 대한 문제는 전문 기업가를 대상으로 진행한 사고 구술법을 분석하는 가설 구축의 일환으로서 2장에서 심도 있게 다룬 바 있다. 여기서 우리는 두 번째 추측인 목표 불명확성을 다룰 것이다. 현재는 나이트의 불확실성과 목표의 불명확성이 실현적 문제 상황에 필수적인 측면이라는 점을 알아두는 것으로 충분하다. 하지만 세 번째 측면인 환경적 등방성은 좀 더 설명이 필요하다. 미래가 불확실하고 명확한 목표가 부재할 때, 성공적이고 혁신적인 기업의 탄생을 설명할 수 있는 한 가지 방식은 자연적 선택, 즉 기업행동의 무작위적 변수들 사이에서 독립적인 환경이 작용한다는 것이다.[2][3][4] 하지만 시장과 같은 독립적인 선택 메커니즘의 존재 여부에 대해 칼 윅Karl Weick[5], 앤드루 헨더슨Andrew Henderson과 이타이스턴[6], 요한 머만[7] 등 다양한 학자가 의문을 표했다. 종합적으로 이펙추에이션의 문제 상황에는 세 가지 요소가 있다.

> 환경이 독립적으로 결과나 게임의 법칙에 영향을 주지 않고[8], 미래는 전혀 예측할 수 없고[9], 의사 결정자는 본인의 선호에 확신을 갖지 못할 때[10] 어디서 합리성을 확보할 수 있을까?[11]

1. 스타벅스의 문제 상황

스타벅스의 예를 들어보자. 스타벅스의 기원을 분석할 때 현재 우세한 이론적 관점을 사용한다면 낸시 켄Nancy Koehn이 말한 다음 내용과 같을 것이다.[12]

- ▶ 하워드 슐츠Howard Schultz는 스타벅스를 전국적으로 유명한 브랜드로 성장시켰다. 어떻게 그렇게 했는가?
- ▶ 먼저 슐츠는 베이비 부머 세대가 가공식품이나 포장 음식을 거부하고 더 '자연적'이고 질이 좋은 음식과 음료를 선호한다는 것을 알았다.
- ▶ 또한 미국인들이 당시 대부분의 소매점에서 경험하는 서비스보다 더 높은 수준을 원한다는 것을 파악했다.
- ▶ 슐츠는 변화하는 공급자 측면에 대한 이해를 바탕으로 다양한 운영 원칙을 세웠고 프리미엄 커피 브랜드와 매력적인 점포 환경을 구축할 수 있었다.

하지만 켄이 사례를 설명하면서 덧붙인 바로는 현실은 굉장한 기회를 발견하고 이를 아주 효율적으로 이용한 선구자적 기업가보다는 좀 더 복잡하다고 한다. 켄의 보고서에 다음과 같은 내용이 담겨 있다.

▸ 1980년대 미국에서 판매되는 커피는 슈퍼마켓에서 맥스웰 하우스나 다른 대규모 브랜드가 생산하는 1파운드 캔이 대부분이었고 1인당 커피 소비량은 20년 동안 감소하고 있었다.

▸ 원래 스타벅스는 고든 보우커, 제리 볼드윈, 제브 시글이 1971년에 설립했다. 시애틀의 파이크플레이스마켓에서 질 좋은 볶은 원두와 함께 차, 향료, 물품 등을 판매하던 가게였고 컵에 담긴 커피를 판매하는 곳이 아니었다.

▸ 슐츠가 직접 말했던 것처럼 "스타벅스의 창업자들은 시장 트렌드를 연구하지 않았다. 이들은 훌륭한 커피에 대한 자신들의 욕구를 채우고 있었다."[13]

▸ 보우커와 그의 동업자들조차도 고급 커피 시장을 처음 '발견'한 사람들은 아니었다. 알프레드 피트Alfred Peet라는 네덜란드 커피 감정가는 1966년부터 이 시장에 주목했다. 그전에도 비슷한 사람들은 있었다.

▸ 피트나 스타벅스의 원래 창업자들과 달리 슐츠는 커피 애호가가 아니었다. "1980년 초 대부분의 미국인처럼 슐츠도 커피를 슈퍼마켓 안쪽 매대에 있는 공산품 정도로 생각했다."[14] 슐츠는 해머플라스트라는 가정용품 공급사의 임원이었는데 그 회사의 고객 중에는 초기 스타벅스도 포함되어 있었다.

스타벅스 사례를 살펴볼 때 기회의 발견, 조직적 기업가정신 또는 진화 및 공진화 과정 등 최근 이론의 관점에서 고급 커피 시장의 발전이나 우리가 알고 있는 지금의 스타벅스의 탄생을 이론적으로 이해할 수 있을까? 뿐만 아니라 기업이나 시장의 형성을 유도하는 미시적 기반, 다시 말해 기업가적 수준에서의 의사 결정이나 행동을 어떻게 이해할 수 있을까?

합리적 선택에 기반한 미시적 수준의 설명은 피할 수 없는 이분법을 포함한다. 한 가지 설명은 개인이 합리적으로 행동한다고 본다. 다시 말해 개인이 시장 가능성에 관해 상식적으로 믿을 만한 정보에 기반하여 명확한 대안을 평가하고 명확한 우선순위를 세워 선택할 수 있다고 보는 것이다. 다른 한편으로는 개인이 비합리적이거나 특이하게 행동하고 불특정한 변수를 생성하며 거대한 외부 시장 요인에 의해 차선의 선택을 하기 쉽다는 설명도 있다. 합리성에서 벗어난 세 번째 유형은 추정, 직관, 감정을 포함한 넓은 범위의 기회를 포함하지만 종합적인 대안을 제시하지는 못한다. 앞으로 이펙추에이션을 설명하면서 연관 있는 부분에서 이러한 설명을 좀 더 다루도록 하겠다. 명확한 설명을 위해 합리적-비합리적 이분법을 먼저 다룰 것이다.

슐츠의 행동과는 별개로 스타벅스가 지향할 시장이 있었는가 또는 없었는가? 1981년에 가용한 데이터를 고려한다면 슐츠는 합리적으로 이 시장을 예측할 수 있었을까? 만약 아니라면 슐츠는 단순히 비합리적이거나 무작위적으로 행동하여 누군가가 언젠가는 발견할 시장을 우연히 마주친 것일까? 이론가들은 양쪽의 의견을 모두 주장할 수 있다. 예를 들어 슐츠는 사람들이 커피에 과도한 가격을 지불할 시장 기회를 예측하지 못했기 때문에 합리적으로 행동하지 않았다고 주장할 수 있다. 이를 뒷받침하는 근거는 다음과 같다.

그 후 20년(60년대와 70년대) 동안 대형 커피 공급자들은 줄어
드는 시장 규모에서 점유율을 지키기 위해 엄청난 광고 비용을
계속해서 지출했다. 1인당 커피 소비량은 1960년대 중반부터
감소하기 시작했으며 전쟁 후 가장 높았던 수치인 1963년 하루
3.1컵에서 1980년대 중반에는 2컵 아래로 떨어졌다. 예전부터
커피를 마셨던 미국인, 특히 10대들은 점점 코카콜라나 펩시 같

은 탄산음료 등 다른 음료를 소비하기 시작했다. 1980년 후반에는 10세 이상의 미국 인구 절반이 커피를 마시지 않았다. 커피는 미국이 오랫동안 가장 사랑한 음료 중 (물 제외) 탄산음료에 한참 못 미치는 2순위로 떨어졌다.[15]

동시에 슐츠가 비합리적이거나 무작위로 행동하지 않았다는 것을 증명할 다른 근거도 있다. 1987년 기존의 스타벅스와 병합된 슐츠의 첫 카페인 일조날레Il Giornale를 설립한 방식을 살펴보자.

일조날레를 개업하고 창립자와 동료들은 후원자와 서로의 의견을 신중하게 경청했다. 고객들은 계속 흘러나오는 오페라 음악을 좋아하지 않는다는 것을 발견했다. 가게에서 머무는 것을 원하는 고객들은 의자를 원했다. 어떤 사람들은 다양한 맛의 커피를 원하기도 했다. 이탈리아어로 인쇄한 메뉴판은 사람들이 이해하지 못했다. 바리스타의 나비 넥타이는 매기 불편했고 에스프레소 기계 앞에서 몇 시간을 일하고 난 후에는 깔끔하게 유지하기 어려웠다.

슐츠는 이러한 문제를 하나씩 고민했다. 그는 고객들을 만족시키고 싶었다. 하지만 동시에 슐츠가 창조하고자 했던 특별한 정체성과 제안을 유지하고자 했다. 슐츠는 고객과 직원들의 피드백을 반영해서 운영 정책을 다수 변경했다. 일조날레는 의자를 제공하고 다양한 음악을 틀기 시작했다. 바리스타들은 더 이상 넥타이를 매지 않았다. 슐츠는 "많은 실수를 바로잡았다."라고 말했다. 하지만 어떤 요구들은 반영하지 않기로 결정했다. 예를 들어 바닐라, 헤이즐넛을 포함한 인공 향료를 입힌 원두 시장이 가파르게 성장하고 있었지만 슐츠의 회사는 그런 원두로 추출한 커피를 계속해서 판매하지 않았다. 슐츠는 이러한 행동이 진실하고 좋은 품질의 제품을 판매한다는 약속을 어기고 브랜드의 이미지를 망칠 수 있다고 생각했다.[16]

사실 스타벅스 사례는 많은 회사의 사례와 마찬가지로 사후 관점에서 유용하거나 현명했던, 또는 그렇지 않았던 소위 시장의 피드백으로 가득 차 있다. 클레이턴 크리스텐슨은 선도 기업들이 고객의 피드백을 받아들인 행동이 결국 고객들이 옮겨 간 새로운 시장을 개척하는 데 실패하는 결과로 이어진 여러 사례를 기록했다.[17][18][19][20] 슐츠가 접했던 정보에 내재된 혼란은 다량의 시장 피드백에만 존재했던 것은 아니다. 투자자, 직원, 전략적 동업자를 포함한 다른 이해관계자들의 피드백까지 해당했다. 예를 들어 기존 스타벅스 창업자들은 자신들의 카페를 이탈리안 스타일의 커피 바 사업으로 전환하는 데 동의하지 않았던 반면에 슐츠에게는 일조날레를 창업할 초기 비용과 조언을 제공했다. 비슷한 방식으로 슐츠가 투자를 요청했던 242명의 남녀 중 217명은 사업에 투자하지 않았지만 나머지는 지분을 구입했다. 슐츠의 의견과는 반대되는 근거가 우세했지만 그의 행동이 무분별하거나 비합리적이지 않다는 것을 증빙하는 충분한 근거도 여전히 존재했다.

우리가 추정이나 다른 유형의 비합리성에 기반한 제삼의 시각을 선택한다면 앞으로의 선택의 근거가 될 일관된 기준 없이 과한 행동을 취하는 방법밖에는 없다. 사람들이 규범적인 합리성이 아닌 다른 기준을 사용한다는 것은 실증적인 사실이다. 하지만 다양한 비합리적 도구 중 무엇을 선택해야 할지 충분한 논리가 없는 것도 사실이다. 그러므로 슐츠는 사업에 뛰어들 이유도, 그렇지 않을 이유도 충분했다. 이것이 바로 등방성isotropy의 문제다.

2. 등방성

그래서 문제는 기업가가 합리적으로 행동하는지가 아니라 어떻게 기업가가 다차원의 불확실성 앞에서 합리적으로 행동할 수 있는지다. 구체적으로 정보가 등방적일 경우 합리적인 행동이란 어떤 의미일까?

등방성이란 불확실한 미래 상황을 둘러싼 결정이나 행동에 있어서 어떤 정보가 주목할 가치의 여부가 사전적으로 항상 명확하지 않다는 사실을 뜻한다. 이 문제는 인지과학자, 로봇 기술자, 철학자 들도 연구하는 내용이다. 스탠퍼드 철학 사전에 따르면 제리 포더Jerry Fordor는 등방성을 다음과 같이 정의했다.[21]

> 여기서 어려운 점은 무엇이 관련성이 있는지 결정하는 것이다.
> 포더는 어떤 행동의 결과를 제한한다면 과학에서 이론 검증을
> 하듯이 모든 것이 연관성이 있을 수 있다고 주장했다.[22] 앞으로
> 일어날 상황의 산물에는 사전적 제한이 없다.

비록 윅이 등방성 문제 관점에서 논문을 작성하지는 않았지만 조직 구성원이 환경을 구성하고 모호한 행동을 회고하며 정당화한다는 논문은 등방적 환경을 가정한다.[23] 윅은 반대의 문제에 관심을 두었다. 포더는 환경이 등방적이기 때문에 어디에 관심을 두어야 할지 사전적으로 명확하지 않다고 주장하는 반면, 윅은 조직 구성원이 환경을 구성하기 위해 관심을 두는 것이 인간의 행동이 환경에서 등방성을 생성함을 의미한다고 주장한다. 이론적으로 말하면, 윅에 따르면 이러한 경우 구성원들이 만든 변수를 환경이 저절로 선택하도록 둘 수 없다.

의사 결정자들이 살펴보고 실행하는 것, 이들이 사용하는 신호, 이러한 신호를 사용하는 이유, 부주의한 유형, 탐색과 관찰 과정은 선택 기준의 원천으로서 그 영향력이 더욱 커진다. 구성원들이 인지하는 현

실은 전지적이고 덜 연관된 관찰자가 인식하는 현실보다 조직 안에서의 선택의 원천으로 좀 더 작용한다.

동시에 실질적인 관점에서 보면, 포더에 따르면 구성원들은 무엇에 주의를 기울이고 무엇을 무시할지 알 수 없다. 어떤 이는 존경을 담아 휘파람을 불며 요사리안 대위가 외친 것처럼 다음과 같이 말할 것이다.[24]

"꽤 훌륭한 함정이군, 저 캐치-22," 요사리안 대위가 말했다.
"가장 훌륭한 함정이지." 다네카 의사가 동의했다.

3. 이펙추에이션의 문제점 3요소

종합해보면 이펙추에이션의 문제점에는 최소한 세 가지 요소가 있다.

1. 나이트의 불확실성: 미래 결과의 확률을 계산하는 것은 불가능하다.
2. 목표의 불명확성: 선호는 주어지거나 정렬되어 있지 않다.
3. 등방성: 어떤 환경 요소에 주의를 기울이거나 무시할지 명확하지 않다.

스타벅스 사례로 되돌아가서 슐츠의 의사 결정과 행동을 이 세 가지 요소를 적용하며 살펴보자.

1. 행동의 결과가 발생할 확률을 어떻게 계산할 수 있었는가?
2. 자신이 성취하고 싶은 바를 정확히 알았는가? 만약 그랬다면 목표가 명확했는가?
3. 고객이나 다른 사람의 피드백 중 어떤 요소에 귀를 기울이고 어떤 요소를 무시해야 할지 어떻게 알았는가?

이미 이 사례에서 1번과 3번이 진짜 문제였다는 것을 설명한 바 있다. 이제 두 번째 항목을 살펴보자. 켄의 설명과 슐츠 자신의 말에 따르면 슐츠는 전형적인 선구자, 즉 무엇을 원하는지 정확히 알고 스타벅스가 제공하는 거대한 기회를 인지한 선구안을 지녔으며 실제로 추구하여 성공을 이룬 사람이다. 하지만 시작부터 슐츠가 기회를 '보았고' 일종의 전국적 사업을 일으키고 싶다는 생각을 했다 하더라도 그 사업이 고급 커피를 판매하는 소매 체인점이나 식당 형태의 카페 또는 명확한 모델이 없는 중간 형태의 사업인지는 명확하지 않았다. 등방적 문제점은 계속되고 목표 설정의 문제로 변환한다. 슐츠가 사업을 프랜차이즈로 발전시켜야 할까? 카페 이름을 일조날레로 유지해야 할까? 기회 인식이나 '발견' 과정에 관한 현재의 이론에 부합하는 사례가 되기 위해 기업의 근원으로 돌아갈수록 불확실하고 모호하며 등방적인 문제점이 드러난다.

해머플라스트를 떠나 초기 스타벅스에서 일하기로 한 결정은 명확한 목표에 따라 질서 있게 행진하는 군대보다는 복잡한 시장 속 열정적인 군중을 그린 마르키아누스 시대의 태피스트리와 같았다고 슐츠는 설명했다.

> 다음 날 뉴욕으로 돌아가는 5시간의 비행 동안 스타벅스에 대한 생각을 떨칠 수 없었다. 마치 빛나는 보석과 같았다. 싱거운 기내 커피를 한 모금 마시고 내려놓았다. 서류 가방에 손을 뻗어서 수마트라 원두 봉투를 열었고 향기를 맡았다. 몸을 뒤로 기대며 나는 생각에 잠겼다.
>
> 나는 운명을 믿는다. 이디시어로는 배셔트bashert라고 한다. 3만 5,000피트 상공을 나는 그 순간 나는 스타벅스에 강한 끌림을 느꼈다. 회사 생활에서 경험하지 못했던 열정과 진정성이 그곳에는 있었다.

어쩌면 나도 이 마법과 같은 회사의 일부가 될 수도 있다. 어쩌면 회사가 성장하게 도울 수도 있다. 제리와 고든이 했던 것처럼 사업을 시작하는 기분은 어떨까? 월급이 아니라 지분을 보유하는 것은 어떤 느낌일까? 현재의 스타벅스보다 더 나아질 수 있도록 나는 무엇을 기여할 수 있을까? 내가 날고 있는 지상과 마찬가지로 기회는 광활해 보였다.[25]

물론 슐츠가 말하는 이야기는 회고의 오류가 있을 수 있다. 정확한 사실일 수도, 그렇지 않을 수도 있다. 하지만 슐츠가 해머플라스트를 그만두고 스타벅스에 합류한 것은 사실이다. 그리고 만약 슐츠가 말한 것보다 그의 비전이 명확하지 않았다면 목표 불명확성에 관한 내 주장을 더욱 뒷받침하는 셈이다. 만약 슐츠의 비전이 더 명확했다면 그렇게 말할 이유가 없다. 슐츠는 다른 곳에서 그의 비전을 충분히 강조할 수 있다.

또한 스타벅스가 궁극적으로 성공 사례라는 점을 주지하는 것도 중요하다. 결과적으로 슐츠와 학자들 모두 슐츠의 행동이 선견지명과 안목을 보여주며 확고하다고 회고하는 경향이 있다. 만약 사업에 실패했다면 우리는 같은 행동을 두고 무모하고 고집이 세며 어리석다고 설명했을 수도 있다. 이것이 이펙추에이터와 우리와 같은 연구자들이 마주하는 사전적 문제다.

전문 기업가들이 환경의 제약에 따라 세상에 대한 의지와 비전을 정하는가? 사회학적인 요소가 이들이 원하는 것을 결정하는가? 또는 앤서니 기든스와 다른 학자들이 주장하듯이 재귀 구조화reflexive structuration의 문제일까?[26] 같은 수준에서 아리 르윈과 헹크 볼베르다의 말에 따라 공진화의 한 종류일까?[27] 한편 미개발 영역은 없다는 사회학자의 주장 또는 의지라는 것은 존재하지 않는다는 심리학자의 주장보다는 개인의 행동 의지에 더 많은 가능성이 있어 보인다. 반면 경제학자들이 바라는 대로 잘 정리된 우선순위도 그리 중요해 보이지 않는다. 하지만 구조화나 공진화 같은 이론은 더 높은 수준의 분석에는 유효할지 몰라도 현실적으로 무엇을 해야 하는지 말해주지는 못한다.

예를 들어 나이트의 불확실성이나 목표 불명확성, 또는 등방성의 특성을 가진 문제 상황을 직면한 사람들에게 어떤 조언을 줄 수 있을까? 혁신, 기회 인식 등에 대한 높은 수준의 이론의 효과성과는 상관없이 미시적인 수준에서 제시할 수 있는 제안은 미래 사건에 대한 예측, 비전에 대한 신뢰와 함께 인식한 기회를 추진할 수 있는 직관을 믿는 것, 그리고 다른 사람들을 동참시켜 결국 성공으로 향할 수 있도록 설득하는 카리스마를 갖춘 리더십 역량을 키우는 것 등이다.

하지만 이것이 우리가 할 수 있는 최선일까? 내가 연구한 전문 기업가들이 사용한 인지적 과정을 살펴보면 전통적 관점에서 합리적이거나 합리적 행동의 편차도 아닌 실현적 문제 상황에서 어떻게 행동해야 하는지 알 수 있다. 사실 일원화된 방식에서 합리성을 논하는 것은 합리성과 비합리성(또는 합리성과의 편차)에 존재하는 잘못된 이분법으로 이어질 수 있다는 것을 데이터를 통해 알 수 있다. 합리성과 비합리성을 연결하는 분포마저 한 축을 중심으로 모여 있다.

우리에게 필요한 것은 합리성의 개념을 다변화하는 방법이다. 한 가지 방법은 나이트의 불확실성, 목표 불명확성, 환경적 등방성과 직접적으로 다루는 논리의 주요 요소를 발전시키는 것이다. 이러한 논리는 다음과 같은 특성을 가져야 한다.

- 비예측적: 사건이 발생할 확률이 주어지거나 불변이라고 생각하지 않는 것
- 비목적론적: 선호나 목표가 사전적으로 존재하거나 변경할 수 없다고 생각하지 않는 것

▸ 비적응적: 환경은 외재적이며 환경 변화에 반응하고
  적응해야 한다고 생각하지 않는 것

이러한 논리는 선택이 아닌 설계 논리고 다섯 개의 설계 원칙에 적용되어 있다. 표 4.1은 이펙추에이션 논리가 위에서 설명된 세 개의 문제 상황 요소를 어떻게 해결하는지 요약한다.

표 4.1 문제 상황 해결을 위한 이펙추에이션 기법 요약

문제 상황 요소	해결 방안 요약
나이트의 불확실성	비예측적: 예측이 필요하지 않다. 조정 자체가 전략이 된다. 이펙추에이터는 자신이 조정할 수 있는 범위에서 해결하고자 한다. 무엇이 자신의 조정 범위에 속하는지 아닌지는 완전히 주관적이다.
목표 불명확성	비목적론적: 명확한 목표가 필요하지 않다. 하지만 자신의 가치, 취향, 선호가 행동을 이끄는 요소가 된다. 목표를 가지지 말아야 한다는 뜻이 아니다. 다만 아주 구체적인 목표에 지나치게 매여 있으면 안 된다는 말이다.
등방성	비적응적: 기존의 환경에 적응하기 위해 행동을 조정하지 않는다. 대신 자발적으로 참여한 이해관계자들의 전념을 통해 환경을 함께 개발한다. 이는 정보나 피드백 자체는 실제 활용되지 않으면 크게 의미가 없으며 특히 이펙추에이터가 취하는 다음 행동을 감당할 만한 손실로 만들기 위한 전념이 중요하다.

이펙추에이션 5원칙의 실천

인과적 문제는 의사 결정의 문제이며 실현적 문제는 설계의 문제다. 인과관계 논리는 선택을 돕고 이펙추에이션 논리는 개발을 돕는다. 인과

관계 전략은 미래를 예측할 수 있고 목표가 분명하며 환경이 개인의 행동과 아주 독립적일 때 유용하지만 이펙추에이션 전략은 미래가 불확실하고 목표가 불분명하며 환경이 인간의 행동에 내재적일 때 유용하다. 인과관계론자는 창조하고자 하는 효과에서부터 시작하며 '이 특정한 효과를 달성하기 위해 무엇을 해야 할까?'라고 질문한다. 이펙추에이터들은 수단에서부터 시작하며 '이 수단을 가지고 무엇을 할 수 있을까?'를 질문한다. 그 후에는 다시 '이 수단을 가지고 다른 어떤 것을 할 수 있을까?'를 질문한다.

우리는 인과관계 논리에 익숙하다. MBA 수업 시간에 반복적으로 활용하기도 한다. 생산 영역의 제조-구매 의사 결정이나 마케팅 영역에서 가장 높은 수익을 기대할 수 있는 목표 시장을 선택하는 것, 재무 영역에서 가장 위험도가 낮은 포트폴리오를 선택하거나 인사 영역에서 가장 유망한 직원을 고용하는 것 등이 인과관계 영역의 문제 상황들이다. 인과 추론의 흥미로운 사례에는 주어진 목표를 달성하기 위한 추가적 대안을 만들어내는 것도 포함된다. 이러한 형태의 창의적 인과관계 추론은 전략적 사고에서도 종종 사용된다. 인과 추론에는 창의적 사고방식이 적용될 때도 그렇지 않을 때도 있지만 이펙추에이션 추론은 태생적으로 창의적이다.

앞서 언급했지만 이펙추에이션은 특정한 목표로부터 시작하지 않는다. 대신 주어진 수단에서 시작하며 창립자, 그리고 상호작용하는 이해관계자들의 다양한 상상과 열망을 기반으로 목표가 발생한다. 인과관계론자가 비옥한 영토를 정복하려 하는 장군과 같다면 이펙추에이터는 미지의 세계를 항해하는 탐험가와 같다. 전 세계의 3분의 2를 정복한 징기스칸과 존재하는지도 몰랐던 신세계를 발견한 콜럼버스를 생각해보라.

그러나 같은 사람이라도 상황에 따라 인과관계 추론과 이펙추에이션 추론을 모두 사용할 수 있다는 점도 중요하다. 사실 전문 기업가들은 두 가지 모두에 능숙하며 잘 활용한다.[28] 하지만 전문성 데이터가 보여주듯이 새로운 사업의 초기 단계에서는 인과관계 추론보다는 이펙추에이션의 행동을 선호하며 대부분 기업가는 인과관계 추론이 좀 더 필요한 후기 단계로 잘 옮겨 가지 않는 편이다. 전문성의 단계, 기업 생애주기, 논리의 유용성과 성과와의 관계는 6장에서 좀 더 다룰 예정이다.

1. 수중의 새 원칙: 수단에서 시작해 새로운 효과를 창출하기

앞서 이펙추에이션의 적절한 비유로 조각 퀼트를 언급한 적 있다. 인과관계 논리와 반대되는 이펙추에이션 논리의 수단과 결과 사이의 역관계를 설명하는 사례 중 내가 좋아하는 것은 저녁 식사를 준비하는 요리사 예시다. 요리사가 업무를 정리하는 방식에는 두 가지가 있다. 인과관계 사례에서 요리사는 메뉴를 정하고 각 요리에 맞는 훌륭한 조리법을 생각해내며 필요한 재료를 사고 적당한 방식과 기구를 정리한 후 요리를 한다. 인과관계 방식은 목표인 메뉴 선정부터 시작하며 그 목표를 달성하기 위한 효과적인 방안을 선택한다. 이펙추에이션의 경우 요리사는 찬장에서 재료와 조리 기구를 살펴보는 것부터 시작한다. 그 후 재고를 기반으로 가능한 메뉴를 설계한다. 사실 식사를 준비하는 동안 메뉴가 탄생하기도 한다. 실현적 요리사는 주어진 주방의 상황에서 가능성을 설계하고 가끔은 의도하지 않은 전혀 새로운 요리를 만들기도 한다.

양쪽의 경우 모두 음식의 질은 여전히 요리사의 역량에 달려 있다는 것을 명심하자. 두 경우 모두 더 나은 결과물을 수반하지는 않는다. 하지만 인과관계 사례에서는 결과가 얼마나 좋을지와는 관계없이 어떤 결과물이 나올지는 사전에 정해져 있다. 반면에 이펙추에이션 사례에서는 새로운 결과가 나올 가능성이 높다. 두 경우 모두 상위 수준의 목표, 즉 요리라는 공통의 목표가 있다는 것을 생각해보자. 그러므로 이펙추에이션에서 아예 목표가 존재하지 않는 것은 아니다. 목표가 불분명하거나 모호할 때 효과적이라는 것이다. 더욱 중요한 점은 목표가 체계적으로 설정되어 있고 인간의 노력에서 목표가 명확하게 내재적으로 발생한다는 사실을 기반으로 이펙추에이션이 성립할 수 있다는 것이다.

퀼트나 요리 외에도 더 다양한 간단한 예시가 있다. 책상을 만들어달라는 요청을 받은 목수와 공구와 목재만 받은 목수, 특정한 사람의 초상화를 그리게 된 화가와 물감과 캔버스만 받은 화가의 차이도 있을 수 있다. 물론 이러한 사례는 과도하게 단순하거나 아주 개인적인 경우, 즉 다수의 이해관계자가 충분하게 관련되지 않은 사례이기도 하며 나이트의 불확실성이나 환경적 등방성이 높지 않은 사례다. 예를 들어 요리 사례를 좀 더 현실성 있게 정의하려면 다양한 요리사, 손님, 주최자 등을 포함한 여러 종류의 역동성과 제약을 추가해야 할 수도 있다.

하지만 각 사례에서 일반화된 최종 목표나 염원은 요리를 하는 것, 가구를 만드는 것, 그림을 그리는 것과 같이 인과관계와 이펙추에이션 모두 동일하다. 사실 효과라는 것은 추상적인 인간의 열망을 조작할 수 있게 만든 것이다. 인과관계와 이펙추에이션을 구별할 수 있게 하는 것은 문제 정의다. 특정한 효과를 만들기 위해 수단을 선택하는 것과 특정한 수단을 활용하여 가능한 효과를 설계하는 것이 그 차이다. 인과관계 모델이 다대일로 연결된다면 이펙추에이션 모델은 일대다 연결로 이루어진다.

인과관계와 이펙추에이션 모두 추론의 필수적인 요소이며 의사결정이나 행동의 여러 맥락을 넘나들며 동시에 중복적으로 일어날 수 있다. 하지만 다음의 사고 실험에서 나는 의도적으로 좀 더 명확한 이론적인 설명을 하기 위해 두 가지 논리를 이분법적으로 병치했다.

사고 실험: 카레 전문점

이 사례는 상상 속의 인도 식당 '즉석카레Curry in a Hurry'를 개업할 때 인과적 방식과 실현적 방식이 어떻게 적용되는지 비교하며 보여주고자 한다. 이를 위해 코틀러의 『마케팅 관리Marketing Management』 (1991) 7판의 63쪽과 253쪽에 서술된 일반적인 인과관계 과정을 선택했다. 2장에서 기업가 전문성 연구 결과를 분석할 때 같은 예시를 사용한 것을 떠올려보자. 이론적 차이점을 좀 더 자세히 설명하기 위해서 다시 한번 반복할 가치가 있다.

코틀러의 저서는 고전처럼 전 세계 MBA 강좌에서 교과서로 폭넓게 사용된다. 그는 시장을 다음과 같이 정의한다. "시장이란 특정한 요구나 희망 사항을 공유하여 이를 충족하기 위해 교환 활동에 참여할 수 있고 그러한 의지가 있는 가망 고객으로 이루어진다." 이 책은 상품이나 서비스를 시장에 내놓기 위해 다음과 같은 과정을 제안한다. (코틀러는 시장이 이미 존재한다고 가정한다)

1. 시장에서 장기적으로 가능성이 있는 기회를 분석한다.
2. 목표 시장을 연구하고 선택한다.
   2-1. 세분화 변수를 정의하고 시장을 세분화한다.
   2-2. 세분화된 고객군의 개요를 발전시킨다.
   2-3. 각 고객군의 매력도를 평가한다.
   2-4. 목표 고객군을 선택한다.
   2-5. 각 목표 고객군마다 가능한 포지셔닝 콘셉트를 정의한다.
   2-6. 포지셔닝 콘셉트를 선택하고 발전시켜 소통한다.
3. 마케팅 전략을 설계한다.
4. 마케팅 프로그램을 계획한다.
5. 마케팅 역량을 조직하고 실행하며 조정한다.

이는 마케팅에서 보통 STP로 불리는 시장 세분화, 목표 시장 설정, 포지셔닝의 과정이다.

즉석카레는 패스트푸드 인도 음식점이라는 새로운 관점의 식당이다. 이 아이디어를 실행하기 위해 인과관계 접근론을 따르면 기업가는 모든 가망 고객에서부터 시작한다. 펜실베이니아 피츠버그에서 식당을 개업하고자 하는 창업자를 상상해보자. 이 도시는 초기의 세계 또는 초기 시장이 될 것이다.

인구 통계, 거주 지역, 인종, 결혼 여부, 소득 수준, 외식 패턴 등 관련 있는 여러 세분화 변수를 사용할 수 있다. 이를 기반으로 창업자는 지역사회를 선택하여 설문지를 배포하거나 피츠버그의 주요 대학 두 군데에서 표본 집단 조사를 진행할 수도 있다. 질문지와 표본 집단의 응답을 분석하여 창업자는 '적어도 한 주에 두 번 이상 외식을 하는 인도 또는 다른 인종의 부유한 가족'과 같은 목표 고객군을 설정할 수 있다. 그 시장에 집중한다면 메뉴, 실내장식, 운영 시간이나 다른 세부 사항을 결정하는 데 도움이 될 것이다. 그 후 식당을 방문할 목표 고객층을 공략하기 위한 마케팅이나 영업 전략을 설계할 수 있다. 또한 즉석카레 식당의 적정 수요를 예측하기 위해 다른 인도 음식점이나 패스트푸드 식당을 조사할 방법을 찾을 수도 있다.

어떤 경우라도 이러한 과정에는 상당한 양의 시간과 분석적 노력이 필요하다. 또한 조사나 마케팅 전략을 실행하기 위한 자원도 필수적이다. 종합하자면 최근의 인과관계 패러다임은 광범위한 일반적 세계에서 사전에 결정된 구체적이고 최적화된 목표 고객군으로 옮겨 가는 것을 추천한다. 즉석카레 식당 사례에 적용해보면 피츠버그 전체에서 폭스 채플(피츠버그의 부유한 동네)의 존스 가족(부유층 가족의 구체적인 고객 설명)으로 좁혀가는 과정을 의미한다. 2장의 도표 2.1에서 이러한 사례를 설명한 바 있다.

만약 가상의 창업자가 식당을 개업할 때 이펙추에이션의 과정을 대신 사용했다면 정반대의 방향으로 실행했을 것이다. 여기서 이펙추에이션은 STP 과정보다 규범적으로 우세하기보다는 성공 가능성이 있고 유효한 대안임을 명시하고자 한다.

예를 들어 기존 시장이 존재한다고 가정하고 시장에 가장 최적화된 식당을 설계하기 위해 자금과 다른 자원을 투자하는 대신에 자신이 사용할 수 있는 특정 수단과 요인을 살펴보는 것으로 시작할 수 있다. 만약 창업자의 자금이 3만 달러 정도로 제한적이라고 가정한다면 가능한 한 최소한의 자원으로 아이디어를 내놓기 위해 창의적으로 생각해야 한다. 그러기 위해서는 성공한 요식 사업가에게 전략적 파트너가 되어달라고 설득하거나 사업을 시작하기 위해 충분한 자금을 투자받기 위해 투자자를 설득할 정도의 시장조사를 할 수도 있다. 또 다른 이펙추에이션 전략으로는 지역의 인도 식당이나 패스트푸드 식당을 설득하여 그들의 공간에서 인도 패스트푸드를 팔 수 있도록 허락받는 방법도 있다. 선택한 특정 방식이나 세부 사항은 직감적이거나 잠정적이고 아마도 만족화satisficing의 방식에 가까울 것이다.[29]

여러 다른 이펙추에이션 방안도 생각해볼 수 있다. 아마 창업자는 도심에서 일하는 친구나 친척에게 연락해서 음식을 가져다주고 동료들에게 시식을 부탁하기도 할 것이다. 사무실 사람들이 음식을 좋아한다면 점심 배달 서비스를 생각해볼 수도 있다. 시간이 흐르면 식당을 시작할 만한 충분한 고객층을 확보할 수도 있을 것이다. 아니면 배달 사업을 몇 주 시도한 결과 사람들이 음식보다는 자신의 독특한 성격과 흔치 않은 삶의 태도에 반응했다는 것을 깨달을 수도 있다. 우리의 상상 속 기업가는 이제 점심 배달 사업을 포기하고 요리 비디오를 만들거나 책을 쓰고 강연을 할 수도 있고 결국에는 동기부여 컨설팅 사업에 뛰어들 수도 있다!

인도 식당을 시작한다는 아이디어로 되돌아가서, 같은 시작이지만 다른 가능성이 있다고 전제한다면 다양한 사업으로 이어질 수 있다. 몇 가지 가능성을 살펴보면 다음과 같다. 즉석카레 창업자에게서 음식을 구매한 초기 구매자들은 첫 목표 고객군이 된다. 고객의 의견을 지속적으로 경청하고 자발적으로 참여하는 이해관계자와 전략적 파트너와의 네트워크를 쌓다 보면 성공 가능한 고객군을 정의할 수 있다. 예를 들어 음식을 구매하는 고객층이 다양한 인종의 사무직 여성들이라면 이들이 주요 목표 고객군이 된다. 그리고 이런 초기 고객이 진정으로 원하는 바에 따라 기업가는 시장을 정의할 수 있다. 만약 고객들이 음식의 특색보다는 질이나 편의성에 주로 관심이 있다면 지역의 모든 직장인 여성을 타깃으로 할 수도 있고 비슷한 유형의 고객들이 밀집해 있는 지역을 더 찾아볼 수도 있다. 이를 통해 '여성을 위한 간편식Women in a Hurry'이라는 이름의 프랜차이즈 운영을 할 수도 있을 것이다.

고객들이 편의성보다는 주로 음식의 지역적 특색이나 경험적 가치에 관심이 많다면 출장 서비스나 연회 준비 등 '카레파티'(유치한 이름이지만 의미가 확실했으면 한다)라는 이름으로 다른 사업을 시작할 수도 있다. 아니면 새로운 문화를 배우는 것이 좋아서 음식을 구매하는 고객들이 있다면 인도 음식으로 시작해서 콘서트나 고대 역사, 철학 그리고 음식이 문화적 탐방의 수단이라는 심오한 생각을 담아 문화적 측면에 관한 강의나 수업을 제공하는 '국제카레학교'를 구축할 수 있다. 고객들이 인도나 극동 지방으로 테마형 투어나 여행에 관심이 있는 것이라면 '카레나라여행'이 될 수도 있다.

한마디로 이펙추에이션의 과정을 활용한다면 완전히 다른 산업군에서 다양한 종류의 사업을 시작할 수 있다. 초기의 아이디어 또는 목적이 꼭 하나의 전략적 세계나 시장 또는 하나의 효과로 이어지지 않는다는 것을 뜻한다. 대신 이펙추에이션 과정을 통한다면 처음 시작한 일반화된 최종 목표와 개별적인 하나 또는 그 이상의 효과를 창출할 수 있다. 내가 진행한 연구에서 27명의 기업가가 벤처링이라는 동일한 가상의 제품으로 시작했지만 18개의 각기 다른 산업군에서 사업을 개발했다는 사실을 떠올려보자. 이펙추에이션은 여러 가능한 효과(실행 과정에서 하나 또는 몇 개의 효과만이 실제로 발현되지만)를 구체화할 뿐만 아니라 의사 결정자들이 시간에 따라 다양한 기회를 활용하여 목표를 바꾸고 쌓아나갈 수 있도록 한다.

게다가 일반적인 목표가 이펙추에이션의 시작점일 필요는 없다. 여러 성공한 사업과 탁월한 기업가마저도 창립자의 정확한 초기 비전 없이 시작했다. 이어지는 내용에서 두 가지 사례를 설명하고자 한다. 톰 팻조Tom Fatjo가 설립한 폐기물 처리 거대 기업 브라우닝페리스Browning Ferris와 토머스 스템버그Thomas Stemberg가 시작한 거대 사무 용품 기업 스테이플스Staples다.

비슷한 맥락에서 즉석카레 창업자의 이펙추에이션 과정도 뜻밖의 다양한 사건의 결과였을 수도 있다. 예를 들어 모임에서 요리를 맛본 친구의 제안으로 사업을 시작했을 수도 있고 여러 기업가가 그랬듯 예상치 못한 불행으로 생계를 책임지게 되었을 수도 있다. 아니면 경영대학원에서 기업가정신에 대한 관심이 커지면서 수업 과제에서 아이디어를 발전시켰을 수도 있다.

수중의 새 원칙과 브리콜라주

수중의 새 원칙이 브리콜라주와 어떤 연관이 있을까? 테드 베이커와 넬슨은 수중에 있는 무언가로 만드는 레비스트로스Lévi-Strauss의 브리콜라주 개념을 차용하여 기업가가 무에서 유를 창조한다고 주장했다.[30] [31] 내가 보기에 브리콜라주는 손에 잡히는 무언가가 있기에 가능한 것이므로 이 주장에는 모순이 있다. 브리콜라주가 무에서 유를 창조하는 것과는 관련될 수 없는 것이다. 하지만 이 특정한 논점에 매달리지 않는다면 브리콜라주는 자원에 제약이 있거나 궁핍한 환경에서 아주 유용한 기술이 될 수 있다는 것을 알 수 있다.[32] 흥미롭게도 내가 자란

인도에서는 이 방식을 힌두어로는 주가드jugaad, 타밀어로는 우탄디람 uttandiram이라고 부르며 종종 경영 용어로도 사용한다. 브리콜라주가 기업가 연구에서 긍정적인 의미로만 쓰였다면[33][34] 주가드는 혁신에 방해가 되거나[35], 더 나아가 부패를 일으킬 수도 있다고 여겨진다.[36]

    사용할 수 있는 수단을 활용한다는 점에서 브리콜라주와 수중의 새 원칙이 유사하다는 것은 쉽게 알 수 있다. 하지만 적어도 두 가지 측면에서 서로 다른 점이 있다. 먼저 브리콜라주는 보통 주어진 목표를 달성하기 위해 사용하고 새로운 목표를 생성하기 위한 방식으로는 잘 활용하지 않는다. 두 번째로 수중의 새 원칙은 자원의 제약을 극복하기보다는 예측을 최소화하는 것에 집중한다. 사실 자원의 제약은 구체적인 목표 없이 실행하는 경우에는 크게 의미가 없다. 수중의 새 원칙은 부족이나 제약의 자세보다는 풍부한 자세가 필요한 원칙이다. 내 연구의 전문 기업가들이 평범한 사람들보다 더 많은 자원을 가진 말 그대로 억만장자임에도 불구하고 이 원칙을 압도적으로 따른 이유다. 이들이 수중의 새 원칙을 활용한 이유는 자원이 부족해서가 아니라 불확실성과 관련하여 예측이 아닌 태도를 취하고자 했기 때문이다.

    하지만 궁핍하거나 매우 어려운 상황에서도 이 원칙은 유용하게 쓰이는 경우가 있다.[37][38] 그 이유는 자원을 초기의 것 또는 사전의 것으로 보지 않기 때문이다. 사실 자원은 내가 누구인지, 무엇을 아는지, 누구를 아는지를 나타낸다. 행동은 삶 그 자체에서 시작된다. 그리고 수중의 새 법칙은 가난, 문맹, 장애를 겪는 사람들을 포함해 그 누구라도 기업가적 행동을 시작할 수 있다는 관념을 일깨워준다. 브라질 전역에서 영세 기업가들을 교육하고 지원하는 단체인 알리앙사엠프린데도라의 사례를 살펴보자. 빈곤한 시골 지역 출신의 아프리카계 브라질 여성 기업가들은 수중의 새 법칙을 배웠을 때 자신들의 정체성이 자원이 될 수 있다는 생각을 했다고 말했다. 이들은 아프리카계 브라질인을 위한 시장과 상품을 창출했고 현재는 아프리카 국가에 수출하고 있다.

수단: 나는 누구인가, 나는 무엇을 아는가, 나는 누구를 아는가

사고 구술법 실험에서 전문 기업가들은 자신의 정체성, 지식의 범위 그리고 사회적 관계라는 세 가지 유형의 수단을 활용했다. 신규 시장과 신규 기업을 설립할 때 사전 지식[39] [40] 사회적 관계의 중요성을 증명한 연구도 이미 존재한다.[41] [42] 이 책의 초판에서 내가 언급한 바와 같이 베로니카 키스팔비를 제외하고는 기업가 연구에서 정체성의 역할은 사실상 다뤄지지 않았다.[43] 하지만 이 주제의 중요성이 부각되고 정체성의 역할이 최근에야 기업가 연구의 중점이 되었다는 사실은 고무적이다. 스티븐 파머 외 연구는 기업가적 정체성의 열망과 기회의 발견과 활용 사이의 관계를 살펴보았다.[44] 머닉스 외 연구는 정체성과 열정의 관계를[45], 제프리 요크 외 연구는 재생에너지 기업가들의 다른 정체성을 경제적 및 비경제적 동기의 관점에서 조사했다.[46] 또한 무하마드 쿠레시 외 연구는 파키스탄에서 열린 사업 계획 대회의 여러 개입이 참가자들의 기업가적 정체성에 어떤 영향을 미치는지 탐구했고[47], 타일러 라이와 요크의 연구는 정체성 기반의 사회적 기업 접근법을 개념화했다.[48] 정체성의 역할은 새로운 사업을 시작할 때 인과관계 논리와 이펙추에이션 논리의 다양한 활용과도 분명하게 연결되어 있다.[49]

　기업가들은 종종 피상적인 선호보다 근원적인 정체성 관점에서 자신의 행동과 의사 결정을 설명한다. 이들의 정체성은 아무리 독특하게 해석하더라도 주로 기업가라는 사실과 관련이 있으며 때로는 종교적 믿음, 정치적 성향, 유년시절의 트라우마, 미적 지향점, 스포츠 구단을 향한 응원 등 삶의 다른 측면과 연관되어 있기도 하다. 예를 들어 내 연구에 참여했던 대상자 E5는 다음과 같이 말했다.

나는 위험 감수를 두려워하지 않았다. 나는 내 정체성이 일에 있지 않다는 것을 알았다. 일에서는 위험을 감수할 일이 생기기 때문에 이 부분은 매우 중요하다. 특히 주주들이 회사의 주인이 아니라 수많은 주인이 있고 이들 모두를 존중과 평등으로 대해야 한다는 철학적인 리스크를 부담해야 한다면 더욱 그렇다. 이해관계자들 사이에 수직 관계가 없다는 생각은 꽤나 급진적이고 그런 생각을 하거나 실행한다면 해고당할 수도 있다. 그리고 나는 여러 번 해고당할 뻔했다. 내 정체성은 이 회사의 CEO가 아니기 때문에 괜찮다. 내 정체성이 이곳에 있기 때문이 아니라 내일을 사랑하기 때문에 떠나기 힘들 것이라고 생각한다. 나는 이장소와 사람, 그리고 내가 하는 일을 사랑한다.

정체성 기반의 의사 결정 기준은 다른 기준과 마찬가지로 특정 유형의 선호 정렬일 뿐이라고 주장할 수도 있다. 물론 그럴 수도 있다. 하지만 정체성을 기반으로 한 추론은 행동과 결과, 선택과 성과 사이의 인과관계로 작용하기도 한다.[50] 마치는 돈키호테 사례를 들며 결과가 극도로 불확실한 상황에서도 돈키호테가 아주 결단력 있게 행동할 수 있었던 것은 어떤 상황에서도 기사도를 발휘하는 방법을 알았기 때문이라고 말한다. 마치는 다음과 같이 설명했다.

돈키호테는 우리에게 말한다.
신뢰가 보장되었을 때만 믿는다면,
사랑을 보답받을 때만 사랑한다면,
배움이 가치 있을 때만 배운다면,
인간성의 핵심적인 특성을 포기하는 것이다.

돈키호테의 의사 결정은 "나는 내가 누군지 안다Yo se quien soy."라는 그의 정체성에 대한 인식에 깊은 뿌리를 두고 있다. 보통 정체성 기반의 의사 결정 요소를 활용한다면 기업가들은 특정한 결과에 대한 선호도를 나열하는 대신 나이트의 불확실성 상황에서도 결단력 있는 행동을 할 수 있다. 그 이유는 합리성과 실질적 합리성의 차이점, 정체성과 선호의 차이점이 유사하기 때문이다.[51] 예를 들어 동일한 상황에서 마초적 정체성을 가진 사람은 복수하려 하는 반면에 기독교적 정체성을 가진 사람은 용서할 수도 있다. 달리 말하면 정체성은 특정한 결과가 아닌 삶이나 의사 결정 방식 및 과정에 대한 선호라고 할 수 있다. 정체성은 허구일 수도 아닐 수도 있으며 자유의지 또는 사회 문화적으로 발달하기도 하며 선할 수도 악할 수도 있다.

결과를 예측할 수 있다면 특정 결과에 대한 선호 순서에 따라 의사 결정을 하는 것이 타당하다. 하지만 결과가 불확실하거나 선호가 모호한 경우 강한 정체성(자신이 원하는 것보다는 자신이 누구인지)과 과정(어떤 의사 결정을 할 것인지보다 어떻게 결정할 것인지)이 필요하다. 하지만 이러한 기준을 활용하면 선호가 변화하거나 새로운 선호가 생기기도 하고 기존에 결정되거나 잘 정리된 선호 없이 의사 결정을 하게 된다. 폴 슬로빅Paul Slovic은 미국심리학회에서 다음과 같이 말했다.

최근 20년간 행동 결정 연구에서 부각된 주된 주제 중 하나는 사람들의 선호가 종종 도출 과정에서 정립된다는 시각이다. 이 개념은 규범적으로 동등한 도출 방법론이 체계적으로 서로 다른 반응을 이끌어낸다는 것을 증명하는 연구에서 일부 나타났다. 이 선호 '전환'은 합리적 선택 이론의 근본이 되는 절차 불변성의 원칙에 위배되며 인간 가치의 본성에 대한 난해한 질문을 던진다.[52]

취향은 확실하고 연관성이 높으며 안정적이고 일관성이 있으며 정확하고 외재적이라는 가정을 통해 선호 기반의 합리적 결정이 이루어진다는 마치의 주장을 돌이켜보건대, 이 가정 중 일부는 대부분 인간 결정에서 실증적으로 효력이 없다. 이와 비슷하게 전문 기업가들에게도 이윤 창출, 판매 증대, 주주 가치 극대화 등의 목표는 조직 선택의 객관적인 기능이 아니라 의사 결정의 여러 제약 중 하나일지도 모른다. 이러한 기업가들은 강력한 정체성을 구축하기 위해 노력하고 그들의 조직에 침투할 다양한 일과와 의사 결정 과정, 채용 절차 및 전략적 선택에 이를 반영한다.

이러한 경우 광범위한 관련 주제 논문에서 다뤄진 선호 기반 추론의 고질적 문제는 정체성 추론으로 극복할 수 있다. 정체성은 선호가 존재하지 않을 때 선호를 정립할 수 있도록 돕는다. 정체성은 선호가 불확실할 때 실험할 수 있게 한다. 정체성은 또한 선호를 관리하여 변화가 제멋대로 일어나지 않도록 한다. 그리고 충돌하는 선호를 전략적으로 해결하고 이 과정에서 전략을 제시할 수 있다. 만약 우리의 선호가 잘못되었다면 정체성은 자기 주도권을 확보하기 위해 어떤 사전적 책무를 활용해야 하는지 알려준다.[53]

정체성(나는 누구인가)은 지식(나는 무엇을 아는가)과 네트워크(나는 누구를 아는가)에 의지하고 영향을 받기도 하며 그 반대의 경우도 있다는 것을 명심해야 한다. 이 세 가지 유형의 수단은 상호 배타적이거나 독립적이지 않다. 나아가 이 요소들은 자원(나는 무엇을 가졌는가)을 결정한다. 실현적 기업가들은 이 세 가지 유형을 초기 원칙으로 설정하고 자원과 상황(나는 어디에 있는가)을 이 초기 원칙의 파생 요소로서 고려한다. 하지만 모든 가용 수단은 실현적 퀼트의 조각이다. 궁극적으로 특정 조각이 중요한 것이 아니라 기업가가 이를 가지고 무엇을 하는지가 중요하다.

5장에서 이펙추에이터들이 주어진 수단을 활용하여 새로운 사업이나 신규 시장을 어떻게 창출하는지 구체적으로 살펴볼 것이다. 지금은 초기 조각이 이펙추에이터의 정체성, 지식의 범위, 사회적 관계 정도라는 것을 기억하자. 당신이 방글라데시의 가난한 문맹 여성이든 빌 게이츠의 아들이든, 이펙추에이션 여정을 떠나기 위해 필요한 것은 나는 누구인지, 나는 무엇을 아는지, 나는 누구를 아는지 명확히 하는 것이다.

수중의 새 원칙과 선택적 진화

수중의 새 원칙은 선택적 진화 개념과도 밀접하게 연결되어 있다. 선택적 진화는 다른 역할을 위한 진화 과정에서 현재 역할로 전환된 특성이다. 위키피디아의 설명은 다음과 같다. "새의 깃털은 전통적 사례다. 초기에 깃털은 온도 조절을 위해 진화했지만 나중에 비행을 위해 적응했다." 이 용어는 진화 생물학 분야에서 스티븐 굴드와 엘리자베트 브르바의 논문에 처음 사용되었다.[54] 선택적 진화는 기술과 시장의 역사에도 만연하다.[55][56]

《산업과 기업 변화Industrial and Corporate Change》 저널의 최근 특별호에서 피에르파울로 안드리아니와 지노 카타니는 "선택적 진화는 종, 생태계, 유산(기술 등)의 역사에서 가장 중요하지만 거의 다뤄지지 않은 진화론적 메커니즘 중 하나다."라고 말했다.[57] 안드리아니와 주세페 카리나니의 연구를 인용하자면 발명은 전통적인 수요 견인과 공급 과잉처럼 두 가지가 아닌 세 가지 유형으로 발생한다.[58] 이 두 가지는 선택적 진화의 힘을 받으며 기존 형태를 위한 새로운 기능에서 발명된다. 선택적 진화의 구체적인 설명과 역할은 듀와 사라스바티의 연구를 참고하라.[59]

선택적 진화는 수중의 새 원칙 측면에서 '우리가 조정할 수 있는 자원으로 무엇을 할 수 있는가?'라는 질문의 변주로 생각할 수 있다. 선택적 진화는 '더'라는 단어를 추가하여 '우리가 조정할 수 있는 자원으로 무엇을 더 할 수 있을까?'라는 질문으로 바꾼다. 이와 관련하여 가나의 브라이트 시몬스가 설립한 벤처기업인 엠페디그리는 훌륭한 사례다. 이 기업은 멀리 떨어진 농촌이나 산림 지역 사람들이 구매하는 약품이 진짜인지 모조품인지 알 수 있도록 한다. 시몬스는 보통 복권을 긁는 데 사용되는 카드를 약품 포장에 활용하여 코드를 숨겼다. 고객은 카드를 긁어 숨겨진 코드를 무료 번호에 문자로 보내고 그 약품이 진짜인지 모조품인지 인증받는다. 수중의 새 원칙이 기업가들이 이미 가지고 있는 수단으로 새로운 목표를 달성하게 해주는 것처럼 선택적 진화는 어떤 목적으로 발명된 기존의 상품이나 과정을 사업 구축에서 발생하는 다른 문제를 해결하는 데 사용하도록 한다. 수중의 새 원칙처럼 선택적 진화가 가지는 한 가지 이점은 선택적 진화를 시도하는 데 감당할 수 있는 손실이 있다는 것이다.

2. 감당 가능한 손실 원칙: 손실 조정

인과관계 모델은 최적화된 전략을 선택하여 이익을 극대화하는 것에 집중한다. 이펙추에이션은 손실을 얼마나 감당할 수 있는지 결정하고 제한적 수단을 활용하여 새로운 수단과 결과물을 창출할 창의적 방법을 찾는 것에 집중한다. '즉석카레' 식당 사례에서 인과관계 논리를 활용한 요리사는 식당을 시작하는 데 얼마가 필요한지 먼저 계산하고 그 돈을 마련하기 위해 시간과 노력과 에너지를 투자한다. 그와 반대로 이펙추에이터는 예상되는 손실을 산정하고 새로운 사업을 시작할 때 어느 정도 손실을 감당할 수 있는지 고려한다. 그 후 다른 이해관계자들을 사업에 참여하도록 설득하고 가용 잉여 자원을 창의적으로 활용한다. 최근 마르티나는 감당 가능한 손실이 역량과 자발성 두 가지 요소로 이루어져 있으며 전망 이론의 손실 회피 개념과 연결되어 있다고 설명했다. [60] [61]

감당할 수 있는 손실액 산정은 사업은 물론이고 기업가마다 다르며, 심지어 기업가의 생애 주기 단계나 상황에 따라서도 다르다. 사업을 시작하며 의사 결정을 지원하는 감당 가능한 손실을 산정할 때 이펙추에이터는 어떠한 예측에 의존할 필요는 없다. 기대 수익을 계산하기 위해서는 예상 매출과 자본 비용의 예상 위험을 산정하고 사업을 시작할 수 있는 자금을 모아야 한다. 감당 가능한 손실을 계산하기 위해서는 단지 현재 재정 상태와 최악의 사태에서의 우리의 심리적 충성도를 예상해보면 된다. 단순히 비예측적 산정이 아니라 초기 자금 의사 결정에서 불확실성의 역할을 무효화시키는 방법이기도 하다.

낙하plunge 의사 결정은 감당 가능한 손실 원칙을 잘 보여주는 사례다. 좋은 직장을 그만두고 자신의 사업을 시작하려고 고민하고 있는 기업가를 상상해보자. 인과관계 논리에 따르면 이 사람은 시장조사와 경쟁자 분석을 통해 예상되는 위험과 수익을 산정하고 이 사업에 뛰어들지 결정해야 한다. 이러한 생각을 하게 될지도 모른다.

> 이 사업을 시작하기 위해서는 200만 달러가 필요하고 2년 이내 손익분기점을 넘길 원한다. 25만 달러를 투자할 수 있으므로 뛰어들기 전에 175만 달러가 필요하다. 심지어 2년 동안의 연봉 기회비용도 고려하지 않았다.

인과관계 논리에서 기업가에게 위험한 기회를 잡는 것은 좋은 결정을 하기 위해 구체적인 요소를 최대한 정확하게 산정해야 하는 일이다. 반대로 이펙추에이션 논리는 새로운 사업을 하기 위해 어느 정도 감수할 수 있을지 상한선을 정할 것을 권장한다. 그래서 이펙추에이터들은 이렇게 생각한다. '나는 항상 내 사업을 하고 싶었다. 2년 정도의 시간과 25만 달러를 투자할 수 있을 것 같다. 최악의 경우 돈을 잃고 2년 후 구인 시장에 동참해야 할 것이다. 하지만 지금 시작하지 않으면 (나는 40

대고 곧 아이들이 대학에 간다) 언제 할 수 있을까?' 실현적 기업가들에게 위험한 기회를 잡는 것은 자신이나 다른 사람들이 결국 만들어낼 사업이 무엇인지 설계하는 일이다. 이를 위해 추가적인 175만 달러를 모금하는 일이 필요할 수도 그렇지 않을 수도 있다.

한편으로 감당 가능한 손실 원칙은 이펙추에이터들이 하락을 늘 염두에 둘 수 있도록 한다. 다른 한편으로는 위험과 이익보다는 위험과 가치 사이의 관계에 좀 더 집중할 수 있도록 돕는다. 다시 말하면 이펙추에이터들은 '돈, 시간, 노력, 감정, 평판 등 내가 투자한 것을 잃을 만한 일인가?'라는 질문을 한다. 열정이나 가치 같은 비경제적 고려 사항은 필수 요소다.

인과관계 사례에서 모든 정보는 의사 결정자의 조정 범위 밖에 있으며 거의 대부분이 이후 창출될 효과에 종속되어 있다. 이펙추에이션의 경우 기업가의 인생, 목표, 열망에 관한 정보가 대부분이며 어느 정도 조정할 수 있는 상대적인 위험과 가치 사이의 균형과도 관계가 있다. 물론 이는 기업가가 시장에 의해 외재적으로 결정된 기회에 집중하기보다 사업의 방향과 요지를 본인의 전념 정도와 강도에 맞출 수 있을 때만 가능하다. 달리 말하면 효과가 수단에 적응하는 것이지, 반대의 경우는 성립하지 않는다.

감당 가능한 손실 원칙은 자신이 모을 수 있는 수단 안에서 시장에 제품을 내놓기 위해 창의적인 방식을 선택하도록 한다. 종종 외부 이해관계자가 필요할 수 있는데 이들도 사업에 자원을 투자할 때 감당 가능한 손실 원칙을 사용할 수도 그렇지 않을 수도 있다. 새로운 기업이나 시장을 형성할 때 이해관계자들이 감당할 수 있는 정도의 자원만 투자하는 방식에 관해서는 다음 장에서 상세하게 다룰 예정이며 이펙추에이션의 과정의 역학 모델도 소개할 것이다.

감당 가능한 손실 원칙은 전문 기업가에게 문제 상황을 제시했을 때 이들의 인지 과정에서도 드러났다. 공통적으로 기업가들은 가장 저렴한 대안을 선호하거나 자신에게 비용이 발생하지 않는 창의적인 방안을 떠올리기도 했다. 게다가 스스로를 자산 위험을 회피하는, 비용에 민감한 인물이라고 분명하게 정의했다. 하나의 사례를 예로 들어보자.

> 나는 저렴하게 시작하고 싶다. 막대한 비용 위험을 지지 않는다는 점을 확실히 할 것이다. 내 경험상 피할 수 있다면 어떤 위험 부담도 안지 말아야 한다. 이는 많은 사람이 떠올리는 기업가의 이미지와는 반대된다. [E5]

대부분의 기업가는 모든 상황에서 일정량의 위험은 피할 수 없다고 생각한다. 이를 통해 확률을 지나치게 신경 쓰지 않은 채 시장에 뛰어들게 되고 마치 기업가들이 위험을 즐기는 것처럼 보이기도 한다. 하지만 기업가들은 높은 기대 수익을 바라거나 하락 가능성을 예측하고 피하는 자신의 능력에 도박을 거는 것을 피한다. 이는 일부 기업가는 매우 보수적으로 참여한다는 것을 뜻하며 위험을 회피하는 것처럼 보인다. 이를 뒷받침하는 독립적인 근거가 있다. 해당 주제에 대한 14개 연구 결과를 상호 분석한 존 마이너와 남부리 라주의 연구를 살펴보라.[62] 또한 기업가와 은행가가 위험을 인식하고 관리하는 방식을 비교한 기존 연구에서 은행들은 다양한 분석과 예측 전략으로 피해를 줄일 수 있다는 믿음을 바탕으로 높은 기대 수익을 보이는 프로젝트를 선택한 반면, 기업가들은 예측 변수가 적고 상대적으로 낮은 기대 수익을 보이는 선택지를 찾았다.[63] 그 후 은행가들은 가망 수익의 예측 수치를 단순히 받아들인 반면에 기업가들은 주어진 위험 상황에서 수익을 높이려는 다양한 방식을 시도했다. 기대 수익에 기대는 것을 거부하고 하락 가능성을 받아들이는 조합의 대표적 사례는 톰 팻조의 자서전에서 찾아볼 수 있다.

팻조는 휴스턴의 회계사였는데 관할 지역의 모임에 참석했다가 지역사회가 겪고 있는 쓰레기 수집 문제에 대해 알게 되었다. 1970년 팻조는 7,000달러를 빌려 첫 트럭을 마련했다. 팻조는 매일 새벽 4시에 일어나 2시간 동안 쓰레기를 수거하고 정장으로 갈아입은 후 회계 사무실로 향했다. 1년 이상 이러한 생활을 지속한 후에 팻조는 사무직의 안전망을 벗어나 폐기물 처리 거대 기업인 브라우닝페리스를 설립했다. 물론 이러한 기업가적 결정을 할 당시에는 자신이 10억 달러 규모의 기업을 이끌게 되리라고 생각하지 못했다. 팻조는 당시의 결정을 이렇게 설명한다.

일주일 만에 나는 정신이 나갔다. 음식은 소화가 안 됐고 가슴이 답답했다. 무언가를 하고 있을 때마다 그날 해야 하는 두 가지 다른 일들이 떠올랐다.

압박은 점점 심해졌다. 추운 날에도 계속 흐르는 식은땀으로 온몸이 축축해졌다. 회계 법인에서 하던 일의 대부분은 연말에 몰려 있었고 핵심 고객과의 중요한 의사 결정을 포함했기에 고객들이 결정을 내려야 하는 상황에서 문제에 대해 함께 생각하고 컨설팅을 하는 데 많은 시간을 써야 했다. 수요의 압박에 갇혀 있었고 목 주위에 전선이 감기는 것처럼 답답해졌다.

그날 밤, 너무 피곤했지만 잠은 오지 않았다. 천장을 바라보며 모든 트럭이 동시에 고장 나는 것을 상상했다. 트럭을 움직이기 위해 하나씩 직접 밀었다. 어둠 속에서 심장이 더 요동치기 시작했고 몸은 차가워졌다. 실패할지도 모른다는 생각은 나를 거의 마비시켰다.

그만두고 도망치고 싶었다. 너무 무섭고 외로웠으며 모든 것에 지쳤다. 내 인생에 대해서, 그리고 무엇이 중요한지 생각하려할수록 내 머릿속에는 복잡한 이미지들이 뒤엉켰다. 폐기물 사업을 시작할 때 '무슨 대가든 치를 수 있어!'라고 다짐했던 것을 떠올렸다. 베개에 기대어 깊은 한숨을 쉬었다. '이게 치러야 할 대가구나.' 이러한 생각을 하며 깊은 잠에 들었다.[64]

그의 선택이 물론 위험을 선호하는 성향이나 충성 오류 또는 스트레스에 대한 혼란스러운 감정적 반응을 보여준다고 생각할 수 있다. 팻조가 실제로 회계 법인을 떠나 폐기물 사업을 시작했다는 사실을 보면 위 설명은 모두 옳지 않다. 게다가 기대 수익을 계산하며 의사 결정을 하지 않았으며 선구자적인 확실한 목표가 있는 것도 아니었다. 팻조는 최악의 상황을 가정했고 그럼에도 불구하고 프로젝트에 전념했다. 팻조의 의사 결정은 감당 가능한 손실의 원칙을 보여준다.

언뜻 보면 감당 가능한 손실 원칙을 최소-최대 분석 또는 실물 옵션real-options 논리와 혼동하기 쉽다. 실물 옵션 분석과 최소-최대 분석은 불확실한 환경에서 유용한 의사 결정 도구다. 그리고 다음 문단에서 설명하겠지만 감당 가능한 손실 원칙은 두 가지 분석 모두에서 유용하다. 하지만 이펙추에이션에서의 감당 가능한 손실 원칙은 앞선 두 가지 분석이나 좀 더 익숙한 기본적 의사 결정 나무에서의 사용법과는 크게 두 가지 차이점이 있다. 의사 결정을 할 때 필요한 정보의 종류와 문제 상황 구조에 수반하는 가정이 그것이다. 요약하면,

- 이펙추에이션 논리 안에서 감당 가능한 손실을 계산할 때는 결과나 확률을 계산할 필요가 없다.
- 최소-최대 분석이나 실물 옵션 분석에 내포된 의사 결정 나무 구조와 달리 감당 가능한 손실 원칙의 논리는 중첩하는 의사 결정 대안을 포함한 일반적인 반격자semi-lattice 구조를

수용한다.*

이 세 가지 분석을 순서대로 사용하여 낙하 의사 결정을 탐색해보자. 도표 4.1은 감당 가능한 손실 원칙과 나머지 세 가지 분석의 차이점을 시각적으로 보여준다.

기본 의사 결정 나무

도표 4.1a는 전통적인 의사 결정 나무 구조로 낙하 결정을 나타낸다. 기업가가 다니는 현재 직장의 수입의 순현재가치NPV가 S라고 하고, 새로운 사업에 필요한 투자 수준을 I라고 하면 이 둘 중 선택을 해야 한다. 투자 I의 최대 수익 R을 거둘 확률이 p라면 사업이 실패할 확률은 q = 1 - p다. 이 의사 결정 나무에는 세 가지가 있으며 이는 나머지 두 분석에도 적용된다.

1. 예상 결과 S, 수익 R, 손실 I 등은 수치화하고 예측할 수 있다.
2. 결과는 서로 독립적이다. 즉, 이들은 서로 겹치지 않는다.
3. 목록, 확률, 결과의 규모 등은 의사 결정자의 목적에 내재적이지 않다.

---

* 나무 도표와 반격자 도표 모두 수학적 집합 구조이며 작은 집합이 모여 더 크고 복잡한 체계를 구성하는 방법을 설계하는 데 사용된다. 두 개의 중복하는 세트가 집합에 속할 때, 구성 요소가 일반적이고 집합에 속할 때에만 반격자 구조가 된다. 두 개의 집합 중 하나가 다른 한쪽에 완전히 속하거나 서로소 집합일때만 나무 구조가 된다. 따라서 나무 도표는 중첩하는 집합을 포함하지 않는 반격자 도표다.

도표 4.1 의사 결정 나무, 최소-최대, 실물 옵션과 감당 가능한 손실 원칙 비교

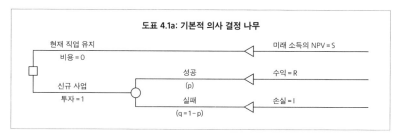

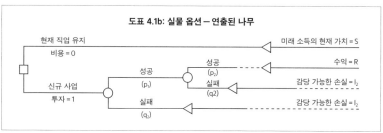

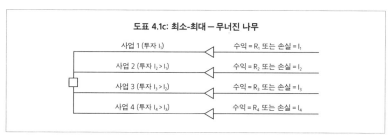

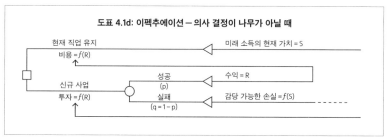

낙하 결정에 활용되는 네 가지 유형의 분석을 나타내기 위해 로버트 벤과 제임스 보펠의 구조화 그림을 사용했다.[65]

출처: 듀 외 연구 활용.[66]

이펙추에이션의 사례에서 이 가정들은 전혀 필요하지 않다. 오히려 이 펙추에이션의 결과물은 수치화할 필요가 없고 겹치는 부분이 많으며 이펙추에이션의 과정에 대부분 내재적이다. 하지만 가정이 적용되는 전통적 의사 결정 나무 분석에서도 감당 가능한 손실 원칙은 유용하다. 의사 결정 나무는 새로운 사업의 기대 수익 $pQ - qI$가 순현재가치 S보다 높은 경우에만 위험을 감수할 것을 권한다. 감당 가능한 손실 원칙은 I에 최대치를 부여해서 최악의 경우에 손실을 제한하는 방법을 추가한다.

실물 옵션 논리

경영 연구자들은 앞서 다룬 전통적 의사 결정 나무의 대안으로 실물 옵션 논리에 집중해왔다.[67] 실물 옵션 논리는 투자 과정을 단계별로 나누어 각 단계의 마지막에서 기업가는 프로젝트를 포기할 선택지를 얻는다. 이는 도표 4.1b에 나타나 있다. 다른 말로 하면 이 경우 의사 결정은 대부분 R과 S에 달려 있으며 I는 상대적으로 줄어든다. 감당 가능한 손실 원칙은 I의 최대치를 결정한다는 측면에서 여전히 유용하다.

실물 옵션 논리는 좀 더 (다음의 비평가들이 아닌 나의 용어로) '실현적인' 방식이 제공하는 가능성을 무시하기 때문에 상당한 비판을 받아왔다.

전략적으로 흥미로운 설정의 주요 특성은 초기 투자를 한 회사들은 새로운 실행 방안과 목표를 찾고 성과에 영향을 줄 수 있는 추가적인 활동에 활발하게 참여할 수 있다는 것이다. 실물 옵션 이론에서 추가 투자를 하는 선택은 가치의 원천이며 단계 수립 전 투자는 이러한 옵션의 실행을 위한 사전 조건이라는 인식이 있는 반면, 기업의 진행 중인 활동과 옵션의 특성 및 품질은 독립적이라는 가정이 있다. 회사가 사전에 정의된 기회에 참여할 수 있는 표를 구매하여 초기 투자에는 보지 못했던 새로운 가능성을 배우고 개발하거나 새로운 목표를 가공하고 강화할 수 있는 가능성을 무시하게 된다.[68]

반대로 감당 가능한 손실 원칙을 실현적으로 사용한다면 기업가가 자신의 한정된 자원을 포함한 현재의 상황을 미래 기회로 가공하고 변화시켜 재구성할 수 있는 가능성이 열린다.

최소-최대 논리

지금까지 살펴본 두 가지 분석에서 현재 직업을 유지하거나 새로운 사업을 시작하는 것 사이에서 선택해야 한다고 가정했다. 하지만 기업가가 낙하 결정을 하기로 했다면 다양한 사업 중 무언가를 선택해야 한다. 이때 최소-최대 논리가 필요하다. 하지만 이 경우에도 감당 가능한 손실은 유용한 원칙이다. 섀클은 다음과 같은 사례를 제시한다.[69]

> 기업의 특성이나 범위에 따라 절대적인 용어로 집중 손실을 고려하는 것이 현실적이고 이성적이다. 적절한 종류와 크기의 기업을 선택함으로써 기업가는 자신이 '감당할 수 있는' 손실 즉 자산의 크기와 성격을 고려하여 잃을 수 있는 핵심 손실을 조절할 수 있다. 다양한 종류의 기업에 이러한 기준을 적용해본다면 그 후 어떤 사업이 가장 큰 핵심 이익을 가져올 수 있을지 정할 수 있다.[70]

도표 4.1c에서 최소-최대 의사 결정은 R에만 의지하고 있는데, 이는 S는 고려 사항에서 제외되었고 I는 감당 가능한 손실 원칙을 통해 선택되었기 때문이다. 하지만 이펙추에이션의 과정에서는 예측이 불필요한 반면 여기서는 미래 기대 수익에 대한 신뢰도 높은 예측이 여전히 필요하

다. 내 주장은 정확한 예측 수치를 계산할 필요가 없다는 것뿐이지, 긍정적 가능성의 동기부여 효과를 평가절하하거나 부정하는 것은 아니다. 대신에 성공이 구체적이진 않더라도 실질적인 재정적 이익 또는 기타 이익을 가져온다는 전반적인 믿음은 실현적 행동을 취할 충분한 조건을 제공한다.

이펙추에이션: 의사 결정이 나무 형태가 아닐 때[*]

위에서 살펴본 모든 사례에서 새로운 사업을 시작하지 않는 기회비용은 고려하지 않았다. 새로운 사업을 시작하는 기회비용은 아주 명확하다. S와 동일하거나 S를 계산하는 산식 $f(S)$로 표현할 수 있다. 하지만 사업을 시작하지 않는 기회비용, 즉 현재 직업에 머무르는 비용은 낙하 의사 결정의 세 가지 인과관계 분석 모두에서 0으로 반영되었다. 하지만 도표 4.1d에 나와 있듯 이펙추에이션은 사업을 시작하는 기회비용 또한 $f(R)$로서 고려한다. 실현적 성과가 나이트 관점에서는 불확실하기 때문에 이 기회비용은 임의적으로 높을 수 있다. 또한 이펙추에이션 과정에서 새로운 사업의 투자는 사업 자체에 의존적이지 않다. 도표 4.1d에서 S로 표현되어 있듯이 기업가의 최근 소득과 자산을 고려한다. 달리 말하면 이펙추에이션의 관점에서 낙하 의사 결정은 나무 형태로 표현될 수 없으며 중첩되는 반격자 구조에 더 적합하다.

감당 가능한 손실은 하락세 시나리오를 조정하고 시간이나 노력, 돈과 같은 자원을 최소한으로 사용하면서 시장을 형성하기 위한 방법에 집중함으로써 네 가지 분석의 위험성을 줄일 수 있다. 실현적 환경

---

* 크리스토퍼 알렉산더에게 사과를 표한다. 「도시는 나무가 아니다A city is not a tree」를 참고하라. http://www.rudi.net/bookshelf/classics/city/alexander/alexander1.shtml.

에서 세상에 존재하는 해이함을 파고들어 새로운 시장을 창의적으로 형성하고 다양한 투자자에게서 투자받는 기업가에게 불확실성은 상대적으로 중요하지 않다. 전문 기업가는 이 원칙에 통달했고 무자원 시장 창출 원칙으로 변환할 수도 있다. 게다가 감당 가능한 손실 원칙과 기대 수익 계산을 결합하는 대신 이펙추에이션은 감당 가능한 손실 원칙을 자발적 이해관계자들, 그리고 신규 사업을 선택할 수 있는 초기 기준으로서 새로운 기회를 만들고 제공하는 그들의 능력을 결합한다. 다음 장에서 역학 모델을 통해 더 자세히 설명하겠다.

감당 가능한 손실 원칙은 이펙추에이터들이 아주 가까운 곳이나 지리적 근접성, 사회 문화적 근접성, 소셜 네트워크 또는 전문성 영역에 있는 이해관계자들을 찾아 나서게 한다. 게다가 어떠한 이론적 시장, 사전에 정의된 시장, 전략적 관점에 매몰되지 않게 함으로써 이펙추에이터는 사업을 어떤 목표 시장에서 이룰지, 심지어는 어떤 새로운 시장을 그들이 만들지 모를 놀라운 가능성을 열어둔다.

3. 조각 퀼트 원칙: 자발적인 이해관계자 참여

전략 경영의 포터 모델Porter model과 같은 인과관계 모델은 구체적인 경쟁자 분석을 강조한다.[71] 이펙추에이션은 불확실성을 낮추거나 없애고 진입 장벽을 높이기 위한 방법으로 이해관계자들의 연합과 사전적 전념을 강조한다. 사실 이펙추에이터들은 사전에 선정된 사업이나 목표를 기반으로 이해관계자들을 선택하지 않는다. 대신 기업을 구축하는 과정에 활발하게 참여하도록 함으로써 이해관계자들이 실질적으로 전념할 수 있도록 한다. 수중의 새 원칙은 향후 참여할지도 모르는 가망 이해관계자의 기회비용과는 상관없이 실제 사업에 기여한 이해관계자들의 투입을 고려해야 한다고 강조한다. 자발적으로 참여한 이해관계자의 관점은 필수적이며 시장과 기업을 동시에 탄생시키는 데 중요한 영향을 끼친다. 다음 장인 5장에서 고정적인 이펙추에이션 원칙이 역동적이고 상호작용하는 모델로 전환하는 과정을 설명할 예정이다.

주요 이해관계자들의 전념은 미래의 특정 영역에 대한 계약을 구체화하면서 불확실성을 없애는데, 이해관계자들이 계약 사항과 같이 행동하고 네트워크가 확장하면서 점점 더 초기의 계약 모습과 비슷해져 가기 때문이다. 실현적 기업가들은 어떠한 비전을 미리 설정해놓고 특정 이해관계자들에게 강요하거나 영업하기보다는 역동적인 이해관계자들이 상호작용하면서 미래의 그림을 넓혀가도록 하는 데 더 노력을 기울인다.

조각 퀼트 이론의 필연적 결과 중 하나는 이펙추에이터들이 체계적인 경쟁자 분석을 크게 고려하지 않는다는 것이다. 사업을 시작할 때 사전에 정의된 시장의 존재를 고려하지 않기 때문에 창업 단계에서 구체적인 경쟁 분석은 크게 와닿지 않는 것이다. 연구 대상자들도 다음과 같이 설명했다.

> ▶ 언젠가 회사에서 직원들에게 경쟁자들을 신경 쓰지 말라고 한 적이 있다. 그냥 맡은 일에 최선을 다하라고 말이다. 자신의 일에 집중하라고 했다. [E3]
> ▶ 새로운 제품이기 때문에 경쟁자들에 관해 큰 궁금점은 없다. 경쟁자가 확실하게 부상하기 전까지는 잠재적 경쟁자를 분석할 필요는 크게 없을 것이다. 나는 구체적인 질문 사항이 없을 것 같다. [E2]

대신 전문 기업가들은 시작부터 파트너십을 쌓는다. 사실 연구 대상자들이 선호한 창업 방식은 고객을 이해관계자 파트너십으로 전환하는 것이었다. 그들의 말을 직접 들어보자.

전통적인 시장조사는 광범위하게 정보를 수집하고 어쩌면 우편 설문을 하기도 한다. 나는 그렇게 하지 않을 것이다. 나는 플래그십이라고 부를 수 있는 핵심 기업들을 타깃으로 삼아 상세하게 해부할 것이다. 중요한 것은 동업자를 선택하고 과도한 자본을 지출하기 형태를 갖추는 것이다. [E1]

사실 조각 퀼트 이론은 자본금 수준이 낮을 때 기업가의 아이디어를 실현할 수 있다는 점에서 감당 가능한 손실 원칙과 딱 맞아떨어진다. 기업가가 감당할 수 있는 손실의 수준이 낮기 때문에 목표 시장에 대한 예측을 통해 이해관계자를 찾는 데 자원을 쓰기보다는 자발적으로 참여한 이해관계자들과 일하는 것이 더 합리적이다. 특정한 시장에 매몰되지 않으면 이해관계자들과의 동업 범위가 넓어지고 새로운 시장으로 수렴하거나 새 사업을 특정 시장으로 옮겨 갈지 정할 수 있다.

4. 레모네이드 원칙: 자원으로서의 가능성

인과관계 모델은 대부분 예상치 못한 상황을 피하거나 우연성에도 불구하고 사전에 설정된 목표를 달성하는 것에 집중한다. 그와는 반대로 이펙추에이션은 이러한 가능성을 이용한다. 이펙추에이터들은 우연성을 앞으로 일어날 상황을 조절할 수 있는 기회로 여기면서 불확실성을 제어한다. 이 원칙은 널리 알려진 다음의 잠언과 비슷하게 들린다. "삶이 당신에게 레몬(시련)을 준다면, 레모네이드로 만들어라."

계획과 우연성 그리고 불확실성 사이의 관계는 이펙추에이션 논리를 통해 급진적으로 재구성된다. 이펙추에이터들은 대략적인 목표만으로 시작하기 때문에 자원 획득과 선택에 관련한 결정을 내릴 때 목표에 의존하기보다는 불확실성과 가능성에 관한 정보를 자원으로 활용하여 점진적인 방식으로 계획을 세운다.[72] 의사 결정자들은 따라서 선택한 효과의 의존성을 조정하고 활용한다. 불확실성은 두려워하거나 피해야 하는 불이익이라기보다 자원이며 과정이다.

레모네이드 원칙은 예상치 못한 것을 가치 있고 이윤을 낼 수 있는 것으로 변화시키는 역량, 즉 기업가 역량의 핵심을 나타낸다. 몇 명의 전문 기업가들은 다음과 같이 말했다.

> ▸ 나는 항상 준비-사격-조준의 자세로 살아간다. 너무 많은 시간을 준비-조준-조준-조준-조준의 자세로 살아간다면 실제로 행동하기 시작했을 때 일어날 좋은 일들을 보지 못할 것이다. 그 후에 조준해도 당신의 목표를 알 수 있다. [E3]
> ▸ 운명을 과소평가하지 말아라. 또한 이러한 상황에서 하버드대 MBA 출신의 전통론자들은 하버드대 출신의 MBA 기업가들과 비교했을 때 기존에 존재한 특정 패러다임에 자신을 국한시킬 것이고, 기업가들은 패러다임을 변화시킬 것이다. 이들은 한 번도 가보지 못한 은행에 들어가서 '저기요, 대출을 받고 싶은데요.'라고 말할지도 모른다. [E7]

오래 지속되고 있는 기업가적 회사들은 우연성의 산물일 때가 많다. 이러한 회사의 구조, 문화, 핵심 역량, 지속성은 모두 자신이 속한 공간, 시간, 기술과 상호작용하며 특정 목적을 달성하기 위해 노력한 사람들의 유산이다. 예를 들어 웨지우드도자기의 사례에서 도공 조사이아 웨지우드Josiah Wedgwood가 자신의 의사를 통해 철학자 토머스 벤틀리Thomas Bentley를 소개받지 않았다면, 그리고 200년 이상 지속되는 훌륭한 회사와 브랜드를 만들기 위한 협업을 제안하지 않았다면 어떻게 되었을지 예상할 수 없다. 웨지우드의 성공 핵심은 사람들이 자신이 열망하는 곳에 돈을 투자한다는 사실과 냄비나 화병이 사회적 위치를 나타낼 수 있다는 사실을 깨달은 데 있다. 이와 유사한 우리 시대의 사례로, 역사가들은 IBM이 다른 계약서를 작성했다면 또는 개리 킬달이 IBM이 연락한 날 비행기에 있지 않았다면 마이크로소프트는 어떻게 되었을지 추측해본다. 위에서 언급한 회사들을 있게 한 것이 우연성 자체는 아니다. 하지만 기업가들이 이러한 기회를 활용한 방식은 이펙추에이션 논리의 핵심을 구성한다.

레모네이드 원칙의 중요한 사례는 사무 용품 기업인 스테이플스의 역사에서 찾을 수 있다. 1985년 독립 기념일 주말 전 목요일, 토머스 스템버그는 마트 체인점의 지역 관리자에서 해고되어 애플 이미지라이터의 프린트 리본이 떨어지면 살 수 있는 새로운 체인점을 시작할 사업 계획을 수립하고 있었다. 새로운 리본을 구매하려고 외출해도 살 방법이 없었다. 주말에 일찍 닫거나 열려 있는 문구점에는 해당 상품이 없었다. CNN의 스튜어트 바니와의 인터뷰에서 스템버그는 "영세 기업가들은 더 큰 기업들의 수준만큼 문구를 구할 수 없을 뿐만 아니라 아예 구할 수 없었다."라고 말했다. 주말 동안 사업 계획을 마무리할 프린터 리본을 찾지 못했지만 이러한 부정적인 경험에서 영감을 얻어 원하는 새로운 사업을 발견했다.

모든 뜻밖의 일은 꼭 나쁘지많은 않고, 좋든 나쁘든 예기치 못한 상황이 새로운 창업 과정으로 쓰일 수 있다는 깨달음은 해당 주제에서 경제학자들의 토론으로 이어졌다.[73] 전통적인 모델에서 뜻밖의 일은 오류 용어로서 사용된다. 반면에 이펙추에이션 논리에서는 누군가가 뜻밖의 일을 활용해 새로운 기회를 만들어내고자 추가적인 투입 자원과 창의적으로 결합한다면 가치 창출의 기회를 가져올 수 있다.

5. 조종사 원칙: 공동 창조

앞에서 설명한 모든 원칙은 비예측 제어 논리를 내포한다. 인과관계와 이펙추에이션 모두 미래에 대한 장악력을 추구한다. 하지만 인과관계는 불확실한 미래에서 예측 가능한 측면에 집중한다. 논리적 전제는 다음과 같다. 인과관계 논리는 예측 범위 안에 있는 미래는 제어할 수 있다는 전제를 기반으로 한다. 반면 이펙추에이션은 예측할 수 없는 미래의 제어할 수 있는 측면에 집중한다. 이펙추에이션 논리는 이렇다. 이펙추에이션 논리는 제어 범위 안에 있는 미래는 예측할 필요가 없다는 전제를 기반으로 한다.

이 논리는 인간의 행동이 미래를 형성하는 뚜렷한 요소인 지역적 또는 통합적 영역에서 특히 유용하다. 달리 말하면 비예측적 제어 논리는 비행기에 조종사를 다시 태우고자 하며 역사는 자동조종장치로 흘러가지 않는다는 사실을 강조한다. 한 기업가는 이를 다음과 같이 설명했다. "나는 두 가지 질문을 할 수 있다. 이 세상에서 성공할 사업을 어떻게 만드는가? 또는 내 사업이 성공할 세상을 어떻게 만드는가?"

카네기멜론대학교는 인간의 의사 결정 과정을 자동화하는 것을 포함해 다양한 정보시스템 수업을 제공한다. 의학 진단, 자동차 진단, 대학 입학이나 큰 조직의 인사, 비행기 조종 등 다양한 영역에서 인간의 의사 결정을 능가하는 알고리즘과 전문 시스템과 관련하여 다양하게 읽고 보고 논의한 결과 한 교수는 사람들은 여전히 이러한 지능적인 기계를 꺼려 한다고 말했다. 우리가 그 이유를 물었을 때 그는 대답했다. "비행기가 자동조종 기능이 있는 점은 좋다. 하지만 만약의 경우를 위해 조종사가 있는 편을 더 선호한다. 당신들도 그렇지 않은가?"

이것이 바로 조종사 원칙의 핵심이다. 특히 나이트의 불확실성, 목표 불명확성과 환경적 등방성의 문제 상황에서 비행기 조종사는 만약의 경우 예상치 못한 기회의 창이자 재해를 극복할 열쇠가 된다. 실현적 기업가가 비행기에 탄 모두를 승객이 아닌 공동 조종사로서 바라보기도 한다는 사실 외에도 이를 5장에서 좀 더 자세히 살펴볼 것이다.

조종사 원칙은 애초에 왜 기업가가 필요한지 명확하게 말해준다. 이는 왜 경제학의 3대 생산 요소인 토지, 노동, 자본에 더불어 네 번째 생산 요소로서 임대료, 임금, 이자 등이 포함되어야 하는지 논의한 나이트의 초기 논문으로 되돌아간다. 신고전학파 경제학에는 기업가를 위한 자리가 없었다. 그리고 균형 상태에서 이익은 0에 수렴한다. 하지만 나이트는 분류할 수 없는 세 번째 유형의 불확실성을 누군가는 감당해야 한다고 주장했다. 하지만 기업가가 불확실성을 어떻게 받아들이는지 구체화하지는 않았다. 그는 이렇게 말했다.

> 이러한 심의의 궁극적인 논리나 심리학은 그 내용이 모호하고, 과학적으로 불가해한 삶과 정신의 미스터리 중 하나다. 조금이라도 올바른 결정을 내리고 직관적인 가치관을 형성하기 위해서 고등동물의 '역량'에 기대야 한다. 우리가 합리적이라고 여기는 것들은 경험을 통해 확인될 때가 많으며, 만약 그렇지 않았다면 우리는 살아남지 못했을 수도 있다.[74]

이 논리에서 적어도 중요한 부분은 실현적이라는 점이다. 전문 기업가들은 예측을 믿지 않음으로써 나이트의 불확실성을 다룬다. 대신에 그는 합리적으로 보이고 실행할 만하며 가치가 있는 것들을 경험을 통해 확인한다. 달리 말하면 수행할 만한 가설을 세운 뒤 직접 실행하거나 다른 사람과 상호작용하며 가설을 검증한다. 이펙추에이터에 따르면 나이트의 세 번째 불확실성을 다룰 방법은 수중에 있는 것을 기반으로 다른 자발적 이해관계자들과 조각을 이어 붙여 공동으로 창조해나가는 것이다.

이펙추에이션은 불확실성하의 의사 결정 과정을 연구한 대부분 논문에서 보이는 존재론적 자세를 완화한다. 이 연구의 흐름은 대부분 예측 정교화로 이어지는 인과관계 분석에 전적으로 집중했는데, 그 이유는 좋은 예측이 미래에 대한 우리의 기대를 실현시킬 수 있었기 때문이다. 하지만 인과관계와 예측에 너무 집중한 나머지 미래를 예측하지 않아도 되는 제어의 기술을 연구하는 데는 소홀했다. 예를 들어 다니엘 카네만과 댄 로발로는 미래를 예측할 수 있다는 관점에서 접근하고 "편견을 극복"하고 "모든 순간 최적의 행동"을 하기 위해 필요한 "올바른" 행동을 해야 한다고 가정했다.[75] 나는 예측하는 정보가 없으면 과도하게 긍정적으로 예측하고 과장된 위험을 회피할 수 있다는 점에서 그들과 동의한다. 하지만 미래를 진정으로 미지의 것으로 생각하고 더 나은 예측이 크게 유용하거나 의미 있지 않을 수 있다는 접근도 충분히 유효하다. 설계 영역에서 특히 그런데, 설계 과정에 물리적 또는 사회적 인공물이 포함되어 있는 모든 경우에도 그렇다. 이는 7장에서 더 자세히 다룰 것이다. 사이먼은 그의 연구 저서 『인공과학의 이해』에서 이 점을 강조했다.[76]

> 설계의 결과는 미래에 있기에 예측이란 설계 과정에서 필수적인 요소로 보인다. 만약 그렇다면 인구 같은 '단순한' 변수조차 예측에선 음울하게 보이기 때문에 설계에 비관주의를 불러올 수도 있다. 만약 예측 없이 설계할 수 있다면 그에 집중해야 한다.

미래가 진정으로 불확실한 영역을 가장 잘 나타내는 예시는 새로운 시장에 새로운 상품을 내놓는 일이다. 이것은 도표 4.2에서 '자살suicide' 영역으로 표현되어 있다. 실험 이후 비공식적 인터뷰에서 대상자들에게 이와 관련해 구체적으로 질문했을 때 여러 명이 자살 영역을 선호한다고 말했다. 그들은 시장이 좀 더 예측 가능했다면 더 똑똑하고 자본이 많은 사람이 그 영역을 지배할 수 있었으리라고 주장했다. 시장이 진정으로 예측 불가능할 때 비로소 작고 영세하며 빠른 스타트업 기업가도 혁신적이고 가치가 있는 무언가를 만들 기회가 생긴다. 즉 비행기에 조종사가 진정 필요한 영역은 자살 영역이다. 버트 루탄과 스페이스십원팀도 동의할 것이라고 생각한다. 전문 기업가나 루탄의 팀 모두 이 것을 자살 영역으로 보지는 않지만 자신이 위험을 선호한다고 생각하지도 않는다. 대신에 이 게임을 제어-비예측적 제어라고 부르기로 하자.

도표 4.2 비즈니스 모델 분류 체계

	기존 시장	신규 시장
기존 상품		
신규 상품		자살 영역

새로운 기술을 상용화할 때 선구자적 기업가는 아무리 방식과 분석이 정교하더라도 공식적 시장조사와 전문가 예측이 시장의 방향성이나 신규 시장의 존재를 예측할 수는 없을 것이라고 생각한다. 헨리 민츠버그와 크리스텐슨 그리고 다른 연구자들은 이 불확실성의 다양한 사례를 기록했다.[77] [78] 인간의 역사에서도 역시 콜럼버스의 신대륙 발견, 베를린장벽 철거, 음주운전반대어머니회Mothers Against Drunk Driving

등의 설립 같은 다양한 영역에서 이러한 불확실성을 보였다. 각각의 경우 인과관계 지도는 존재하지 않았거나 이펙추에이션 행동 및 상호작용보다 유용하지 않았다.

요약하면 이펙추에이션의 각 원칙은 비예측적 제어 논리를 포함한다.

- ▸ 수중의 새 원칙은 우리의 제어하에 무엇을 할 수 있는지 묻는다. 더 나아가 무엇을 더 할 수 있는가 생각한다.
- ▸ 감당 가능한 손실 원칙은 무엇을 잃을 수 있는지, 우리가 중요하게 생각하는 사업이 앞으로 나아가기 위해 어떤 손실을 감당할 수 있는지 살펴보면서 하락세를 제어한다.
- ▸ 조각 퀼트 이론은 우리와 함께 일하고 싶은 사람들과 일함으로써 제어 밖의 사람들을 쫓는 낭비를 없앤다. 함께 일하고 싶은 사람들과 일함으로써 우리의 제어 밖에 있는 사람들을 쫓을 필요를 완화해준다.
- ▸ 레모네이드 원칙은 제어할 수 없는 상황을 자원으로 인식하도록 한다.
- ▸ 조종사 원칙은 공동 창조를 통해 제어할 수 있는 새로운 세상과 미래를 가져온다.

즉 각각의 원칙은 확장된 세계를 제어 가능한 영역과 제어 불가능한 영역으로 구분하고, 그 미래를 예측하지 않으면서 새로운 미래를 만들고 공동 창조할 수 있는지 묻는다. 이는 이펙추에이션 제어가 예측하여 성과를 창출하는 전략이라기보다 그 자체로 전략이 된다는 것을 의미한다. 이 개념은 도표 4.3에서 예측과 제어를 수직 축으로 보여준다. 여기서 네 개의 전략을 볼 수 있다.

1. 선구자적: 미래에 대한 자신의 비전을 고수한다.

2. 적응적: 예측하기 어렵거나 제어하기 어려운 세계에 적응한다.

3. 인과적: 가능한 범위까지 예측하고 계획하고자 하지만 실제 성과로 이어질지 알 수 없다.

4. 실현적: 함께 일하고 싶은 사람들과 가용 자원을 사용해 일하며 현실을 변화시키고 새로운 미래를 공동 창조한다.

예측하지 않아도 제어할 수 있다

학자들은 가끔 사분면을 비웃는다. 사분면은 종종 우스울 만큼 현실을 과하게 단순화시킨다. 그러나 존재론적 철학자들이 주장하듯이 터무니없다고 해서 사소한 것은 아니다. 사실 심오한 진리는 뻔한 것보다는 터무니없는 것에 가까울 수 있다. 우리 뇌의 방식을 이해한다면 사분면과 같이 단순한 구조가 매우 효과적이고 복잡한 현실을 이해할 수 있는 유일한 길일 수도 있다는 생각을 하게 된다. 1장에서 언급된 보르헤스의 지도 제작법도 유사한 사례이며 인간의 상황을 탐구하고자 하는 윤리 학자들에게도 이러한 단순화는 유용하다. 어떤 상황이든 사분면은 유용하며 다른 분석 도구들과 같이 유의미하다고 본다.

사분면을 예측과 제어를 활용한 네 개의 전략으로 보는 것은 도표 4.3을 활용하는 하나의 사례일 뿐이다. 우리는 이 사분면을 상황에 적합한 전략을 위한 역량 집합으로서 볼 수 있다. 이러한 관점에서 412명의 창업 기업가들을 연구하기 위한 시나리오 기반의 설계 도구를 만들었고 기업가적 역량이 상황에 맞는 전략을 도출하는 데 필요한 기술을 향상시키는지 증명했다.[79]

도표 4.3 예측-제어 영역

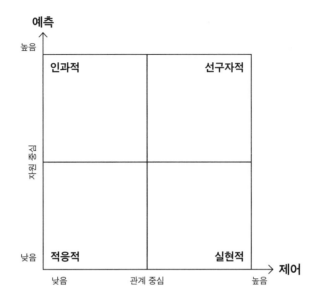

출처: 윌트뱅크 외 연구 변형.[80]

그러나 사분면을 두고 다른 해석이 있을 수 있다. '어떤 것을 예측하고 제어할 수 있는가?' 특정한 상황에 대한 제어 가능성과 예측 가능성인가? 또는 미래에 대한 제어 가능성과 예측 가능성인가? 나이트의 불확실성 상황과 같이 미래를 근원적으로 예측할 수 없다면 수직 축 전체가 무너지고 제어 전략만이 남을 것이다. 아마도 기업가들은 이러한 상황을 마주하기도 할 것이고, 예측 없이 제어 전략만을 사용할 경우엔 미래를 예측하려고 노력하지 않는 편이 쉬울 것이다. 추가적으로 기업가들이 환경의 일부를 재정비하거나 공동 창조하면 이 부분과 관련해서 어느 정도 기간은 완벽하게 예측할 수 있고 예측 없이 실행할 수 있는 가능성도 높일 수 있다.

또한 잠재적 이해관계자나 공동 창조자들의 행동 예측도 고려할 수 있다. 함께 일하기 전에 가망 이해관계자들의 반응은 예측해야 할까? 전문 기업가들은 이펙추에이션의 과정에 자발적으로 참여할 수 있도록 모두와 이야기할 의향이 항상 있어 보인다. (이 부분은 다음 장에서 좀 더 다룰 것이다)

이 사분면을 보는 또 다른 시각은 위아래 이분면끼리 그리고 좌우 이분면끼리 비교하는 것이다. 위의 두 사분면은 제어에 관한 다양한 가정을 기반으로 한 예측 전략이고 아래 두 사분면은 다양한 수준의 예측을 반영한 비예측적 전략이다. 오른쪽 두 사분면은 예측적 제어와 비예측적 제어를 비교한다. 하지만 가장 흥미로운 분석은 이동에 관한 것일 것이다. 각 축의 이동, 대각선 이동, 분면 간의 이동 등이다. 이러한 이동을 통해 진짜 깨달음을 얻을 수 있다. 잘 예측하기 위해서는 수직으로 이동해야 한다. 공동 창조를 하기 위해서는 수평으로 이동한다. 하지만 왼쪽 아래에서 오른쪽 위로 이동하는 것처럼 대각선으로 옮겨 갈 수도 있다. 이것은 모든 초보 기업가들의 꿈이다. 나의 학생 중 하나는 이를 스티브 잡스에 비유했다. 흥미롭게도 잡스는 대각선으로 움직이는 것뿐 아니라 실현적 행동과 상호작용을 배우기 위해 수평으로 이동했다. 11장에서 좀 더 자세한 내용과 예시를 살펴보자.

또한 사분면을 대각선으로 나눈다면 IQ 대 EQ, 이성과 열정의 차이도 볼 수 있다.[81] [82] [83] 예측적 전략은 냉철한 계산과 시의적절한 투자 결정을 요구한다. 이펙추에이션 전략은 다른 사람과의 상호작용, 즉 공감, 관점의 전환, 친사회적 행동 등 사회심리학적 역량을 요구한다. 열정이나 회복 탄력성 같은 감성적 인지도 오른쪽의 위아래 영역에서 작용한다. 비슷하게 긍정적이고 부정적인 감정도 이 사분면에서 볼 수 있다. 이러한 인지의 히트 맵과 이 사분면을 겹쳐 보는 것은 미래 연구에 유용한 작업이 될 수 있을 것이다.

마지막으로 11장에서 도표 4.3으로 돌아와서 교육과 정책에 관한 다양한 내용을 설명하고 기업가정신에 관한 기존의 자료와 체계가 예측-제어 사분면으로 정리될 수 있음을 설명하겠다. 그리고 이 사분면을 기반으로 한 새로운 연구 주제 아이디어도 다룰 것이다.

인간의 선악과 이펙추에이션

이 장을 주의의 말로 끝내고자 한다. 내가 이펙추에이션 논리를 구성하는 원칙을 설명하기 위해 사용한 예시는 세상에 생산적인 기업을 내놓았다는 점에서 좋은 사례다. 하지만 어느 측면에서든 유해하거나 가치를 훼손하는 결과로 이어지는 것을 이펙추에이션으로 막을 수는 없다. 이펙추에이션 접근론이 장담할 수 있는 것은 초기의 자발적인 이해관계자들이 새로운 기업과 시장을 만들 때 진실한 목소리를 낼 것이라는 점과 이러한 기업과 시장은 경제적, 사회적, 법률적 요소로 인해 사전적으로 정의되지 않을 것이라는 점이다.

시장과 제품을 창조할 때 이펙추에이션 논리를 사용하면서 기업가들과 파트너들은 사회에 유해하거나 문제가 되는 결과물을 만들 수도 있다. 이러한 효과는 새로운 미래를 여는 데 참여한 사람들의 가치나 열망뿐 아니라 악의나 이기심도 반영할 수 있다는 것을 뜻한다. 예를 들어 엔론의 부상과 몰락에는 인과적 부분과 실현적 부분이 함께 존재한다. 이는 더 많은 선한 사람이 나서서 이펙추에이션 원칙을 기반으로 새로운 미래를 공동 창조해야 하는 이유기도 하다.

반면 사회적 악영향은 인과관계 접근법이나 이펙추에이션 접근법으로도 해결하지 못하는 더 큰 문제일지도 모른다. 그러므로 이펙추에이션 논리를 이루는 철학적 기반을 살펴볼 필요가 있다. 9장에서 그러한 노력을 보일 것이다. 다른 한편으로 이펙추에이션 논리를 이해하는 것은 우리의 노력이 필요한 사회적 문제를 해결하는 데 도움을 줄 수도 있다. 10장에서 그 가능성을 판단해보도록 하겠다.

지금은 인간의 행동으로 발생하는 신규 시장과 열린 결말의 미래를 공동 창조할 수 있도록 하는 이펙추에이션의 역학 모델 개발로 돌아가보도록 하겠다.

5장

이펙추에이션 과정 따라가기

이 장에서 살펴볼 이펙추에이션의 역학 과정은 무선 식별 시스템RFID 산업의 탄생에 대한 니컬러스 듀의 실증적 연구에서 착안했다. 듀는 연구에서 전파 식별 태그의 기술적 구조를 이루고 새로운 시장을 탄생시킨 네 종류의 혁신과 관련된 모두를 인터뷰했다. 또한 다양한 출판물을 모으고 2003년 9월에 열린 관련 공식 콘퍼런스에도 참여했다. 여기서 다룰 많은 내용이 듀와 나의 협업에서 비롯되었다.[1]*

시장이란 무엇인가

벵카타라만은 「기업가정신 연구의 독특한 영역」이라는 영향력 있는 연구에서 새로운 시장의 기준을 아래와 같이 정의했다.[2]

> 그러므로 학문 영역에서 기업가정신은 '미래의' 상품과 서비스를 탄생시킨 기회를 어떻게 발견하고 창조하고 활용할지, 또 어떤 결과를 내는지 이해하고자 한다.
>   미래의 상품-시장을 추구하는 것과 사회적 부를 창출하는 것 사이의 연결성이 독특한 목소리와 세계관을 낸다는 것을 알았고 우리 연구 영역으로 적합하다고 보았다.[3]

새로운 시장이 어떻게 형성되는지 문제 정의를 하기 전에 시장이라는 용어를 정의할 필요가 있다. 여러 영역의 근본이 되는 용어들, 예를 들어 물리에서 '질량', 생물에서 '생명' 등의 용어처럼 '시장'이라는 용어는

---

* 이 논문은 여기서 사용한 철학적 틀 없이 진화 경제론적 관점에서 아이디어를 설명한다.

정의하기보다는 논쟁하기 쉬운 편이다. 로널드 코스Ronald Coase는 시장이란 자본주의적 사회의 중심이 되는 하나 또는 두 개의 기관이라고 칭했고 경제학적 연구에서 "모호한" 존재였다고 말했다.[4] 시장이라는 단어가 다양한 방식으로 사용되기 때문이다.[5] 이러한 다수의 설명을 크게 수요, 공급, 기관이라는 세 가지 유형으로 나눌 수 있다.

코카콜라와 같은 유명한 상품의 시장을 논할 때는 위에서 언급한 시장의 세 가지 의미를 모두 포함할 수 있다. 우선 콜라를 마시고 싶은 사람이 있고 그는 지불할 용의가 있다. 그다음으로 고객들이 지불하고자 하는 가격으로 코카콜라를 만들 의지와 역량이 있는 사람들이 있다. 마지막으로 코카콜라가 생산자로부터 고객에게 안전하게 전달될 수 있도록 하는 식약청과 유통 체계 같은 다양한 기관이 있다. 콜라 시장은 에메랄드가 녹색인 것처럼 아주 인식하기 쉽다. 자리를 잘 잡은 현존 시장에는 모두 해당하는 얘기다.

하지만 신규 시장의 경우, 이야기는 단순하지 않다. 코카콜라는 새로운 콜라를 출시하려고 했을 때 큰 대가를 치렀다. 여러 학자가 지적했듯이 신규 시장을 창출하는 것은 불완전한 정보로 가득하다. 돌려 말해서 이 정도다.[6] 수요가 외재적이고 상대적으로 안정적이라고 할지라도 이 수요가 기술적 발전이나 조직적 진화를 통해 채워질 수 있는 무한대의 경우의 수가 있다. 만약 이 구조에 외적 우선순위를 부여한다면 문제는 급격히 어려워진다.

그러나 기업가와 관리자는 신규 시장 창출의 문제를 다뤄야 한다. 게다가 새로운 시장과 기존의 시장에서 살아남는 것을 동시에 다뤄야 할 때도 있다. 마치는 새로운 가능성을 탐구하는 것과 기존의 확실성을 이용하는 것 사이의 장단점을 발견했다.[7]

탐험은 탐색, 변주, 위험 감수, 실험, 유희, 유연성, 발견, 혁신과 같은 개념을 포함한다. 활용은 정제, 선택, 생산, 효율성, 선별, 실행, 수행 등의 개념을 포함한다.[8]

　활용의 정수는 기존의 역량과 기술, 패러다임을 다듬고 발전시키는 것이다. 그 이익은 긍정적이고 직접적이며 예측할 수 있다. 탐험의 정수는 새로운 대안을 실험하는 것이다. 그 결과는 불확실하고 거리감이 있으며 종종 부정적이다.[9]

신규 시장 창출 기준에 관한 실증적 연구의 대다수는 불확실성과 지연, 그리고 과정에 내재되어 있는 실패 등을 증명한다. 확산 하나에 관한 연구만 해도 4,000개가 넘으며[10] 대부분의 신규 시장은 불확실하고 형성되기까지 많은 시간이 걸린다는 사실을 증명한다.[11]

　그래서 기업가나 큰 기업의 관리자가 어떻게 새로운 사업을 시작하는지 물어본다면 가장 만연한 대답은 가능한 시장 기회 탐색일 것이다. 즉 에메랄드가 초록색이 아니라면 모든 가능한 색깔 중에 초록이 아닌 다른 색, 예컨대 파란색이어야 한다는 것이다. 무한대의 색깔로 이루어져 있을 수 있지만 인지적으로 매여 있는 존재들은 아주 일부분만 탐험하게 될 것이다. 하지만 탐색, 변주, 위험 감수, 실험, 유희, 유연성, 발견, 혁신 등 탐험의 과정을 통해 새로운 시장을 창출할 수 있다.

　예를 들어 벵카테시 발라와 상지브 고얄의 연구는 기술, 정치, 정책 변경으로 신규 시장이 계속해서 '열리고' 있고, 기업가의 기대와 진입하려는 노력에 신규 시장 형성이 달려 있다는 것을 보여주었다.[12] 사실 진입이라는 개념은 폴 게로스키의 연구와 같이 새로운 시장 형성과 관련하여 점점 더 성장 중인 연구 영역에서 상당한 부분을 차지한다.[13] 켄트 밀러와 티모시 폴타의 연구는 새로운 상품 출시나 지리적 시장에 진입하려는 기업의 결정을 설명할 때 비슷한 시각을 취한다.[14] 최근 브랜던 리 외 연구에서는 "상당한 투자를 할 때" 관리자들이 취하는 공통의 행동을 살펴보았다.[15] 시장을 공간으로 보는 관점은 성공한 기업가들이 "초기 시장을 정복"하기 위한 개념으로도 볼 수 있다.[16]

마지막 분석에서 새로운 시장은 이론적 관점으로 존재하고 기업들이 다양한 탐색 전략으로 진입한다는 의견과 새로운 시장이 변화하는 경쟁 환경에서 탐색과 활용에 적응하는 다수의 기업이 기술적, 조직적으로 진화함으로써 생성된다는 의견 모두를 확인할 수 있다. 이것은 내가 다시 살펴보고자 하는 미시적 기반으로서 가능한 모든 시장을 담은 기존의 세계를 향한 큰 그림의 철학이다. 특히 나는 넬슨 굿맨이 제안한 재구성에 기반한 새로운 미시적 기반을 상정한다.[17]

우리는 가능한 수많은 세계 중 하나로 실제 세계를 생각한다. 우리는 그 그림을 다시 그려야 한다. 모든 가능한 세계는 실제 세계 안에 존재한다.

1. 그루의 간단한 정의

넬슨 굿맨은 그의 도발적 저서 『사실, 허구 그리고 예측Fact, Fiction, and Forecast』에서 "새로운 귀납 문제"라고 칭하며 데이비드 흄의 귀납의 문제를 언급했다.[18] [19] 여기 새로운 문제를 재구성했다.

'모든 에메랄드는 초록색이다.'라는 귀납적 결론을 살펴보자. 이 결론은 지금까지 발견된 모든 에메랄드 물질이 초록색이었다는 사실에서 추론되었다. 여기서 우리는 앞으로 발견될 에메랄드도 초록색일 것이라는 귀납적 추론을 할 수 있다. 즉 모든 에메랄드는 과거에도 현재에도 미래에도 초록색이다. 이 시점에서 굿맨은 t 시점 이전에는 초록색이고 t 시점 이후에는 파란색인 모든 사물에 적용되는 그루Grue라는 개념을 선언적으로 설명했다. t 시점은 예컨대 2080년 6월 1일처럼 미래 시점이기만 하면 언제든 상관없다. 귀납적으로 우리는 지금까지 본 모든 에메랄드가 초록색일 뿐만 아니라 그루색이기도 하다는 결론을 내려야만 한다. 달리 말하면 '모든 에메랄드는 초록색이다.'라는 가정을 뒷받침하는 증거가 많은 것처럼 '모든 에메랄드는 그루색이다.'라는 가정도 있을 수 있다는 뜻이다. 이 사실을 반박할 방도가 없다. 하지만 에메랄드가 초록색이면서 그루색이라고 확정하면 미래에 에메랄드는 파란색일 것이라는 사실도 확정하는 셈이 된다. 제럴드 에이브럼스는 다음과 같이 설명한다.

> 일반적인 귀납적 패턴처럼 보이는 것, 다시 말해 그루색을 활용하면 에메랄드가 어떤 방식으로든 파란색으로 변할 것이라고 믿을 이유를 제공한다.[20]

그루 역설, 또는 굿맨의 새로운 귀납의 문제는 철학 외에도 다른 여러 영역에서 연구되었다. 예를 들어 마이클 아커로이드의 「실질적인 그루 사례A Practical Example of Grue」에서 그는 실업률과 필립스곡선으로 알려진 임금 변화율 사이의 관계를 적용했다.[21] 신규 시장을 구축하는 상황에 적용할 땐 간단한 사례에서 시작해보자.

인터넷 상용화 사례를 고려해보자.[22] 먼저 빠르게 연대기를 살펴보자. 1985년 인터넷은 이미 연구자와 개발자 사회를 광범위하게 지원하는 기술로서 잘 구축되어 있었다.[23] 하지만 1993년이 되어 미국국립슈퍼컴퓨터응용연구소NCSA가 마크 앤드리슨Marc Andreessen이 만든 모자이크 X의 첫 알파 버전을 배포하기 전까지는 그렇지 않았다. 1994년 마크와 그의 동료들은 NCSA를 떠나 넷스케이프Netscape의 전신인 모자이크통신회사Mosaic Communications Corp를 창립했다. 아마존닷컴은 1995년 7월 웹사이트를 출시했다. 넷스케이프는 1995년 8월 공개되었고 주식시장에서 인터넷 호황을 열었다. 그 시점에 나스닥은 현재 가상 거래소가 아니라 여전히 비상장 주식시장으로 불리고 있었다. 마침내 1995년 10월 24일 미국연방네트워킹협의회FNC는 만장일치로 인터넷이라는 용어를 정의하는 결의안을 상정했다.

굿맨의 단정에 따르면 우리는 넷스케이프 출시 전인 1994년 1월에 인터넷을 린터넷rinternet이라고 부를 수도 있었다. 린터넷이란 용어는 그 당시 연구자들researchers이나 학자들이 주로 사용했다는 것을 강조하기 위함이다. 또한 1994년 1월 1일 이후 인터넷은 아주 인기 있는 상업commercial 자산이 되었다는 의미에서 신터넷cinternet이라고 부를 수도 있었다.

첫째, 공급 측면에서 린터넷의 창립자와 개발자는 상업적 가능성을 어떻게 발견했는가? 둘째, 수요 측면에서 서점 반스&노블의 관리자는 신터넷을 통한 소매 판매의 가능성을 어떻게 발견했는가? 셋째, 조직의 관점에서 FNC와 같은 기관은 린터넷과 신터넷 모두에 적합한 인터넷의 정의를 어떻게 통합했는가? 그리고 나스닥 같은 비상장 시장이 어떻게 신터넷을 통해 가상 거래소로 탈바꿈했는가?

현재 우리의 시장 이해를 바탕으로 한다면 관련자들이 신터넷으로 전환할 다양한 시장을 발견하기 위해 린터넷을 탐색해야 하는 것은 자명하다. 이들은 또한 새로운 시장을 발견한다면 이를 활용할 준비가 되어 있어야 한다. 이 연대기가 보여주듯 탐험의 이익이 불확실하고 멀리 있으며 종종 부정적이라는 마치의 의견은 사람들이 린터넷이 또한 신터넷이었다는 것을 발견하기까지 오랜 시간이 걸린 이유를 잘 설명해준다. 탐험의 세계관의 기저에 있는 철학은 이미 우승을 두고 경쟁하는 모든 시장을 위한 세계가 존재한다는 것이다. 모든 가능한 인터넷을 위한 공간이라고 칭할 수 있다. 게다가 이 공간은 아주 광활하고 훌륭한 해결책들이 잘 포진되어 있어서 모든 해결책을 찾기 위해서는 막대한 탐색과 실험, 그리고 막다른 골목과 실패가 필요하다.

하지만 반스&노블이 처음으로 인터넷 서점을 출시하지 않은 이유와 나스닥이 인터넷이 답이라는 것을 예상하지 못한 이유를 달리 설명할 수도 있다. 그리고 그 설명은 3장에서 살펴본 것처럼 신규 시장 형성이 등방적인 과정을 거친다는 사실과도 연관되어 있다. 4장에서 언급한 등방성은 어떤 종류의 정보가 해결책을 찾는 데 연관성이 있는지 사전에는 확실하지 않다는 개념이다.[24] 달리 말하면 사후에 모든 인터넷의 탐색처럼 보이는 현상이나 인터넷을 상업적 목적으로 활용하려는 현상은 기존 현실이 연속적으로 변화한 결과가 될 수 있다. 굿맨의 말에 따르면 다른 신기술과 같이 인터넷은 그루색으로 시작했고 아무리 정보량이 많아도 실제 시장이 형성되기 전에는 모든 인터넷 시장을 구체화할 수 없다. 우리는 굿맨이 모든 에메랄드가 그루색이라고 한 주장을 반박하지 못하는 것처럼 린터넷이 그루라는 주장도 반박할 길이 없다. 게다가 린터넷이 신터넷으로 변화한 후에도 인터넷은 계속 그루로 남아 있다.

　　귀납적 추론에서 그루의 신비한 측면은 초록색 에메랄드를 파란색으로 변화시킬 메커니즘이 귀납법에 없다는 사실에서 기인한다. 이 미스터리는 인간의 행동을 논점에 끌어들임으로써 해소된다. 귀납적 추론으로 파생된 행동을 설계하는 대신, 다시 말해 행동하기 전에 에메랄드가 파란색으로 변하길 기다리는 것 대신 이펙추에이션은 인간의 행동이 현실을 새로운 가능성으로 변화시킨다고 상정한다. 즉 그루를 실현적으로 해석하는 것은 귀납의 어려움보다는 인간의 행동이 세계에 인과적으로 영향을 미칠 가능성과 더 관련이 있다.

기다림 대신 변화가 일어나는 곳, '그루' 시장

흥미로운 질문은 초록색 현실이 어떻게 파란색 현실로 변화하는지다. 분리 시점 t는 어떻게 일어나는가? 또는 실질적인 관점에서 실제 시장이 이론적으로 많은 가능성 중 하나라는 가정과는 반대로 신규 시장 창출이 기존의 현실에서 새로운 시장으로 변화하는 과정이라는 가정을 믿는다면 어떻게 행동해야 하는가? 그리고 우리가 시장이 초록색, 파란색 또는 그루색이라고 가정할 때 어떤 차이가 있는가?

이 시점에서 내 대답은 그루 시장을 가정했을 때 어떤 실현적 행동을 할 수 있을지에 대한 질문이 될 것이다. 이펙추에이터들은 수단, 즉 정체성, 지식, 네트워크에서 시작한다. 실현적 행동은 무엇을 할 수 있는지 그리고 어떤 행동이 가치 있는지에 따라 형성된다. 이펙추에이터가 하는 첫 행동 중 하나는 다른 사람들과 상호작용하는 것이다. 이러한 상호작용은 새로운 사업의 투자로 연결된다. 하지만 합류한 각각의 이해관계자는 사업에 새로운 수단과 새로운 목표를 가져온다. 그리고 각각의 새로운 몰입은 두 개의 동시다발적인 순환으로 움직인다. 확장과 통합이다. 이 전체적인 역학 과정은 도표 5.1에 표현되어 있다. 다음 장에서 초기 이해관계자 투입을 분석한 후 확장하는 네트워크와 통합된 인공물 및 신규 시장을 살펴볼 것이다.

1. 이펙추에이션 네트워크: 사고 실험

현실을 신규 시장으로 변화시키는 이해관계자 네트워크를 실현적 전념이 어떻게 촉발하는지 이해하기 위해 사고 실험으로 눈을 돌렸다. 이 사고 실험은 새로운 시장과 관련된 다양한 상황에 적용될 수 있지만 명확성과 정확도를 위해 이 분석을 가장 단순한 사례에 한정하려 한다. 바로 위젯 X라는 새로운 제품을 위한 새로운 시장을 창출해보는 것이다. (위젯 X는 기술집약적일 필요가 없다. 오렌지처럼 자연적이거나 서비스, 예술 작품, 작은 불편함, 중요한 문제 또는 실행 가능한 아이디어 등도 될 수 있다)

도표 5.1 이펙추에이션 주기: 이펙추에이션의 역학 모델

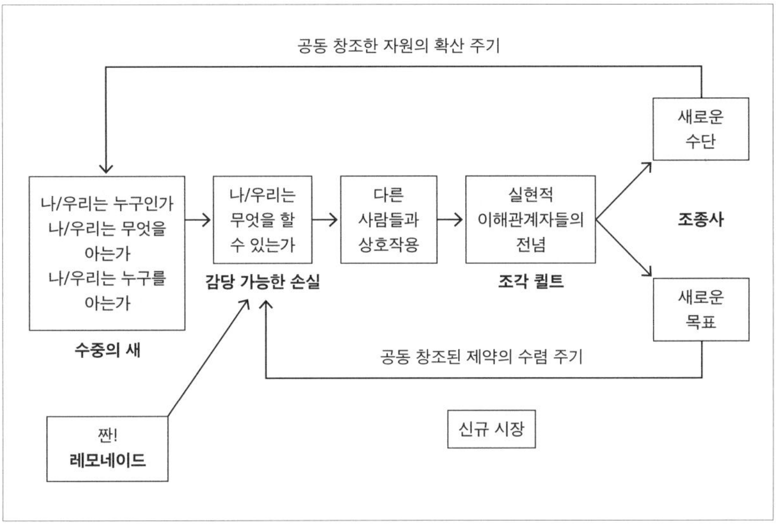

초기 투자 해부

기업가 E가 고객 C에게 위젯 X를 판매하는 상황을 가정해보자. (이후 이 분석에서 C는 투자자, 공급자, 전략적 파트너 등 어느 형태의 이해관계 자도 될 수 있다는 것을 보이겠다) 이 시점에서는 E가 고객 C를 시장조사 와 같은 예측적인 인과관계 방식으로 찾았는지 또는 사회적 관계망이 나 쓰레기통 모형Garbage Can model과 같은 비예측적인 이펙추에이션 방식으로 찾았는지는 중요하지 않다.[25]

　　좀 더 나아가 이 기업가가 고객 C에게 위젯 X를 각 100달러의 가격으로 1,000개 판매하는 상황을 가정해보자. 이제 C는 다음과 같이 반응할 수 있다. '만약 초록색이 아니라 파란색이었다면 기꺼이 X를 구매하겠어요.' 물론 첫 고객 C가 이러한 말을 했을지는 모르지만 기업가 E는 관심을 가지는 첫 고객 C를 찾기 위해 계속해서 아는 사람들과 만나고 대화를 나눌 것이다.

이제 E는 결정을 내려야 한다. 파란색 위젯을 1만 달러의 돈을 투자하여 만들어야 할까? 이 의사 결정에서는 여러 기준을 고려해야 한다. 먼저 기업가에게는 색상을 조정하기 위해 필요한 1만 달러가 없을 수도 있다. 그리고 만약 색상을 바꾸더라도 C가 구매할지는 확실하지 않다. 마지막으로 D라는 다른 고객이 색상을 바꾸지 않은 초록색 위젯 X를 100달러보다 비싸게, 예를 들어 120달러에 살 수도 있다.

E가 초록색 위젯을 파란색으로 변경할 돈이 있다고 가정하면 C가 진짜 고객인지(T=진실) 또는 아닌지(F=거짓)를 결정할 메커니즘이 필요하다. 우리가 만들 수 있는 여느 메커니즘과 마찬가지로 여기에는 두 가지 오류가 발생할 가능성이 있다. C가 진짜 고객임에도 비고객(F)으로 분류하는 오류(유형 1), 또는 고객이 아닌 C(F)를 진짜 고객(T)으로 분류하는 오류(유형 2)다. E가 색상을 조정할 자금이 있다면 이 문제에는 세 가지 가능한 해결 방안이 있다.

방안 1

탐험 패러다임을 활용하여 E는 다른 가망 고객 D를 찾아 나선다. 만약 D가 존재하지 않는다면 고객 C에게 변경된 상품을 사지 않았을 때의 불이익을 담은 계약서에 사인하도록 한다. (참고: 이 계약은 E와 C사이에 계속되는 신뢰 관계가 없다면 심리적으로 유효할 수 없다. 성장하는 새로운 관계에서 C는 이 계약에서 두 가지 유형의 불확실성을 맞이한다. E가 계약대로 변경된 상품을 제공하지 못할 수도 있다(알려지지 않은 역량). 또는 C가 원하는 사항이 사전에 명확하게 구체화되지 못해서 불완전한 계약서에 사인하게 될 수도 있다.)

방안 2

E가 C의 주문에서 순이익을 기대하고 1만 달러를 투자하거나 모금받는다. 계약의 강제적 효력 없이 이 기대는 의사 결정 기준으로서 신뢰할 수 없다. 하지만 E는 실현적인 방식으로 감당 가능한 손실 원칙을 사용할 수도 있다. 즉 C와의 가망 거래에서 어떤 수익을 기대해서 파란색으로 상품을 바꾸는 것이 아니라 감당할 수 있는 손실 내에서 투자를 하고 C가 파란색 위젯을 사지 않더라도 다른 활용 가능성이 있을 수 있다고 생각하는 것이다. 이렇게 미약하게 실현적인 경우에도 이 투자는 선택적 진화의 가능성이 있다는 점 외에는 시장 형성에 신뢰도 있는 행동은 아니다.[26]
(선택적 진화에 대한 더 자세한 내용은 4장과 9장을 참고하라)

방안 3

E가 C에게 다음과 같은 대안을 제시한다. '당신이 원하는 대로 변경하려면 1만 달러가 필요합니다. 만약 당신이 1만 달러를 먼저 투자하면 변경해드리겠습니다. 만약 변경 금액을 지불한다면 새로운 상품을 80달러에 판매하겠습니다. 그러면 궁극적으로 이 거래에서 돈을 아끼게 되는 셈입니다.'

이 방안에서 E는 대안을 제시하기 전에 다른 모든 가망 고객을 찾을 필요가 없다. 그리고 기회비용을 무시하는 것이 탐색 방안과 다른 점이다. 이후 다시 이 논리를 다루도록 하겠다.

C가 초록색 X를 파란색으로 바꾸기 위해 1만 달러를 투자할지 결정할 때 무엇을 고려해야 하는지 생각해보자. 위 결정에서 기업가 E가 그랬던 것처럼 고객 C도 돈이 없을 수 있으며 E가 상품을 만들지 못할 수도 있고 C가 80달러 이하로 파란색 X를 만들 누군가를 찾을 수도 있다. C에게 자금이 있다고 가정하면 인과관계적 상황에서 80달러 이하로 파란색 X를 공급할 누군가가 없을 때만 E에게 투자하는 것이 자명하다. 하지만 이펙추에이션 방식에서 C는 E에게 다음과 같은 대안을 제시한다.

초록색 위젯을 파란색으로 바꾸는 데 1만 달러를 투자하겠습니다.
하지만 가격을 인하하는 대신에 사업의 지분을 받고 싶습니다.

이 제안의 근거는 파란색 위젯 시장이 더 커질 수 있다는 믿음이다. 또는 미래에 위젯을 계속 판매하고 싶은 욕구가 있어서일 수도 있다.

두 가지 실현적 대안으로 이 관계는 파란색 위젯 세계에 투자할 파트너십으로 발전했다. 게다가 이 파트너십에서 C와 E는 파란색 X를 함께 개발하면서 재협상의 가능성을 둔다. E의 계약은 역량에 대한 산정을 나타내고 C의 투자는 자신을 실제 고객(T)으로서 증명한다.

이 마지막 방안은 유형 1 오류를 줄이고 유형 2 오류를 발생시키는 아주 강력한 실현적 메커니즘이다. 즉 실현적 투자는 비고객이 의사결정을 내리도록 하기보다 가망 고객을 놓아주는 오류 쪽을 선호한다.

실현적 투자의 결과

위의 사고 실험에서 나는 C가 자신이 고객이라는 것을 알고 E는 자신이 공급자라는 것을 인지한다고 가정했다. 하지만 실현적 투자는 상황이 더 불명확해도 가능하다. 사실 C와 E의 목표가 매우 불명확하고 C는

X를 원하는지 확실하지 않고 E는 파란색 또는 초록색 X를 만들고 싶은지도 확실하지 않다고 가정해보자. 또한 양쪽 모두 X를 위한 시장이나 잠재성이 있는지 확신하지 못한다. 서로 만나서 현재 제약 속에서 할 수 있는 조건을 협의한다면, 그리고 그 조건에 전념한다면 이들은 일련의 투자를 시작한 것이다.

각각의 전념은 위에서 살펴본 방식으로 설계될 수 있는데 새로운 이해관계자가 각자의 사업을 두고 협상할 수 있다는 점이 다르다. 이 장의 후반부에서 이 연속적인 투자 과정을 더 발전시킬 것이다. 이 전념 체계가 실제로 일어난다는 보장은 없다. 여기서 보여주고 싶은 것은 가능성이다. 이러한 전념이 실제 세계에서 일어난 결과를 살펴보기로 하자.

첫 번째 결과는 두 이해관계자가 협약을 맺었을 때, 이들은 사실상 시장이 그루인 것처럼 행동한다는 것이다. 즉 초록색 X를 더 이상 초록색이 아닌 무언가로 변환시켰고 실제 생산 전까지는 누구도 상상할 수 없는 X가 된다. 이 사고 실험에서는 다음과 같이 그 변화가 일어난다. C와 협상한 결과 E는 공급자가 된다. 그리고 E에게 투자하면서 C는 사실상 고객이 된다. 각자는 실제 전념이 수행될 때까지 서로의 역할을 100% 확신하지 못한다. 그리고 그때도 실현적 전념은 주로 감당할 수 있는 손실에 제한된다(뒤에서 좀 더 다룰 예정이다).

이 상호적인 전념은 이해관계자 사슬의 첫 번째 고리가 되고 앞으로 현실을 새로운 시장으로 바꿀 새로운 네트워크의 시작이 된다. 위젯 X가 아직 형성되지 않고 협상할 수 있는 수준일 때 이 시장은 발견이 아니라 무언가 새로운 것을 창출하는 변혁이 된다. X를 위한 시장은 C와 E의 상호작용의 결과물이다. 초반에 양쪽 모두는 이 X가 어떤 가치가 있을지 또는 파란색일지 초록색일지 알지 못했다. 전체 과정은 지역적이고 예상치 못한 상호작용으로 흘러갔으며 이해관계자들은 X의 존재와 형태를 두고 유망하게 협상했다.

이 협상의 내용은 초록색 위젯 대 파란색 위젯에 담긴 기회주의적 가능성과는 크게 관련이 없다(양쪽 모두 이 X 제품이 유망하거나 어떤 색깔인지 현재는 알지 못하기 때문이다). 대신에 협상의 내용은 각자 어떤 X를 만들고 싶은지, 그리고 그렇게 만들기 위해 무엇에 전념할 것인지 담는다. 그러므로 실현적 네트워크를 정의하는 전념들은 새로운 발명으로, 적절한 기대 수익이 무엇인지보다는 기존의 제품을 변화시키는 데 어떻게 참여할지에 관한 것이다.

다시 말해 C와 E는 X가 무엇이 될지 협상하는 것이다. 예측적 측면(초록색과 파란색을 협상하는 이유로 예측이 될 수는 있지만)도 아니고 사회적 구축 측면(세상이 실제로 파란색 위젯을 선호할 수도 있지만)도 아니라 양쪽이 실제로 파란색 위젯 세계에 투자하고 파란색 위젯을 만들기 시작한다는 관점이다. 더 중요한 것은 이들의 협상은 X가 그루인 것처럼 진행된다는 것이다. 즉 X를 정해진 색에서 선택하는 것이 아니라 초록색에서 어떤 색깔로도 변환할 수 있다는 점이다. 실제 색상은 협상 테이블에서 이야기하기 전에 서로가 상상했던 색깔은 아닐 수 있다. 실제 변화에서는 서로가 존재하는지도 몰랐던 색상으로 인해 놀랄 수도 있다.

새로운 시장에서 그루라는 개념을 선포한 핵심은 미래의 특정 시점을 말하는 것이 아니라 특정한 미래 X에 두 이해관계자가 전념하는 행동을 말하는 것이다.

2. 연쇄적 실현적 전념

이 시점에서 도표 5.1로 돌아가 각 이펙추에이션 약속의 구성 요소가 두 개의 사이클로 이루어져 네트워크와 자원의 규모를 키우고 이해관계자들의 목적에 제약을 추가하여 신규 시장의 구조로 통합될 수 있도록 하는 것을 볼 수 있다. 또한 우리는 사고 실험을 다양한 신규 시장 사례에 대입하여 계속 발전시킬 수 있다. 예를 들어 C와 E는 공급자와 고객이 아니라 엔젤 투자자와 기업가가 될 수 있다. 또한 이들은 임의의 존재(개인 또는 조직)로서 통합된 방안으로 새로운 시장을 창출할 수 있는 전략적 파트너십으로 이어질 수도 있다. 일반적으로 X는 요구 사항과 희망 사항 같은 수요 측면의 요소, 기술, 제품, 서비스와 같은 공급 측면의 요소, 그리고 채널, 규제 인프라, 표준 체계와 같은 기관적 요소 등을 포함한 어느 구성 요소라도 될 수 있다.

일반적으로 X를 개념화하면 이 실현적 네트워크에 참여하는 새로운 구성원은 미래 시장에 관한 작은 부분부터 협상을 시작하는데, 두 개 이상의 천 조각들을 이어 붙여 점차적으로 완성된 퀼트처럼 현실을 시장의 인공물로 변화시키게 된다. 중요한 것은 새로운 구성원은 자신의 정체성과 지식, 네트워크를 포함해 사업에 특정한 자원을 가져올 뿐만 아니라 어떻게 X가 변화해야 할지 제약을 설정한다. 즉 한 명이 늘어날수록 점토가 굳어져 점점 더 변화의 필요성이 적어지는 것과 같다. 이 제약은 결과적으로 수요와 공급 일정, 신규 시장의 기관적 구조에 반영된다.

이 시점에서 몫, 즉 파이를 나누는 질문 또는 기업의 성과를 어떻게 나눠 가질지 결정하는 문제가 대두된다. 그러나 위에서 설명한 이해관계자 네트워크를 형성하는 데 중요한 문제는 아니다. 이 전념 과정의 실현적 성격은 특정 시점의 세계가 이 테이블 앞에 앉은 사람들로 이루어져 있고 외부 세계는 그들의 열망과 역량을 반영할 정도로만 관계가 있다고 정의한다. 자신의 정체성과 지식, 네트워크는 최종 산출물, 즉 파이를 만들어낸다. 이해관계자들은 파이의 크기나 인공물보다는 내용이나 모양에 집중해야 할 필요가 있는데, 특히 이들은 파이가 어떤 모양이 될지 예측할 수 없기 때문이다. 어떤 상황에서도 각각의 실현적 이해관계자들은 그들이 감당할 수 있을 정도만 투자한다.

파이라는 비유에 좀 더 집중하다면 음식이 동나고 디저트 향이 나기 시작할 때에야 기회주의 문제(누가 어떤 조각을 갖는가)와 기회비용('밖'에는 어떤 파이가 있을까)이 중요해진다. 깔끔한 설명을 위해 기회주의와 기회비용, 이 두 가지 이슈를 곧 살펴볼 것이다. 그 전에 실현적 네트워크의 구성원이 외부 세상 사이의 변증으로 성장하는 실현적 네트워크가 신규 시장으로 변화하는 것을 살펴보겠다.

3. 인공물로서의 시장과 실현적 네트워크가 신규 시장으로 성장하는 방법

실현적 네트워크가 점차 성장하고 외부 세계를 점점 더 포함하면서 실증적으로 별개인 신규 시장으로 결국 통합되기 때문에 점점 더 실현적 요소를 잃게 된다. 이러한 변혁은 이미 존재하는 구성원과 외부 세계와의 변증법으로 설계될 수 있다. 내부 환경과 외부 환경 사이의 변증은 『인공과학의 이해』에 서술된 사이먼의 핵심 논점을 떠올리게 한다.

사이먼은 내부 환경과 외부 환경 사이의 얇은 표면으로 이러한 인공물을 설명한다.[27] 모든 것이 인공적일 때 실현적 네트워크로 탄생한 시장도 결국은 내부와 외부 환경 사이의 변증이 되고 중요한 방식으로 서로 닮아간다. 삽의 한쪽은 흙과 비슷해야 하고 다른 한쪽은 손과 비슷해야 하는 것처럼 말이다.

하지만 신규 시장은 한 사람의 설계가 아니라 실현적 네트워크의 내부 환경(현 구성원)과 외부 환경(현 비구성원) 사이를 연결하는 상호적인 전념을 통해서 창출할 수 있다. 언제든 실현적 네트워크는 다음 세 가지 요소 중 하나에 영향을 받게 된다. 실제 추가적인 투입에 반영된 상호작용, 반영되지 않은 상호작용, 그리고 협상이 불가능한 외재적 환경이 그것이다. 인공물인 신규 시장은 네트워크가 각각의 요소를 어떻게 다루는지에 대한 결과다.

유형 1. 실제 전념에 반영된 상호작용

우리는 사고 실험에서 이 유형을 상세히 살펴보았다. 요약하면 전념이 가능한 상호작용은 실현적 네트워크에서 새로운 구성원을 결정하고 인공물의 초기 형태를 결정하며 특정한 시장 체계로의 변화를 만든다. 앞서 보았듯이 실현적 네트워크는 외부 환경을 대부분 무시하면서 진행하지만 외부 세계가 구성원에 영향을 미치는 것은 제외한다. 하지만 구성원이 늘어나면서 새로운 사람들이 변혁적인 협상을 할 여지는 줄어든다. 결국 네트워크는 새로운 구성원들이 현재 형태의 X를 받아들이거나 구성원 자격을 포기해야 하는 지점에 이른다. 이 시점에서 실제 투자에 반영되지 않은 상호작용은 신규 시장에서 살아남는 데 필요한 필수적인 정보를 담고 있다.

유형 2. 투자에 반영되지 않는 상호작용

전념에 반영되지 않는 각각의 협상은 두 가지 가능성 중 하나를 나타낸다. 새로운 시장을 만들기 위해 협상해야 하는 중요한 변화가 남아 있는 경우, 그리고 다른 대안 시장이나 실현적 네트워크의 고려하에 형성된 시장과 경쟁하거나 이 시장을 분해할 시장으로 결국엔 통합될 실현적 네트워크가 있다. 즉 각각의 전념은 현실을 새로운 인공물로 만드는 반면에 반려된 투자는 변화나 대안을 찾으라는 신호가 될 수도 있다. 실현적 네트워크의 구성원은 이러한 종류의 상호작용에 대해 다음과 같이 반응할 수 있다.

1. 무시하고 실현적 네트워크를 계속 구성한다.
2. 실현적 네트워크를 키우기 위해 대안을 탐색할 수 있다.
3. 실현적 변화가 완성되었다고 선포하고 다른 대안 시장과 경쟁하기 시작한다.

어느 경우라도 실현적 네트워크가 시장에 병합되는 지점이 있다. 투자 사슬이 개별적 신규 시장으로 이어지면 일부 시간 동안 이펙추에이터는 탐험-활용 패러다임에 기반하여 전략을 수립하고 실행해야 한다. 이 변화는 실현적 네트워크가 신규 시장으로 변화하면서 자연스럽게 일어날 수도 있고 경쟁력 있는 네트워크를 구축하려는 내부 구성원에 의해 주체적으로 정해지기도 한다. 이 변화가 실제로 어떻게 일어나는지는 향후 실증적 조사의 문제다.

유형 3. 과정에 완전히 외재적인 사건

실현적 네트워크와 외부 환경 사이 변증의 마지막 조각은 완전히 외재적이다. 거시경제적 또는 제약적 환경, 긍정적 또는 부정적 기술 발전, 그리고 주요 구성원의 이탈 같은 내부의 예측하지 못한 상황으로 이루어진다. 이러한 상황에서 실현적 네트워크의 완전하고 점진적인 실패는 피할 수 없고 새로운 시장의 폭발적인 성장이 가능해질 수 있다. 어느 경우라도 이러한 가능성은 인공물의 재구성을 필요로 한다. 네트워크의 공동 상상이 내재화되고, X를 구성하는 방식으로서 이 상황을 활용할 수 있는 범위까지 네트워크는 계속 성장하고 신규 시장의 안정적인 인공물로 통합된다.

4. 역학 요약

나는 신규 시장을 창조하는 탐험-활용 패러다임에 대한 대안적 철학 기반을 생각하며 이펙추에이션의 역학 모델을 발전시키기 시작했다. 이 역학 모델은 도표 5.1에 나와 있는데 기업가적 구성원이 정체성과 지식, 네트워크로 시작해서 다양한 이해관계자를 구성하고 각각이 네트워크에 가능한 자원을 투자하지만 동시에 인공물의 특정한 특성에 반영되는 목표와 세부 목표를 제약한다. 네트워크가 계속해서 성장하고 외부의 충격이나 치명적인 갈등으로 분해되지 않는다고 전제할 때 이러한 제약은 신규 시장으로 전환된다. 이 역학 모델의 중심에는 여러 특성이 있는 실현적 전념이 자리한다.

1. 시장의 예측 가능성과는 별개로 미래와 외부 환경에서 제어할 수 있는 요소에 집중한다. 그리고 제어할 수 없는 예측적 정보는 피한다.
2. 각각의 이펙추에이션 구성원은 목표 결과나 이익을 달성하기 위해 필요한 정도가 아니라 감당 가능한 손실만큼 투자한다.
3. 네트워크의 목표는 실제 투자를 하는 구성원들과 그들이 협상하는 것에 의해 결정된다. 기존에 존재하는 목표는 어떤 사람이 참여하는지 결정하지 않는다.
4. 네트워크에서 활용할 수 있는 수단이 늘어날수록 목표에는 점점 더 제약이 생긴다. 즉 산출물의 형태는 점점 고착화되고 이해관계자들이 원하는 방식이 가능해진다.
5. 이 과정의 핵심은 대안에서 선택하는 것이 아니라 기존의 현실을 새로운 대안으로 변화시키는 것이다.

5. 시장이 그루일 때: 린터넷을 신터넷으로

신규 시장 관점에서 그루는 미래의 불명확한 시점 t가 아니라 두 이해관계자가 특정한 미래 X에 집중하는 것을 의미한다. 그리고 초기 전념이 실현적 네트워크를 성장시키고 현실을 새로운 시장으로 변화시킨다. 인터넷 역사에서 이러한 전념은 실리콘그래픽스Silicon Graphics, SGI의 창업자인 짐 클라크Jim Clark와 첫 번째 웹 브라우저인 모자이크를 개발한 마크 앤드리슨 사이의 파트너십에서 찾아볼 수 있었다. 이 협력이 넷스케이프의 전신인 모자이크통신회사를 출범시켰다. 이 투자가 어떻게 가능했는지 설명하는 세 가지 출처는 다음과 같다. 로버트 리드의 역사적 기록, 스탠퍼드대 웹사이트에 올라온 일화 그리고 《USA 투데이》에 실린 기사를 그대로 옮겼다.

리드[28]

1994년 빌 포스Bill Foss는 마크 앤드리슨이 개발한 세계 최초의 웹 브라우저인 모자이크를 실행하여 짐 클라크가 인터넷에 접속하는 것을 보았다. 리드가 설명한 대로 이것은 클라크가 처음 웹을 살펴본 순간이었다. 마치기 전에 클라크는 마크에게 이메일을 보냈다. "당신은 나를 알지 못하지만 나는 실리콘그래픽스의 창업자입니다."로 시작하는 메시지였다. 리드는 두 사람 사이의 초기 미팅은 잘 흘러가지 않았다고 설명한다. 포스는 마크를 "기업 문화를 어떻게 만들지 몰라 넥타이를 맨 스물두 살의 꼬마"로 설명했다. 하지만 포스가 기억하기로 그 후 몇 주 사이에 마크는 "짐과 편안한 사이가 되었다."

스탠퍼드대 웹사이트

클라크는 1994년 1월 실리콘그래픽스를 떠나면서 상호작용하는 텔레비전을 활용한 새로운 소프트웨어 회사를 시작하고 싶다는 모호한 목표가 있었다. SGI의 막바지 시절 동료 빌 포스는 클라크에게 새로운 프로그램을 보여줬다. 그것은 모자이크였다. 클라크는 아주 만족스러워서 앤드리슨의 소개를 모자이크에서 찾아보았다. 클라크는 그에게 연락해 그와 만났고 훌륭한 결과를 얻었다. "마크는 내가 마주친 사람 중 가장 똑똑한 사람 중 하나다." 클라크는 《산 호세 머큐리 뉴스》에서 이렇게 말했다. 그리고 앤드리슨은 클라크에 대해 "클라크의 비전, 시장에 대한 지식, 실행력은 목표를 향하고 있었다."라고 말했다. 이 둘은 다양한 사업 기회를 논의했고 확신할 수는 없지만 큰 성공이 기대되는 아이디어를 발전시켰다. 하지만 클라크의 기업가적 정신은 확인할 수 없었다. 그가 앤드리슨에게 말했다. "뭔가 할 일을 생각하세요. 그러면 저는 자금을 지원할게요."

앤드리슨은 짐 클라크와 협력하지 않을 이유가 없었다. NCSA 경영진과 모자이크 개발자들 사이에 몇 달간 마찰이 있었고 그는 탈출할 방법을 찾고 있었다. 경영진은 모자이크에 대한 엄청난 홍보 기사를 게시했지만 앤드리슨이나 다른 개발자들을 언급하기를 거부했고 그들은 받아야 할 마땅한 찬사를 받지 못했다. 한마디로 모자이크 개발자들은 박봉에, 인정받지 못하고, 과로하고 있다고 스스로 생각했다.

앤드리슨은 곧 NCSA를 떠나 모자이크통신회사를 창립했다. 그 후 원래 동료에게 이메일을 보냈다. "무언가 일어나고 있어. 옮길 준비를 해."

그리고 회사가 탄생했다.

매니Maney, 《USA 투데이》[29]
1993년 NCSA에서 존 미텔하우저와 알렉스 토틱은 앤드리슨이 모자이크를 두고 벌이는 싸움에 지쳐 실리콘밸리로 떠났다고 회상한다. "마크는 계속되는 드라마 같았어요." 토틱이 떠올린다. "마크는 인턴 같은 한심한 역할을 맡았고 매일 소식지를 발송했어요. 그러다가 어느 날 그가 짐 클라크를 만났다는 얘기를 들었어요. 우리 모두가 말했죠. '짐 클라크가 누구야?'"

작지만 역사를 바꾼 사건으로, 이후 실리콘밸리의 가장 흥미로운 이름이 된 클라크의 조수 빌 포스는 앤드리슨에게 이메일을 보내야겠다고 클라크에게 말했다. 포스는 모자이크를 살펴봤고 클라크가 새로운 사업 아이디어를 찾고 있다는 것을 알았다. 하지만 클라크는 인터넷에 대해서는 아무것도 몰랐다. SGI에서 한 일은 주로 TV 영역이었다. 앤드리슨은 모자이크에 질려 다른 일을 하고 싶었다. "우리는 두 가지 사업 계획이 있었다." 앤드리슨은 말했다. 하나는 상호작용하는 TV였고, 다른 하나는 닌텐도 기계를 위한 온라인 게임 네트워크를 만드는 것이었다.

어느 날 클라크는 자기 거실에서 앤드리슨과 함께 고민하며 말했다. 앤드리슨은 NCSA 동료들과 일하고 싶지만 다른 곳에서 제안을 받았을까 봐 두렵다고 말했다. "그 자리 그 순간 우리는 말했다. '모자이크를 다시 만들자.'" 클라크가 말했다. "우리는 비행기에 올라타 일리노이로 날아갔다. 우리는 호텔에서 나머지 NCSA 개발자들을 만났고 이들을 24시간 이내에 고용했다. 갑자기 우리는 회사가 되었다." 축하하기 위해 "우리 모두 호텔 바에 갔다. 아주 많은 예거마이스터를 마신 것이 기억난다."라고 토틱이 말했다.

종합해보면 다음과 같은 사실들을 알 수 있다.

1. 클라크와 앤드리슨은 각자의 일을 하고 있었고 인터넷을 상용화하는 것을 꿈꾸지 않았다. 클라크는 인터넷에 대해 거의 아는 것이 없었고 앤드리슨은 사업에 대해 아는 것이 없었다.
2. 모자이크를 떠올리고 클라크에게 이를 보여준 포스는 앤드리슨을 알지 못했다.
3. 클라크와 앤드리슨 모두 이 프로젝트에 몰입하기 전에 다른 가능한 이해관계자를 찾아보지 않았다. 즉 이들은 C에게 전

넘하기 전에 다른 D가 있는지 고려하지 않았다.

4. 클라크와 앤드리슨은 공통의 사회적 관계망에 있지 않았다. 클라크와 앤드리슨이 만난 이후에도 이들은 서로를 그다지 믿지 않았고 신뢰를 쌓기 위해 노력해야 했다.

여기에서 초기의 실현적 몰입이 향후에 새로운 시장으로 연결되는 이해관계자 네트워크가 어떻게 만들어지는지 설명한다. 이러한 투자는 또한 굿맨의 법칙에서 불분명한 시점 t가 아니라 새로운 시장의 그루 성향을 보여주기도 한다. 이 장에서는 그루 시장에서의 중요한 변화 시점에서 기회주의와 기회비용의 역할을 이해하고자 한다.

그루 세계에서 취할 것과 버릴 것

이펙추에이션 분석을 시작할 때 두 가지 질문을 제시했다. 첫째, 기업가는 초록/파랑 세계와 반대되는 그루 세계에서 어떻게 행동하는가? 그리고 기업가가 많은 가능성을 품은 시장에서 선택하는 것과 현실을 새로운 시장으로 변화시키는 것에는 어떤 차이점이 있는가? 나는 첫 번째 질문을 상세히 분석했고 주요 차이점인 기회비용을 무시하는 것이라고 설명했다. 첫 실현적 투자 이상을 탐색하지 않고 이해관계자 네트워크가 성장하여 새로운 인공물이 무엇이 될지 결정하게 하는 것이다.

우리는 각 전념이 양쪽의 세계관과 연결된 두 가지 부분으로 구성된다고 상정할 수 있다. 산출물인 X에 대한 전념과 네트워크인 C에 대한 전념이다. 그루 세계관과 초록/파랑 세계관의 차이점은 그루 세계에서는 C에 대한 투자가 X에 대한 투자를 넘어선다는 점이다. 초록/파랑 세계에서 기업가들은 새로운 시장의 비전에 몰입한다. 그 후 비전은 이해관계자들을 참여하게 만든다. 초록/파랑 세계에서 X와 C 모두 합리적 범주의 표준 가정하에 가능한 대안 공간을 찾는 것처럼 탐색 과정을 통해 선정된다. 이 경우 질문은 이 탐색이 언제 그리고 어떻게 끝나는지다. 아마도 대답은 기업의 명확한 목표에 따라 달라진다. 대안을 평가하는 기준은 성과 목표를 기반으로 발전하고 선택은 순현재가치 계산이나 실물 옵션 논리의 형태로 이루어질 수도 있다.

물론 그루 세계에서의 X에 대한 투자는 항상 새로운 의사 결정자들에 의해 협상되는 용어들에 따라 변화에 상대적이다. 아마도 그루 산출물인 X는 일반적인 X보다는 연속적인 변화로 개념화된 x일 때 좀 더 유용할 것이다. 그러나 C에 대한 전념은 C가 이후 이해관계자와의 상호작용에서 목소리를 낼 것이기 때문에 매우 중요하고 현실적이다. 게다가 C에 대한 전념은 특정한 X의 변화뿐 아니라 그 변화 전에 대안 D를 찾지 않는다는 사전적 전념을 수반한다. 이는 자신을 수중의 새 원칙에 적용하여 초록/파랑 세계와는 구별되는 그루 세계의 독특한 행동을 고려하는 것이다. 이제 그루 세계에서 특정 이해관계자에게 하는 질문은 '다른 이해관계자들이 무시한 기회비용을 고려하는가?'다.

기회비용의 교과서적 정의는 A 행동의 비용을 계산하고 O 대신 A를 선택했을 때 포기해야 하는 대안 기회인 O의 가치를 계산한 것이다.[30] 하지만 제임스 뷰캐넌은 기회비용 분석의 고전으로 알려져 있는 『비용과 선택Cost and Choice』에서 그 차이를 다음과 같이 좀 더 미묘하게 설명한다.[31]

당신은 선택을 마주한다. 당신은 이 서문을 읽을지 아니면 다른 것을 읽을지, 명상에 잠길지 또는 스스로 글을 쓸지 결정해야 한다. 여러 대안 중 가장 매력적이라고 생각하는 것의 가치는 만약 이 서문을 읽기로 선택했을 때 지불해야 하는 비용이 된다. 이

가치는 온전히 추정이어야 하며 다른 기회가 제시하는 것을 어떻게 생각하는지 나타낸다. 일단 이 서문을 읽기로 선택했다면 대안을 실현시키고 가치를 측정하는 기회는 영원히 사라진다. 오직 그 선택의 순간이 행동을 변화시킬 수 있는 비용이다.

그러나 나는 위에서 실현적 기업가가 분명하게 D의 가치를 무시하고 C의 약속에 기반해 협업했고 새로운 시장을 만들었다고 주장했다. 각각의 실현적 전념이 산출물 X의 변화와 이해관계자 C에 관한 것이었으니 차례로 살펴보자.

1. X에 대한 약속: 수단과 결과의 문제

동기를 이 분석에서 완전히 제외함으로써 선택에 영향을 미치는 기회비용은 온전히 상대적이라는 점에서 뷰캐넌에 동의한다. 즉 특정 개인이 사후에 그들의 대안의 가치를 계산하는지 그리고 그들이 기회비용을 계산하는지는 우리의 분석과 무관하다. 관련이 있는 것은 이펙추에이터들이 X가 정의되어 있지 않고 변화할 수 있다고 가정한다는 것이다.

초록/파랑 세계에서 대안은 그루 세계와 다르게 작용한다. 전자의 경우 대안은 찾는 것이고 모든 가능한 대안의 세계에서 도출된다. 이 세계에서 X에 대한 전념은 행동의 목표이고 이 목표를 달성하기 위한 대안적 수단들에 자원이 분배된다. 후자의 경우 대안은 현실의 가능한 변화 모습을 나타낸다. X에 대한 전념은 특정한 행동 x_i에 대한 전념이며 이것이 어떠한 X의 형태로 이어질 수 있다.

이 측면에서 결과와 목표에 대한 내 태도를 명확히 할 필요가 있을 것이다. 내 분석은 목표가 수직적 체계로 이루어져 있다는 사실과 일치한다.[32] 그리고 가장 상위 수준의 목표가 명확할지라도 하위 수준의 목표는 아주 모호할 수 있다. 마흔 살까지 4,000만 달러를 벌고 싶은 기업가가 있다고 해보자. 이 목표는 아주 명확하고 구체적으로 보이지만 당장 실행 가능한 세부 목표로 변환하기 쉽지 않다. 즉 목표는 기업가들에게 특정한 X에 전념할 설득력 있는 이유를 제공하지 못한다. 이 측면에서 기업가는 뚜렷한 비전이 있어도 높은 수준의 목표 불명확성을 경험하기도 한다.

이 분석은 인간의 행동이 이미 설정된 목표를 추구할 때 가장 잘 이해될 수 있다는 가정에 의문을 던진다는 점에서 일관성이 있다. 한스 요아스Hans Joas가 관찰한 것처럼 듀이, 하이데거, 메를로퐁티, 비트겐슈타인, 라일 등을 포함한 20세기의 위대한 석학들은 그러한 가정에 반문하며 다음과 같이 주장했다.

> 인간의 삶을 수단과 결과의 연속으로 규정하는 것은 불가능하다. (…) 만약 수단-목표 도식의 제한된 적용 가능성을 보여주는 이러한 꽤나 조심스러운 주장을 요약한다면 통상적인 행동, 의미를 부여한 행동, 창의적인 행동, 실존적으로 반영된 행동 모두 이 모델을 사용하는 데 적합하지 않다는 것을 알 수 있다.[33]

대신 요아스는 인간의 행동을 인간의 몸과 실제 세계 그리고 다른 사람과의 상호작용이라고 정의했다.

> 이 수단-목표 논리는 인간의 행동과 상황이 모든 인지적 목표 설정에 우선한다는 것을 깨달을 때까지 극복될 수 없다. 목적의 개념을 고려하는 것은 인간의 행동과 창의성을 참고하는 것을 포함한다.[34]

초록/파랑 세계에서 결과를 선택하는 것은 수단을 선택하는 일에 우선한다. 실현적 네트워크 사례에서 보았듯이 그루 세계에서 결과는 특정한 이해관계자가 취한 행동의 결과고 행하는 동시에 바로 변화를 이끈다.

그루 시장을 분석해보면 개인 구성원과 실현 네트워크의 목표 두 가지를 고려해야 한다. 개개인의 목표는 다양한 수준의 모호성의 수직적 구조를 띠는 것이라면 네트워크의 목표는 항상 X를 특정하게 변화시키는 것이다. 그러므로 개인적 목표만이 특정 구성원이 현재의 산출물 변화에 적용할 수 있는 분석과 연관되어 있다.

찰스 린드블롬의 연구에서 완전히 다른 맥락의 명쾌한 설명을 찾아볼 수 있다.[35] 예컨대 입법자들이 부분 낙태법 같은 법안의 초안을 발의하고자 할 때, 이슈에 대한 초반의 태도는 법안의 특정한 조항이나 가끔은 개별 조목의 수준까지 동의하는지 여부와 관련이 있다. 그러므로 원칙에 반대에 서 있는 사람들도 특정한 조항의 한계까지 동의하여 양쪽 모두가 수용할 수 있는 법안이 탄생할 수 있다. 그리고 원칙 수준에서는 양면적인 태도를 가진 사람들도 더 큰 문제에 대한 혼돈을 먼저 해결하지 않고도 특정 조항에 대해 헌신할 수 있다. 유사하게 이 분석에서 우리는 개별적인 선호나 목표 명확성에 대한 정확한 가정을 세울 필요가 없다. 오직 이해관계자들이 X의 특정한 변화를 위해 실제 전념할 때 신규 시장의 생성이 이루어진다. 몰입하는 이유는 기존에 갖고 있던 선호나 온순함, 열정, 자기 확신, 재미, 무관심을 바꾸는 열의 등으로 다양하다.

게다가 각각의 개인은 특정한 변화를 만들 때 감당 가능한 손실만큼 참여한다. 이는 특히 네트워크의 초기 단계에서 두드러지는데 X가 어떤 가치가 있을지 있을지 명확하지 않을 뿐만 아니라 결국 어떤 형태가 될지 또한 명확하지 않은 단계이기 때문이다. 그러므로 기대 수익 계산은 심지어 네트워크의 구성원이 했다고 하더라도 추측에 가깝다. 이펙추에이터들은 대신에 얼마나 손실을 감당할 수 있는지, 즉 하락에 집중하는 경향이 있다. 감당 가능한 손실 계산은 X의 가치에 대한 어떠한 예측적 평가에 의존할 필요가 없다. 대신에 이펙추에이터들이 이미 알고 있는 다양한 것들, 즉 순현재가치, 미래 현금 흐름의 안정적인 원천, 개인적 비용 요구 사항, 다른 사람의 참여 등을 거의 전부 활용할 수 있다. 감당 가능한 손실 계산에 기반하여 전념한다면 예측하는 정보에 대한 의존을 최소화하고 심지어는 제거할 수도 있다. 비슷한 비예측적 논리는 C에 몰입하는 기회비용을 무시하는 것을 뒷받침한다.

2. D가 아닌 C에 대한 전념: 기회비용의 문제

실현적 전념은 다른 가망 고객을 간과하는 비용이 생기더라도 비고객들이 X 변화에 참여하지 못하게 하는 것, 즉 유형 2 오류의 비용을 예상하더라도 유형 1 오류를 줄이는 것이 핵심이다. 유형 1 오류에 대한 전념은 고객과 비고객의 가망성을 분류하고 좀 더 구체적으로 이해관계자와 비이해관계자를 구별한다. 각각의 이해관계자는 신규 시장에 특정한 모양과 기능을 투자하고 전념하면서 네트워크에 참여한다. 즉 새로운 구성원은 다른 사람들이 관점을 바꿀 수 있도록 설득하는 만큼 시장을 재구성하며, 자신의 선호를 다른 사람의 시각에 견주어 재구성하기도 한다. 나는 기업가정신에서 카리스마 이론charisma theory을 새로 제안하는 것은 아니지만 네트워크의 일부 구성원은 실제로 다른 사람들보다 좀 더 카리스마가 있다. 대신 나는 리더든 구성원이든 모든 인간은 어느 정도 수준으로 설득할 수 있다고 생각한다.[36]

실현적 네트워크에서 구성원은 누가 와야 한다기보다 누가 그루현실을 새로운 시장으로 변화시키는 글로벌 제약을 줄 수 있는지에 달려 있다. 이러한 제약은 다른 것보다 굴곡이 많다. 예를 들어 R&D나 생산, 설비 등 돌이킬 수 없는 투자는 새로운 구성원들의 기여와 제약이 섞여들 수 있는 역량을 낮추고 유동성을 줄일 수 있다. 결국은 거친 제약들도 새로운 산출물의 협상이 불가한 부분을 구성하는 안정적 구조로 합쳐진다. 새로운 구성원들은 이러한 안정적 구조와 협상해야 하며 새로운 기여와 제약은 성장하는 산출물에서의 안정적 위계를 형성하며 진화해야 한다. 실현적 산출물의 특이한 구조적 특성은 근접 분해 가능성near-decomposability, ND으로 불리며 7장에서 다뤄질 예정이다.[37]

제약하의 각각의 안정적인 구조를 통해 실현적 네트워크는 인간의 행동으로 제어 가능한 수준까지 미래의 모습을 조정하고자 한다. 즉 실현적 네트워크는 초기 단계에서 특정한 구성원의 가치를 평가하기 위한 글로벌 기준이 없다. 새로운 멤버는 기존 멤버가 협상한 실제 지역적 제약에 유동적이다. 실제 전념으로 이어진 협상은 구성원 자격을 결정하는 유일한 기준이다. 그러므로 객관적인 멤버십 기회비용은 크게 상관이 없다. 왜냐하면 실현적 네트워크는 대부분 자발적인 참여를 기반으로 하기 때문이다. 이 방식으로 D와 관련한 기회비용을 거절한다는 것은 많은 가능한 시장에 실제 시장이 있다는 개념을 거절한다는 뜻이며 새로운 시장이 기존의 세계에서 만들어진다는 그루 세계관과 연결된다.

좀 더 보편적으로 말하자면 D를 무시하는 의사 결정은 X를 위한 시장과 연관된 불확실성의 기능이다. 만약 D가 존재하고 X를 위한 고객이나 공급자가 될 수 있는 확실성이 있다면 C와 E는 D가 존재하지 않는 것처럼 진행할 순 없다. 하지만 새로운 시장에서 D의 존재와 관련된 불확실성이 존재한다. 네트워크에 잠재되어 있던 이펙추에이션 논리가 명백해지고 그 관련성이 뚜렷해지는 지점이다. E가 이미 초록색 X 개발과 관련이 있고 C가 이미 파란색 X에 관심이 있다고 가정하면 다음의 두 가지 경우를 고려해볼 수 있다.

▸ C와 E 모두 X(초록색 또는 파란색)를 위한 D로 이루어진 시장

이 존재하는 것처럼 인과관계적으로 진행할 수 있다. 시장의 존재와 선택을 연결 지을 필요가 있다. 따라서 초록색 X의 고객과 파란색 X의 공급자가 될 수 있는 D를 찾기 위한 탐색 과정에 투자해야 한다.

▶ 또는 시장이 특정 행동의 결과인 것처럼 실현적으로 진행할 수 있다. 시장이 존재한다는 기존의 선택을 수정할 필요가 있다. 이 경우 D가 존재하고 나중에 합류하기 위해 필요한 행동을 할 용의가 있다면 X의 형태를 새로 협상해야 할 수도 있다는 것을 주지한 채 협의를 진행할 수 있다.

그래서 D가 참여한 시장과 D가 참여하지 않은 시장은 서로 매우 다른 반면에 어떤 시장이 C와 E에게 더 나을지 결정할 수 있는 사전적 방법은 없다. 대신 실제로 전념한 구성원들과 협상하는 것이 일반적이다. 종합하면 C와 협업하지 않는 계산 가능한 기회비용은 상상의 D와 협업하지 않는 계산 불가능한 기회비용을 늘 앞지른다. 실현적으로 말하면 수중의 새는 신화 속 숲에 사는 상상의 새보다 항상 더 값지다.

지금까지 D가 아닌 C에 집중한다면 실현적 네트워크를 형성할 때 기회비용은 상관이 없다는 것을 보였다. 하지만 기회주의는 어떨까?

3. C에 대한 약속: 기회주의의 문제

위의 분석은 실현 네트워크에서 각 이해관계자 사이에 존재하는 연결성의 역할에 관한 사회 연결망 이론과 일관적이다. 이펙추에이션은 정체성과 지식, 네트워크에서 시작한다는 사실을 반영한다. 하지만 그루 세계에서 내 분석은 기존의 네트워크가 활용될 수 있고 새로운 네트워크가 시작하고 발전할 수 있다는 생각 이상으로 진행된다. 나는 새로운 네트워크가 시작될 수 있는 단순한 분류 체계를 사용한다.

- 네트워크는 임의의 확률로 생겨난다.

  예: 두 명 이상의 사람이 쇼핑몰에서 만나거나 비행기에서 옆자리에 앉는다.

- 네트워크는 상호 의존적인 방식으로 형성되기도 한다.

  이것은 의도적일 수도 아닐 수도 있다.

  예: 쓰레기통 모형을 통해

- 네트워크는 기존 네트워크를 의도적으로 활성화시켜 형성되기도 한다. 기존에 정해진 목표를 달성하거나(인과적 시작) 현재 네트워크를 활용하는 것을 상상한다(실현적 시작).

새로운 시장 탄생의 역사에는 의외의 협업 관계가 새로운 네트워크로 이어진 경우가 많다. 기존의 사회관계의 결과로 자연스럽게 부상하는 대신 이러한 관계는 예상치 않은 만남이나 운명적인 만남, 넷스케이프의 창립자인 클라크와 앤드리슨이 만난 것과 같은 사례로 시작한다. 조사이아 웨지우드도 리버풀에서 무릎 수술 때문에 누워 있을 때 그의 의사가 벤틀리에게 그를 소개해줬다. 역사가가 설명하듯이 "이 만남은 두 사람 모두에게 행운이었다. 아주 깊고 친밀한 우정의 시작이자 18세기의 가장 중요한 사업 협력 중 하나였다."[38]

하지만 새로운 네트워크를 시작한다는 생각은 상호 관계의 신뢰의 보증으로서 사회적 관계의 역할을 제기한다. 경제와 조직에 대한 최근 이론은 기회주의와 신뢰에 대한 상반되는 행동 가정과 힘겨룸한다. 간교하게 자신의 이익을 찾는다고 정의되는 기회주의는 인간의 행동에 대한 사실이다.[39] 신뢰는 윤리적 성격에 대한 애정 기반의 믿음이라고 정의된다.[40]

사회과학자들은 사회적 관계에서의 자신의 위치를 이용해 두 기회주의적 주체 사이의 신뢰와 정통성의 결정권자로서 행동하며 어부지리를 얻는 제삼자tertius gaudens를 상정함으로써 이러한 구분을 뛰어넘고자 노력해왔다. 예를 들어 제임스 콜먼은 기업가를 신뢰의 결정권자라고 정의한 반면에[41] 멘슈어 올슨Mancur Olson은 정부가 최후 수단의 어부지리를 얻는 제삼자라고 주장했다.[42]

여기서 설명하지는 않을 예정이지만 이 주제에 관한 방대한 양의 논문을 상세하게 분석한 결과, 이 분야의 여러 학자처럼 다음의 결론을 내렸다.[43] [44] [45] [46] 이론의 양과 실증적 증거의 무게 모두 기회주의나 좀 더 현실적인 시작점을 향한 신뢰 기반의 연대라는 강한 행동 가정을 피하는 것이 바람직하다고 제안한다. 예컨대 관계를 형성하는 초기 단계에서 대부분의 실행자는 자신과 상호작용하는 사람들의 의도를 예측할 수 없을 뿐만 아니라 자기 자신의 동기부여도 항상 알 수는 없다. 따라서 이펙추에이터가 과거 행적이나 제삼자가 보증하는 약속에 기반해 예측하지 않고 실제로 쏟는 전념에 의존하는 것은 합당하다.

실제로 전념하는 사람만이 실현적 네트워크의 일원이 된다. 이는 무임승차자와 기회주의자를 상당수 억지할 수 있다. 게다가 더 많은 몫의 최종 보상이 보장되지 않은 상태에서 X의 형태를 바꾸기 위한 높은 수준의 전념을 요구함으로써 실현적 네트워크는 기회주의자를 탈락시키고, 다른 사람들에게 이타적으로 행동하도록 유도하는 이들을 포함한 지적인 이타주의자를 수용한다. 또한 기회주의자에게는 실현적 네트워크를 통해 건설 중인 시장과 달리 쉽게 이익을 얻을 수 있는, 더 예측하기 쉬운 시장이라는 실제 기회비용이 있다. 실현적 네트워크에 참여해 함께 일하려면 더 즉각적이고 확실한 이득이 있는 다른 기회를 포기해야 한다. 그렇게 실현적 네트워크는 기회주의가 새로운 시장 형성과 관계없도록 만들어 기회주의를 극복할 필요성을 크게 근절한다.

그러나 이는 실현적 네트워크의 구성원 중 초기에 이타적으로 행동한 사람이 시장이 좀 더 예측 가능한 결과물의 분배 구조로 합병되면서 기회주의적으로 행동하지 않을 것이라는 뜻은 아니다. 실현적 네트워크가 하는 일은 초기 단계에서 지적 이타주의를 도입하고 이후의 기회주의적 행동의 가능성을 열어두는 것뿐이다. 이는 인간 행동에 기회주의와 이타주의가 공존한다는 진화적 설명과 아주 흡사하다.[47]

9장에서 이펙추에이션 논리가 기반이 되는 근본적 행동론적 가정을 좀 더 살펴보겠다. 그 후 이펙추에이션은 인과관계 논리에 숨어 있는 '처럼' 가정보다 '설령' 가정을 한다는 점을 설명할 것이다.

세계를 그루로서 바라보는 힘

나는 기업가와 관리자가 그루 시장인 세계에서 어떻게 행동할 수 있을지 설명하려고 했다. 기존 현실을 새로운 시장의 요소로 만들기 위한 특정한 변화에 전념하는 것을 기반으로 이해관계자 네트워크를 구성할 때 이펙추에이션 논리가 필요하다는 것을 보였다. 즉 새로운 구성원을 찾고 선택하기 위한 신규 시장의 예측된 비전보다는 새로운 시장이 어떻게 보일지 결정하기 위해 참여해야 하는 사람들을 허락하는 논리다. 듀와의 연구에서 왜 세계가 그루인 것처럼 행동하는 것이 중요한지 발췌하여 마무리하겠다.[48]

진화론적 경제학의 많은 학자는 원칙을 위한 활발하고 유용한 미시적 기반을 개발하는 것의 중요성을 역설했다.[49] [50] 이들은 진화론적 경제 및 슘페터리안 경제에서 다뤄진 것처럼 새로운 시장이 어떻게 형성되었는지에 대한 기본적 공급 주도 사례와 일관성 있는 기업가적 행동 이론이 없다고 말한다.[51] [52] [53]

신규 시장 및 신규 산업의 형성과 관련해 지금까지 진행된 폭넓은 실증 연구를 비교하고 축적하며 그 결과가 데이터 분석에 기반한 미시적인 이론과 일치하지 않는다는 결론을 내릴 수 있었다. 현존하는 이론의 근본적인 측면 일부는 심각하게 잘못 명시되어 있을 것이다.[54][55] 다시 말해 기업가 행동 및 기업 행동에 대한 극대화되거나 최소화된 전통적인 설명은 산업 형성에 대한 전통적인 설명과 잘 융화하지 않는다.

첫 번째로 신규 시장에서 고객의 취향은 모호하고 불완전하며, 불분명하고 변화한다. 이는 시장은 발견되거나 예측할 수 없다는 것을 의미한다. 대신에 켈빈 랭커스터, 그리고 조지 스티글러와 게리 베커가 설명한 것처럼 취향이 꽤 안정적이라고 해도 소비 기술은 변하고 있다. 다시 말해 소비자는 기술을 활용해 학습한다.[56][57] 어느 쪽이든 소비자가 원하는 바가 불분명하기 때문에 구체적으로 정의된 수요가 없고 따라서 '어딘가'에서 찾거나 예측할 시장도 없다.[58][59][60] 이는 기업이 현존하는 수요를 예측하고 혁신하기 위해 진행하는 시장조사에 관한 서술적 이론과 관행적 이론 모두에 이의를 제기한다. 데이비드 모어리와 네이선 로젠버그, 그리고 조반니 도시는 보통의 수요 견인 이론에 반대하는 설득력 있는 주장을 펼쳤다.[61][62] 간략히 말하자면 이런 주장들은 추상적인 수요는 신규 시장을 창조하고 혁신하는 데 그다지 영향을 미치지 않는다는 결론으로 이어진다. 불가능한 것이다.

그때 시장 과정에 관한 이론들은 서로 다른 기업가와 기업은 수요에 관해 서로 다르게 추정한다고 가정함으로써 이 문제를 암호화했다.[63] 결국 변화가 변화를 일으킨다는 동의어 반복이다. 하지만 이는 신규 시장의 형성 방식을 딱히 설명하지 못할 뿐만 아니라 실증적 증거를 통해 반증되었다. 기업가는 시장을 형성할 때 취향이나 행동의 차이에 의존하지 않는다. 이들은 여러 취향을 결합하는 동시에 실제 인공물의 특정 변화에 포함시키기 위해 열심히 노력한다. 이러한 모든 인공물이 미래에 성공하지는 않지만, 즉 선택하고 유지하는 것은 시간이 흐르면서 발달하겠지만 대부분의 변화는 임의적이지 않다. 이펙추에이션 논리는 변화의 탄생을 뒷받침한다.

두 번째로 기본적인 진화론적 관점은 신기술을 판매 가능한 상품으로 변화시키는 등 기존 인공물의 변화에 기반을 둔 공급 측면에서 신규 시장이 생성된다고 본다. 특히 기업가적 회사는 신기술의 초반 요소들을 중심으로 방대한 상품 다변화를 추진하기 때문에 시장이 형성되는 순간에 상품 종류는 다양하다. 각기 다른 회사는 시장에 각기 다른 제품을 내놓으며 사업한다. 지금까지 학자들이 주장해온 것은 기술이 종종 새롭기 때문에 다양한 방식으로 혁신적 탐험에 열려 있고 소비자의 취향이 모호하기 때문에 서로 다른 기업은 고객들이 진정으로 무엇을 원하는지 서로 다르게 추정한다는 사실이다.

하지만 이 설명은 또다시 다른 상품이 아닌 특정 상품이 개발되는 과정을 밝혀내지 못한다. 경제학자의 관점에서 왜 경쟁은 기업들이 같은 제품 디자인으로 아주 빠르게 모여들도록 하지 않는가? 또는 사회학자의 관점에서 왜 드문 소수의 합법화 기관은 분야의 범위를 몇몇의 가치 있는 신규 시장으로 빠르게 좁히지 않는가? 그 대신에 우리가 실제로 관찰하게 되는 바는 방대한 변주다. 이펙추에이션은 이러한 변주의 패턴을 강조하는데, 신규 시장 조각을 그와 일치하는 조각과 함께 꿰매기 위해 제한된 합리성, 부분적 지식 그리고 문제 영역의 특정 기준에 전념할 필요성이 어떻게 함께 작동하는지 보여준다. 만약 개인이 신고전주의 경제학자가 만족할 수준과 정확도로 자신이 무엇을 원하는지 안다면, 그리고 보수적인 사회학자가 만족할 정도로 환경이 주체의 행동을 최대한 제약한다면 신규 시장은 인간의 인지에 대한 계산적인 한계에도 불구하고 사실이 보장하는 것보다 훨씬 쉽게 빨리 형성될 것이다.

하지만 조각조각 바느질해 이어 붙이고 각 전념을 통해 일관성을 구축하는 일은 대부분의 시장이 통합되는 데 걸리는 시간이 소요되는데, 인터넷을 예로 들면 15년 이상 소요된다.[64] 게다가 이 상호 주관적 과정의 핵심에 있는 이펙추에이션 논리는 실증적으로 관찰할 수 있고 이론적으로도 실행할 수 있으며 실제 현장에서 무엇을 해야 하는지 지시할 때 권위적으로 유용하다.

지난 10년간 나와 듀의 연구에 처음 수록된 이펙추에이션 프로세스 다이어그램을 변경하고 정교화하며 조사한 수많은 연구 주제가 있었다.[65] 이 장의 도표 5.1에서도 활용되었다. 예를 들어 피셔와 라이버는 트위터의 상호작용을 연구한 결과를 모델에 반영했고[66] 이자벨 레이멘 외 연구는 인과관계와 이펙추에이션 모두를 반영하는 전략적 의사 결정을 위한 병합 모델을 만들었다.[67] 태머라 갈키나와 에바-레나 룬드그렌-헨릭손의 연구는 마케팅에서 협력하는 사례를[68], 커와 코비엘로의 연구는 공동 인식과 네트워크 특성을 프로세스에 반영했다.[69]

1. 인과관계와 이펙추에이션 논리 간의 상호 관계

추가적으로 이펙추에이션 학자들은 인과관계와 이펙추에이션 논리를 적정하게 섞어 신규 제품을 개발[70] [71], 기술 벤처[72], 중소 규모의 창업[73], 바이오테크놀로지의 기회를 발견하고 만드는 발전 단계[74], 그리고 전반적으로 사업 성과를 강화하는 데 사용하는 것을 논의했다.[75] 이 두 논리를 병행할 수 있다는 증거는 핀란드, 아일랜드, 이스라엘에서 이루어진 기업 연구에서도 찾을 수 있다.[76]

인과관계와 이펙추에이션 방식 사이의 실증적 상호 관계는 이론적으로 둘로 나누는 것을 반대하는 증거로 사용되어서는 안 된다. 사실 1장에서 보르헤스의 지도 제작자 이야기를 통해 알 수 있는 것은 어지러운 실증적 현실에는 선택적인 프레임워크가 필요하다는 것이다.

특정한 체계의 유용함은 교실에서든 정치에서든 현실에서든 우리에게 중요한 방식으로 이해도를 넓혀가는 데 유용한지 시험해보면서 알 수 있다. 현실과의 단순한 소통이 학문적 연구의 첫발자국이 될 수 있다.

이펙추에이션은 전문 기업가들의 배움으로부터 시작되었다. 데이터로부터 도출된 이론이기에 현실과의 관련성은 주요한 문제가 아니다. 하지만 어느 영역에서든 전문가의 수가 적고 이 책에서 사용된 운영적 의미 관점에서 이펙추에이션은 많은 수의 기업가의 일상에서 인과관계 논리와 다양한 방식으로 연결되어 있다는 것을 밝혀야 한다. 우리가 확인할 수 있는 몇 가지를 체계화해보자.

- **분리:** 두 명의 이해관계자 사이에 협약이 생길 때마다 이 약속을 실행하는 것은 명확한 목표와 기획, 자원 분배 최적화, 체계적 인력 계획 등을 필요로 한다. 이는 이펙추에이션과 인과관계 행동 사이에서 구분자로 작용하는 협업을 찾아보는 것을 제안한다.
- **다른 업무를 위한 동시 사용:** 하나의 프로젝트나 사건이 인과관계와 실현적 행동 모두를 필요로 할 수 있다. 사람들은 종종 이펙추에이터가 계획적인지, 업무 리스트나 달력, 노트를 사용하는지 물어본다. 이 질문은 잘 정리된 인과관계와 이펙추에이션, 또는 무질서의 다른 다양한 표현의 차이를 물어보는 것이다. 이는 세상을 합리성과 비합리성으로 나누는 오류와 같다. 이펙추에이션은 이성적이고 논리적이며 체계적이다. 따라서 인과관계와 이펙추에이션을 두 개의 공구처럼 바라보며 기업가들은 자신이 맡은 일에 필요할 때 적절한 도구를 선택해서 쓸 수 있다.
- **두 방법의 교차:** 이 두 가지 공구를 번갈아 쓰거나 단순한 도전과 오류 방식과 같은 다른 도구와도 섞어서 사용할 수 있다. 사실 초보 기업가들은 경험으로부터 배우기 때문이 이 도구들을 모두 사용하여 실증적 증거를 보기를 기대해야 한다.

하지만 이펙추에이션이 어린 나이에 교육된다면 데이터로서 어떤 도구가 언제 유용할지 더 명확히 이해할 수 있을 것이다. 그때도 사업의 생애 주기는 전문 기업가들이 인과관계와 이펙추에이션 방식을 번갈아 사용하도록 요구할 것이다.

▸ **요약:** 실제 기업가적 전문성은 다른 상황과 논리를 어떻게 연결하는지 이해하는 역량을 필요로 한다. 이 내용은 6장과 11장에서 다뤄진다.

이는 그렇다면 왜 우리는 기업가적 전문성의 핵심에서 이펙추에이션의 강한 존재감을 발견하게 되는지 묻는 질문으로 이어진다. 예를 들어 전문적 기업가는 어떻게 실현적인 인물이 되었는가? 처음 시작할 때부터 그랬는가? 자신의 경험에서 얻은 교훈을 통해 위 두 가지를 구분하는 법을 어떻게 배우는가? 그리고 왜 한쪽에 대한 강한 선호를 형성하는가? 이 질문들의 중요한 측면은 6장, 8장, 11장에서 다룬다. 여기서는 마지막 질문에 대한 답이 미래의 연구에서 실증적으로 검증받을 만하다고 경고하며 간략히 대답하고자 한다. 서로 다른 상황에 서로 다른 접근 방식을 적용할 수 있는 데는 판단이 필요하다. 그리고 불확실성하의 모든 판단은 오류를 범하기 쉽다. 어떤 상황이나 단계에 놓여 있는지 불확실한 상황에서 어느 접근 방식을 활용할지 질문받는다면 전문적 기업가는 두 가지 오류 중 하나를 최소화할 수 있는 방안으로서 이펙추에이션을 선택한다. 실제로는 그렇지 않지만 미래를 예측할 수 있다고 믿는 오류와 실제로는 가능할지도 모르지만 예측하지 않는 오류가 있다고 할 때 실현적 기업가는 후자를 선택한다. 이 선호의 주요한 이유는 최소한 현재와 함께 새로운 미래로 형성되고 변화할 수 있는 일정 기간 동안만이라도 세상을 좀 더 예측 가능한 곳으로 만드는 것이 자기의 역할이라고 이해하기 때문이다.

이펙추에이션과 예측이 공생하는 법

위에서 살펴본 이펙추에이션의 역동성에 관한 설명에서 개인에서 시작한 과정은 빠르게 다양한 이해관계자의 상호작용으로 옮겨 가고, 새로운 시장과 기관의 공동 창조로 발전되어 다른 개인들이 또 다른 실현적 모험을 시작할 수 있도록 한다. 이 프로세스는 열린 세계, 즉 인간의 개입이 가능할 뿐만 아니라 필수적이고 추진력 있는 세계다. 역사가 자동 조종으로 흐르지 않는 것에 더해 인간의 개입은 기계를 만들고 연료를 주입하고 움직임에 영향을 주지 않도록 날씨의 패턴을 바꾸는 데까지 작용한다. 그러나 여전히 외부의 많은 것들은 공동 조종사의 제어 밖에 있다. 특히 이 세계는 열려 있고 인간의 행동으로 구성되기 때문에 다수의 실현적 사이클을 시도하고 있는 서로 다른 개인의 집단에 의해 상대적으로 변화할 수 있다.

이러한 개방성과 다수성은 이펙추에이션에만 국한되지 않는다. 실현적 행동의 결과가 새로움을 주입하고 가능성과 비예측성을 제공하기도 한다. 실현적 공동 창조는 항상 부분적이고 항상 불확실하다. 이는 이미 열린 세계의 개방성을 동시에 강화하고 유의미하고 가치 있는 새로움이 부상하고 활용될 수 있도록 충분한 결정을 가능하게 한다. 도표 5.1에 나타난 이펙추에이션 프로세스에서 다이어그램 마지막에 있는 새로운 시장 상자는 이펙추에이션 프로세스의 각 상자와 화살표를 재구성할 뿐만 아니라 상자와 화살표를 둘러싼 공간을 공동 창조하고 인과관계와 예측하는 활동 역시 일어날 수 있도록 유지시킨다.

즉 이펙추에이션의 과정에도 안정과 예측 가능성이 존재한다는 뜻이다. 이러한 안정과 예측 가능성은 다양한 수준에서 서로 다른 공간과 시간에서 인간의 행동을 통해 구성되고 창조된다. 예를 들어 두 명 이상의 이해관계자가 제어 안에 있는 자원을 바탕으로 특정한 전념을 할 때마다 이들은 그 전념에 기반한 실행을 한다는 예측의 확실성을 가지고 진행한다. 비슷하게 새로운 시장이 이펙추에이션의 과정을 통해 통합될 때마다 전통적인 시장조사와 사업 계획이 성공할 수도 있다.

이 장에서 제시된 분석과 프로세스 모델의 요지는 예측할 수 없다거나 진화적 흐름이 인간의 행동 범위 안에서 발생하지 않는다는 것이 아니다. 오히려 예측이 유용한 도구가 될 만큼 세상을 안정적으로 유지하고, 진화적 흐름이 공진화로 발전할 수 있도록 환경적 제한을 적당히 완화하는 실현적 행동의 가능성을 보여준다. 그리고 예측 역시 인간의 행동과 상호작용하면서 공동 창조된다는 사실을 잊지 않아야 한다.

6장

이펙추에이션을
성과로

'대부분의 회사는 실패한다'는 것은 실제 비율에서는 차이가 있겠지만 기업가정신 연구자와 실무자 들 모두의 공통적 의견인 듯하다.[1][2][3][4][5] 최근 크리스티안 닐센Kristian Nielsen과 완성한 현존 사업 조사 요약에서 우리는 기업 성공률이 50% 가까이 된다고 산정했는데 국립벤처캐피털리스트연합에서 내놓은 10%와는 큰 차이가 있다. 벤처캐피털리스트에게서 자금 지원을 받은 대부분의 회사가 실패한다는 것은 여전히 사실이지만 기업의 1%만이 벤처캐피털 자금을 받을 기회를 가진다는 것을 감안해야 한다. 고려한 연구들은 50% 이상의 성공률을 도출했다. 예를 들어 2016년 OECD에서 발간한 「한눈에 보는 기업가정신」 보고서의 데이터에 따르면 2008년에 설립된 신규 사업의 평균 51%가 첫 5년간 살아남는데 이 숫자는 영국에서 가장 낮고(40%) 오스트리아에서 가장 높다(69%). 이에 더해 브라이언 헤드는 폐업한 회사의 3분의 1이 폐업 시점에 성공적이었다는 것을 발견했고 '대부분의 회사는 실패한다'는 것은 단순히 잘못된 말이라는 것을 알 수 있다.[6] 사실 기업가들과 사업은 도산부터 여러 개인적인 동기부여로 인한 자발적 정리까지 다양한 방식으로 폐업한다.[7]

어떤 경우든 간에 내 연구의 전문 기업가들은 실패는 선택지가 아니라는 말을 여러 번 다양한 방식으로 반복했다. 전통적 시장조사에 대한 불신처럼 이것은 연구에서 일반적인 주제였다. 논란은 있지만 대부분의 회사가 실패한다는 말, 더 정확히는 대부분의 회사가 엄청나게 성공하지 않는다는 말과 내 연구 대상자들이 겪은 실패는 선택지가 아니라는 말을 조화시키기 위해 좀 더 깊게 살펴봐야 할 것이 분명하다.

전문 기업가들의 논쟁에는 두 가지 가능한 설명이 존재한다.

1. 과도한 자신감 오류의 경우일 수 있다.[8][9]
2. 이펙추에이션 논리가 적용되었을 수 있다.

이 문제에 대해 새로운 시각으로 조사 결과를 듣기 시작했다. 또한 연구 대상자들에게 조사 실험 후 인터뷰에서 성공과 실패에 대한 의견을 설명해달라고 부탁했다. 곧 전문 기업가들이 과잉 자신감이나 예측과 관련된 다른 편견에 대한 연구에서 발견한 것과는 다른 가정으로 확률을 계산했다는 것을 알았다. 게다가 전문 기업가들은 기업의 실패를 포함해 실패에 대한 독특한 시각을 갖고 있었다. 이 때문에 나는 기존 연구들로 되돌아가 특히 기업가가 창립한 회사의 성공과 구분되는 기업가의 성공에 관한 이슈를 살펴보고자 한다.

놀랍게도 나는 기업가들이 자신의 상대적인 성공이나 실패 확률을 어떻게 예측하는지에 대한 연구가 없다는 것을 알게 되었다. 특정한 회사나 기회의 성과 결과값이 아니라 기업가로서 자신의 성공 확률 말이다. 기업가들이 어떻게 그런 확률을 계산해야 하는지 알려주는 연구도 없었다. 대신 기업의 성공이나 실패 확률을 산정한 논문은 부지불식간에 또는 명백하게 기업가로서의 성공을 회사의 성공과 동일시했다. 즉 산업 기관, 인구 생태학, 노동과 미세경제학, 기업가정신이라는 네 가지 영역을 살펴보았을 때 기업가적 성공은 회사의 성공과 대부분 다르다는 사실이 입증되었다.

회사의 성공과 실패는
기업가의 성공과 실패가 아니다

기업과 기업가의 성공률은 여러 연구자에 의해 다양한 표제하에 광범위하게 검토되었다. 산업 기관 영역의 기업 형성과 진입, 인구 생태학과 기업 이론 영역의 기업 수립과 생존, 그리고 기업가정신 영역의 성공과 실패다.

1. 산업 기관 연구

에드윈 맨스필드에 이어 기업의 탄생과 성장, 소멸에 대한 계량경제학적 연구를 활성화하기 위해 산업 기관 연구자들은 기업의 진입 과정을 시장의 성과 요소와 영향 관점에서 살펴보기 시작했다.[10] 이 연구 흐름에서 게로스키는 해당 분야 연구자들이 보통 수긍하는 여러 사실을 결과로 내놓았다.[11] 이 장의 특정한 목적에 따르면 게로스키가 직접적인 사실 근거를 제공하지 않더라도 두 개의 사실은 의미가 없다. 우선, 진입이 흔하더라도 생존은 그렇지 않다. 즉 많은 수의 기업이 시장에 진입하지만 새로운 진입자, 특히 다시 시작하는 진입자들의 생존 확률은 낮다. 또한 대부분의 시장 형성 초기 단계에는 엄청난 수의 진입자들이 몰려들게 되어 있다.

2. 기업의 인구 생태학 연구

위의 두 가지 결과는 적어도 부분적으로 각기 진화론적 관점 및 생태학적 관점을 사용한 조직 이론가들에 의해 뒷받침되었다.[12] 인구 생태학자들은 기업의 성공률이 조직의 연혁과 관련이 있다고 보았다. 헨더슨이 정확하게 요약했듯이 이 연구가 기업의 연혁과 성공 또는 실패 확률과 정확한 관계에 항상 동의하는 것은 아니다.[13] 어떤 이들은 회사의 실패에 핵심 요소가 신규 진입이라고 강조하는 반면[14] [15], 어떤 이들은 초반 설립 시기의 자산 덕분에 성공의 기회가 있고 그 후 시기가 지나면 기대 수명이 줄어든다고 보았다.[16] [17] 하지만 신생아기 또는 청소년기의 높은 실패율을 차치하더라도 이 연구는 기업이 오래되어 관성이 생기고 환경에 잘 녹아들지 못하면 실패할 확률이 높아진다고 본다.[18] [19]

    산업 기관이나 인구 생태학에 관련된 연구 모두 기업가의 성공이나 실패 확률을 다루지 않는다.

3. 노동과 미시경제학 연구

경제학자 관점에서 기업가적 성과를 연구하면서 적어도 두 가지의 양식화된 사실을 확인할 수 있다. 첫째로 기업의 성과를 고려하여 크리스텐슨부터 터바이어스 모스코비츠와 아네터 비싱요르겐센을 포함한 다양한 연구자는 민간 (기업이 아닌) 영역에 대한 투자 성과가 공공으로 거래되는 기업의 성과와 크게 다르지 않다는 것을 발견했다.[20][21] 둘째로 기업가의 성과 측면에서 데이비드 블랜치플라워와 앤드루 오즈월드의 연구와 바턴 해밀턴의 연구를 포함한 여러 연구에서 창업한 사람들의 수입은 많은 경우에 근로자보다 낮다는 것을 알아냈다.[22][23] 이 효과는 창업자 샘플에서 '탁월한' 성과자를 제외했을 때 더 심하다. 또한 이 결과는 하비어 히메노 외 연구와 같은 경영관리 학자들에게 독립적으로 검증되었다.[24] 종합해보면 이러한 사실들은 사람들이 공공 시장에 덜 위험한 투자를 해서 더 좋은 결과를 얻을 수 있는데도 왜 더 높은 위험성이 있는 사업에 순수익을 투자하고 기업가가 되려고 하는지 흥미로운 질문을 던진다.

이에 대한 대답은 비금전적인 이득이 중요하다는 주장인데 위에 언급된 대부분의 연구 사례가 이를 뒷받침한다. 예를 들어 마티아스 벤츠와 브루노 프레이는 독일과 영국, 스위스의 조사 데이터를 분석했을 때 창업자들은 소득이나 근무시간과 상관없이 조직에 고용된 사람들보다 업무에서 더 높은 만족도를 보인다는 것을 보여주었다.[25] PSIDPanel Study of Income Dynamics의 종적 데이터를 활용하여 엘리너 딜런과 크리스토퍼 스탠턴은 고용으로의 전환 측면에서 창업의 역학을 분석했다.[26] 이 연구는 고용으로 복귀한다는 선택지를 고려했을 때 창업의 평생 기대 수익에 대한 선호도가 상당히 높다고 가정한다. 종합적으로 이 주제에 대한 실증 연구의 대부분은 사회학자들이 선행했던 선택 논쟁, 즉 능력이 부족한 개인 또는 '부적응자'가 창업을 선택한다는 이론을 확

실히 제외한다.[27]

아마도 기업의 성과와 기업가의 성과 사이의 관계를 다룬 가장 흥미로운 연구는 토머스 홈스와 제임스 슈미츠의 연구일 것이다.[28] 이들은 영세 사업의 실패를 폐업에 의한 종료와 인수를 통한 종료 두 가지 유형으로 보았고 창업자와 비창업자로 나눠 관리자의 임기와 사업의 기한을 연결하여 살펴보았다. 이 연구는 사업과 관리자를 명확하게 구분하고자 했다.[29] 특히 기업의 실패와 연관된 두 가지 특징을 가설로 제시했는데, 하나는 관리자의 역량과는 별개인 사업 기회의 성격이었고 나머지 하나는 관리자와 사업 간의 적합성이었다. 이 연구의 결과는 다음과 같이 요약할 수 있다. 대부분의 신규 사업은 수준이 낮다. 수준이 높은 사업들은 인수된다. 그리고 판매된 사업 중 관리자와 사업 간의 적합도가 높은 사업이 생존할 확률이 높았다. 즉 저자가 말한 대로 "누가 사업을 관리하는지가 중요하다."[30] 창업자와 비창업자 관리자 사이의 차이점을 고려하면 "비슷한 시기의 사업 중 0-2년 정도 된 비창업자 소유의 사업이 창업자 소유의 사업(23년이 넘은 오래된 사업들은 제외)보다 더 높은 폐업률을 보였다."[31] 그렇다면 창업자들이 자신의 사업과 더 높은 적합도를 보일 가능성이 있다. 관리자 및 창업자의 성과와 기업 성과를 구분하고자 하는 이 유일한 연구에서도 창업자들이 이전에 연관되었던 스타트업의 수나 장기적인 성과에 미치는 영향 등 창업자 경험과 관련한 데이터는 전혀 없다.

4. 기업가정신 연구

기업가정신 학자들은 기업만큼 기업가에 대해 고민한다. 여전히 이 분야는 기업가에 대한 가장 중요한 관점을 제공한다. 예를 들어 기업가의 특성과 성격, 그리고 이러한 요소가 기업 성과에 어떤 영향을 미치는지 연구하는 꽤 거대한 흐름이 존재한다. 이 학파에 대해 종합적으로 살펴보았을 때 윌리엄 가트너는 회사의 성공을 예측하는 요소로서 기업가의 성격에 집중한 연구들이 20세기 중반부터 시작되어 지금까지 꽤 많다는 점을 알았다.[32] 가트너는 이러한 특성 위주의 관점의 허무를 주장했는데 이는 마치 "춤과 무용수를 분리하는 것"과 같으며 기업의 탄생과 관련한 현상을 30년 이상 명확하게 설명해내지 못했기 때문이다.

특성 접근은 그 이후 관심을 받지 못했다. 최근의 연구는 기업 성공의 예측 변수로서 기업가의 인지적 편향과 인적자원 및 사회자원을을 축적할 수 있는 역량을 이해하는 좀 더 고도화된 방식으로 진행되었다. 티머시 베이츠, 로웰 부즈니츠와 제이 바니, 로버트 배런 등이 그 예다.[33] [34] [35] 또한 히메노 외 연구는 흥미롭게도 기업의 생존을 기업 성과의 객관적 지표 외에 다른 요소와 연결했다.[36] 특히 기업가의 인적자원 특성을 기반으로 한 성과의 주관적 한계(예를 들어 대체 고용 기회, 기업가정신의 심적 수입, 다른 직업으로 바꾸는 비용 등)가 회사의 성과에 영향을 주며 성과가 낮은 회사에서도 비슷한 결과가 나타난다는 것을 알아냈다. 기업가의 성격을 기업 성공의 예측 변수로 연구하는 것도 아예 끝나진 않았는데 헤르만 브란트슈테터와 마이너 등이 명맥을 이었다.[37] [38]

최근 특별호에서 다뤄진 것처럼 기업가정신을 직업 측면에서 연구하는 방안도 흥미를 끌었다.[39] 하지만 특별호의 대부분 논문은 종속변수로서의 기업가정신의 도입을 기존 업무 경험과 관련한 다양한 독립변수와 함께 고려했다. 다른 흥미로운 주제 중 하나는 고용 소득을 유지하면서 파트타임으로 사업을 시작하는 사람들, 즉 하이브리드 기업가정신이다.[40] 조지프 라피와 지에 평의 연구 결과는 특히 흥미롭다.[41] 근로자에서 바로 창업으로 전환한 사람들과 초반에 하이브리드 기간을 가진 사람들을 비교했을 때, 하이브리드 기업가정신을 통해 생존 확률을 높일 수 있는 학습 효과가 있다는 것을 알아냈다. 이러한 연구 흐름은 고용과 기업가정신 그리고 기업 성과와의 관계를 밝혀내기 시작했지만, 내가 진행한 연구의 전문 기업가들이 경험을 통해 깨달은 것처럼 기업가의 성과는 기업의 성과와 동일하지 않을 뿐만 아니라, 기업 성과를 도구적 시각으로 봄으로써 기업가가 자신이 설립한 다수의 사업을 통해 자기 자신의 성과를 개선할 수 있다는 사실을 도출하지는 못한다.

기업 성과와 구별되는 기업가의 성공과 실패에 대한 증거가 부족한 주요 원인은 기업의 실패 증거는 구하기 어렵고 (종종 데이터는 기업과 함께 사라진다) 실패한 기업가의 증거는 거의 찾기 어렵기 때문이다. 사람들은 명함에 '실패한 기업가'라고 적지 않는다. 실패한 경험이 있는 창업자들은 대부분 툭툭 털고 다른 사업을 시작하거나 예전에 성공 경험이 있는 연쇄적 기업가일 때가 많다. 두 경우 모두 공공 연설에서 동기부여가 되는 사례로 거론하는 것을 제외하면 실패 사례를 언급하지 않는 경향이 있다. 얼마 되지 않는 진정으로 실패한 기업가들은 연구할 거리를 거의 남기지 않은 채 경제 면에서 영원히 사라진다.

종합하면 연쇄적 기업가정신을 심도 있게 이해하고 유형화하기까지 많은 노력이 필요한 것은 분명하다. 그 시도에 기여하기 위해 크리스티안 닐센과 함께 덴마크의 창업과 재창업 데이터를 종합적으로 살펴보았다.[42] 우리는 다시 시도해야 하지만 그렇게 하지 않은 창업자인 유형 1 오류와 다시 시도하지 않아야 하지만 그렇게 한 창업자인 유형 2 오류가 있음을 발견했다. 이는 기업가정신에서 경험으로부터 학습하는 것에 대해 몇 가지 시사점을 보여준다. 이 연구로 습관적 기업가 (습관적이거나 그렇지 못한 여러 기업을 창업한 기업가) 연구가 기업과 기업가 성과의 상관관계를 밝힐 핵심 열쇠라는 나의 믿음은 강해졌다.

연쇄적 기업가의 의사 결정 과정

따라서 핵심은 여러 기업을 시작한 연쇄적 기업가들(일부는 성공적일 수도 있고 일부는 그렇지 않은)이 특히 보이는 현상을 알기 위해 기업과 기업가가 가지는 특별한 위치를 조사하는 것이다. 여러 기업가정신 연구자는 습관적 기업가들을 연구할 필요를 느꼈지만[43 44 45] 실증 연구는 거의 진행되지 않았고 이 영역에 자리 잡은 이론적 발전은 전혀 없었다.[46] 하지만 연쇄 기업가들이 여러 나라에 상당한 (3분의 1 이상) 신규 회사를 가지고 있다는 사실은 자명하다.[47 48 49 50]

1. 연쇄적 기업가에 대해 우리는 무엇을 아는가?

최근 연쇄적 기업가를 둘러싼 실증 연구는 초보와 습관적 기업가 사이의 차이점이나 기업의 성과에 미치는 경험의 효과 등을 주로 다루는 경향이 있었는데 현재까지는 크게 유효하지 않았다.[51] 한 가지 이유는 습관적 기업가는 실패한 기업을 통해 무엇이 효과적이고 무엇은 효과적이지 않은지 배울 수 있기 때문이다. 즉 성공한 기업만큼 실패한 기업에서도 배울 수 있다면 연쇄적 기업 경험을 통해 배우는 것은 연쇄적 기업가가 시작한 특정 기업의 성공 가능성을 높인다고 볼 수는 없다. 기업가 경력상 성공 확률이 높을 수 있다는 뜻일 뿐이다. 그렇다면 특정한 기업에서 거둔 초보자의 성과 대 습관적 기업가의 성과가 아닌, 시간이 흐르면서 습관적 기업가가 거둔 성공과 실패의 패턴을 설명하는 편이 효과적일 것이다. 예를 들면 어떤 사람은 첫 사업에서 성공하고 살아남은 기업가보다 적어도 한 번의 성공과 한 번의 실패를 경험해 본 기업가가 홈런, 즉 개인적인 부를 축적하거나 엄청난 기업의 성과를 달성할 가능성이 높다고 추정할 수 있다. 한 번의 경험이 있는 기업가에게 기업은 끝이 있는 존재지만 연쇄적인 기업가에게 각 회사는 성과와 관계없이 배움을 얻을 수 있는 수단이고 궁극적으로는 기업가가 더 나은 성과를 성취할 수 있도록 돕는다.

어떤 연구도 기업가의 목표를 생성하거나 추구하도록 돕는 수단으로서 기업의 역할을 조사하지 않았는데, 그 목표가 기업의 성과를 측정하는 객관적 수단과 같은지는 관계없었다. 기업가적 성과에서 금전적 이익의 중요성을 강조한 연구가 많았던 것을 고려하면, 그리고 기업가 교육 시장이 국내외로 성장하고 있는 것을 고려하면 습관적 기업가정신은 확률 게임이 아닌 학습 과정으로 연구할 만한 가치가 있다. 게다가 최소한 몇몇 초심자는 기존 또는 신규 산업에서 성공 가능성을 시험해보기 위해 초기 실패를 염두하며 사업을 설계한다는 증거가 있다.

> 적나라하게 요점을 강조하자면 많은 진입자는 성공 가능성이 희박하다고 생각할 때, 적은 책임감으로 시작했음에도 작은 규모로 시작하기 때문에 실패한다고 생각해왔다. 동시에 작은 규모의 진입은 초기 수익이 확실하다면 큰 투자의 선택지를 제공한다. 이처럼 산업 진입을 제한한다는 인식이 강했던 구조적 요소가 이제는 성공적인 진입을 제한하는 것처럼 보인다. 현직자들이 수익을 내면 가망 진입자들이 기회를 '유심히 관찰'하도록 유도한다.[52]

연쇄적 기업가정신이 평범한 사업 포트폴리오의 동시 다변화가 아니라 시간에 따라 다변화된 포트폴리오에 지나지 않는다는 주장도 있을 수 있다. 하지만 두 가지 경우의 특성을 조금만 들여다보면 아주 중요한 차이점이 있다는 것을 거의 즉시 알 수 있다.

1. 병렬 포트폴리오 다변화는 상당한 사전 투자가 필요한 반면에

연쇄적 기업가정신은 '0'에 가까운 적은 투자로 시작할 수 있다.

2. 거대한 포트폴리오에서 가능한 것은 각 회사에서 개별적인 경영조직이 획득할 수 있는 수익이 얼마가 되든 위험을 줄이는 것이다. 반면 연쇄적 기업가정신은 기업가가 설립을 돕거나 운영한 각 회사를 통해 학습하도록 함으로써 위험을 줄이고 수익을 높인다.

3. 벤처캐피털이 보유한 것과 같은 소규모 포트폴리오가 나름 긍정적 측면이 있다고 하더라도 그런 포트폴리오조차 연쇄적 기업가들의 축적된 지식과 경험에 의존한다. 즉 불확실성을 관리하려는 이 두 가지 방법론은 비에르고딕non-ergodic, 즉 현재의 평균이 총합의 평균과 같지 않다.

종합하면 습관적 기업가정신을 통해 알 수 있는 점은 이 현상을 조사하려는 진중한 실증적 시도가 흥미로운 학술적 견해뿐만 아니라 정책, 실행, 교육학에 중요한 시사점을 불러온다는 것이다.

2. 연쇄 기업가정신을 전염 과정처럼 설계하기

우리는 습관적 기업가정신에 내재되어 있는 전염 과정을 활용하여 기업의 성공률과는 반대로 기업가들의 예상 성공률을 높일 수 있는 방법을 수학적으로 설계할 수 있다.[53] 이질성을 활용하여 동시다발적인 포트폴리오를 운영하는 이점은 잘 알려져 있다. 전염을 통한 습관적인 측면에서도 동일한 이득을 취할 수 있다는 것을 확인할 수 있다. 이 모델은 윌리엄 펠러의 관찰을 활용하여 이질성과 전염의 동등성을 확인한다.[54]

여러 개의 회사를 시작하는 것이 기업가에게 무엇을 제공하는지 고려해보자. 기업가적 성공이 여러 번의 시도에서 특정한 최소한의 성공 시도를 얻는 것이라고 하면 기업가는 실패를 기다리는 일은 피하게 된다. 이 관점에서 습관적 기업가의 상황과 포트폴리오 매니저를 비교해 보는 것은 유용하다. 두 문제의 차이점은 포트폴리오 관리에서 다변화는 기대 수익이 고정되어 있을 때 위험을 분산하기 위해서 쓰인다는 점이다.[55] 반대로 이질성, 즉 다양성을 사용하여 회사의 실패를 분산하려는 것은 연쇄적 기업가들에게는 선택지가 아니다. 이들은 부정적인 상관성에 종속되면 동시적으로 회사를 시작할 수 없다. 폴 새뮤얼슨의 잘 알려진 사례를 인용해보자면, 동시에 석탄 회사와 얼음 회사의 주식을 사는 것은 말이 되지만 동시에 석탄과 얼음 사업을 시작하는 것은 현실성이 없을 수도 있다.[56]

　하지만 연속성은 확률을 뛰어넘는 방법을 제공하기도 한다. 연쇄적 기업가들은 전염을 통한 이질성의 혜택에서 효과를 본다. 전염 과정은 이질성의 정성적 통계 효과와 동일한 수준의 효과를 얻곤 한다.[57][58][59] 이 등가성은 전염이 연쇄적이고 누적되는 과정이기 때문에 의외라고 볼 수 있다. 전통적으로 이질성과 전염의 관계는 통계적 예측에서 교란 변수로 작용하여 방해 효과를 가져왔다. 하지만 교란은 양쪽으로 작용한다. 만약 이질성의 효과가 가짜 전염을 만들 수 있다면 전염도 가짜 이질성을 만들어낼 수 있다. 이는 전염이 왜 순차적 위험 개선에 유용한지 직감적으로 설명한다. 또한 연쇄적 기업가정신에 기업가가 필요한 이유도 설명된다. 포트폴리오 다변화에 주어진 자산과는 달리 전염은 배우고 생성하고 설계하고 발견하고 발명하고 조작되어야 한다.

　기업가적 성과를 의미하는 E 영역과 기업 성과를 의미하는 F 영역 사이의 관계를 분석하는 데 폴리아의 항아리 모델Polya Urn model을 활용하여 경제에서 기업의 크기 분포에 대한 실증적으로 탄탄한 시사점을 제공할 수 있다. 특히 이 분석은 E 영역과 F 영역 사이의 연결 고리로서 음의 이항분포로 이어졌다. 이는 우리의 접근 방식을 검증하는데 위안과 자신감을 주었다. 음의 이항분포는 이 주제의 기원까지 거슬러 올라가는 대표적인 전염 분포다.[60] 이는 지프 법칙, 파레토 법칙, 지브랫 법칙Gibrat's law, 기하학 등 다른 전염 확산 분포의 기반이 된 지브랫 법칙과 연관된 가장 단순한 분포 중 하나다. 기업 규모 분포 등 경제 현상에서 지브랫 법칙의 중요성은 사이먼의 연구와 그가 유지 이지리와 함께 한 연구에서 명확히 검증되었다.[61] [62] 요약하면,

1. E 영역에서 정의된 확률은 F 영역에서 정의된 확률과 다른 가치를 가진다고 추정된다. 따라서 E 영역에서의 의사 결정은 F 영역에서의 의사 결정과 동일하지 않을 수 있다.
2. 연쇄적 기업가정신은 전염 효과가 있는 시간적 포트폴리오로 구성될 수 있으며, 연쇄성은 기업의 성공률과는 상관없이 기업가가 자신의 성공 기대감을 높일 수 있는 유효한 전략이라는 주장으로 이어진다.
3. 연쇄적 기업가의 규모는 우리가 실증적으로 관찰하는 경제와 비슷한 양상을 보인다. 예를 들어 이러한 경제에서 기업의 규모 분포는 지브랫 법칙을 따른다.

하지만 이 분석의 가장 중요한 시사점은 기업가가 기업 성과의 투입 요소라는 알려진 상식에 도전한다는 것이다. 하지만 현실과 상식은 반대다. 사실 이펙추에이션과 기업가적 성과 사이의 관계에 대한 내 첫 명제는 다음과 같았다.

명제 1: 기업가는 기업 실패와 기업 성공 모두를 자신의 성공 확률을 높이는 데 사용할 수 있으며 그렇게 하고 있다.

이는 기업가적 경험이 다양한 실패와 성공을 관리하는 주된 요소라는

것을 뜻한다. 기업가들이 점점 더 경험을 쌓을수록 기업 전체의 실패가 아닌 개별 실패를 관리하는 방법을 배운다는 근거가 된다. 그렇다면 나는 이러한 실패가 비즈니스 모델 수준에서 발생한다고 예측할 것이다. 그러므로 위의 명제는 검증 가능한 다음 가설로 변환할 수 있다.

> **가설 1a**: 숙련된 기업가일수록 그가 창조하는 회사에서 더 많은 비즈니스 모델 변화를 관찰할 것이다.

> **가설 1b:** 경험 수준에 관계없이 기업가의 행동이 실현적일수록 기업가가 시작한 회사에서 더 많은 비즈니스 모델의 변화를 볼 수 있다.

명제 1의 논점은 잘 살펴보고 발전시켜야 할 흥미로운 기업가적 배움의 시사점을 다양하게 보여준다. 예를 들어 제임스 마치에 따르면 실패를 통해 기업가의 경쟁력을 향상할 수 있는 반면에 동시에 자신감이 저하될 수 있다.[*] 연쇄적 기업가가 이러한 자신감 부족을 극복하고 향상된 역량을 활용하는 양상은 전망 있는 연구 갈래가 될 것이다.

기업 성과를 보는 도구적 시각은 기업가정신 학자들이 애로우가 내민 도전장을 받아들일 방안 또한 제시한다.

> 특정한 특성을 지닌 개인 또는 조직이 펼치는 주장을 분리하고 이를 통해 성공과 실패를 구분하려 하는 것인가? 그렇다면 나는 이러한 귀무가설을 소개하고자 한다. 세상에 그런 일은 없다.[63]

---

[*] 개인적인 대화.

아마 그의 귀무가설을 변조하는 가장 확실한 방법은 받아들이는 것일 것이다. 이것은 역설이 아니다. 우리는 기업에 해당되는 것과는 별개로, 귀무가설은 모든 기업가적 개인과 단체가 연쇄적 기업가정신에 적용된 전염 과정을 활용하여 성공할 수 있다는 가능성을 제외하지 않는다는 것을 이해해야 할 뿐이다.

기업의 생애 주기에 따른 이펙추에이션의 효과

만약 기업가가 실패뿐 아니라 성공에서도 배운다면 어떻게 그 교훈이 기업가적 역량을 개발하고, 어떻게 기업가적 성과와 기업 성과의 결과적 상호작용에 쓰이는지 이해하는 것도 흥미로울 것이다. 또한 이러한 상호과정에서 이펙추에이션이 어떤 역할을 하는지 구체화하는 것도 흥미롭다. 이러한 관계를 알아보기 전에 이펙추에이션이 심리적 특성인지 살펴보는 것도 유용할 것이다.

1. 이펙추에이션은 특징일까?

여기서 사용한 특징이라는 단어는 사람의 중단기적인 지속적 성향을 뜻하는 것으로, 시간이 지나도 일정하게 유지되는 역량이나 행동의 측면을 말한다. 심리학자들에게 이펙추에이션을 설명할 때마다 그들의 즉각적인 반응은 '인과적' 개인과 '실현적' 개인으로 나누는 것이었다. 이러한 대화를 통해 이펙추에이션에 특징적 측면이 있을 수 있다는 것을 인정하게 되었다. 달리 말하면 이 논리를 더 잘 활용하거나 선호하는 사람들이 있을 수 있다는 것이다. 동시에 전문 기업가들은 기업 구축의 초기 단계에 이펙추에이션 논리를 선호하도록 학습했을 수도 있다고 강하게 주장하고자 한다. 나의 명제는 아래 사실에 기반한다.

▸ 실험 대상의 63% 이상은 74% 이상의 확률로 인과관계 논리
보다 이펙추에이션을 선호했다.

▸ 그러나 이들은 기업 운영의 후기 단계나 상장할 때 관련 있는
문제 해결 연구 방식에서 인과관계 논리를 온전히 활용할 수
있었다.

▸ 마지막으로 나는 이펙추에이션의 설계된 원칙을 가르쳐왔고
학생들이 인과관계와 이펙추에이션 양쪽의 도구를 모두 활용
하면서 어떤 상황에서 어떤 결과를 예상하며 어떤 도구를 써
야 하는지 평가하는 것을 고찰해왔다.

나는 특성 측면과 전문성 측면 양쪽 의견을 모두 고려하여 이펙추에이
션과 성과 관계의 가설을 수립했다. 나는 우선 일반적인 제안을 서술하
고 구체적인 가설로 조작할 수 있게 하려 한다.

명제 2: 기업가의 경력과 이들이 창업한 기업의 생애 주기는 이
펙추에이션 논리 사용에 의존적이며 영향을 줄 것이다.

나는 특히 초보 기업가는 인과관계 논리와 이펙추에이션 논리 사이의
스펙트럼상 곳곳을 넘나든다고 가정한다. 이는 타고난 특성과 성향 때
문이거나 기업가적 요소를 포함할 수도 포함하지 않을 수도 있는 기존
의 인생 경험 때문일 수 있다. 예를 들면 걸스카우트 쿠키를 판매하는
것처럼 말이다. 하지만 두 논리 중 하나를 활용하는 일은 그에게 주어
진 자원에 의해 조정된다. 보통 기업가의 자원이 적을 땐 원하든 원치
않든 실현적 접근 방식을 써야 할 때가 많다. 말하자면 무에서 시작하
는 시장 접근 방식의 필요성이다. 하지만 기업가적 전문성이 쌓이면서
그가 주어진 어떤 상황이든 적합한 논리를 활용하는 데 견식이 있기를

바라는 기대감은 커져간다. 그러나 단단히 자리 잡은 전문가가 되고 실현적 행동과 그에 따른 세계를 좀 더 섬세하게 이해하면서 기업가는 내 연구 결과가 보여주듯 의식적으로 이펙추에이션 논리를 선호한다.

만약 기업가의 경력과 대조적으로 회사의 생애 주기를 한 군데 이상 살펴본다면 나는 오래 유지되는 고성장 회사들, 특히 산업을 변화시키고 신규 시장을 개척한 기업들이 실현적 방식으로 시작했을 것으로 예측한다. 다시 말해 오래 지속되고 있는 기업들의 초기 역사를 상세하게 살펴본다면 이들의 근원에서 실현적 행동의 패턴을 찾아낼 수 있을 것이다. 하지만 그들이 살아남고 성장하면서 회사의 경영 방식은 좀 더 인과적이어야 할 필요가 있을 것이다. 특히 직접 창조한 신규 시장을 활용하고 장기적 경쟁 우위를 확립하기 위해서는 더욱 그렇다.

이 회사들의 생애 주기의 어느 지점에서 창립자들은 지배적이던 실현적 사고 및 행동에서 인과적 사고 및 행동으로 옮겨 갔을 것이라고 추론할 수 있다. 나는 고도로 실현적인 다수의 기업가는 쉽게 그렇게 전환하지 않을 것이라고 추측한다. 따라서 높은 잠재력의 회사들이 그 변곡점에 도달할 때 실패하거나 그러한 회사들의 많은 창립자가 이후 계속해서 경영하지 않을 것이라고 예측한다. 달리 말하면 오래 지속되는 기업 중 아주 적은 비율만이 창립자에 의해 실제로 경영될 것이다. 전환은 두 가지 방식 중 하나로 이루어진다. 한두 번의 실패 이후 전문 기업가는 자신이 인과관계적 접근 방식을 좋아하지 않거나 사용할 수 없다는 것을 깨달을 것이고, 그래서 그만두거나 좀 더 전문적인 경영 주체에게 자리를 물려주게 된다. 또는 벤처캐피털리스트나 대주주에게 해고당해 전문 경영인으로 대체될 것이다.

도표 6.1에서 명제 2의 다양한 시사점을 여섯 가지의 각기 다른 가설로 담은 하나의 그림으로 종합했다.

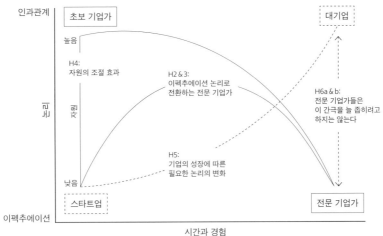

가설 2: 초보자들은 인과관계와 이펙추에이션 논리를 다양하게
사용할 수 있지만 신규 사업 초기 단계에서 이펙추에이션에 대
한 선호도는 전문가가 될수록 높아질 것이다.

가설 3: 게다가 인과관계와 이펙추에이션 활용도가 모두 높은
초보자들은 전문성이 높아지면서 고도화된 이펙추에이션 전략
에 대한 명확한 선호가 생기기 전에는 신규 사업이 성장하는 동
안 인과관계와 이펙추에이션 방식을 조정하는 방법을 배운다.

가설 4: 초보 기업가에게 더 많은 자원이 주어질수록 인과적 행
동을 취할 가능성이 높아진다. 전문 기업가의 경우 자원 접근성
은 실현적 행동 활용에 영향을 미치지 않을 것이다.

가설 5: 성공적인 기업은 실현적 논리를 통해 시작되고 시간이
지나며 확장하거나 지속하면서 인과관계 방법론을 통해 성장하
는 경향이 있다.

가설 6a: 숙련된 기업가들의 일부만이 기업가적 회사에서 대기
업으로 전환에 성공한다.

가설 6b: 지속성 있는 기업 중 일부만이 창업자에 의해 경영된다.

실패의 가능성 vs. 실패의 비용

이펙추에이션 논리의 활용과 기업가적 회사의 자원 활용 사이의 관계
에 대해 좀 더 자세히 살펴보자. 이펙추에이션의 정수는 감당 가능한
손실 원칙을 포함한 비예측적 전략을 활용하는 것이다. 반대로 인과관
계적 접근 방식은 특정 수준의 기대 수익을 얻기 위해 필요한 투자 수
준을 계산하고 이 계산에 의거하여 실제 계획과 실행을 수행한다.

도표 6.2에서 필요한 실제 투자actual investment, AI를 보여주
는 곡선을 예측하기 위한 시도로 인과관계 방식을 활용했다. 광범위한
일반화를 위해 신제품 출시와 관련된 마케팅 논문에서 배스 모델Bass
model의 S 곡선을 차용했다.[64] 여기서 내 주장은 실제 투자가 기업의
제품이 시장에 진입하는 방식에 영향을 미쳐야 한다는 것이다. 따라서
다른 조건의 변화가 없다면 AI 곡선은 확산 곡선과 비슷할 수 있다. 물
론 모든 예측은 1형과 2형 오류를 조건으로 한다. 따라서 인과관계 방
식의 예측 투자predicted investment, PI 곡선은 AI 곡선을 넘어서거나
과소평가한다. 이 예측 격차를 도표 6.2에 표현했다.

하지만 실현적 기업가들은 AI 곡선을 예측하려고 노력하지 않는다. 대신 감당할 수 있는 손실만큼만 투자한다. 감당 가능한 손실의 규모는 회사가 성장하면서 높아진다. 그러므로 실현적 기업의 투자 수준은 시간과 선형적이다. 하지만 이 투자 수준은 사업의 가능성에 도달하는 것을 보장하지 않는다. 따라서 실현적 기업가는 제어 격차를 대면하고 신규 시장의 수단과 결과를 조정하여 신규 사업의 가능성을 완전히 활용할 수 있는 이해관계자와의 파트너십이나 연합을 통해 필요한 투자 격차를 보완해야 한다. 이는 다음 두 가지 가설로 표현된다.

가설 7: 신규 회사를 설립하는 데 인과관계 논리가 활용된다면 기업의 성과 수준은 상품이나 서비스가 포함된 시장의 예측 가능성과 정비례한다.

가설 8: 이펙추에이션 논리가 기업 설립에 쓰였다면 기업의 성과는 시장의 예측 가능성과 반비례하고 연합의 수와 질에 정비례한다.

지금까지 도표 6.2에 수직선으로 표시된 외부 충격은 무시해왔다는 점을 참고하라. 달리 말하면 위에서 다룬 주장은 기업이 살아남고 성장한다는 가정에 기반한다. 이펙추에이션의 경우 기업가들은 거의 자원 없이 시작하거나 자원 없이 시작하는 것을 원칙으로 삼는 극단적 이펙추에이터라고 가정했다.

도표 6.2 투자와 외부 충격 측면에서 인과관계 및 이펙추에이션 논리의 성과 시사점

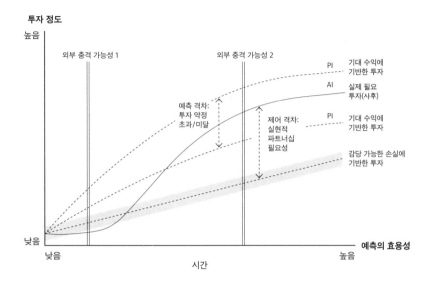

하지만 이러한 가정에서 어떤 시점에 실패가 일어난다면 이펙추에이터는 인과관계 논리를 이용해 투자한 기업가들보다 투자 측면에서는 손실이 적으리라는 것을 쉽게 알 수 있다. 물론 이펙추에이터들이 매우 크거나 극단적으로 급성장하는 기회를 이용하기 위해 적시에 적정한 투자를 하지 않을 수도 있고, 따라서 다른 이해관계자나 경쟁자에게 기회를 빼앗겼을 수도 있다는 것은 당연하다. 양쪽의 경우 다음 명제를 주장할 수 있다.

명제 3: 이펙추에이션은 회사의 실패 가능성을 줄일 수도 아닐 수도 있지만 실패의 비용은 줄일 수 있다.

이 제안은 개인 기업가뿐 아니라 전체 경제의 단순 집계에도 유효하다.

게다가 각각의 실패는 초기나 투자 수준이 낮은 시기에 발생한다는 사실은 실현가적 기업가의 현재 포트폴리오를 위한 세 가지 긍정적인 시사점을 보여준다. 작은 성공이 전문성에 의존적이고 큰 성공은 무작위적으로 일어난다고 가정한다고 해도 아래 주장은 유효하다.

1. 실현적 기업가들은 인과관계적 기업가들보다 더 많은 기회를 탐색하게 된다. 즉 이펙추에이션은 더 큰 현재 포트폴리오로써 기업가들의 성공의 가능성을 높인다.
2. 실현적 기업가들은 더 오래 살아남아 마라톤을 완주하게 된다. (그 과정에서 몇 번의 단거리 질주에서 질 수는 있지만)
3. 실현적 기업가는 자신에게 더 잘 맞는 기회를 탐색하게 된다. 실패의 비용이 낮다는 것은 더 많은 실험을 의미하기 때문에 누적된 학습의 이점을 누릴 수 있고 가장 유망한 방향성을 활용할 수 있다.

1. 이펙추에이션이 기업 성과의 상승과 하락에 영향을 미치는 방식

요약하면 이펙추에이션은 상승의 가능성 증가나 하락 가능성 감소를 보장하지 않는다. 대신에 다음과 같이 기업 성과에 대해 전반적으로 두 가지 시사점을 제공한다.

▶ 성공의 경우, 이펙추에이션은 결과가 새로울 확률을 높여주고 따라서 성공의 규모가 더 클 수 있다.
▶ 실패의 경우, 이펙추에이션은 실패의 비용을 낮춰 실패의 규모가 작을 수 있다.

각 이펙추에이션 원칙의 수준에서 위의 시사점을 더 자세히 살펴보려면 표 6.1을 참고하자. 또한 표 6.1은 이러한 원칙들이 기업의 상승과 하락 결과에 미칠 수 있는 영향뿐 아니라 사람으로서 기업가가 보일 수 있는 행동 결과도 보여준다.

위험 수용자가 아닌 적극적 행위자

지금까지 기업가의 제어 밖에 있는 기업의 실패 확률을 살펴보았다. 하지만 기업가들, 특히 이펙추에이터들은 의사 결정 요소로서의 확률적 추정을 수동적으로 받아들이지 않는다. 다르게 표현하면 이펙추에이터들은 확률 추정을 활용할 때 평범한 베이즈주의자가 아니라는 것이다.

일견 '대부분의 기업이 실패한다'는 확률 예측에 대응하여 연쇄 기업가가 되기로 한 이펙추에이터의 결정은 실패에 대한 수용과 예측의 위험성 사이의 트레이드오프일 뿐이라는 것을 보여준다. 하지만 더 살펴보면 이펙추에이터들이 베이즈주의를 개념화하는 방식에는 철학적이고 실용적인 측면이 존재한다. 특히 이펙추에이션 논리는 예측을 조정하는 데 확률 평가가 얼마나 예민한지 강조한다. 이 결과는 다음과 같은 깨달음을 보여준다. 조건적 가정은 고정적이지 않지만 인간의 행동을 통해 수정될 수 있으며 (특히 이 경우에는 기업가의 행동) 간단한 베이지안 가정은 특정 조건의 가정이 기업가적 행동에 의해 무효화된다는 것을 보여준다.

표 6.1 상승, 하락, 행동 결과에 대한 이펙추에이션의 영향도

원칙	상승 결과	하락 결과	행동 결과
수중의 새	기회에 대한 집중 강화	제약에 대한 집중 감소	행동 편향
감당 가능한 손실	가치, 열정, 목적 등 비경제적인 고려 사항에 기반한 프로젝트 선택	제어하에 하락 유지	목적 중심의 행동
조각 퀼트	다양한 개인의 가치와 열망에서 비롯한 외재적 투입을 통해 결과의 참신함 증가	여러 이해관계자가 감당 가능한 손실만큼만 투자함으로써 위험성 다변화	지적 이타심
레모네이드	이해관계자들의 결속 강화	우연 자체가 자원이 된다.	회복 탄력성과 의지
조종사	제어하에 상승 유지	실패는 선택지가 아니다. 탈출만이 유효하다.	실증주의와 자기 효능감

베이즈의 공식은 전통적으로 세상에 대한 우리의 믿음을 새롭게 하는 추론 동력으로 활용되어 왔다. 하지만 다른 목적인 제어 동력으로도 활용할 수 있다. 가정을 제어할 수 있다는 전제하에 우리의 믿음에 일치할 수 있도록 세계의 상태를 조정하는 데 쓰일 수 있다는 것이다. 그러므로 조건 예측이 무엇인지, 어떻게 선택하는지, 그리고 어느 정도와 어떤 방식으로 조정할 수 있는지가 이펙추에이션의 관점에서 문제를 설정하는 데 아주 중요한 관련 요소가 된다.

현실적인 연쇄적 기업가정신 사례로 돌아와보면 실현적 세계에서의 베이즈주의는 F 영역의 확률이 E 영역의 확률 평가를 경신하는 데만 쓰일 필요는 없다는 점을 강조한다. 대신 E 영역의 사건 확률을 제어하는 데 쓰일 수 있다. 사소하게는 하나 이상의 회사를 시작하는 것으로 해석할 수 있다. 하지만 실제 성과는 이펙추에이터가 사건 영역을 재구성하고자 하는 관점에서 어떻게 활동하는지에 달려 있다.

연쇄적 기업가의 경우 베이즈주의에는 두 가지 가능한 해석이 있다. 첫 번째 경우 기업가는 다음과 같이 판단한다. '나는 기업이 실패할 확률이 아주 높다는 것을 관찰한다. 따라서 여러 개의 기업을 시작할 것이다.' 이것이 베이즈의 법칙을 추론 동력으로서 해석하는 일반적인 방식이다. 하지만 실현적 해석에서 기업가는 다음과 같이 판단한다. '기업 실패 가능성과는 상관없이 나는 연쇄적 기업가정신을 통해 내 성공의 확률을 높일 수 있다.' 두 해석 모두 연쇄적 기업가정신으로 이어지지만 근본적으로 다른 시각을 담고 있다. 그리고 결정적으로 이 차이점은 의사 결정자들이 결정을 실행할 전략을 인지하고 생성하고 실행하는 방식에서의 차이점으로 이어진다.

우리가 만약 기업가들이 주어진 확률 추정이나 이펙추에이션 논리를 평범한 베이즈주의로 해석하는지 더 깊이 살펴보지 않고 단순히 기업가들의 행동을 관찰한다면 그 데이터는 기업가가 과신 편향으로 고통받는다는 설명과 일관되게 보일 수 있다. 사실 신규 기업의 실패 확률에 대한 일반적 상식으로 볼 때 회사를 시작하는 기업가라면 그런 편향이나 무모한 위험 선호를 겪을 것처럼 보인다. 이는 경제가 혁신, 생산성 그리고 성장을 성취하기 위해 잘못된 결정을 하는 개인에게 의존해야 한다는 비뚤어진 시사점을 보여준다. 하지만 실현적 해석은 다르다. 사건 영역의 동인을 이해하고 인간 행동으로 제어할 수 있는지에 따라 유형화함으로써 실현적 기업들은 과거 추정에 의한 미래의 예측 가능성을 부인한다. 즉 이펙추에이터는 자신을 일방적 확률에 반항하는 위험 수용자가 아니라 이러한 확률을 바꾸는 인과적 개입이 가능한 적극적 행위자로 본다는 것이다.

교육 경험에서 이러한 해석의 차이가 드러나는 강력한 예시를 찾아볼 수 있다. 내가 진행하는 기업가정신 강의에서 나는 학생들에게 아이디어를 떠올리고 이에 기반한 새로운 회사를 실제로 시작하도록 요청했다. 강의 초반에 대부분의 학생들은 긴장하거나 전혀 감을 못 잡거나 둘 다였다. 학생들은 높은 곳에서 처음으로 뛰어내리는 기분이라고 말했다. 하지만 종종 자신이 무엇을 하고 싶은지 정확하게 알고 처음부터 잘 표현해내는 학생들도 있다. 비만 클리닉을 시작하고 싶어 하는 학생이 있었는데 여기서는 조라고 부르도록 하자. 조의 부인은 내분비계통 의사였고 조는 개인 트레이너였으며 클리닉을 시도할 자신감이 있을 만큼 충분한 경영 경험이 있었다. 조가 처음 강의실에서 아이디어를 발표했을 때, 여러 학생이 애견 유치원 같이 언뜻 보기에 사소한 프로젝트를 고민하고 있거나 어떤 프로젝트를 해야 할지 확신하지 못하는 자기들의 상태와 이렇게 잘 정리된 아이디어와 경쟁해야 한다는 사실에 걱정했다.

몇 주 후 학생들이 프로젝트 중간보고를 해야 했을 때 조는 조사 결과가 명확하게 부정적이었기 때문에 비만 클리닉 아이디어를 포기하겠다고 말했다. 조는 자신과 대화한 의사들이 말하길 환자가 체중을 감량하고 유지할 확률이 20% 이하라고 언급했다. 또한 최근 비만 클리닉을 폐업한 두 명의 창업자들도 인터뷰했다. 조의 발표가 끝나자 학생 중 세 명이 손을 들었다. 이들은 조의 프로젝트를 가져가도 되는지 물었다! 나는 조가 다른 사람들보다 더 잘할 수 있는 조건임에도 불구하고 그가 하지 말아야 한다고 판단한 프로젝트를 원하는 이유를 그들에게 물어보았다.

그 학생들은 어떻게 이 프로젝트를 성공시킬 수 있는지에 대한 다양한 아이디어와 이것이 추진할 가치가 있는 훌륭한 프로젝트라고 생각한다는 흥미로운 이유를 댔다.

▸ 한 명은 이렇게 말했다. 만약 열 명의 환자 중 오직 두 명만 성공한다는 것이 사실이라면 우리 클리닉에서는 적어도 세 명

이 성공한다는 것을 보장하면 된다. 이는 훌륭한 경쟁 우위가
될 것이다.

▸ 다른 한 명은 말했다. 만약 열 명 중 두 명만이 성공한다면 이
는 진짜 문제가 있다는 뜻이며 충족해야 할 요구 사항이 된
다. 아마도 기존의 식단이나 운동 상담 외의 새로운 서비스를
이 시장에서 개발하고 제공해야 할 필요가 있다. 즉 사람들은
식단과 운동을 위해 클리닉을 찾지만 우리에게 수익이 될 다
른 제품과 서비스로 인해 남을 것이다.

▸ 그리고 기타 등등

인지 편향에 대한 연구 이해에 따르면 이 학생들이 과신하고 있다고 결
론지어야 할까? 조의 프로젝트를 가져가서 실행하지 말라고 해야 할
까? 학생들은 확률 추정을 무시하거나 사실을 부인하지 않았다. 이들은
그 추정을 활용하여 스스로 추정을 바꾸거나 세상의 예측은 바뀌지 않
더라도 자신들의 성공을 위해 추정을 바꾸는 전략을 세웠다.

　　베이즈주의의 전통적인 해석에 따르면 모든 사건은 확률의 영향
을 받는다. 다르게 말하면 강수 확률과 유사하다. 확률을 안다면 사건의
결과(비에 젖음)를 피하기 위해 실행(우산을 지참하기, 집에 머물기 등)을
할 수 있지만 사건의 확률 자체는 정해져 있고 변경할 수 없다. 하지만
베이즈주의를 실현적으로 해석하면 모든 사건은 완전히 정해져 있지
않다. 대신에 인간의 행동을 통해 얼마나 제어할 수 있는지에 따라 세
가지 유형으로 나뉠 수 있다.

1. 어떤 사건은 완전히 정해져 있고 의사 결정자의 제어 밖이다.
2. 다른 사건들은 의사 결정자의 제어에서 완전히 자유롭거나
   완전히 영향받을 수 있다.

3. 여전히 어떤 사건들은 정해져 있지 않거나 특정 범위와 특정
   상황에서 제어할 수 있다.

분명히 첫 번째 유형의 사건의 경우 베이즈주의는 추론 동력으로서만
쓰일 수 있다. 하지만 두 번째와 세 번째 유형의 사건을 둘러싼 사례에
서 베이즈주의는 사건의 확률을 높이거나 낮추는 것뿐 아니라 특정한
전략을 정의할 수 있도록 도와준다. 즉 이 두 가지 경우 이펙추에이터
들은 인과적으로 세상에 개입함으로써 특정한 조절 가정을 구체화하거
나 변조할 수 있다.

전문 기업가들은 대부분의 예측 정보, 특히 확률과 아주 불편한
관계를 가지고 있다. 이러한 불편한 관계는 실패의 높은 확률을 무시하
는 경향인 과신 편향[65] 또는 성공의 낮은 확률을 선호하는 경향인 고위
험 경향으로 여러 차례 설명된 바 있다.[66] 하지만 앞에서 언급한 바와
같이 위험 경향에 대한 현존하는 증거는 기껏해야 혼합되어 있다. 증거
를 반복하기 위해 기업가의 위험 회피에 긍정적이고 부정적인 충분한
증거를 발견한 최근 두 개의 메타 분석적 연구를 살펴보자.[67] [68] 이유 중
하나는 다른 곳에서 설명한 바와 같이 위험 감수의 타고난 경향과 별개
로 제어의 조절 효과 특징이 될 수 있다.

하지만 전문 기업가가 확률 추정을 처리하는 방식에 관해 실현적
뼈대에 살을 붙이자면 내 연구 대상자들의 발언과 듀의 연구에 인용된
RFID 개발자들의 발언을 참고하자.

전통적인 시장 조사에서는 우편물 등을 활용해 광범위하게 정
보를 수집한다. 나는 그렇게 하지 않을 것이다. 나는 말 그대로
앞서 말한 것처럼 플래그십이라고 부를 수 있는 핵심 회사들을
뇌 절제술을 하듯 낱낱이 분석할 것이다. [E26]

나는 항상 시장조사 연구에 대해 부정적이었다. 나는 항상 준비-사격-조준의 자세로 살아간다. 너무 많은 시간을 준비-조준-조준-조준-조준의 자세로 살아간다면 실제로 행동하기 시작했을 때 일어날 좋은 일들을 보지 못할 것이다. [E14]

운명을 과소평가하지 말아라. 또한 이러한 상황에서 하버드대 MBA 출신의 전통론자들은 하버드대 출신의 MBA 기업가들과 비교했을 때 기존에 존재한 특정 패러다임에 자신을 국한시킬 것이고, 기업가들은 패러다임을 변화시킬 것이다. 이들은 한 번도 가보지 못한 은행에 들어가서 '저기요, 대출을 받고 싶은데요.'라고 말할지도 모른다. [E7]

비즈니스 또는 회사는 스포츠와 같지 않다. 스포츠에서는 모든 팀이 어느 정도의 동일한 힘을 가지고 있으며 결과가 불확실해서 흥미를 유발한다. 사업에서는 앞으로 나아가고자 하며 성공하고자 노력한다. 이것은 스포츠가 아니다. [E4]

친구이나 동료인 산제이 사르마 교수가 즐겨 말하는 것처럼 "모두가 아는 실리콘밸리 '규칙'은 MIT, 버클리, 스탠퍼드와 같은 곳에서 만들어졌다. 그리고 만약 규칙이 마음에 들지 않으면 바꿀 수 있다." 학회 연설에서 사르마 교수는 행동이 견고한 믿음을 극복할 수 있다는 그의 관점을 명확히 했다. "해결 방안은 새로운 길을 만드는 것, 규칙을 바꾸는 것이다. RFID 칩이 너무 비싼가? 더 싸게 만들어라. 조작이 불가능한가? 가능하게 만들어라. 실험이 너무 비싼가? 다른 실험 방법을 찾아라. 이러한 '규칙들'은 물리학 법칙이나 신이 아니다. 그저 기술적 한계일 뿐이다. 지금까지는 더 작고 저렴하고 간단한 실리콘 칩에 대한 요구 사항이 없었기 때문에 최근까지 검토한 적 없는 한계다." [케빈 애슈턴][69]

사용자 산업이 모여서 가능하게 했기 때문에 성공한 것이다. 요 즘에는 전 세계 1.3백만 개의 회사가 바코드를 사용하고 하루 물 류에서만 500-800억 개의 바코드가 사용된다고 한다. 이 숫자 의 출처는 나 자신이므로 너무 믿지 말길 바란다. 그리고 연관이 깊은 사용자를 대상으로 했는데, 현실 세계에 있다는 것을 알아야 했기 때문이다. 물론 많은 사람이 우리에게 미쳤다고 말했다. 그 당시에 소매 영역에서는 기술 비용 대비 수익이 나지 않았기 때 문에 기술 회사들은 다른 영역에서 사업을 했다. [앨런 하버먼][70]

위 언급에서 예를 든 것처럼 전문 기업가들은 최대한 예측적 정보를 피 하고 현실에서 직접적 실행에 의존하는 경향이 있다. 특히 예측 불가능 한 상황의 긍정적 측면, 즉 놀라움은 만족스러울 수 있고 우연성은 기 대하지 않았던 기회일 수 있다는 사실을 강조한다. 일반적으로 전문 기 업가들은 확률 예측을 기반으로 한 지혜를 거부하고 다음과 같이 예측 적 추론에 적용된 여러 가정들에 도전한다.

1. 나는 사건 영역을 계산하는 근거가 되는 행동을 하는 참가자 에 속하지 않는다.
2. 사건 영역은 내 행동과 독립적이지 않다.
3. 믿음은 행동을 결정하지도 선행하지도 않는다.

이 중 첫 번째는 이펙추에이터들이 자신을 어떻게 유형화하는지와 관련이 있다. 벤처캐피털이 지원하는 회사의 10% 성공률과 같은 확률 예측과 마주했을 때 전문 기업가들은 스스로 사업을 시작하고 벤처캐피털이 제공하는 사업 기획서 기반의 자금을 사용하지 않기 때문에 특정 사업에 이러한 예측을 적용할 수 없다고 주장할지도 모른다. 또는 실패를 극복하고 성공 경험을 축적하는 자신들의 능력을 이용하여 다른 사람들이 첫 사업을 실패하고 그만둘 때 돈키호테식의 참을성을 통해 성공한다. 꾸준한 성공 전에 여러 번 파산을 겪은 밀턴 허시나 헨리 하인츠의 예시는 기업가적 정체성의 유명한 근원이다. 이러한 영감은 전문 기업가가 통계에서 선호되는 '무작위' 샘플로부터 비롯한 확률 예측을 부정하는 다른 유형에 속한다는 주장의 근거를 형성한다. 마지막 주장은 현존하는 연구가 주장하는 것보다 더 깊은 본질을 담고 있을 수 있다. 특히 기업가의 확률을 예측하는 연구가 사실상 없기 때문에 현재 기업의 실패 확률을 기업가에 적용하는 것이 시기상조이며 부정확하고 증명되지 않을지도 모른다.

위의 증거 부족은 확률 추정을 기반으로 신념을 바꾸는 것에 반대하는 두 번째 주장으로 더욱 악화된다. 기업의 성공과 실패 확률을 계산하기 위해 사건 영역을 조사할 때 기업가적 행동과 관련한 적어도 두 가지 내재성의 근원을 다뤄야 한다. 먼저 종합적 수준에서조차 확률 추정은 시간이 지남에 따라 바뀔 수 있고 종종 인간 행동에 의해 변화한다. 천연두로 인한 신생아 사망률을 예로 들어보자. 병을 근절하기 위해 노력함으로써, 즉 사건 영역에 인과적으로 개입함으로써 확률이 변화한다. 이펙추에이터들은 사건 영역에 개입하고 변화를 주기 위해 은연중에 또는 명시적으로 모든 수준과 모든 영역에서 인간 행동의 잠재적 효용을 가정한다. 다시 말해 신념을 바꾸기 위한 추론 동력으로서 베이즈주의 근거를 활용하는 대신에 이펙추에이터들은 조건적 가정을 기반으로 한 예측을 구체화하거나 변조하기 위한 관점에서 조정을 위한 제어 동력으로서 사용하는 것을 선호한다. 이러한 개입은 내재성의 두 번째 근원을 살펴보게 한다. 그들이 인지하는 시장이 종종 인간의 행동과 선택으로 이루어진다는 사실 말이다. 따라서 시장을 제어하고 생성하며 재구성하기 위해 다른 사람들과 일하고 직접적인 영향을 줌으로써 이러한 기업가들은 자신들의 특정 사업의 성공 확률을 극대화하기 위해 사건 영역을 변화시키고자 한다. 이 논리는 시장을 외부에서 주어진 것으로 생각하는 사람들과는 전혀 다른 의사 결정 기준과 전략을 갖게 한다. 이 주장에서 결과가 기업가적 행동에 내재적이라는 것이 아니라 사건 영역 자체가 내재적이라는 점을 알아두자.

마지막으로 전문 기업가들이 제기하는 세 번째 도전은 신념이 행동에 필히 선행한다는 알려진 상식에 대한 것이다. 의사 결정 연구의 대다수와 규범적 의사 결정 이론 대부분이 분명하게 또는 은유적으로 신념이 선택과 실행에 선행해야 한다고 가정한다. 신념의 우선순위를 주장하며 이 사고의 흐름은 '무엇을 할지 모르면서 어떻게 실행할 수 있는가? 어디를 갈지 배우지 않고 어떻게 어딘가로 갈 수 있는가?'라고 묻는다. 시인 뢰스케와 같은 전문 기업가들은 이렇게 답한다. "나는 가야 하는 곳에 가면서 어디를 가야 하는지 깨닫는다."[71]

요아스와 같은 철학자들은 실행에 선행하는 신념의 논리와 반대되는 좀 더 조심스럽고 진지한 실행 논리의 기반을 제공한다.[72] 인간 행동의 다른 영역과 같이 기업가정신은 일상 생활의 계속되는 무대에서 일어난다. 태어나고 어린 시절을 거쳐 성인이 되며 정체성을 확립하고 세상에서 의미와 목적을 찾으면서 어떤 사람들은 기업가가 된다. 그렇다면 기업가정신이란 관련 있는 기업가적 행동에 선행하는 근거에 의한 선택이라기보다 경제적 수단을 활용하여 인간의 의미와 인류의 문제를 해결하기 위한 도구다. 실행을 위한 조건으로 특정한 결과에 대한 믿음이 인과적으로 선행되지 않아도 되는 세계에서는 스타벅스를 완벽한 커피를 찾아 나서는 낭만적인 여행의 기대하지 않은 부작용으로 볼 수 있고 모비 딕을 찾아 나선 캡틴 에이해브를 떠올리게 하며 산악 자전거를 포기할 필요 없이 웹사이트를 관리하고자 했던 누군가의 노력이 이베이로 이어질 수 있다.

종합적으로 본다면 신념의 동력으로 확률 추정을 사용하는 것에 도전하는 위의 세 가지 주장은 모든 인간 행동의 창의적 가능성을 이끌어내는 대체 논리를 제안한다. 그 논리는 모든 자연적, 경제학적, 사회학적 용어의 힘에도 불구하고 기업과 시장을 좀 더 인공물로서 인식하는 것이다. 이 세계에서 유의미한 행동은 여러 중요한 측면에서 사전에 계획된 선택을 넘어선다. 최근 물리적 영역 및 사회적 영역에서의 행동을 포함한 현실 세계의 경험이 믿음과 선호도를 구성하는 사전적 조건이라는 연구가 발달심리학[73], 철학 심리학[74], 인지 언어학[75] 그리고 신경 과학 등에서 이루어지고 있다.[76]

실패는 선택지가 아니다

전문 기업가들은 실현적 세계관을 가정하고 살아간다. 그 세계는 믿음이 실행에 앞설 필요가 없고 새 목표가 끊임없이 생기며 회사의 실패는 기업가적 성공의 양분으로 쓰일 수 있다. 다르게 표현하면 전문 기업가들이 '실패는 선택지가 아니다'라고 말할 때 이들은 말 그대로 성공은 실패하지 않음을 뜻하는 것이 아니며 실패가 성공하지 않음을 뜻하는 것도 아니라고 생각한다. 이는 실현적 세계관에서 성공과 실패를 0과 1의 변수로 표현할 수 없다는 뜻이다.

▶ 연구 참가자 중 한 명은 그가 현재 운영하고 있는 수십억 달

러의 장기적 성공 기업을 언급하며 "우리는 항상 실패합니다. 핵심은 성공이 결과가 아닌 과정이라는 점을 깨닫는 것입니다. 그리고 실패는 그 과정의 핵심적인 요소입니다."라고 말했다.

▸ 또는 E18 참가자는 왜 첫날부터 모든 사람에게 계속해서 자금을 모았는지 이유를 설명했다. "저는 필요하다면 세 번 또는 네 번의 상품 업그레이드에 필요한 정도의 돈을 모을 것입니다. 왜냐하면 두 번째 기회에 바로 원하는 결과를 얻을 수 없기 때문입니다. 성공하기 위해서는 세 번 또는 네 번의 기회가 필요합니다."

▸ 또는 인튜이트Intuit의 창업자 스콧 쿡Scott Cook은 하버드 경영대학원과의 인터뷰에서 다음과 같이 말했다.

기업가적 문화를 만드는 세 번째 방법은 실패를 축하하는 것이다. 만약 실패했다고 비난받는 느낌을 주는 회사에서는 기업가가 되기 매우 어렵다. 왜냐햐면 기업가가 되는 데 위험부담이 있기 때문이다. 만약 열 번의 시도를 한다면 다섯 번은 실패할 것이다. 게다가 어떤 아이디어가 성공할지 알아보기 위해 충분한 조사를 하느라 너무 오래 기다린다면 아마 너무 늦어버릴 것이다. 따라서 사람들이 실패해도 괜찮다는 것을 알 수 있는 환경을 만들어야 하며 그를 통해 사람들은 더 많이 노력할 것이다. 직원들은 틀에 박힌 사고방식에서 벗어날 것이다. 이들은 만약 실패해도 절망하지 않고 여전히 경력을 유지할 수 있다는 점을 알기 때문에 독창적으로 생각하려고 할 것이다.

때때로 사업을 종료할 때 우리가 무엇을 배웠는지 알며 축하할 때가 있다. 우리는 사업 전에는 알지 못하는 것을 안다는 것,

그리고 앞으로 더 나은 의사 결정을 할 수 있게 되었다는 것을 자축한다. 우리는 실패한 사람들을 격려하고 그들이 가치를 창출해낸 것을 주위 사람들이 알도록 한다. 우리가 의도한 가치는 아니었지만 배움을 얻었으면 그걸로 된 것이다.

만약 우리가 '실패는 선택지가 아니다'라는 문장이 선동하는 문구나 자신감이 과한 오류가 아니라는 점을 이해하려면, 이 세계에서 잘 살아가기 위한 과정에서 생겨나거나 미리 정래진 다양한 목적을 개인과 사회가 달성할 수 있도록 기업가정신을 하나의 가용 수단으로서 분석할 방법을 찾아야 한다.

앨프리드 마셜은 경제를 "일상에서의 인간 연구"라고 정의했다.[77] 디드러 매클로스키는 경제학에서 상상의 필수적 역할을 옹호하기 위해 이 정의를 노스로프 프라이의 다음과 같은 주장과 병치했다.[78] "일상 생활에서의 상상의 근본적 역할은 우리가 살아야 하는 사회에서 벗어나 우리가 살고 싶은 사회의 비전을 만드는 것이다."

'실패는 선택지가 아니다'라고 굳건하게 주장함으로써 실현적 기업가들은 모든 상황과 어떤 우연의 경우에도 실행의 가능성에 충성을 다한다. 단순히 모든 문제에 대한 방법을 만들 수 있다고 가정하는 것만으로 기업가정신은 상상의 경제학이라고 볼 수 있다.

3부

지향점을 향한 여정

7장

사람이 만드는
기업가정신

이펙추에이션은 이러한 인간이 만든 세계에서 무언가를 설계하는 논리다. 즉 실현적 기업가정신은 인공의 과학이다.

창조자, 창조하다, 창조된 미래

탈턴 부인: 존, 당신은 아이디어가 항상 많네요.
탈턴: 맞아. 조니가 '탈턴의 속옷'에 대해 자랑하면 뭐라고 하지? 그것은 속옷이 아니야. 그 속옷은 처형해야 해! 누구나 속옷을 만들 수 있어. 누구나 속옷을 팔 수 있어. 탈턴의 아이디어, 바로 이렇게 해야 해. 나는 가끔 가게에 내놓는 걸 생각해.

조지 버나드 쇼, 『불행한 결혼Misalliance』(1909)

조지 버나드 쇼 저서의 주인공 존 탈턴은 자수성가한 백만장자이자 '탈턴의 속옷'의 창업자다. 그는 새로운 모든 것을 믿는다. 그는 새로운 상품, 새로운 기술, 새로운 효율성에서 사업을 시작했고 새로운 것을 늘 찾아다닌다. 그는 잉여 재산으로 무료 도서관을 기부하고 새로운 질서와 세계, 심지어 새로운 종을 창조하고자 하는 사람들과 아이디어에서 힘을 얻고 진화론적 운영의 다음 과정을 고민하는데, 이는 쇼의 생각과 맞닿아 있다.

탈턴은 자신이 창의적인 사람이자 아이디어가 많은 사람이며 어쩌다 속옷을 만들고 팔게 되었다고 생각한다. 세상이 속옷에 요구하는 바는 너무 명확해서 정확한 모양을 정해주는 셈이다. 그렇다면 창의성과 설계와 세상을 바꾸는 것은 어떻게 할까? 기업가이자 예술가, 철학자이자 과학자의 친구였던 쇼는 탈턴의 딜레마를 정확히 알고 있었다.[1]

그의 희곡 『불행한 결혼』은 아주 그럴듯한 논문을 반박하려는 시도처럼 읽히지만 생각과 행동, 그리고 기업가적 창의성과 예술가의 창의성은 다르며 인공물은 세상을 동요하게 하지 않더라도 설계될 수 있다고 주장한다.

이는 분리 테제separation thesis다. 여기서 주장하는 분열주의는 다른 여러 논문과 연관 있다. 몸은 정신과 분리되어 있으며[2], 과학은 윤리와 분리되어 있고[3] 사업은 사회와 분리되어 있으며[4]*, 문자는 덩어리와 분리되어 있는 것처럼 말이다.[5] 특히 이는 기업가정신을 연구하고 공부하는 데 많은 영향을 끼쳤다.

예를 들어 행동은 생각과 분리되어 있기 때문에 대부분의 의사 결정 이론은 올바른 인과관계 추론에 집중한다. 기업가들은 위험과 기대수익 사이의 기회로 뛰어드는 솔로몬이 된다. 이 관점에서 제한된 합리성은 다른 종류의 합리성보다 최적화에 종속되는 것과 같아진다.

비슷하게 기업가적 창의성이 예술가의 창의성과 다르다고 여겨지기 때문에 앤드루 카네기의 전문성은 피카소나 카스파로프의 것과는 다른 방식으로 연구된다. 그 결과 기업가는 앞으로 밝혀질 특성을 담은 영웅이 되거나 외적 환경의 수요를 맞추기 위해 즉흥적으로 생성된 기업의 추상화된 비정체성을 가진다. 양쪽의 결과 모두 지지할 수 없다. 피카소가 발명되지 않았다면 존재하지 않았을 거라고 말하려면 엄청난 낙천주의자의 자기만족이 필요한 반면, 경제에서 기업가의 역할에 대한 논의에서는 그런 필연적인 논점이 꽤 흔하다.

마지막으로 인공물은 세계와 분리되어 있기 때문에 세계를 거침

---

* 이 특정한 인용은 권위 있는 논쟁은 아니며 인용된 학자들은 이 문제의 반대편에 서 있을 수도 있다. 데카르트는 정신과 육체의 구분을 옹호한 반면에 프리먼은 사회와 경영의 구분을 반대했다.

없는 영역으로 보기 쉽다. 수요 곡선이 주어졌기 때문에, 또는 시장이나 기업이 주어졌기 때문에 세계도 주어진 상태가 된다. 주어진 것을 현재 상태로 설계하고 싶은 유혹은 더 강하다. 가장 심한 것은 주어진 것이 고정되었을 뿐만 아니라 외부의 통제에서 근본적으로 벗어나 있다고 생각하고자 하는 유혹이다. 첫 번째 유혹은 상상력이 부족한 상품으로 이어지고[6], 두 번째는 차별화되지 않은 상품[7] 그리고 세번째는 민감하고 책임 있는 상품보다는 반응적인 상품으로 이어진다.[8]

만약 가상의 인물 존 탈턴이 분리 테제에서 유래된 어려움을 이해했다면 19세기 영국 기업가인 조사이아 웨지우드(1730-1795)는 부정한 해결책을 수용했다. 그는 가난한 영국 도공의 열세 번째 아들로 태어나 천연두를 이겨내고 왕실 사회의 일원 그리고 여왕의 도공이 되었으며 철학자와 과학자의 친구, 앞으로 계속해서 존재할 회사와 브랜드의 창립자가 되었다. 풍부한 자산으로 이후 태어난 그의 손자 찰스 다윈의 여행을 지원해주었다. 이것이 웨지우드 이야기의 영웅적인 버전이다.

웨지우드는 아주 특별한 시기의 특출한 사람이었을까? 그의 삶을 더 자세히 들여다보면 그가 자신을 둘러싼 세계를 만들었던 만큼 그의 행동이 그를 만들었다고 볼 수 있다. 웨지우드의 산출물은 그의 생각을 담고 있지만 그 상품을 만드는 과정은 그의 생각과 정체성을 재정립했다. 게다가 그는 혼자가 아니었다. 웨지우드가 리버풀에서 목숨이 위험한 수술에서 회복하고 있을 때, 의사인 매튜 터너가 비국교도회 창립자이자 철학자인 토머스 벤틀리를 소개해주었다. 18세기 가장 중요한 파트너십이라고 불리는 만큼 웨지우드와 벤틀리는 진보적인 생각을 받아들였다.[9] 도표 7.1은 웨지우드가 윌리엄 윌버포스를 도와 노예 폐지를 위해 만들었던 노예해방 사회 로고다. 웨지우드와 벤틀리는 도자기를 사회적 운동과 동일한 의미로 만들기 위해 노력했다. 태어난 계급에 머무를 필요가 없다는 생각이었다. 웨지우드의 도자기는 자유의 여신상

이 단지 초록색 동상이 아닌 것처럼 단순한 도자기가 아니었다.

인간의 열망을 담은 도자기를 만드는 것은 도공을 단순 도공이 아니게 한다. 웨지우드는 도자기와 관련된 것뿐 아니라 다양한 사회운동에 적극적으로 참여했다. 그는 버밍햄루나소사이어티Lunar Society of Birmingham에 참여했다. (매슈 볼튼, 제임스 와트, 윌리엄 허셜, 조지프 프리스틀리, 이래즈머스 다윈 등이 속해 있다) 또한 고온계를 발명했고 (왕실회에 선출되었다) 변수 비용 회계법을 정립했다. 애덤 스미스 이전의 노동 부를 실행한 것, 선구자적으로 기술혁신을 적용한 것(그의 회사는 와트의 새로운 엔진을 처음 설치했다)은 과학에 밝고 기업가적이며 사회적 혁신을 통합한 개인의 일이었다. 하지만 항상 이 모든 것의 기반은 도예였다.

마지막으로 그는 세상을 주어진 것이 아니라고 보았고 사회적 제약을 수용하지 않았다는 사실도 드러났다. 도로 사정이 열악하고 연약한 도자기를 운송하는 비용이 늘어나자 웨지우드는 브리지워터의 공작인 제임스 브린들리를 포함한 사람들과 협업하여 93마일이나 되는 트렌트-머지 운하를 위한 모금을 진행했다. 운하를 건설하는 것은 웨지우드에게는 그릇을 만드는 것만큼 그의 사업에 필요한 일이었다. 이는 도시 리버풀과 헐의 항구에 접근성을 제공했을 뿐만 아니라 운송비를 90%가량 줄였다. 비슷하게 1773년 그릇을 장식할 숙련된 예술가들이 부족하자 웨지우드는 벤틀리에게 예술가를 육성해야 한다고 말했다. "우리가 원하는 방식으로 꽃을 그려줄 사람은 별로 없습니다. 다른 일도 마찬가지입니다. 우리가 육성해야 합니다. 다른 방법은 없습니다."

웨지우드와 마찬가지로 실현적 기업가들은 세상을 인간이 만든 인공 산출물로 인식한다. 이들은 자신의 행동이 아이디어를 구성하고 자신의 아이디어가 그들의 산출물에 녹아 있다는 것을 안다. 이러한 생각은 믿음이나 염원이 아니라 이펙추에이션 논리의 요소다. 이펙추에이션 논리를 세상에 적용하기 위해 기존에 생각하던 분리 테제를 다시

도표 7.1 기업가 조사이아 웨지우드가 1787년 발행한 재스퍼웨어 메달리온

영국의 도공이자 유명한 노예제도 폐지론자였던 조사이아 웨지우드는 1787년 이 재스퍼웨어(카메오 방식의 세공법) 메달리온을 발행했다. 여기에는 쇠사슬에 묶여 기도하고 있는 노예가 안도하는 모습과 함께 아래에 "나는 사람도 형제도 아닙니까?"라고 새겨져 있다. 이 메달리온은 영국의 폐지론자인 토머스 클라크슨이 창립한 노예무역 폐지 협의회의 기념 주화를 모델로 만들었다. 1788년 2월, 웨지우드는 펜실베이니아의 벤저민 프랭클린에게 제품을 보냈고 빠른 성공을 거뒀다. 클라크슨은 말했다. "어떤 사람들은 담뱃갑 뚜껑에 금으로 새기기도 했다. 숙녀들은 목걸이나 머리핀 장식으로 쓰기도 했다. 이 메달리온을 착용하는 취향은 일반적인 것이 되었고 그 후 패션이 되었다. 정의와 인류애, 자유를 홍보하는 용도로 쓰였다." 이 디자인은 또한 그릇이나 장식용 상자, 과자나 동전에 적용되었고 나중에는 노예제도 폐지 홍보 자료에도 쓰였다. (존 그린리프 휘티어 외, 『나는 사람도 형제도 아닙니까?Am I Not a Man and a Brother?』, 「쇠사슬에 묶인 우리의 농민!Our Countrymen in Chains!」(1837)의 첫머리 참고)

생각해봐야 한다. 탈턴은 속옷을 만드는 사람이 아이디어를 가진 사람이라는 사실을 깨달아야 한다. 실현적 시각은 탈턴이 사물을 입체적으로 보게 한다.

인공과학으로서 바라보는 실현적 기업가정신

사이먼은 저서 『인공과학의 이해』에서 기업가정신을 과학의 산물로 보지 않았다. 하지만 인공의 이름을 가진 사회과학으로 분류했다. 사이먼에게 인간의 의도와 설계는 사회과학이 핵심이었고 '인간이 만든'이라는 표현은 '인공'과 동의어였다.

> 우리가 현재 살고 있는 세상은 자연적 세계라기보다 사람이 만든 훨씬 인공적인 곳이다. 환경의 거의 모든 구성 요소가 인간의 생각이 담긴 증거다. 우리가 보내는 대부분의 시간 동안 온도는 20도로 인공적으로 유지된다. 우리가 숨 쉬는 공기의 습도도 조절된다. 우리가 들이쉬는 많은 불순물도 인간에 의해 생성되거나 정화된다.[10]

그리고 얼마 후,

> 누군가는 내가 세계의 인공성에 대해 과장한다고 말할 수 있다. 사람은 돌이 그런 것처럼 중력의 법칙에 따르고 생물학적 현상과 같이 살아 있는 유기체인 인간은 음식에 의존한다. 나는 과장에 대해선 인정하지만 그 과장이 크게 벗어나지는 않는다고 생각한다.[11]

1. 인공의 과학이란 무엇인가?

사이먼은 인공과학에 "인간의 목적이 사물과 현상에 자연법칙이 행해지는 것처럼 작용하는지"에 대한 연구도 포함했다. 그는 인공물의 의미를 다양한 특성을 들어 설명했다. 아래 개념은 아주 유용하다.[12]

1. 인공적인 것은 인간이 합성한 것이다. (미리 내다본 바에 의해)
2. 인공적인 것은 자연적인 것을 모방하지만 현실에 비해서 여러 가지 측면에서 부족하다.
3. 인공적인 것은 기능, 목표, 적응의 특성이 있다.
4. 인공적인 것은 특히 설계될 때 설명적일 뿐만 아니라 필수적인 관점에서 논해진다.

요약하면 인공물은 조작의 결과물이다. 조작은 시뮬레이션과는 주로 구현이라는 중요한 방식에서 다르다. 조작은 행동을 나타내고 의도적인 용어로 설명된다. 예를 들어, 회사는 공식 및 비공식 계약의 종합으로 생각할 수 있다. 법의 관점에서 그것은 권리와 책임을 가진 주체다. 그것은 이윤 극대화 또는 이러저러한 재화의 생산자로 특정할 수 있다. 마지막으로 회사의 사명과 사업 계획은 각각 회사의 방향성과 목적을 나타내려는 시도다. 사이먼은 또한 인공물을 내부 환경과 외부 환경 사이의 경계, 즉 접점으로 정의했다.

> 인공물은 이를 둘러싼 '내부' 환경과 '외부' 환경이 만나는 지점, 오늘날 용어로 '접점'으로 생각할 수 있다. 인공물에 대한 이러한 관점은 인간이 만들지 않은 수많은 것에도 동일하게 적용된다. 어떤 상황에 적응한 결과물인 모든 것들, 특히 유기적인 진화 과정을 거쳐 발전한 살아 있는 시스템에 적용된다.[13]

인공과학은 인간 인공물(이하 인공물)의 일부 하위 개념을 연구한다. 따라서 사회학은 사회를 연구하고, 민속학은 전통을 연구하고, 심리학은 인간 행동을 연구하고, 경제학은 상품의 생산과 소비를 연구한다.

사이먼은 인공과학에서 두 가지 핵심 요소를 설명한다. 첫 번째는 관심이 인공물에 있다는 것이다. 이러한 이유로 개미 연구myrmecology와 같은 분야는 인공과학이 아니다. 두 번째는 인공물과 자연법칙의 관계와 관련이 있다. 사이먼은 자연법칙이 인공물의 조작을 권장하지만 강요하지는 않는다고 반복해서 강조했다. 즉 인공물을 설계하는 것이 가능하다.

사회과학은 종종 이러한 요소의 중요성을 부인하며 인간 행동의 복잡성을 대처한다. 이러한 대처 메커니즘에는 다양한 형태가 있는데, 일부 이론은 복잡한 인간 요소와는 거리를 둔다. 예를 들어 행동주의는 인간 행동을 이해하는 데 인간의 목적을 무시한다. 순수 사회학은 "이념, 심리학 및 사람들과 같은 몇 가지 부재의 존재"라는 특징의 이론을 꿈꾼다.[14] 다른 이론은 자연법칙 제약을 과소평가한다. 예로 신고전주의 경제학의 표준 합리성 모델은 인간의 인지가 갖는 생물학적 한계를 무시한다. 또한 자연법칙에 대한 인간 행동의 모든 측면을 줄이고자 하는 이론도 있다. 예를 들어 사회생물학[15], 구조주의 사회학[16], 자동성 등이 있다.[17] [18] '마치' 주장을 통해 현실주의의 부족함을 정당화하는 일은 흔치 않다.[19] [20] 9장에서 이를 좀 더 구체적으로 살펴보고 실현적 관점으로부터 발생하는 '설령' 주장과 비교해볼 것이다.

결과적으로 모든 사회과학은 다른 '물리적' 과학의 위협 아래 존재한다. 그러므로 에밀 뒤르켐-클리포드 기어츠의 전통 인류학은 진화론적 심리학의 영향을 받고[21] 심리학은 신경 과학에 종속되기 직전이며[22] 정치 과학은 경제학에서[23], 신고전주의 경제학은 경제 물리학의 공격에 노출되어 있다.[24]

사이먼은 이러한 선견지명이 담긴 언급을 통해 인공물의 과학을 구축하는 문제에는 더 근본적 원인이 있다고 말한다.

이전 장에서 인공적인 현상의 과학은 항상 사라지거나 해체될 급박한 위험에 놓였다고 설명했다. 인공물의 특유한 영역은 내외부의 자연법칙 사이의 미세한 접점에 있다. 이에 대해 무엇을 말할 수 있을까? 수단과 환경을 아우르는 경계의 과학 이외에 무엇을 연구할 수 있을까?[25]

마지막 질문은 수사적 질문이다. 사이먼의 대답은 다음과 같다.

인공물에 대해 우려하는 사람들의 적합한 연구는 수단이 환경에 적용된 방식에 대한 것이다. 이 중심은 설계 그 자체의 과정이다.[26]

사이먼이 인간의 행동의 복잡성을 강조하는 것을 설계로 옮겨 간 것은 인간의 행동을 마치as-if 모델에서 설령even-if 모델로 옮겨 간 것과 같다 (9장에서 좀 더 설명하겠다). 인간의 행동이 복잡하더라도 인공물의 설계 원칙은 간단할 수 있다. 핵심은 종속변수의 분석에만 집중하고 있는 사회과학과는 달리 인공과학은 변수의 설계와 제어에 집중한다. 이는 인공물 과학의 관심 사항인 핵심 질문을 설계 모양에 집중한다. 특히 기업가정신이 관심을 두고 있는 분야에 대한 질문을 재구성한다.

2. 인공과학으로서 기업가정신을 어떻게 연구하는가

기업가정신의 관심은 기업가와 회사에 있다. 기업가들은 내부 환경과 외부 환경 간의 경계를 대표한다. 기업의 경우 직원과 소유주가 내부 환경을 구성하며 시장이 외부 환경이 된다. 기업가정신을 인공과학으로 연구하려면 설계와 관련된 질문을 해야 하며 목적과 목표를 어떻게 실현시킬 것인지 집중한다.

사이먼이 예측한 대로 경계에 있는 과학에 집중하고자 하는 꾸준한 유혹이 있다. 기업가정신에서 이러한 내부 환경에 대한 강조는 개인의 특성이나 기업의 자원에 매몰될 수 있는 경향이 있다. 외부 환경에 대한 강조는 기업의 생애 주기, 기술의 구조적 내용 등에 집중한다. 게다가 이러한 과학을 생존, 성장, 수익과 같은 성과 지표와 연결시키고자 한다. 이러한 변화는 우리가 더 이상 신경 쓰지 않는 질문을 하고 있다는 것을 뜻한다.[27]

인공물의 설계는 대개 유용한 방식으로 내부와 외부 환경을 서로 비슷하게 만드는 것을 포함한다. 단순한 삽을 예로 들어보자. 내부 환경 (나무와 금속)은 외부 환경인 인간의 손과 다른 한쪽에는 흙에 적합하게 만들어져 있다. 그러므로 기업가들은 환경에 적합한 도구로서 기업을 설계할 뿐만 아니라 (그리고 이 환경 안에서 수익 기회를 활용) 자신들의 개인적 열망과 기업의 자원 특성에 가깝게 (그리고 이해관계자들에게 새로운 부와 가치 기회를 만들도록) 일부 외부 환경도 만들어낸다.[28]

예를 들어 이전 장에서 언급한 바와 같이 비기업가 제어 집단과 반대되는 기업가의 위험 선호에 대해 여러 연구가 이루어졌다. 설계 관점은 이 질문을 재구성할 것이다. 특정한 수준의 위험 선호 경향이 있는 기업가들이 다른 사람들과 어떻게 다른 사업을 설계할 것인가? 또는 어떤 사람들이 위험을 선호하거나 회피한다고 할 때 그들이 선택하거나 선택해야 할 자금 조달 유형에 대해 조언할 수 있을까? 달리 말하면 개별 기업가의 심리(자기 효능감 또는 위험 경향)와 성과 (기업 지속 또는 투자수익률) 사이의 관계를 설명하려고 하는 대신에 특정 수준의 자기 효능감이나 개인적 가치, 열망을 가진 기업가들이 특정한 산업에서 특정한 전략을 만들거나 특정한 출구 전략을 가지고 회사를 설립하는 방법 등을 이해하려고 노력할 수 있다.

유사하게 기업의 성과에 대한 산업, 조직 또는 문화적 환경의 영향에 대해 직접적으로 평가하는 대신 기업가들과 기업이 어떻게 특정한 환경 안에서 설계 과정을 재구성하거나 환경의 변화를 만드는지 살펴볼 수 있다.

수많은 사례가 있을 수 있다. 하지만 요지는 명료하길 바란다. 기업가정신을 인공과학으로서 연구하기 위해서는 개인과 회사가 각자의 내부, 외부 환경을 어떻게 설계하는지 집중할 필요가 있다. 특히 어떻게 조정된 새로운 목표가 나타나는지, 어떻게 특정한 전략이 환경을 만들고 개인의 선호도를 재편하고 기업의 구조를 재구성하는지 집중한다. 기업가정신을 인공과학으로 연구하려면 설계가 종종 외부 환경뿐 아니라 내부 환경도 형성한다는 것을 인지해야 한다.

사이먼은 여러 설계 원칙을 정리했다. 이 중 두 가지는 이펙추에이션 논리를 통해 만들어진 인공물의 특성을 이해하는 데 특히 관련성이 높다. 비예측적 제어 원칙과 근접 분해 가능성ND 원칙이 그것이다.[29] [30]

비예측적 제어의 원칙은 4장과 5장에서 이미 충분히 다룬 바 있다. 비예측적 제어는 '설령' 원칙이다. 설령 미래가 불확실하고 알려져 있지 않으며 예측할 수 없어도 여전히 우리가 원하는 인공물을 설계할 수 있다. 사이먼은 인공물 설계에서 이 중요성을 설명한 바 있다.

> 설계의 결과는 미래에 확인할 수 있기 때문에 예측은 모든 설계 과정의 피할 수 없는 부분으로 보인다. 만약 이것이 사실이라면 예측에서는 인구와 같이 '단순한' 변수일지라도 어렵기 때문에 설계에 대한 비관주의의 원인이 된다. 만약 예측 없이 설계할 수 있는 방법이 있다면 그에 집중해야 한다.[31]

ND 설계 원칙은 특정한 안정 자산을 만족시켜야 하는 인공물의 구조적 측면을 설명한다. 나는 실현적 기업가정신이 이 원칙을 시행하는 이해관계자 네트워크를 만든다고 주장할 것이다. 이 원칙은 어디에나 있고 유용하며 단순하지만 사소하지 않고, 가끔 모듈성과 혼동되기도 하며 기업가정신에서 상대적으로 소외된 생각이기도 하다. 이러한 아이디어는 다음 장으로 이어진다.

3. 근접 분해 가능성: 지속되는 인공물 설계의 핵심 원칙

근접 분해 가능성은 기존에 동적 시스템의 영역으로 설계되었다.[*] 세미나 논문에서 사이먼과 앨버트 안도는 첫 번째로 각 하위 시스템의 단기 행동이 대략 같은 레벨의 다른 하위 시스템과 독립적이며, 두 번째로 각 하위 시스템의 장기적 행동이 다른 요소에 (대략) 종합적인 방식으로만 의존적이라는 역학 시스템 종류를 고려했다.[32]

블록 대각선 계수 행렬과 ε 등가인 계수 행렬을 가진 선형, 일차, 미분 방식으로 정의된 동적 시스템은 ND 시스템의 표준 사례를 제공한다. ε 등가란 고정된 양수인 실제 숫자 ε보다 작은 (절댓값) 행렬 원소를 0으로 만드는 작업이다. 예를 들어 왼쪽 행렬은 ε가 0.01일 때 오른쪽 행렬과 ε 등가다.

$$
\begin{pmatrix}
1 & 0.2 & 0.0 & 0.001 \\
0.2 & 3 & 0.8 & -0.005 \\
0.0 & 0.8 & -2 & 0.8 \\
0.001 & -0.005 & 0.8 & -1
\end{pmatrix}
\rightarrow
\begin{pmatrix}
1 & 0.2 & 0.0 & 0.0 \\
0.2 & 3 & 0.8 & 0.0 \\
0.0 & 0.8 & -2 & 0.8 \\
0.0 & 0.0 & 0.8 & -1
\end{pmatrix}
$$

[*] 이 문제에 흥미로운 논의를 해준 아닐 메논에게 감사한다.

만약 이러한 행렬이 하위 시스템 간 상호작용을 나타낸다면 ε 등가는 이들 사이의 상호작용이 (대략) 국지적이고 하위 시스템의 겹치지 않는 집단에 국한된다고 설명한다. 이것은 안도와 사이먼이 완전히 분해 가능한 시스템의 역학을 근접 분해 가능한 시스템으로 확장할 수 있게 하는 제한적 상호작용이다.

하지만 불행하게도 '근접'은 아주 모호한 단어다. 한쪽에서 보면 '거의'라는 뜻이다. 거의 놓쳤다는 것은 놓쳤다는 것이다. 거의 성공했다는 것은 실패가 아니다. 거의 집에 다 왔다는 것은 거의 집에 왔다는 뜻이다. 초죽음이라는 말은 누군가 죽음에 다다랐다는 말이다. 따라서 근접 분해 가능성은 '거의 분해 가능하다'라는 말이 될 수 있다. 특히 근접 분해 가능성이 모듈성과 동일하다는 주장을 뒷받침한다.

모듈성 연구에서는 일반적으로 ND를 한쪽은 완전히 분해 가능한 연속성이고 다른 한쪽은 완전히 동일한 정체성인 연속체의 중간인 무언가로 여겨왔다. 예를 들어 멀리사 실링이 묘사한 특징을 살펴보자.

> 모듈 방식은 일반적인 시스템 개념이다. 이는 시스템의 구성 요소가 분리되거나 재결합될 수 있는 정도를 설명하는 연속체다. 그리고 모듈성은 구성 요소 간 결합의 정도와 시스템 구조의 '규칙'이 구성 요소의 맞춤을 가능하게 하는 (또는 금지하는) 정도 모두를 말한다. 모든 시스템은 구성 요소 사이의 결합 정도(느슨하거나 단단함)를 특징으로 가지고 있고 아주 극소수의 시스템만이 완전히 분리할 수 없고 재결합이 불가능한 구성 요소를 가지고 있으므로 대부분의 시스템은 어느 정도 모듈 방식이라고 할 수 있다.[33]

다른 사람들은 좀 더 일반적인 정의를 사용하는데, "시스템의 성과는 구성 요소의 성과에만 의존적인 것이 아니라 각 요소가 서로 호환이 되는 정도에도 달려 있다"는 것도 그중 하나다.[34] 그러므로 모듈성은 본질적으로 근접 모듈성의 개념을 포함한다고 해석할 수 있다. 이 해석을 전제로 근접 모듈성보다는 모듈성이라는 용어를 사용하겠다.

ND는 후자의 중요성에도 불구하고 모듈성이나 보편성, 효용성이 아니다. 이 두 가지 의견 사이에는 두 가지 중요한 차이점이 있는데 각각 구조와 기능으로 분류될 수 있다.

ND와 모듈성 비교: 구조적 차이

ND 시스템을 완전히 분해할 수 있는 시스템과 완전히 연결된 시스템 사이의 무언가로 생각하는 것은 자연스럽다. 사이먼이 행렬을 예로 들어 설명하고자 한 사실은 이 해석을 지지한다.[35] 대각 행렬은 완전히 분해 가능한 시스템 종류를 나타내며 낮은 대역폭의 행렬은 ND 시스템과 동일하고 과밀 대역폭 행렬은 완전히 연결된 시스템 종류를 나타낸다.*

이는 점진주의자 관점gradualist view으로 부를 수 있다. ND가 정도의 문제이며 그 정도는 적합한 비율 척도로 측정할 수 있을지도 모른다. 점진주의자 관점은 다른 척도의 두 시스템의 행동 체제 차이점이 ND의 척도를 유연하게 측정할 수 있다고 주장한다. 이 해석에서 결합성lumpability, ND, 모듈성은 대략 상호 교환할 수 있는 개념이다.[36]

하지만 2차원 행렬은 현혹할 수 있다. 예를 들어 물질의 다른 단계의 존재는 고체, 액체, 기체의 상호작용 행렬에서 명확하지 않다. 기체

---

* 폭이 w인 띠 행렬 $A = (a_{i,j})$ 는 $j > w+i$ 이고 $i < w+j$ 일 때, $a_{i,j} = 0$이다. 하부 대역폭 행렬도 정의상 희소 행렬이지만 반대 경우는 참이 아니다. 희소 행렬도 여전히 상부 대역폭을 가질 수 있다. 예를 들어 별 그래프를 위한 상호 연결 행렬에서 하나의 노드는 $n-1$개의 다른 노드로 연결된다.

의 상호작용 행렬은 액체보다 실제로는 더 촘촘하며 액체는 고체보다 촘촘하다. 하지만 이러한 상호 연결성의 힘은 종합적으로 또 다른 문제다. 상호작용 행렬의 아주 작은 동요도 완전히 다른 물질의 특성을 갖게 되는 단계 변화로 이어질 수 있다.[37] **

요점은 ND의 개념이 이 예시(물질 단계)에 적용될 수 있지만 상호 연결성 행렬의 ND 모델은 그렇지 않다는 점이다. 나는 사이먼이 사용한 ND 행렬 예시는 ND의 핵심적인 측면을 모호하게 한다고 생각한다. 시스템(원소의 단계와 같이)은 완전히 분해 가능하거나 거의 분해 가능하고 또는 완전히 분해가 불가능하기도 하다. 각 상태는 상호작용 행렬로 유형화할 수 있지만 두 가지 요소를 고려해야 함을 명심해야 한다. 발생 정도와 상대적 밀도, 즉 누가 누구에게 연결되어 있는지와 다른 연결과의 관계가 얼마나 강력한지를 고려해야 한다. 발생 정도는 중요하지만 파국 이론의 많은 사례와 소실 시스템의 이론이 보여주듯이 시스템 상호작용의 상대적 강도가 조금이라도 변하면 새로운 행동 체제의 급격한 변화로 이어질 수 있다.

최대한으로 분해 가능한 시스템, ND 시스템과 최대한으로 연결된 시스템이 완전히 다른 행동 체계를 가진 물질 단계와 같다는 주장, 그리고 시스템이 하나의 체제에서 다른 체제로 단계 변환을 할 수 있다는 주장은 ND의 도약 진화론적 관점saltationist view이라고 부를 수 있다. ND는 두 가지 제한적인 경우 정도가 아닌 종류의 차이점이라고 말한다.

사이먼은 점진주의자였을까 아니면 도약 진화론자였을까? 단열

** 흔치 않은 상태지만 그렇기에 흥미롭다. 상태 사이에서 무분별하게 흘러나오는 것처럼 보이는 액체도 고체와 액체 양쪽의 독특한 전기화학적 특징이 있다. 반면 가스는 느슨하게 엮인 체계이고 액체는 덜하며 고체는 강하게 엮여 있는 체계이다.

처리가 된 공간을 통해 열이 확산되는 현상을 예로 들 수 있다.[38] 확산이라는 단어가 말해주듯이 사건은 점진적으로 일어난다. 하지만 이것은 이론적으로 꼬리가 강아지를 흔드는the tail wagging the dog 사례라고 생각한다. 이 예시는 두 가지 주장을 나타내고자 한다. ND의 고유한 행동적 측면과 두 가지 제한적 사례와의 연결성이다. 불행히도 사례의 조건은 ND가 결합된 행렬 이론의 단순한 예제가 아닌 이유를 잘 살펴보지 못하게 한다.

다른 한편으로는 사이먼이 ND 시스템을 역학적으로 독특하게 보았다는 증거도 있다. 익숙한 열 확산 사례를 발표한 후 사이먼은 "사례가 보여주듯 ND 시스템은 아주 특별한 역학 행동을 가지고 있다"라고 주장했다.[39] 이는 점진주의자가 유지하기엔 까다로운 신념인데 시스템이 갑자기 ND가 되고 그로 인해 특별해지는 임계점이 없기 때문이다. 게다가 ND를 조직 체계의 중요 측면으로 언급하는 것은 도약 진화론자의 해석과 일관성이 있다. 조직적 관점에서 ND 체계는 액체가 고체나 기체와 다른 것처럼 상호 연결 네트워크 모델과 독립 대리 모델과 다르다.

요약하면 열 확산이라는 적절치 못한 예시와 ND의 행렬 표현에 과도하게 의존하는 것은 ND가 두 가지 한정된 사례, 즉 완전한 독립성과 완전한 의존성의 연속체에 있다는 점진주의자 해석으로 귀결된다. 하지만 ND가 정도의 문제가 아니라면 무엇의 문제인가? ND 시스템이 모듈 시스템과 비교했을 때 어떻게 보이는가? 어떻게 변화하는가?

이 질문에 답하기 위해 모듈 방식의 시스템이 성공하기 위해 필요한 것을 고려해보자. 만약 모듈성의 장점이 완전히 발현되려면 모듈 간 상호작용 역시 분리할 수 있어야 한다. 만약 상호작용 관점에서 모든 모듈이 다른 모든 모듈과 상호작용한다면 모듈 방식으로 시스템을 설계하는 의미가 없어진다. 예를 들어 건축가 크리스토퍼 알렉산더는 이

사실을 무시한 도시 계획자들이 설계한 도시는 혼잡하고 붐비게 된다고 확신하며 설명한다.[40]

반대로 상호작용이 분리 가능하다면 실질적 모듈이 자연스럽게 탄생한다. 예를 들어 토머스 셸링의 유명한 분리 모델은 비슷한 인종의 이웃에 대한 작은 편향이 완전한 분리로 이어질 수 있다는 것을 보여주었다.[41] 형태 형성에서도 비슷한 현상을 오랫동안 연구해왔다.[42]

이러한 실질적 모듈 시스템은 예측이나 추정 선호가 아닌 사람들의 실제 선호를 반영하기 때문에 지속된다. 말하자면 내부와 외부 환경이 일치한다. 상호작용에서 발전한 지속되는 시스템이 종종 모듈 방식인 것처럼 보이기 때문에 시사점을 전도하여 지속성이 모듈성의 특성인 것처럼 주장하고자 하는 유혹도 생긴다.

나는 ND 시스템을 요소들 간의 국지적이고 우발적인 상호작용에서 탄생한 모듈 방식의 시스템들과 동일하다고 생각한다. 언제든지 차별화되고 특화된 상태의 시스템이 존재한다. 각 시점에서 시스템은 좀 더 강화되지만 전 과정에서 정체성을 유지한다. 나는 지금은 정체성에 대한 질문을 잠시 내려놓고 차별화와 특화에 집중할 것이다.

차별화는 특정 영역에 집중하는 상호작용을 통해 가능하다. 예를 들어 셸링의 분리 모델에서 집중한 점은 사람들이 인종에 대해 가지고 있는 약한 편향에 반영되어 있다. 일단 차별화가 발현되면 그 부분은 고립의 결과로서 특별함을 가진다. 이 과정은 원래 시스템이 특화되고 차별화된 '조각'을 이어 붙인 퀼트가 될 때까지 지속된다. 하지만 시스템 전체가 다른 것과 구별되는 정체성을 가지고 있고 미래 성장을 보여준다는 점을 명심해야 한다. ND 시스템의 발전에서 역사는 중요하지만 정체성의 관점에서 계속된다는 점에서만 그렇다.[43][44] 다음 부분에서 ND와 모듈 시스템 모두에서 정체성의 역할을 살펴볼 것이다.

ND와 모듈성 비교: 기능적 차이

근접이라는 단어가 자격으로서 사용되는 경우도 있다. 근접은 '아직'이라는 뜻으로 쓰이기도 한다. 근접 사고는 사고가 아니다. 거의 행복하다는 말은 여전히 불행하다는 뜻이다. 그리고 법률은 근접 사망에 긍정적 관점을 가진다. 지난 부분에서 지적한 바와 같이 어떤 것들은 정도에 관해서 매우 근접하지만 여전히 아주 다른 경우가 있다. 예를 들어 수학자 스리니바사 라마누잔은 다음과 같은 것을 발견했다.

$$22\pi^4 = 21.43 + 2.748\cdots \times 10^{-6}$$

$22\pi^4$는 정수에 아주 가깝다. 하지만 이것은 정수가 아니다. 만약 정수였다면 π는 분수가 되고 원을 구성하지 못했을 것이다. 1994년 인텔 Intel은 펜티엄 2 반도체에서 특정 부동 소수점 나눗셈 오류가 발생할 확률이 90억분의 1로 사실상 0에 가깝다고 가정했다. 사실은 그렇지 않았다. 인텔의 추정은 4조 5,500만 달러 규모의 리콜로 이어졌다. 이 말을 사용할 때 '거의'라는 말은 '그렇지 않다'는 뜻이다.

그래서 우리가 시스템이 '거의' 분해 가능하다고 말할 때 무엇이 완전 분해 가능성을 저해하는지 물어보는 것은 이성적일까? 앞에서 살펴본 바와 같이 우리는 그 대답이 정도에 기반한 주장에 의존해서는 안 되고 그럴 수 없다는 것도 알고 있다. 라마누잔의 숫자인 $22\pi^4$는 정수와는 머리카락 하나 차이지만 동시에 굉장히 멀리 떨어져 있을 수도 있다. 말하자면 실제는 정도의 문제가 아닌 것이다. 만약 ND 시스템을 완전히 분해 가능하다고 부르고자 하는 것이 근사치 오류가 아닌 잘못된 카테고리에 사물을 배정하는 유형 오류라고 주장하고자 한다면 더 근원적 원인을 살펴보아야 한다.

유형 오류를 논할 때 길버트 라일은 이제는 유명한 대학교 사례를 제시했다.

옥스퍼드대나 캠브리지대를 처음 방문하는 외국인은 여러 학과와 도서관, 체육 시설, 박물관, 과학 부서와 사무실을 둘러보았다. 그 후 그 외국인은 '하지만 대학은 어디에 있나요? 학과 학생들이 사는 곳과 등록하는 곳, 과학 실험이 이루어지는 곳 등을 보았습니다. 하지만 대학교의 구성원들이 거주하고 일하는 대학을 아직 보지 못했습니다.' 그렇다면 그에게 대학은 다른 부수적 기관이나 그가 본 학과, 실험실, 사무실 이면의 상대가 아님을 설명해야 했다. 대학이란 그저 그 외국인이 이미 본 모든 것이 종합된 방식이다.[45]

대학은 물론 건물의 집합이긴 하지만 건물의 집합이 대학이 되는 것은 아니다. 그 방문자는 유형 오류뿐 아니라 추상적 대상을 구체적인 무언가로 여기는 실체화 오류를 범했다.

유사하게 맥도날드와 같은 프랜차이즈 사례를 들어보자. 모기업은 프랜차이즈로 분해할 수 있는 반면에 각각의 프랜차이즈는 현지 상황에 맞춰 조정될 수 있고 전체 회사에 지대한 영향을 끼치지 않고 폐업할 수도 있다. 맥도날드는 가족 경영 햄버거 가게의 집합이 아니다. 이것은 맥도날드의 정체성이 각각의 프랜차이즈 가게와 전체의 건전성에 영향을 미치기 때문이다. 당연한 규모의 경제와 공급자와의 상당한 구매 영향력 외에도 개별 프랜차이즈 수요의 중요한 부분을 담당하는 형언할 수 없는 맥도날드 경험이 있다.

반면 대부분의 모듈 시스템 논의에서 중요한 특성은 사전적 제안처럼 정체성이 아닌 유동성과 다양한 활용이다. 예를 들어 변화하는 조건에서의 모듈성에 대한 리처드 랭글루아의 아래 논의를 참고해보자.

모듈의 변화를 통해 발생하는 혁신을 '모듈 혁신'으로 부를 수 있다.[46] 이는 헨더슨과 클라크가 언급한 바와 같이 부분은 그대로지만 이를 연결하는 구조가 바뀐다는 구조적 혁신과는 반대된다.[47] 그러나 구조적 혁신이 항상 시스템의 가시적 설계 규칙이 바뀐다는 것을 의미하지는 않음을 주목해야 한다. 레고와 팅커토이는 구조적 혁신을 위해 설계된 전형적인 모듈 시스템이다. 여기서 불변의 구성 요소가 재결합되는 방식인 건축 구조는 전체적인 모듈 방식의 근본적 변화 없이 변할 수 있다. 그리고 사실 개인 컴퓨터도 구성 모듈의 개선으로 원하는 대로 시스템을 구성할 수 있는 모듈식 시스템의 혼합 기능 이점을 얻을 수 있다.[48]

따라서 유사 모듈의 '근접' 단어 사용은 완전히 작동하지 않는 부정적 개념이다. 한 부분이 다른 부분과 다른 점에 맞닿아 있거나 일부 맥락에서만 쓰일 수 있거나 어떤 맥락은 특정한 부분만 요구할 수도 있다. 위의 언급에서 알 수 있듯이 모듈 시스템이 조건이 변하면서 지속되거나 변화하지 않는다는 것은 아니다. 중요한 차이점은 모듈 시스템에서 시간이 지나면서 지속될 정도로 필수적인 것은 없다는 것이다. 모듈 지속성이란 조지 워싱턴의 도끼George Washington's axe나 홉스의 테세우스의 배Hobbes' Ship of Theseus와 같다. 즉 누군가 웨지우드 주전자에서 차를 부을 때 발생하는 것이 아니다.

하향식 모듈 방식으로 설계된 의자는 정체성이 있다. 결국 이것은 책상이 아닌 의자다. 하지만 의자의 조각들은 책상, 선반 또는 추상적인 조각상을 만드는 데 쓰일 수도 있다. 반면 ND 시스템에서의 정체성은 최종 결과물의 의도하지 않은 결과물, 즉 부작용이 아니다. 대신 모든 단계에서 앞으로 나타날 조각의 형태를 알려준다. 어떤 것은 정체성이 있기 때문에 존재한다. 존재하기 때문에 정체성이 것이 아니다.

통일된 조직의 정체성은 ND 시스템의 설계자들에게 중요한 시사점을 갖는다. 정체성을 이해하는 것은 "일련의 조각"(사이먼이 저명한 엔지니어이자 괴짜인 개브리엘 크론의 연구에서 차용한 용어)이 어디에 있어야 하는지 알려준다.[49] 모든 ND 시스템에는 여러 조각들이 있을 수 있다. 즉 여러 방식으로 분해될 수 있으며 전체로 다시 재구성될 수 있다.

정체성은 실증적 개념으로서 연구할 수 있다. 이는 여러 다른 부분에 걸쳐 어떤 점이 공통적인지, 전체로서 어떤 의미를 지니고 있었는지 또는 변화에 따라 무엇이 지속되었는지 살펴보는 것이다. 사람들이 자신이 구매하는 것에 대해 지니고 있는 생각이나 경쟁사에 의해 복제될 수 없는 것을 연구할 수도 있다. 이러한 종류의 실증적 강건함은 4장에서 예시로 살펴본 것처럼 스타벅스가 프랜차이즈가 아니라는 사실에서도 찾아볼 수 있다. 스타벅스의 정체성은 맥도날드와는 반대로 바리스타의 역할이 극단적으로 중점적이다. 그러므로 스타벅스는 프랜차이즈 시스템을 도입할 경우 특정한 경험의 질을 잃을 수도 있다고 생각한다. 지금까지의 논점을 요약할 필요가 있다.

1. 인공과학 연구는 인간의 산물을 연구한다. 인공물은 내부와 외부 환경 사이의 경계다. 인공과학은 대체적으로 '마치' 설명보다는 '설령' 설명에 기반한다.
2. 비예측적 제어 원칙과 ND 시스템의 원칙은 인공물 설계에 유용하다.
3. ND 시스템은 차별화와 특화의 반복적이고 몰입하는 상호작용을 거쳐 상향 방식으로 구성된다는 된다는 점에서 모듈 방식과는 다르다. 정체성의 감각은 효과가 아니라 이 과정의 동인이다.

이어지는 장에서는 이 주장의 마지막 부분으로 이펙추에이션의 과정이 근접 분해 가능한 인공물을 창조한다는 주장을 살펴본다.

4. ND와 이펙추에이션

사이먼은 이펙추에이션과 ND사이에 연관 관계가 있을 수도 있다고 제안했다.[50] 사이먼의 근거는 다음과 같았다. ND는 급격하게 진화하는 복잡한 시스템의 구조에서 놀랄 정도로 흔한 원칙이고 이펙추에이션은 높은 성장률을 보이는 기업의 기업가들이 선호하는 의사 결정 모델이기 때문에 기업가들이 실제 세계나 실험적 상황에서 기업을 설립하고 지속하는 과정과 ND를 연결할 수 있어야 한다.

이러한 새로운 통찰력으로 두 이론을 살펴보자. 각 이론에서 지역성과 우연성이 지닌 역할의 관계를 발견할 수 있었다. 여기서 지역성은 우리의 합리성에 대한 인지 한계로 국지적 최적화를 이루는 인공물만을 구축할 수 있다는 사실을 의미한다. 하지만 우리의 인공물은 우연성에 적응하는 것을 학습하고 가끔은 이용하면서 지속할 수 있다.

인공물을 설계할 때 인간은 공간, 시간, 지식 측면에서 오히려 좁은 지역적 한계에 국한된다. 주로 우리의 인지적 역량의 한계와 내적 정보 처리 과정의 자연적 한계 때문이다.

1. 우리는 한 번에 한정된 것에만 주의를 기울일 수 있다.
2. 우리가 계획하는 시야는 장기적이기보다는 단기적이다.
3. 특정 시점에 축적된 지식은 모든 의사 결정자가 항상 쉽게 접근할 수는 없는 전문가나 특화된 지식에 넓게 퍼져 있다.

설계는 설계자의 한계를 물려받는다. 대부분의 인공물은 오직 지역적으로 적용할 수 있다. 이들은 특정한 영역 안에서, 그리고 단기적으로만 성공적이다. 만약 인공물이 지속하려면 환경을 바꿀 기술, 선호 또는 다른 우연성의 변화를 포함해 지역 환경에서 일어나는 변화에 적응할 방식을 찾아야 한다. ND 시스템은 내부 환경의 한계에 의해 필요한 지역성과 외부 환경의 변화하는 복잡성에 의해 필요한 우연성 양쪽을 활용하는 데 유용하다.

이는 이펙추에이션의 과정이 ND 인공물을 생성하는 방식에 대한 질문으로 이어진다. 여기서 조각 퀼트 비유가 아주 유용하다. 기업과 시장을 창출하는 데 이펙추에이션의 과정을 활용하는 것은 조각 퀼트를 만드는 것과 비슷하다. 바느질하는 사람은 무작위 천 조각으로 과정을 시작하고 이를 활용해 유의미하고 아름다운 패턴을 만들기 위해 노력한다. 초반에 바느질하는 사람은 완성물에 가능한 패턴이나 그림으로 표현할 수 있는 서로 다른 조각들을 조합하려고 할 것이다. 특정한 종류의 조각의 유무가 디자인에 제약을 줄 수는 있지만 디자인을 결정하지는 않는다. 솜씨 있는 장인은 초기에 가지고 있는 혼란스러운 조각들로 흥미롭고 의미 있는 패턴을 만들 수 있다. 게다가 이불의 모양이 잡혀가면서 바느질하는 사람은 초기 보유 조각들 외에 친구나 중고 장터에서 특정한 조각을 구할 수도 있다. 이들이 새로 찾은 조각의 우연성에 기반하여 새로운 가능성이 생기면 초기 디자인을 바꿀 수도 있고 더 나은 완성물로 발전시킬 수도 있다.

그러므로 자발적으로 참여한 이해관계자들이 실현적 방식으로 창조한 퀼트는 ND 시스템의 훌륭한 사례가 될 수 있다. 흥미로운 패턴을 만들기 위해 특정 조각은 다른 조각과 어울려야 하지만 전체 작품을 새로 하지 않고도 일부분은 다시 작업할 수 있다. 이러한 실현적 퀼트의 인과관계적 비유는 그림이 이미 정해져 있고 조각들을 단순히 정확하게 조합하면 되는 직소 퍼즐이 될 수 있다. 하지만 조각 퀼트는 사전에 정해진 패턴이 없고 대부분 기업가와 자발적으로 참여한 이해관계자 사이의 협상 관계에 달려 있다. 보통 인과관계 모델이 목표에 묶여 있다면 이펙추에이션은 특정한 목표에서 자유롭다. 이를 통해 이펙추에이터들은 특정한 목표를 바꿀 수 있을 뿐만 아니라 과정의 초기에는 내다볼 수 없었던 새로운 여러 결과를 창조할 수 있다.

5장에서 살펴보았듯이 실현적 기업가는 자신이 누구인지, 무엇을 아는지, 누구를 아는지에서부터 시작하여 함께 사업을 공동 창조하는 데 관심이 있는 적어도 한 명 이상의 자발적인 이해관계자의 전념을 보장한다. 그러므로 (아마 여러 번 시작이 중단된 후) 상품과 이해관계자와 환경의 안정적인 첫 조합이 탄생한다. 하지만 안정적인 첫 조합은 새로운 사업에서 기업가와 이해관계자에게 주어진 현재 수단을 바꾼다. 지식의 범위가 확장하고 사회적 네트워크가 넓어지며 정체성은 평판과 타당한 효과 등으로 강화된다. 이펙추에이터들은 초기 이해관계자들과 그들의 관심사에 따라 초기의 조합을 확장하기 시작하며 우연적인 방식으로 (그리고 대개 이해관계자에 의존하여) 새로운 조합을 계속해서 추가한다. 이 반복적인 과정을 통해 기업가와 이해관계자들은 기업의 강령, 사업 계획, 마케팅 책자와 홍보물에 내재되는 혁신적이면서 유의미한 주제를 통해 다른 조각들을 조합한다. 상향식의 순차적인 구축 방식이 실패의 비용을 줄이는 반면에 일원화된 정체성을 창조하고자 하는 지속적인 노력으로 실현적 기업은 성공을 축적하고 무엇이 가능하고 아닌지 학습하며 경쟁 우위를 만들 수 있다.

이 방식으로 이펙추에이션은 ND 인공물을 만든다. 실현적으로 만들어진 기업은 내부 이해관계자들에게 신뢰와 충성심을 쌓는 강한 정체성을 가지고 있다면 완전히 분해할 수 있거나 100% 모듈식일 수 없다. 그러나 외부 이해관계자들로부터 받은 부정적 피드백이 기업의 성장 과정에서 개선점으로 작용하고 시장에서 견딜 수 있도록 ND 방식이 되어야 한다. 이는 실현적으로 만들어진 ND 주체가 더 빠르게 발전하고 더 오래 지속할 수 있는 특별한 이점을 주는 부분의 상호 의존성과 독립성 모두에서 우위점을 인지하고 육성할 수 있는 특정한 기회다.

이러한 생각을 표현하기 위해 내가 진행한 연구에서 사례를 추출해보자 (전문은 395쪽 참조). 연구 대상자는 벤처링이라는 이름의 가상기업가정신 시뮬레이션 사업에서 자신이 설립한 새로운 기업의 성장 가능성에 대한 질문을 받았다.

나는 이 사례를 실현적 인공물의 구조에서 ND가 불가피하다는 증거가 아닌, 어떻게 실현적 과정으로 ND를 경제적 인공물로 만들 수 있는지의 예시로 활용하고자 한다. 연구 대상자는 처음에는 상품에 대한 믿음이 거의 없었지만 결국 훌륭한 회사의 비전을 상상하게 됐다는 점을 참고하자. 또한 구술하는 동안 연구 대상자는 적어도 세 차례를 공통적인 테마 또는 '정체성'을 통해 여러 다른 조각을 종합하고자 노력했다.

지금까지의 설명을 요약하자면 이펙추에이션과 ND 모두 인공물의 발전 과정에서 지역성과 우연성을 활용한다. 이펙추에이션이 지역성과 우연성을 활용하기 위해 부분의 상호 의존성을 활용하는 빠르게 발전하는 인공물을 만드는 것처럼 이러한 시스템 구조의 ND도 동일한 지역성과 우연성을 활용하는 부분의 의존성을 활용한다. 이펙추에이션이 기업가적 천을 이어 붙여 상호적이고 동적으로 변하는 환경에서 납득할 수 있는 경제적 퀼트를 만들 때, ND는 찢어진 부분을 발견하고 환경의 변화로 생긴 요구 사항에 맞게 전체적 패턴에 어우러지도록 다시 작업한다.

이 두 가지 개념은 우리가 현실에서 보는 기업의 설립과 성장에 하나의 설명을 제공한다. 이러한 설명을 입증할 방안 중 한 가지는 이미 호가인 가능한 역사적 증거를 분석하는 것이다. 예를 들어 웨지우드 도자기[51], 제너럴일렉트릭[52], 유홀[53]과 AES[54] 등은 모두 실현적 과정이 어떻게 구조상 근접 분해 가능성을 지닌 크고 빠르게 성장하는 기업을

만들었는지 보여준다. 미국 산업 전반의 분해 구조가 퍼진 좀 더 일반
적 역사는 피터 드러커와 앨프리드 챈들러의 연구에서도 찾아볼 수 있
다.[55][56] 오늘날 우리는 프랜차이즈나 공동 투자, 그리고 요즘엔 아마존
과 같은 인터넷 회사가 활용하는 제휴 방식을 통해 성장한 수많은 신규
회사 사례를 볼 수 있다.

실현적 사례의 경우 인공물의 내부 환경인 회사는 ND 구조를 만
들 때와 동일한 방식으로 설계된다. 게다가 그 구조의 찢어진 부분과
바느질은 이해관계자와의 협상을 통해 결정되므로 외부 환경, 즉 누가
참여하고 누가 참여하지 않는지 부분적으로 설계하는 것과 같다. 그러
므로 이펙추에이션과 ND는 함께 외부 환경의 요구 사항에 맞게 인공
물의 내부 환경을 설계할 뿐만 아니라 외부 환경도 내부에 맞게 재구성
할 수 있다.

내부와 외부 환경을 공동 설계한다는 의아한 주장은 존재론적 개
입ontological commitment을 숨기고 있다. 사이먼의 인공물에서 이 전
제는 제한된 합리성에 근거를 두고 있다. 사이먼의 저서 『인공과학의
이해』에서 찾아볼 수 있는 "설계를 위한 시간과 공간의 지평선"이라는
심오한 구절에서 사이먼은 인간 삶의 시공간적 맥락과 이를 다루기 위
한 우리의 '제한된' 합리성의 충분함을 하나의 연상 이미지로 정리한다.

우리는 작은 전등이 불을 비추는 길고 어두운 복도에 앉아 있다.
전등불은 복도의 일부만을 비추다가 이를 둘러싼 미래와 과거
의 광범위한 어둠에 의해 빠르게 흩어진다.[57]

내부와 외부 환경 사이의 맞춤 과정의 결과 중 하나는 외부 환경의 시
공간적 규칙성이 내부 구조에 반영된다는 것이다. 뇌에 지형 지도가 존
재한다는 것도 이러한 현상의 놀라운 사례다.[58] 예를 들어 엄지와 같은

신체 부위에서 신호를 인식하는 신경계는 검지처럼 가까운 신체 부위의 신호를 인식하는 신경계와 인접해 있다. 보통 외부 세계의 공간 인접성은 내부 세계의 공간 인접성과 연결되어 있다.

좋은 설계는 또한 외부 환경의 공간과 시간 인접성을 인공물의 구조와 그 소재를 포함한 내부로 연결한다. 사이먼은 다음과 같이 설명한다.[59]

> 시계는 사실 내부 구조와 어디에 위치하는지에 따라 시간을 알려준다. 칼의 성능은 칼날의 재료와 닿는 물질의 강도에 따라 달라진다.

여기서는 외부에서 내부 환경으로 연결된다. 사이먼은 또한 반대 방향으로도 연결될 수 있다는 것을 보여준다.

> 그러므로 시계가 진동에 강하다면 배의 항해 정밀 시계로 사용될 수 있다. (그리고 반대로 만약 그렇지 않다면 집 벽난로 선반에 활용할 수도 있을 것이다)[60]

인간의 인공물 설계는 자연법칙 제약하에서 인공물 설계가 화살이 향하는 방향을 정할 수 있기 때문에 지역적 환경 자체가 넓은 의미에서 설계자에 의해 가공된 인공물이다.

시공간적 근접성에 대한 존재론적 개입이 중요한 이유는 생각이 현실에 적용되는 방식을 결정하기 때문이다. 이전 논의로 돌아가보면 설계적 선택으로서의 모듈성은 명백한 존재론적 개입을 만들지 않는다. 모듈성은 추상적인 조직적 원칙이고 시공간은 다른 어떤 것이 그렇듯 모듈 방식(예를 들어 조립 공정에서 노동 구분)으로 생각할 수 있다. ND 또한 추상적인 원칙이지만 사이먼이 인공물의 맥락에서 발전시킨

것은 앞에서 살펴보았듯이 우연적인 것이 아니다. 제한된 합리적 전형에 대한 사이먼의 인공물 전제는 전략적 경영과 기업가정신에 명백한 시사점을 준다.

첫 번째 시사점은 디트로이트의 3대 자동차 기업처럼 회사가 상당한 시장 점유율을 보유하고 안정적 자리에 있더라도 앞서가는 기업은 지속적으로 혁신해야 한다는 아주 명백하고 잘 알려진 전략의 처방과 아주 흡사하다. 이는 사이먼이 지적한 것처럼 설계된 인공물의 세계에서 모든 경쟁 우위는 지속력이 짧기 때문이다.[61] 하지만 두 번째 시사점은 종종 앞서가는 기업이 자신의 고객군을 진부화해야 한다는 반직관적이고 잘 다뤄지지 않은 설명을 강조한다.

이는 내부와 외부 환경 사이의 관계가 양방향성이라는 사실에 의거한다. 신규 시장은 취향이나 기술의 변화에 대응해서 생길 뿐만 아니라 기업가와 관리자가 적극적으로 고객들의 취향을 바꾸고 새로운 가능성을 주지시키면서도 생성할 수 있다 슘페터도 "만족스러운 비누를 생산하는 것으로는 충분하지 않았으며 사람들이 세수하도록 유도하는 것이 필요했다."라고 지적했다.[62] 위에서 설명한 사례에서 디트로이트 자동차 산업은 일본 기업이 미국인들에게 하이브리드 자동차를 타도록 유도한다고 해서 고객들이 취향을 바꾸지 않을 것이라고 장담할 수 있다. 또는 고객들에게 연비 혜택을 적극적으로 홍보하거나 만약 필요하다면 주요 고객군이 증발하기 전에 나서서 진부화할 수도 있다. 달리 말하면 시장을 사전에 존재하는 것으로 여기고 모든 관심을 적절한 대응에 맞춘다면 3대 자동차 기업은 설계의 문제, 즉 자동차뿐 아니라 시장도 설계할 수 있다는 현실을 간과하는 것이다.

환경을 재정의하는 인공물을 설계하라

내가 강조하고자 하는 점은 단순하지만 냉혹하다. 조직의 설계자들은 우리가 살아가는 환경을 디자인한다. 그리고 그 과정에서 이들은 우리가 누구인지, 우리가 어떤 존재가 될 수 있는지, 우리가 무엇을 아는지, 무엇을 배울 수 있는지, 우리가 누구와 상호작용하고 무시하는지를 포함한 우리 존재의 좌표를 재정의한다.[63] 설계자에게 영향을 받지 않는 환경이나 인공물에 흔들리지 않는 세계라는 오류는 시장이 어딘가에 존재한다는 편안한 미신에 의해 강화된다. 겉으로는 의도적으로 보이지만 사실은 무작위하거나 체계화된 인간의 노력인 결과물에서 알맹이를 현명하게 골라낼 수 있다는 잘못된 믿음이다.

실현적이든 그렇지 않든 기업가 자신이 운영하는 환경을 변화시키려고 노력하고 성공한 사례는 거의 대부분의 자서전이나 기록물에서 찾아볼 수 있다. 에디슨이 전구를 만들기 시작할 때 시장은 나서서 구입하려고 하지 않았다. 에디슨은 은행가와 변호사, 정치인들과 노력하며 이들을 교육하고 회유하고 때때로 극복해야 했다. 그는 자신과 직원들을 전도사이자 사탄의 빛에 반대하며 목사들에 대항하여 복장을 입고 행진하는 극단적 행동주의자로 재탄생시켜야 했다. 이는 앞서 살펴본 웨지우드가 지금은 우리가 당연히 여기는 자유를 상징하는 그의 제품들을 배송하기 위해 다리와 운하를 지어야 했던 사례를 떠올리게 한다. 좀 더 최근에는 메리 케이 애시가 화장을 넘어 여성을 재탄생하게 도운 사례도 있다. "우리 조직의 사람들에게 여러 번 말했어요. '무릎에 난 상처를 비교하자면 나는 이 방 누구보다도 많은 상처가 있습니다. 인생에서 아주 여러 번 넘어졌다가 일어났기 때문입니다.'" 메리 케이는 개인적으로 경제적으로 여성들이 독립할 수 있도록 도왔다. 분홍 캐딜락pink Cadillacs이라는 새로운 시장을 만든 것은 물론이다.

오직 미래의 연구만이 이러한 저명한 기업가들의 의사 결정과 행동이 얼마나 실현적이었는지 말해줄 수 있다. 나는 이러한 연구를 통해 성공적인 기업가 영웅들을 만든 유명한 기풍에 도전할 수 있기를 바란다. 이펙추에이터들은 영웅적이지 않다. 이들은 단호하게 실용적이다. 이펙추에이터들은 작은 변화의 효용성, 실제 가능한 것들의 힘을 믿는다. 가끔 이들은 훌륭한 리더 같지 않아 보인다. 사실 가끔 이들은 낡은 문구를 외치기도 한다. 하지만 이들은 소매를 걷어붙이고 손에 잡히는 자원으로 만들기 시작하면서 뻔한 내용을 신성하게 만든다. 이펙추에이션 논리는 지역성과 우연을 통해 참신함을 창조해낸다. 이 참신함은 얼기설기 엮은 퀼트같이 보이기도 한다. 이해관계자들이 자신과 환경을 재구성하는 과정에서 무엇을 꿰매거나 찢을지 결정한 결과물이다. 이펙추에이션의 과정은 항상 재구성이다. 그리고 항상 생각과 실행을, 인공물과 이상을, 가능성과 실제를 구분하기를 강하게 거부하며 자신이 만든 인공물에 현실을 각인시킨다.

쇼는 존 탈턴이 아이디어를 가진 사람과 속옷 제작자인 자신의 괴리를 고민하는 심사숙고를 통해 이펙추에이션의 전형적인 모습을 보여준다. 탈턴의 생각은 중요하고 성공의 일상에서 빠져나오려는 끊임없는 노력은 필요하다. 하지만 궁극적으로 그의 미션과 열정과 성과는 속옷 그 자체다. 실현적 기업가정신은 인공의 과학이 내재되어 있지 않으면 의미가 없다.

> 네 말이 맞단다 아들아. 가게를 지켜야 하는 이 모든 상황이 현실의 가장 큰 비극이라는 점을 굳이 숨길 필요가 없다. 나는 작가가 되었어야 했다. 나는 기본적으로 사상가다. 내가 어렸을 때 가끔 나는 실패해서 사업을 포기하고 다른 일류의 무언가를 하기 위한 정당성을 얻기를 기도했다. 하지만 소용없었다. 실패할

수 없었다. 만약 한 번이라도 부인에게 작년보다 수익이 20파운드나 줄었다는 회계 장부를 보여주었다면 학문의 길을 걸으며 조니와 히페시아의 미래를 걸 수 있도록 부탁했을 수도 있다. 하지만 소용없었다. 처음에는 전년보다 250파운드가 많았다. 그다음은 700파운드, 그다음은 2000파운드였다. 그때 나는 소용이 없음을 알았다. 프로메테우스는 바위에 묶여 있다. 셸리를 읽어보라, 브라우닝을 읽어보라. 역시 가망이 없었다. [그는 홀로 일어선다] 서머헤이 경, 나에게 몇 달의 시간을 주기를 바란다. 남자라면 그의 운명과 고독 속에 명상할 시간이 필요하다. 음악은 시작되었고 마치 연극을 보는 관람자처럼 자신의 인생을 본다. 만약 웃고 싶으면 그렇게 하라. 나보다 이를 재밌게 생각하는 사람은 없을 것이다. 인생이라는 연극에서 배우를 제외한 모두는 즐거워한다. [밝아진다] 좋은 생각이 있다. 그림을 위한 아이디어다. 벤틀리가 화가가 아니라니 얼마나 불쌍한 젊은이인가! 탈턴은 그의 운명 속에서 명상한다. 토가 없이. 비극 작가나 철학자의 개입 없이. 평범한 외투와 바지를 입고 여느 사람과 같이. 그리고 그 아래에는 인간의 영혼이 있다. 탈턴의 속옷!

항상 그렇듯이 뇌는 이러한 일반적인 분류 원칙을 만들어 우리에게 순응하기를 거부한다. 예를 들어 대뇌에 후엽과 같은 비지형적 체계도 있다. 명백하게도 코는 다른 기관이 알지 못하는 것을 알고 있다.

8장

기업의
경쟁력과 기회

1장에서 나는 전략적 관리와 기업가정신 연구에서 이펙추에이션의 의미를 살펴보았다. 이 두 가지 영역에서 전략적 경영의 주된 관심은 지속 가능한 경쟁 우위를 찾는 것이고 기업가정신은 기회를 추구하는 것이라고 알려져 있다.[1][2] 하지만 지속 가능한 경쟁 우위의 궁극적인 근원이 존재하는 지에 대해서 의문이 있어왔다.[3][4] 시장을 인공물이라고 개념화하면 이펙추에이션은 이러한 비평에 동의하며 실현적 활동의 사전 조건으로 기회가 존재하는지 의문을 제기한다. 전자는 전략 경영에서 자발적인 출구 전략의 역할을 강조하고 후자의 경우는 기회를 사전적 지표가 아닌 결과로 개념을 재정립하는 것이다. 나는 이 논점을 차례로 살펴보고 이 결과가 두 영역 연구에 미칠 영향을 추적할 것이다.

지속 가능한 경쟁 우위의 근원은 과연 존재하는가

지속 가능한 경쟁 우위는 전략 경영의 성경과 같다. 데이비드 티스 외 연구에서 널리 차용되는 서문을 살펴보자.[5]

> 전략 경영 분야에서 가장 근본적인 질문은 경쟁 우위를 어떻게 획득하고 지속할 수 있는지에 대한 것이다.

하지만 이 선언문은 대부분 규정하기 힘들다고 판명 났다. 그동안 이 영역은 전통적 경쟁력 연구, 전략적 갈등의 게임 이론 분석, 자원 기반의 관점, 최근에는 역동적인 역량에 기반한 시각까지 다양한 패러다임 변화를 겪어왔다.[6]

또한 데이비드 콜리스와 같이 지속 가능한 경쟁 우위의 일반적인 이론을 비판하는 세력도 존재한다.[7]

적정하게 정의된다면 조직의 역량은 지속 가능한 경쟁 우위로서 기업의 자원 기반 시각에 의해 도출된 조건을 만족시킬 수 있다. 하지만 이 논문에서 이러한 역량의 중요성을 확장하는 데 한계가 있다는 것을 발견했다. 이 역량들은 잠식이나 대체, 또는 모방 전략을 가진 더 높은 역량에 취약하다. 이는 지속 가능한 경쟁 우위를 설명하거나 예측할 때 무한한 회귀가 있을 수 있다는 것을 말한다. 이 문제는 조직의 역량이 상황에 의존적이며 전략적 영역은 궁극적인 지속 가능한 경쟁 우위의 근원을 절대 찾지 못할 것이라는 것을 인정하면 해결된다.[8]

콜리스의 미사여구는 경쟁 우위의 부재는 실망과 타협을 일으키고 우리의 시야를 더 좁힌다고 말한다. 하지만 경쟁 우위의 근원보다 더 중요한 질문은 '이러한 경쟁 우위의 궁극적 근원이 있는 세계에서 전략적 경영자들은 어떤 역할을 할 것인가'다. 이러한 근원을 발견한 회사들이 산업에서 경쟁한다면 너무 못된 것이 아닐까? 따라서 독점 시장에 남겨질 것이다! 우리에게 남겨진 것은 재무 경제에서 무교환 법칙no trade theorem과 동일한 전략적 경영만 남게 된다.[9]

실현적 관점은 지역 기반과 예측하지 못한 가능성을 인정하거나 독점적으로 적응적인 관점에서 새로움을 찾지 않는 전략적 경영에 참여하는 것이 좀 더 흥미롭고 유의미하다고 제안한다. 이펙추에이션에 대한 연구와 지속 가능한 경쟁 우위 연구에서 점차 중첩이 발생하면서 서로 영향을 주는 현상을 강조한다. 저커 덴렐과 마치는 적응 접근이 실제보다 더 나쁘게 나타나는 대안들에 대한 편견으로 이어질 수 있다고 말한다.[10] 최근에 카를로 살바토와 로베르토 바살로는 역동적 역량을 개발하는 데 중요한 것은 추상적이고 기업 수준의 주체보다 개인적으로 상호적인 활동이라고 말한다.[11]

동적 역량에 대한 문헌에서 볼 수 있는 모순은 또한 기업의 성과에 대한 강력하고 변치 않는 설명보다는 간단한 규칙과 우수 사례의 측면에서 구성의 재개념화로 이어진다.[12] 성공을 위해 필요한 조건을 개념화하는 것보다 좀 더 우연적 방식을 보여주는 다른 예시에는 제정과 의미 부여[13 14], 빠른 속도로 변하는 환경에서의 의사 결정[15], 즉흥성[16], 선택적 진화 등이 있다.[17] 특히 주목할 만한 시도는 윈터의 연구다.[18] 콜리스의 고차 역량 공식에 직접적으로 기반하여 윈터는 다음과 같이 즉석 문제 해결ad-hoc problem solving 방식을 소개하고 있다.

> 논리적 관점에서 보면 고차원의 변화율이 '존재'한다는 것은 몇몇 파생 변수가 존재하지 않을 수 있다는 수학적 관점에서만 문제가 있다. 그리고 계산 관점에서 변수의 N+1 시간 순서는 N차 변화율의 하나의 값을 계산하는 데 충분하다. 하지만 동적 역량이 상대적으로 구체적인 목표를 위한 일정 행동을 포함하는 역량과 비슷하다면 고차원적 변화를 관장하는 조직적 과정이 잘 규정되어 있다는 보장이 없고 달리 생각할 충분한 이유가 없다. 이러한 중요한 실질적 관점에서 고차 동적 역량은 존재한다고 볼 수 없다.[19]

이펙추에이션은 이러한 발전에 동의하며 지속 가능한 경쟁 우위의 궁극적 근원이 있다는 가능성이나 철학적 필요성에 반대한다. 이 관점에서 인간의 행동은 근본적으로 창의적이다. 이러한 창의성은 일정한 시간 동안만 지속되어야 하는 경쟁 우위에 대해 만족화 방식을 요구한다.[20 21] 달리 말하면 우리는 유용한 혁신이 가능한 충분히 안정적인 시장과 번영할 다음 시장이 필요하다. 이러한 세계에서 출구 전략은 현재보다 훨씬 중요해진다. 영원함을 추구하는 것이 아니라 실현적 전략 경영은 자발적 출구 전략과 함께 하는 활력과 창의성에 집중할 것이다. 상품, 사업체, 기업과 시장은 유한할 뿐만 아니라 유한성 자체가 경제적 발전과 번영을 만들 효과적 방법으로 작용할 수 있다. 자살과 안락사는 이펙추에이션 전략의 건강한 포트폴리오의 한 부분이 될 수 있다.

다소 자극적으로 표현되었지만 이 주장은 새롭거나 개혁적이지는 않다. 합자회사는 창의적 개인이 경제성장에 목숨과 생계를 걸지 않고도 위험을 예상할 수 있도록 만들어졌다. 유한책임과 그에 따른 기업의 불멸성은 기술과 교환 과정의 진보를 밀어붙이며 개인과 사회가 잘 살 수 있는 도구였다. 하지만 몇 세기가 지나며 개인과 사회를 기업의 지속성을 위해 끊임없이 노력하는 노예로 보는 도구적 관점을 내포했다. 기업은 경쟁 다툼의 결과로만 사라질 수 있으며 새로운 목적과 번영을 위해 끝내거나 자를 수 없다. 또한 시장도 인간 행동의 의지로 만들어지거나 파괴될 수 없다.

도구적 관점의 출구 전략을 택한 전략적 경영은 어떤 모습일까? 역사가 로웨나 올레가리오는 IBM이 시스템/360과 관련해 펼쳤던 전략을 잠시 설명한다.[22]

1950년대와 1960년대, IBM의 관리 체계는 엔지니어와 마케팅, 전문 관리자의 서로 아주 다른 두 그룹의 상호 동의를 얻어야 하는 중요한 문제에 부딪혔다. 1950년대 초 IBM이 처음 전자 컴퓨터 시장에 뛰어들었을 때 두 그룹은 직접적인 갈등을 겪었다. 토머스 J. 왓슨 3세가 이끄는 마케터와 관리자 집단은 컴퓨터에 반대했는데 회사의 재정 신호가 위험할 수 있는 대규모 자본 투자가 필요했기 때문이다. 또한 컴퓨터가 성공한다면 회사에서 마케터들이 차지하고 있던 높은 지위의 영향력이 감소할 수 있었다. 다른 한편으로 전자공학자 그룹은 컴퓨터가 데이터처리 산업을 개혁할 수 있다며 토머스를 설득하는 데 성공했다.[23]

다시 1960년대로 돌아가보자.

> 회사는 시스템/360에 5억 달러를 투자했는데 이는 1960년 총
> 매출의 세 배 규모였다. 6만 명이 넘는 신규 직원을 채용했고
> 1966년 19만 명이던 총 직원 수가 1970년에는 33만 5000명에
> 달했다. 시스템/360을 개발하는 것은 회사에 막대한 부담을 주
> 었다. 전부를 잃을 수 있는 도박이었다. IBM은 지금까지 시장에
> 없던 기술을 활용하여 회사의 베스트셀러였던 1401 시리즈를
> 포함한 기존의 컴퓨터를 대체하고자 했다. 게다가 새로운 기계
> 는 아주 다른 컴퓨터 요구 사항의 과학과 비즈니스 시장 모두를
> 대상으로 했다. 이 모든 360 전략은 이전 기술에 의존하던 많은
> IBM 내부 직원에게도 외면받았다. 360 프로젝트의 임원이던
> 톰 주니어와 빈 리어슨은 새로운 전략을 지원하기 위해 모든 부
> 서를 지휘해야 했다. 리어슨은 내켜 하지 않는 직원에게 다음과
> 같이 회사 정책을 말해주었다. "1967년이 되면 1401 시리즈는
> 도도새처럼 멸종해 있을 것입니다. 이제 저항하지 맙시다."[24]

전문 기업가들은 또한 몇 명의 열정적이고 이해관계자들이 지지하는
과감한 추측에 회사를 거는 이야기를 들려준다. 위의 IBM 사례에서는
고객 피드백 없이 전략적 의사 결정을 하지 않았다. 그러나 그런 피드
백에 전적으로 근거를 두지도 않았다. 또한 IBM은 잘 정의된 미래 현금
흐름이나 심리적으로 편안한 정도의 수익 예측을 가진 명확한 기존 시
장 없이 진행했다. 대신 IBM은 혁신적인 신제품군을 위한 시장을 만들
고 창조하기 위해 이미 구축된 고객군과 관계 네트워크를 활용했다. 회
사는 신제품을 위한 시장이 무엇일지 예측하는 것이 아니라 기존 제품
의 종말을 예측하고 실행하기 위해 예측을 활용했다. 이 예측은 미래에

성공할 수도 성공하지 못할 수도 있지만 미래 시장을 형성할 수 있도록 회사의 제어력 안에 있을 가능성이 큰 제품에 대한 투자 필요성을 주장하는 의견과 동시에 결합되어 있었다. 리어슨은 이렇게 말했다. "우리는 제너럴모터스 연구 부문의 수장이자 천재 엔지니어인 찰스 케터링이 제안한 것과 항상 반대로 했다. 아직 발명되지도 않은 무언가에 배송일을 부여했다."[25]

인공물로서의 시장을 다시 개념화하기 위해서는 수렵 채집 사회에서 농업 사회로 전환한 역사와 같이 사고방식의 근본적 변화가 필요하다. 실현적 관점에서 회사는 유한한 시장에 씨를 뿌리고 기르고 거두는 이해관계자의 손에 쥐어 있는 도구다. 경쟁 우위의 지역성과 우연성을 활용하는 인공 시장 사이의 관계는 기업가정신과 새로운 기회 창조의 관계에 반영된다.

슘페터주의와 커즈너주의의 기회에 대한 관점

전통적으로 기업가정신은 기업가의 특성과 새로운 사업의 성과와 관련된 성공 요인에 집중했다. 최근 이 관점은 기업가적 기회 연구로 옮겨 갔다.[26] 기업가정신 연구자들은 이 현상이 시장의 부재로 인해 일어난다는 것을 인정하고 있다.[27] 기업가적 기회에 대한 커져가는 관심의 근원은 슘페터뿐 아니라 커즈너와도 연결되어 있는데[28][29] 벵카타라만은 커즈너의 관점이 기업가정신의 강점과 약점을 드러냈다고 본다.[30] 요약하면 슘페터 관점의 기업가는 혁신을 통해 평행을 파괴하고 커즈너 관점의 기업가들은 불균형을 조심하며 경제의 균형을 잡기 위해 노력한다. 올드리치와 셰인은 대부분의 기업가적 기회가 슘페터보다는 커즈너에 가깝다고 지적한다.[31][32]

기업가적 기회란 무엇인가? 이 현상은 기업가정신 연구로 검증되었는가 아니면 기업가와 기업들의 성과 분석으로 탄생했는가? 최근 대부분의 방식은 후자를 제안한다. 예를 들어 셰인과 벵카타라만은 카슨의 기업가적 기회 정의를 사용한다.

> 기업가정신을 가지기 위해 기업가적 기회를 잡아야 한다. 기업
> 가적 기회는 새로운 상품과 서비스, 자원, 조직론적 방법을 도출
> 할 수 있고 생산가격보다 더 높은 가격으로 팔 수 있는 환경을
> 말한다.[33] 이 기회를 발견하는 것은 상대적인 과정이지만 기회
> 자체는 모든 이에게 알려지지 않은 객관적인 현상이다. 예를 들
> 어 전화기의 발견은 통신에서 새로운 기회를 창출했는데 사람
> 들이 이 기회를 발견했든 안 했든 큰 관련이 없다.[34]

이 정의는 기회가 객관적인 산출물인지 상대적인 인식인지에 관해 계속해서 논쟁을 일으키고 있다.[35] [36] [37] [38] [39] [40] 기회는 객관적으로 존재하더라도 사후에 인지될 수 있는지[41] [42], 기업가 프로세스 외부에서 발생하는지, 또는 기업가들의 행동으로 발생하는지에 대해서도 논점이 다르다.[43] [44] [45] 러스 맥브라이드와 로버트 웹커의 연구는 기회가 존재론적으로 상대적이지만 관련된 이해관계자의 신념이 변화하면서 인식론적으로 객관적인 주체가 될 수 있다고 주장하면서 방법을 제시한다.[46] 페르 다비드손은 심지어 기회를 만들 때의 문제가 기업가정신 연구의 발전을 저해한다고 주장해왔다.[47]

　　신고전주의 기업가, 즉 생산자가 현재 또는 잠재수요를 충족시키고 시장 점유율을 확보하고자 할 때 사회학적, 진화론적 기업가는 현존하는 시장에 적응하고 살아남고자 하며, 슘페터주의 및 커즈너주의 기업가는 주어진 기회를 인식하고 발견하며 탐구하고 활용하고자 한다.

사실 셰인은 기업가의 행동에 앞서는 두 가지 기회 유형 모두의 여러 근원을 정의한다.[48] 셰인은 슘페터주의 기회가 기술적 변화, 정치적·법률적 변화 그리고 사회적·인구학적 변화에서 발생한다고 주장한다. 커즈너 기회는 대체로 특이하며 이전 의사 결정자의 오류와 누락에서 발생하고 이는 잉여와 부족으로 이어졌다.

슘페터와 커즈너의 원문에는 기회의 존재와 기회를 발견하는 기업가의 역할에 대한 좀 더 복잡한 입장이 담겨 있다. 예를 들어 커즈너는 이 주제에 대해 다음과 같이 말했다.

> 기업가적 지식은 어디서 정보 또는 다른 자원을 취득하고 어떻게 활용하는지에 대한 희소하고 추상적인 종류의 지식이다.
>
> 이 기업가적 조심성은 시장 과정에 필수적이다. 불균형은 널리 퍼진 무지의 상황을 대변한다. 이 무지는 수익 기회의 부상에 책임이 있다. 기업가적 조심성은 다른 사람들이 지나칠 때 이러한 기회를 활용한다. G. L. S. 섀클과 루트비히 라흐만은 인간 지식의 예측 불가능성을 강조했고 사실 우리는 기업가들이 우월한 선경지명을 어떻게 갖는지 완전히 이해하지 못한다. 우리는 어떤 사람들이 다른 사람들보다 먼저 무엇이 다가올지 발견하는 방법을 설명할 수 없다.[49]

이전 장에서도 논의했듯이 커즈너의 미스터리에 대한 대답은 기업가들이 보통 '번뜩이는 선경지명'을 갖고 있지 않다는 것이다. 하지만 이들은 판단력을 기른다.[50] 이 판단의 중요한 부분은 나이트의 불확실성 아래 1형과 2형 오류 사이에서 선택하는 것이다. 기업가적 역량을 통해 이러한 판단력을 기를 수 있는 방법과 실현적 기업가 역량으로 바꿀 수 있는 방법에 대해 알아보도록 하겠다.

자만감을 자신감으로

과신은 기업가적 인식에서 가장 폭넓게 알려진 요소 중 하나다.[51] 자기 과신을 연구한 학자들은 개인들이 완벽한 자신감을 위해 노력한다고 가정한다. 그리하여 이들은 과신을 판단의 완벽한 정확성과의 차이를 측정하는 수단으로 평가한다.[52][53][54] 예를 들어 카네만과 로발로는 참가자들이 미래를 예측할 수 있다고 생각하여 "실증주의적 편향"을 줄이고 모든 상황에서 최적으로 행동하기 위해 "교정" 행동을 자신감 있게 사용한다고 가정한다.[55] 어떤 연구도 최적화된 판단의 정확성이 단순히 불가능한 상황, 예를 들면 나이트의 불확실성과 같은 상황을 고려하지 않았다.

연구자들은 미묘하게 다른 정의를 활용하고 현상을 측정하는 다양한 방법을 사용하며 무수히 다양한 관점에서 과신을 연구하지만[56][57] 모든 연구의 공통점은 과신이 어떤 방식으로든 개인이 성공의 가능성이나 판단을 과대평가하는 것과 관련이 있다는 점이다.[58]

데일 그리핀과 캐롤 바레이는 해당 문헌을 종합적으로 살펴본 후 과신의 두 가지 독특하면서 구별되는 영역이 있다는 결론을 내렸다.[59] 바로 개인적 과신과 예측적 과신이다. 개인적 과신은 역량이나 지식을 포함한 개인적 역량과 관련이 있고 예측적 과신은 미래 상황과 결과, 그리고 성공에 대한 예측을 둘러싼 과신의 측면을 포함한다. 이러한 개념은 '나는 이 일을 할 수 있다고 ××% 확신한다'와 '이 일이 일어날 것을 ××% 확신한다'의 차이점으로 나타낼 수 있다. 또는 내 역량에 대한 자신감과 이러한 기술이 사업의 성공을 보장할 수 있다는 믿음에 대한 자신감 사이의 구분으로도 볼 수 있다. 연구자들이 여러 번 예측적 과신과[60][61][62] 개인적 과신 개념을 교대해서 사용했지만[63][64][65][66][67] 타운젠드 외 연구는 최근 역량과 성과 기대는 새로운 사업 창출에 각각의 독

특한 효과를 가져온다는 실증적 기반을 알아냈다.[68]

이 두 차원을 활용하여 자신감 영역을 그린다면 완벽한 자신감에서 파생된 적어도 네 가지 유형의 기업가를 구별할 수 있다.

도표 8.1 실현적 기업가 전문성 발전 과정에서 자신감의 역학

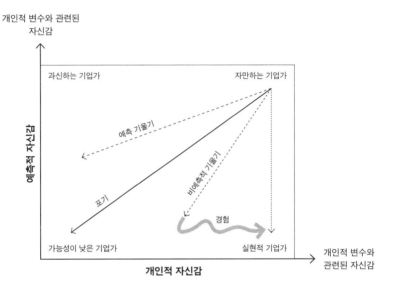

1. 가능성이 낮은 기업가: 개인적, 예측적 자신감이 모두 낮은 사람은 기업가정신에 뛰어들 가능성이 낮다.
2. 자만하는 기업가: 위와 정반대는 상황적이고 예측적 자신감이 모두 높은 사람이다. 이러한 기업가는 자만심에 빠진다.
3. 과신하는 기업가: 예측적 자신감이 높지만 자신의 역량을 과대평가하는 것에 합리적인 예방 조치를 취하는 사람은 자만하지 않지만 경제학자와 심리학자는 일반적으로 과신하는 기

업가로 간주한다.

4. 실현적 기업가: 실현적 기업가는 예측에 희망이나 믿음이 없다. 마찬가지로 이들은 특히 기업가적 경험의 초기 단계에서 미래를 실현시킬 자신의 역량을 과신하는 실수를 범하기 쉽다.

이제 우리는 이러한 기업가들이 사업을 구축할 때 실제 경험에서 배운 교훈을 통해 실현적 전문성을 개발할 방법에 집중할 수 있다. 대부분의 스타트업 기업가들은 모든 차원에서 높은 수준의 자신감을 보여왔기 때문에 우리는 자신감 영역의 오른쪽 상단 모서리 어딘가부터 시작해 보자.[69] 6장에서 살펴봤던 것처럼 습관적 기업가의 경험은 몇 개의 성공적인 사업과 그렇지 않은 사업의 일시적 포트폴리오로 이루어져 있다. 이를 통해 기업가들이 영역의 다른 곳에 속했더라도 모든 성공은 예측적 자신감과 개인적 자신감의 양쪽 차원에서 전반적인 자신감을 상승시킨다는 것을 알 수 있다. 사이먼 저베이스와 테런스 오딘은 성공하는 사람의 경우 과신이 상승하고 성공을 자신의 역량의 결과로 본다는 것을 알아냈다.[70] 초기의 사업 성공은 과신의 양쪽 측면을 상승시키고 초기 기업가를 우리 모델의 '자만하는 기업가' 영역으로 밀어낸다. 추가적인 성공은 기업가가 자신의 예측적 능력을 지나치게 낙관적으로 평가하게 하고 또한 개인적 역량에 대한 자신감을 높인다.

그러나 실패는 좀 더 까다롭고 흥미롭다. 만약 성공과 실패가 비슷한 방식으로 자신감을 높이고 낮춘다면 기업가는 가능성이 낮은 기업가와 자만하는 기업가 사이를 대각선으로 움직일 것이라고 기대할 수 있다. 하지만 귀인 오류attribution error 문헌에 따르면 사람들은 실패를 경험할 때 실패의 원인을 생각한다.[71][72][73][74] 특히 사람들이 성공은 자신의 노력의 결과로 보는 반면에 실패에 대해서는 불행이나 다른 사람의 실수 등 자신의 제어 밖의 요소를 탓하는 경향이 있다. 그러므로 기업가들은 예측적 차원과 개인적 차원 모두에서 동일하게 자신감을 잃지 않는다고 생각할 수 있다. 대신 기업 실패에 대한 반응은 물론 사업을 완전히 포기하지 않는다는 전제하에 예측적 또는 비예측적 자신감에 편향될 가능성이 높다.

실패의 가장 유력한 결과는 도표 8.1에서 '포기' 선을 따라 움직이는 것이다. 이는 기업가정신에서 낮은 자신감을 가진 기업가들을 분류하는 표본 선정 방식으로 작용하여 연쇄적 기업가정신을 실행하는 자신감 높은 개인만 남기게 된다.[75] 문헌에 이미 확립된 다양한 실증적 결과에 대한 자명한 설명이다.[76] [77] [78] 하지만 최소한 일부 실패나 기업가들이 포기하지 않고 다시 도전하고자 한다면 도표 8.1에서 기업 실패에 대한 습관적 기업가들의 반응은 예측적 자신감 상승을 향해 북서쪽 또는 비예측적 자신감의 상승을 향해 남동쪽, 두 가지 중 하나의 방향으로 치우칠 수 있다. 둘 중 후자는 두 가지 이유로 좀 더 기업가들에게 부합한다. 첫째, 귀인 편향에 대한 문헌에 따르면 기업가들은 자신의 개인적 역량보다 제어 밖의 예측 역량의 탓으로 돌리는 경우가 많다. 둘째, 실패 이후 자원을 얻는 것이 더 힘들어지면서 기업가들은 감당 가능한 손실 등 좀 더 보수적이고 비예측적(이펙추에이션) 전략을 쓸 수밖에 없다. 게다가 선택된 이해관계자들 역시 실패한 기업가의 비전이나 미래에 대한 예측을 '따르는 것'에 신중해지기 때문에 기업가들은 자발적으로 참여하는 이해관계자들과 공동 창조하는 좀 더 실현적인 기법을 사용하게 된다.

만약 여러 스타트업에서 점차 이러한 편향이 조금이라도 존재한다면 습관적 기업가들은 동쪽으로 이동하여 기업가적 경력에서 실현적 방식인 비예측적 영역에 자리 잡을 가능성이 크다. 요약하면 전문 기업가들은 기회를 만들 때 정확하게 예측하고 이 예측에 기반하여 성공적인 투자를 하는 것보다 비예측적 제어의 논리를 활용하도록 학습한다. 달리 말하면 실현적 논리는 기업가들이 예측에서는 자신감이 낮아지고, 자발적으로 참여하는 이해관계자들과 공동 창조할 때는 조심스럽게 자신감을 쌓아가도록 만든다. 이 논리는 또한 기회의 상향보다는 하향에 좀 더 집중하도록 한다. 좀 더 자세히 살펴볼 이 주장을 담은 다음 내용은 많은 부분 나의 연구에서 추출되었다.[79]

기회의 하락에 집중하면 상승은 온다

기회를 기업가적 연구의 중점적 현상으로 보는 것에 찬성과 반대 의견이 다양하게 논의되고 있지만 기회의 인식, 발견, 창출 및 영리, 비영리, 사회적 기업 그리고 신규 시장과 신규 제도 등을 둘러싸고 실증적 연구가 발전해왔다.[80] [81] [82] [83] [84] [85] [86] 하지만 대부분의 연구는 기회의 긍정적 가능성을 강조하고 하향 리스크는 무시하거나 휴리스틱과 편향으로 분류한다. 예를 들어 직업적 선택에 대한 문헌 흐름은 기업가적 기회를 리스크가 조정된 기대 수익을 얻는 확률로 여긴다.[87] [88] [89] [90] 과신 편향에 대한 문헌 흐름은 기업가들이 상승 가능성을 과대평가하는 경향이 있어 하향 리스크를 과소평가한다고 주장한다.[91] [92] [93] 보통 기회에 대한 현존하는 연구는 기업가들이 하향 리스크를 생각하고 관리하며 다루는 방식보다 기회의 상향 가능성을 인지하고 추구하고 성취하는 방법에 더 관심을 둔다.

　기회라는 단어 자체는 긍정적인 의미를 함축한다. 이는 우리에게 성공, 성취, 번영, 나아가 건강이나 행복을 떠올리게 한다. 단어가 이를 유도한다. 우리는 본능적으로 하향을 두려워하는 이들조차 상향에 대한 희망적인 상상을 한다고 생각한다. 우리의 불행을 기회로 보게 만드는 자기 계발서를 떠올리게 한다. 단순히 무언가를 기회로 보게 만드는 것은 하락 가능성을 잊게 한다. 상향 가능성의 빛나는 명확함은 우리가 기회를 추구하면서 겪게 될 어떤 위험이나 장애물도 극복할 수 있게, 아니 그렇게 하도록 북돋는다.

그러나 가장 강력한 기회는 상승이 불명확하고 하락이 명확하거나 제어 안에서 정의될 수 있는 것들이다.[94] 상승이 명확하면 다수의 경쟁자를 불러들일 것이고 이 중 많은 수는 그 기회를 추구하는 데 필요한 역량이나 자원 측면에서 더 적합할 수 있다. 상승이 명확하지 않은 상태에서 하락을 제어할 수 있다면, 상승을 외부적인 승리의 지표로 정의하지 않는 사람들만이 그 기회를 추구할 것이다. 달리 말하면 불명확한 상승은 고유한 동기부여를 주는 선택 방식으로 작용한다. 본질적으로 동기부여가 된 기업가들과 이해관계자들은 단지 기회가 어떻게 될지 명확하지 않을 때에도 관심을 가지고 있는 상향 수준에 도달하기 위함뿐 아니라 한계를 계속 올리고자 한다. 요약하면 하락에 집중하면 승리에 대한 구체적 비전에 기대하는 바가 없거나 신뢰도가 낮다고 할지라도 추구할 가치가 있는 지역적, 우연적 행동의 측면에서 상승을 재구성한다.

여기저기서 나는 우리 연구에 기회의 하락 가능성을 좀 더 분명하게 포함해야 한다고 주장해왔다. 그러나 이 주장은 행동학자, 특히 전망 이론의 신망 있는 연구 흐름을 추구하는 학자들에게 즉시 문제를 제기할지도 모른다.[95][96]

1. 전망 이론과 관계된 기회의 하향

전망 이론은 인간이 이득에서 동기부여를 얻기보다 손실을 회피하고자 한다고 주장한다. 잠재적 기업가들에게 시작하기도 전에 부정적 가능성을 파악하라고 재촉하는 것은 손실 회피에 대한 발견에 가까운 듯 보인다. 하락에 관심을 기울인다면 애초에 사업을 시작하려는 가능성이 줄어들지는 않을까? 그렇기도 하고 아니기도 하다.

아니다. 긍정적인 일이 될 수 있다. 왜냐하면 더 많은 사람이 사업을 시작할 수 있도록 인센티브를 주는 것이 나에게는 그다지 설득력 있지 않기 때문이다.

1. 첫 번째로 이러한 장려 제도는 기업가정신의 '멋짐'을 강조하고 유동성 제약을 없앰으로써 사람들이 원해서 사업을 시작하는 것이라 인센티브가 유인이 되어서 시작하는 잘못된 선택을 하게 할 수 있게 한다. 즉 본질적 동기부여가 혁신의 가장 강력한 예측 변수라는 창의성 연구 결과 측면에서 고려해보자.[97][98]

2. 두 번째로 대부분의 인센티브는 가망 있는 기업가가 실제로 무엇에 가치를 두거나 원하는지 또는 무엇을 추구해야 하는지에 심도 있게 살펴보지 않고 설계된다는 사실을 고려할 때 본질적인 동기부여 없이 사람을 선택하는 것은 더 설득력이 없어진다. 이 문제에 관해 진행된 아누샤 라메시 외의 최근 실증 연구는 가망 기업가들이 가장 중요하게 생각하는 인센티브는 정책 입안자들이 현재 기업가들에게 제공하고 있는 (대개) 금전적 인센티브보다 훨씬 제공 비용이 적다는 것을 알아냈다.[99]

3. 세 번째로 이러한 인센티브는 기업가정신 교육과 같은 비록 장기적이지만 좀 더 효과적인 투자보다 국가나 도시가 점점 더 돈이 많이 드는 유인책으로 경쟁하는 근시안적 경주에 귀중한 세금 자원이 흘러가게 한다. 이러한 광기 어린 경쟁은 성장하고 있는 기존의 기업가들이 이러한 자원을 통해 좀 더 성장하여 일자리를 창출하고 수익을 낼 수 있는 기회를 무시하거나 차단하기까지 하는 부작용을 낳는다. 게다가 첫 사업에는 실패했지만 가치 있는 교훈을 얻어 다음번엔 더 효과적인 사업을 새로 시작할 수도 있는 기업가들의 의욕을 꺾는다.[100]

4. 네 번째로 본질적인 동기부여보다 금전적 유인으로 기업가가
   된 사람들의 대다수는 실패할 가능성이 높고 이러한 실패 비
   율이 높아질수록 미래에 본질적 동기부여를 통해 사업을 하
   려는 사람들은 더 적어질 수 있다.

그리고 그럴 때도 있다. 왜냐하면 가망 기업가에게 인센티브를 제한하
고 기업가정신을 전파한다면 신규 사업의 개수는 줄어드는 반면에 더
많은 수의 질적 수준이 높은 일자리를 창출할 수 있기 때문이다. 이와
관련하여 11장에서 경영의 중산층이 왜 필요하고 어떻게 만들 수 있는
지 논의할 것이다.

손실 회피는 광범위한 실증적 근거로 뒷받침된다.[101] 그렇다면 사
람들이 용기를 끌어모아 새로운 사업을 시작하는 이유가 무엇일지 궁
금해진다.

기업가적 기회는 어디서 오는가

만약 신고전주의 경제사상이나 더 나아가 합리적 판단 철학처럼 현존
하는 이론을 시작점으로 잡는다면 기업가적 활동이나 이펙추에이션 논
리를 기존 상식과 다른 편차로 설명해야 할 것이다.[102 103] 대신에 칼 포
퍼의 사상처럼 나는 기업가정신이 설명이 어려운 변칙이나 당연한 전
제 조건이 아니라 사실 경제학을 일반화한다는 과감한 추측을 하고자
한다.[104] * 달리 말하면 경제학은 시장이 이미 형성되어 있거나 산업이
나 경쟁 구도가 이미 존재하는 특정한 사례를 연구한다. 이 관점에서
기업가적 기회는 경제학이 이미 주어진 것으로 여기는 원시적 요소를
창조하는 기회가 되어야 한다. 이러한 요소에는 선호도, 수요 기능, 경

쟁 구도와 사회 정치적 제도 등이 포함된다.

나의 관점에서 기업가적 기회는 인간사에서 중요한 모든 것이 시작되는 지점, 윌리엄 제임스가 받아들이고 이해하려 했던 "순수한 경험의 세계"에서 발생한다.[105] 이 세계에서 지식은 경쟁 상대가 아니며 제임스학파 실용주의에서 세계 자체가 늘 진행 중이라고 여겼듯이 기회는 항상 만들어지는 중이다. 제임스의 생생한 묘사는 다음과 같다.

> 제한 없이 생각을 지속한다면 100번 중 99번은 완전히 아는 것을 실용적으로 대체한다. 각각의 경험은 다음 경험으로 인지적 전환을 겪고 우리가 진실이나 사실로 여기는 것과 어디서도 충돌을 느끼지 않기 때문에 우리는 확실한 것처럼 현재에 전념한다. 우리는 밀려드는 파도의 끝에 있고 정해진 방향에 대한 감각이 앞으로 나아갈 길에 대해 아는 것의 전부다. 마치 미분 지수가 의식이 있고 자신을 추적곡선의 적절한 대체물로 여겨야 한다는 것과 같다. 그중에서도 우리의 경험은 비율과 방향의 다양한 변주이며 여행의 끝보다 과정에 담겨 있다.[106]

즉 기회는 발견할 수도 있으며 만들 수도 있다. 그리고 실증적 증거가 보여주듯 기회는 기업가들이 자신의 행동을 데이터로 삼아 실행하는 결과물이다. 실행을 커즈너의 "우월한 예측의 섬광"과 같은 창의적 생

---

* 포퍼의 반증주의 접근법: "그러므로 나는 나와 같은 반증주의자들이 관련이 없는 진리를 읊어대는 것보다는 흥미로운 문제를 해결할 때 바로 반려당하더라도 (특히 그럴 때도) 대담한 추측으로 해결하고자 하는 시도를 훨씬 선호한다는 점을 인정한다. 왜냐하면 이를 통해 실수에서 배울 수 있다고 믿기 때문이다. 그리고 우리의 추측이 거짓이었다는 것을 밝히는 과정에서 진실에 대해 훨씬 더 많이 배우고 진리에 가까워질 수 있다."

각의 단순한 실행이 아니라 세상에 신선함을 가져오는 근본적 원인으로 보는 시각은 최근 사회철학의 발전으로 강화되었다. 예를 들어 요아스는 합리적 행동이 물질성, 상황, 사회성의 가정이 성립하는 특별한 경우라는 점에서 사회적 행동 이론이 창의적 행동을 포함하도록 일반화해야 한다고 자세히 주장했다.[107] 요아스는 창의성 구현을 합리성의 단순한 변칙이라고 생각했다.

> 적에게 집착하는 것이 롤 모델을 모방하는 것만큼 개인에게 깊은 영향을 미치는 것처럼 사회적 행동 이론도 합리적 행동 이론과 비슷해져 간다. 왜냐하면 사회적 행동 이론은 행동의 유형을 그 자체로 고유한 현상이 아니라 온전한 의미의 개념에서 합리성의 변칙 단계로 보기 때문이다. 여기서 질문은 이 그림이 실제로 사실과 부합하는지다.[108]

기업가적 행동이 창의적 행동의 한 형태라는 점에서, 이는 로티의 강력한 시인 설명이나 굿맨의 세계 형성 방식 등 실용주의 철학자들의 이론을 포함해 요아스의 이론을 기반으로 합리적 경제 행동보다 좀 더 일반적인 행동의 형태로 볼 수 있다. 요약하면 제임스, 듀이, 로티, 굿맨, 데이비드슨 등 실용주의자의 주장을 종합하면 공통적 인간 경험에서 기업가적 기회를 이해해야 할 필요성을 느낀다. 그리고 이러한 분석으로 기업가적 기회가 현실에서 볼 수 있는 조직이나 시장을 포함해 안정적인 경제적, 사회학적 제도를 만들고자 노력한 특정 기업가들의 결과라는 결론을 내릴 수 있다. 이는 스스로에게 좀 더 전통적인 질문인 '왜 어떤 사람들은 기업가가 되는가?' 또는 그 결과로 '왜 어떤 사람들은 기업가적 기회를 인지하고 그에 따라 행동하는가?' 라는 질문 대신, '사람들은 어떻게 기업가가 되는가?'라는 질문을 해보면 명확해진다.

6장에서 사람들이 기업가정신에서 탈피하는 다양한 방법을 다뤘다면[109], 이후의 내용은 사람들이 기업가정신에 진입하는 방식을 대략적으로 분류한 것이다.

1. 습관적 기업가정신

부모님이 기업가인 사람들 중 일부는 가업을 이어가거나 자신의 의지에 따라 기업가가 되기로 결정한다. 이러한 현상은 다른 여느 직업과 마찬가지며 특히 독특한 상업, 사업 계층이 있는 인도처럼 좀 더 전통적인 사회에서 확연히 나타난다. 미국처럼 좀 더 현대화된 사회에서 기업가가 아닌 가정에서도 신문 배달(조 오도넬, 보스턴식당 창업자)을 하거나 열두 살부터 쓰레기봉투 방문판매 사업을 하는 등(마크 큐번, 브로드캐스트닷컴의 창업자이자 댈러스매버릭스의 구단주) 어린 시절의 경험으로 기업가가 탄생한다.

2. 필수적 기업가정신

노동시장과 기업가적 사업 사이에는 다양한 거래가 있다. 해고당한 사람들은 기업가가 되기도 한다. 또는 다니던 회사가 자신의 아이디어나 발명품을 상업화하지 않기로 결정한다면 직장을 그만두기도 한다. 어떤 사람들은 교육이나 언어적 역량(이주 기업가 등)이 부족하거나 범죄 기록(약물이나 불량배 등) 때문에 취업이 불가능해 기업가가 되기도 한다.

3. 장려된 기업가정신

어떤 경우 사람들은 기업가가 되도록 독려받는다. 오늘날 거의 대부분의 국가에서는 지역 시민들이 창업할 수 있도록 지원하는 초기 자본금과 다른 인센티브를 제공하고 정부 소유의 기술을 상업화한다. (예: 바텔국가연구소의 기업가적 육성 프로그램) 비영리적 국제 지원 조직뿐 아니라 정부와 비정부 소액 금융기관 또한 개발도상국의 다양한 국민에게 사업을 시작하거나 창업하기를 회유하고 강압하기도 한다. 경영 대학원은 자체적으로 새로운 기업가들을 꾸준히 공급하는 공동 창업 지원 인큐베이터와 협업하여 점점 진로 선택에서 기업가정신을 장려한다.

4. 유명세 기업가정신

어떤 사람들은 운이 좋게도 자신의 직업에서 월등한 성공을 경험한다. 그러면 이들은 도움이 필요한 사람들이 경제적 독립을 이룰 수 있는 길을 만들 수 있는 영리 또는 비영리 조직을 창업하기로 결정한다. 연예 산업 (조디 포스터의 에그픽처스, 폴 뉴먼의 식품 사업), 프로 스포츠 (매직 존슨의 극단), 주목을 받는 다른 영역(오프라 윈프리의 넘치는 활동들)을 포함해 수많은 예시가 있다.

5. 사회적 기업가정신

엄청난 불행을 겪는 사람들도 기업가가 된다. 그 예로 음주 운전 사고로 자녀를 잃은 후 음주운전반대어머니회를 창립한 캔디 라이트너, 성폭력 피해자를 춤으로 치유하는 이너모션의 창업자 섀런 도허티 등의 사회적 기업가들이 있다. 보조금을 받는 사람들에게 일자리를 소개하는 영리기업 아메리카웍스의 창업자 피터 코브 같은 다른 사회적 기업가들도 기업가정신(영리, 비영리 또는 혼합)이 사회 문제를 해결하는 효과적 방법이란 사실에 동의한다.

6. 비공식 기업가

경제의 '비공식적' 영역에도 다양한 종류의 기업이 존재한다. 비공식이란 용어는 은행이나 상장 기업과 단체 등 익숙한 환경 밖에서 일어나는 넓은 범위의 경제 거래를 뜻한다. 마약 거래와 같은 불법 기업부터 공식적 회계가 어려운 먼 지역의 사람들을 위해 필요한 서비스를 제공하는 사회적 기업가까지 모든 것이 비공식적 경제 규범에 포함된다. 하지만 비공식 영역이 개발도상국이나 지저분한 범법 행위에만 제한된 것이 아니라는 점을 알아야 한다. 비공식 사업은 선진국에서 급증하고 이러한 국가의 소외된 인구에게 꼭 필요한 서비스를 제공하기도 한다.[110] 최근 콜린 윌리엄스와 사라 나딘이 진행한 영국 서부 농업 지역 연구에서 영리, 비영리 또는 사회적 상품과 서비스를 제공하는 비공식적, 즉 등록되지 않은 기업 120군데 이상을 찾아 인터뷰했다.[111]

7. 우연적 기업가정신

마지막으로 앞서 기회의 하향 부분에서 이미 다뤘던 것처럼 기업가정신은 종종 사용자와 열린 혁신을 둘러싸고 완전히 우연히 발생하기도 한다.[112] [113] [114]

요약하면 올드리치와 루프가 주장한 것처럼 기업가정신은 현실의 기업과 기업가 분포의 한쪽 끝 일부분에만 집중된 고성장 기업과 영웅적 기업가정신에만 집중해왔다.[115] 또한 블랙 스완에 대한 실증적 집착은 이론적 노력의 일반화를 위협하고 실행과 교육과의 관련성을 약화시킨다.[116] 이는 지금까지는 사람들이 기업가적 기회를 인식한 결과로 기업가정신을 생각한 이유 중 하나다. 게다가 기회는 고성장, 혁신적인 새로움, 영웅적 특성 등으로 몰아가는 경우가 많다. 대신에 나는 기업가적 기회는 대부분 일반적인 사람들이 기업가적 방식으로 행동한 결과라고 주장하고 싶다. 이러한 기업가적 행동에는 기회에 제한되거나 촉발된 것이 아닌 인지한 기회를 바탕으로 한 행동이 포함된다. 그렇다면 기업가적으로 행동한다는 것은 무슨 뜻일까? 간단히 말하면 기업가적인 행동은 세계가 대체로 인공적이라는 인식으로 행동하는 것을 말한다. 7장의 내용을 아주 진지하게 받아들이는 것도 포함된다.

수익 기회를 창출하는 기업가적 방식

7장에서 기업가적 기회를 검증할 관련 내용을 모아본다면 인간이 어떤 행동을 하는지에 대한 두 가지 전제와 기회가 어떻게 발생하는지에 대한 두 가지 추측을 정리할 수 있다.

제임스 전제: 사람들은 잘 살기 위해 노력한다.

사이먼 전제: 사람들은 그들의 환경을 구축하기 위해 노력한다.

이 전제에 기반한 나의 첫 번째 추측은 실현적 기업가정신이 두 노력 모두에서 강력한 도구라는 점이다.

두 번째 추측은 사람들이 잘 살기 위해 노력하고 기업가적 수단과 방법을 활용해 환경을 구축하고자 하는 사람들로 구성된 사회와 시대에서 수익성을 낼 수 있는 기회가 발생된다는 점이다.

역사적 비유로 이 문제를 명확화할 수 있을지도 모른다. 물리적인 세계는 프랜시스 베이컨이 16세기 『신기관』에서 과학적 방법론 요소를 설명하기 이전과 크게 달라진 점은 없다. 하지만 과학적 방법론을 통해 사회 정치적이고 경제적인 기관이 탄생하여 지속적으로 폭발적인 기술적 혁신을 가능하게 하는 과학적 발전 과정을 상당히 가속할 수 있다. 과학적 방법론을 이해하는 것은 체계적 기술 발전을 가능하게 하는 데 필수적이다. 앨프리드 노스 화이트헤드가 말한 것처럼 "19세기의 가장 위대한 발명은 발명의 개념 그 자체다."

비슷하게 세상에 수익 기회를 창출하는 기업가적 방식과 행동이 있다는 것이 나의 주장이다. 과학적 방법론이 실존하는 세계의 물질로 기술적 인공물을 만드는 것을 가능하게 하는 것처럼, 기업가적 방법론은 실제 다양한 이해관계자와의 상호작용과 기업가 개인의 행동을 통해 사회적, 경제적 인공물의 창출을 가능하게 할 수 있다. 기업가적 방법론을 이해하고 그에 기반한 효과적 기관을 이해하는 것은 경제적 기회를 만드는 핵심이 될 것이다. (11장에서 좀 더 다룰 예정이다)

이 논의는 정책과 연구에 중요한 시사점을 불러온다. 기업가들이 경제적 기회가 있는 곳을 찾는다는 전제에 기반한 개발 노력은 기업가들이 있는 곳에서 기회가 생성된다는 전제에 기반한 노력과는 매우 다르다. 전자의 경우 우리는 기회를 창출하는 데 투자, 즉 개발하고자 하는 곳에 최신의 기술과 필요한 인프라를 투입하는 데 우리의 자원을 집중한다. 달리 말하면 우리는 바이오테크 인큐베이터와 같이 지역적으로 기회를 창출하기 위해 노력하여 기술집약적 기업가들을 유치하기 위한 유인이나 장려책에 투자한다.

만약 기업가와 이해관계자들이 경제적 기회를 함께 창출한다는 전제를 대신 받아들인다면 우리는 개발 자원을 기업가정신 교육이나 다른 지역의 기술 이전에 의존하지 않고 지역적 자원을 활용하여 기회를 만들려는 지역 기업가들을 지원하는 데 투자할 것이다. 예를 들어 C. K. 프라할라드와 앨런 해먼드의 연구는 다국적 기업들이라도 선진 경제 발전 목표에는 부합하지 않을 개발도상국의 지역적 해결 방안에서 이득을 볼 수 있다는 것을 보여주었다.[117] 그리고 사회적 기업인 아쇼카 Ashoka는 세계 여러 오지의 사회적 기업가들의 노력을 활용한다.

이 현상을 실용주의 철학자나 사이먼주의 과학자 관점으로 접근하더라도 초기 전제는 동일하다. 세계는 존재한다. 개인이 세계를 어떻게 인지하거나 해석하는지와는 별개로 이 전제는 의심할 여지가 없다. 하지만 기술이나 기회가 만들어질 수 없으며 발견하는 것만 가능하다는 뜻은 아니다. 공급 측면에서 기술은 존재하는 물질을 기반으로 발명하고 다듬고 구축하고 만들어야 하는 것이다. 과학적 방법론은 이러한 과정을 효과적으로 가능하게 한다. 그래서 나는 수요 측면을 주장한다.

기회나 시장은 기업가적 방법론이 구성하는 실현적 행동과 상호작용의 특별한 과정을 통해 발명하고 다듬고 구축하여 만들어져야 한다.

사회과학의 분석에서 원시적인 개념으로 생각하는 시장은 기업가적 방법른을 통해 구축할 수 있는 인공물이다. 그러므로 기업가적 기회는 기업가들이 모든 인간이 잘 살고 특정한 운명에 대해 더 큰 제어력을 얻고자 하는 일상의 열망을 사회과학이 시장의 규정하에서 연구하고자 하는 선호 공익사업, 기관, 기술의 집약으로 이어지게 할 수 있는 복도와 같다.

9장

행동을 부르는
경제학

이펙추에이션은 기업가정신을 방법론으로 실행하고 인공과학을 연구하는 논리logic다. 3장에서 논리는 행동의 분명한 기반을 구성하는 내부적으로 일관된 기준의 집합이라고 정의했다. 물론 논리의 유일한 정의는 아니다. 수학적 정의와 미분, 지질학, 철학을 활용한 다른 종류의 논리도 존재한다. 하지만 항상 그런 것은 아니다.

1914년 기념비적 저서 『수학 원리Principia Mathematica』를 완성하기 4년 전 버트런드 러셀Bertrand Russell은 "논리는 철학의 정수"라고 주장했다.[1] 그 당시 어떤 것들은 모든 것이 시간이 지나면 해결될 것 같았다. 윌리엄 배럿William Barrett이 지적하듯이 수학적 논리는 지능 발달의 영역에서 어떤 가치를 지닌 영역으로 건너가기 위한 다리 역할을 한다.[2] 하지만 반전은 러셀의 가장 유능한 학생인 비트겐슈타인의 후기 작업 『철학적 탐구』에서 견고해 보였던 그 다리를 무너뜨린 것이다. 초기 작품 『논리철학 논고』에서 그는 실제로 다리를 건너 약속된 땅으로 향하기 위해 노력했다. 러셀은 이 논리가 항상 부족하고 모든 논리가 철학이 필요하다는 입장으로 전환했다. 『발견의 모델』에서 사이먼은 배럿이 논리를 위해 주장했던 "우리는 과학을 철학적으로, 철학을 과학적으로 접근해야 한다."라는 내용에 반박하기 위해 카르나프를 인용했다.*

철학은 실현적 논리로 이어질 수 있는가? 아니면 기업가정신의 인공적인 과학인가? 실용주의자들은 긍정적인 경제학의 큰 부분을 제공한다. 하지만 실현적 경제학을 구성하려고 노력한다면 어디서 시작해야 할까? 이 장에서 실용주의가 그 역할을 할 수 있을지 추정해보기로 한다.

---

* 그는 여러 번 대화에서 내가 그 격언을 무시하고 과학의 역사와 심리학을 대신 살펴볼 것을 제안했다. 예를 들어 철학자들이 무엇을 해야 하는지 생각하는 것보다 진짜 과학자들이 실제로 무엇을 하는지 살펴보는 것이다. 나는 60년이 넘는 경력과 수많은 규율 속에서 두 명의 비트겐슈타인처럼 서로를 반대하지 않았다면 적어도 두 명의 사이먼이 있었으리라고 추측했다.

실용주의란 무엇인가

실용주의 철학은 정의하기 쉽지 않다. 찰스 퍼스와 윌리엄 제임스 이후 다양한 사상가에 의해 개발되고 발전되어왔다. 퍼스와 제임스도 실용주의가 무엇을 뜻하는지에 대해 동의하지 못했다. 퍼스의 저서는 그가 제임스의 사상과 구별되어 실용주의라고 부르는 추정적이고 이상적인 버전을 담고 있다. 조반니 파피니는 자신의 저서 서문에서 이탈리아의 철학자들에게 실용주의를 소개했다.[3] "실용주의는 정의할 수 없다. 실용주의를 몇 마디 말로 정의하는 사람은 가장 비실용주의적인 일을 한 사람일 것이다."[4]

하지만 실용주의가 열린 세계의 철학이라는 공감대는 있다. 내 관점에서 인간의 행동이 작용할 수 있고 실행할 수 있는 선택이 존재하는 공간의 철학임에는 분명하다. 제임스와 다른 실용주의자들은 "만들어지고 있는 세계"라고 불렀다. 이는 사이먼이 말한 대로 자연적 법칙이 제약하지만 우리의 설계를 결정하지 않는다는 주장과 유사하다. 비슷하게 실용주의자들은 제어할 수 없는 것들이 있는 것을 인정하지만 자신의 운명에 대한 책임이나 통제력을 잃는 것을 거부한다. 간단한 사례를 들어보자. 나는 학생들에게 키가 너무 작아서 농구 선수가 될 수 없었다고 말했다. 그러자 강의실에 있던 한 실용주의자가 이펙추에이션을 너무 잘 배운 나머지 키가 작은 선수들을 위한 리그를 열 수 있다고 제안했다!

이상보다 현실, 안주보다 혁신

일반적으로 실용주의자가 문제와 사실 그리고 행동을 대하는 방식은 실용적이고 도구적이지, 필수적이거나 이상적이지는 않다. 실용주의자는 진짜 의미보다는 어떻게 일이 되는지 관심이 많고 무엇이 진실이기보다는 무엇이 유용한지 집중한다. 따라서 하나의 진실을 찾으려고 노력하지 않는다. 가장 중요한 가치가 신이든 중력이든 시장이든 실용주의자는 어떠한 성배도 좇지 않는다. 대신에 그는 여러 개의 잔을 만들고다듬어 항아리나 다른 유용한 물건으로 재탄생시키고자 한다. 제임스는다음과 같이 말한다.[5]

> 하지만 당신이 실용주의적 방식을 따른다면 탐구를 종료한다는말은 찾을 수 없다. 각 단어의 실용적인 현금 가치를 불러와서당신의 경험 안에 자리 잡게 해야 한다. 이는 해결 방안보다는더 많은 일을 하게 하는 것처럼 보이는데 특히 기존의 현실이 변화할 수 있는 방식을 나타내기도 한다.
>
> 따라서 이론은 수수께끼에 대한 대답이 아니라 우리가 의지할 수 있는 도구가 된다. 우리는 기대어 눕는 것이 아니라 앞으로 나아가고 가끔은 이론의 도움을 받아 자연을 다시 만들기도한다. 실용주의는 우리의 모든 이론을 유연하게 하여 제자리를찾도록 한다.[6]

현실을 바꾸는 것을 가능하게 하려면 실용주의자들의 의견은 지금 이곳과 관련이 없는 환상적인 비전이 아닌 실제에 뿌리를 두고 있어야 한다. 여기서 실용주의란 유토피아나 순수하게 이상적인 접근 방식의 아주 초기 단계다. 모든 이상향은 마르크스주의든 자유주의든, 기술적이든 신기술에 반대하든, 자족 생활이든 탄소 포집이든 실제 세계 A의 특정한 측면, 예컨대 a_i를 반대하는 이상적 세계 B를 어느 정도 포함하게 된다. 왜냐하면 이상주의자들은 B를 원하고, 이에 따라 a_i에 맞서 분투하기 때문이다. 만약 세금을 내지 않아도 된다면, 만약 아무도 SUV를 타지 않는다면 또는 유대인이나 귀족, 동성애자나 난민, 어떤 유형의 '예외' 또는 다른 것들이 없다고 가정하는 것이다. 극단적인 경우에는 B의 비전 전체가 좀 더 즉각적이고 구체적인 목표로 요약되어 '재활용하자!' 처럼 단순해지거나 '그 자식들을 쏴버리자!'같이 끔찍해지기도 한다.

대형 SUV 수요 사례를 예로 들어 실용주의 방식과 반대되는 공리 주의자의 문제 해결 접근 방식을 살펴보자. 순수 결과주의의 입장이라면* 대형 SUV가 환경오염을 일으키기 때문에 선택을 규제해야 할 것이다.[7] 그 조치로 연비가 낮은 차량을 금지하거나 아주 높은 세금을 부과할 수도 있다. 만약 좀 더 자유 시장경제의 향락주의적 입장이라면 비록 환경을 희생하더라도 시장 수요에 따라야 할 것이다. 물론 불매운동이나 대의명분을 강조한 마케팅 등 사회적 압박을 통해 수요와 취향을 조장하려고도 할 수 있다.

실용주의는 이러한 요소를 모두 고려하지만 다른 한편으로는 모든 것을 아우르는 일원론적 개념이나 이상적 행동의 보편적 공식을 거부하고자 노력한다. 대신 실용주의를 적용한 실현적 논리는 자연보호와 대형 SUV 수요 모두를 설계 제약으로 고려할 것이다. 이전 장에서 살펴보았듯이 이펙추에이션은 설계 문제를 해결하기 위한 다양한 방법을 추구한다. 이러한 실현적 해결 방법은 새로운 기술을 상업화할 수 있도록 지원하고(고연비 엔진 개발이나 대체 연료 등) 사람들의 운전 습관을 재구성하며(근무 등) 제조 방식을 재설계하고(생애 주기 설계 등) 새로운 종류의 도심, 교외 커뮤니티를 형성하며(보행 가능한 쇼핑몰) 이러한 문제를 사회적 기업의 경쟁 우위로 만들어 앞에서 설명한 해결 방법에 이익금을 투자할 수도 있다(수익금 일부를 대체 연료 개발에 투자하

---

* 어떤 행동의 의도된 결과와 의도되지는 않았지만 예측된 결과에 각 참여자는 동등하게 책임이 있다는 관점을 채택한 공리주의의 이상성

는 세차장 프랜차이즈 등).

　　이때 설계 작업은 거래나 양보가 아니란 점을 알아두자. 또한 종합적 복지를 위한 대가로 선호를 희생해야 한다는 것도 아니며 자연이나 인간 본성의 거침없는 힘에 맞서 포기하는 것을 뜻하지도 않는다. 실용주의적 세계는 다원적 일과 도구를 포함한다. 선호와 이상향 모두 변경할 수 있다. 다양한 요구를 만족시키고 종합적 복지를 달성하는 것 모두 현실에서 잘 살기 위해 끊임없이 노력하는 과정의 본질적인 요소다. 실용주의적 방법론은 불간섭주의 교환과 집단행동을 엄격하게 양분하는 것을 부인한다.

　　대신에 이펙추에이션 논리는 다음과 같은 방법으로 실용주의적 철학을 적용할 수 있다. 실용주의적 이펙추에이터는 실제 세상을 유심히 관찰하고 지역적이거나 우연적일지라도 실행할 수 있고 가치가 있는 일련의 행동을 찾는다. 그 후 이펙추에이터들은 다른 사람과의 상호작용을 통해 그들의 취향과 환경의 위기를 생존 가능하고 가치 있는 새로운 인공물로 만들며 정교하게 해결 방법을 설계한다. 종합적으로 이펙추에이터들의 행동은 실제 세계 A를 다수의 새로운 가능성 $b_is - b_1$, b_2, b_3 등으로 변화시킨다. 이 중 일부는 실제 이펙추에이션의 과정을 실행하지 않았다면 상상조차 할 수 없었을 것이다. 여기서 다시 강조하고자 하는 점은 이상적 세계 B의 비전에 너무 집착하지 않고 실제 세계 A부터 현실적으로 시작해야 한다는 것이다.

　　정착entrenchment에 대한 굿맨의 실용주의적 관념은 이 연결성과 관련이 있을지도 모른다. 굿맨의 인식론적 관점에서 볼 때 어떤 속성은 과거의 성공적인 예측에서 특정 용도로 사용되었거나 그런 속성들과 어떤 방식으로 연결되어 있다면 '정착했다'고 할 수 있다. 확고한 속성은 추진력이 있어 귀납 목적에 적합하다. 굿맨이 생각하는 정착은 제임스가 말한 습관의 중요성 그리고 흄이 강조한 관습이나 습관과 유사하다. 실용주의자는 변화를 말 그대로 변화로서 받아들이지 않는다. 대신 변화에 대한 구상은 다원적이며 새로운 세계에 대한 노력은 지속적이다.

법학자이자 판사인 리처드 포즈너는 실용주의적 전망에 대해 다음과 같이 설명한다.[8]

> 앞을 내다보며 과거와의 지속성을 중요하게 여기는 것은 현재와 미래의 문제에 대응하는 것을 지원한다. "우리는 현재에서 할 수 있는 일의 관점에서 과거를 창조한다." 실용주의자는 과거를 잊은 사람들은 같은 실수를 반복한다는 산타야나의 이 격언을 기억한다. 하지만 그는 또한 T. S. 엘리엇의 시집 『메마른 구원 The Dry Salvages』에 적힌 충고 "이별하지 말고 앞으로 나아가라, 선원들이여." 그리고 에즈라 파운드의 구호 "새롭게 하라!"도 되새긴다.[9]

전통적인 관점에서는 정착과 같은 개념이 기업가정신 자체와 정반대라고 생각할 수 있다. 예를 들어 슘페터가 정의한 기업가정신이 "창조적 파괴"인 것을 떠올려보자. 이 주제와 관련된 유명한 기고문에서 슘페터는 자본주의의 역사가 혁명의 역사라고 주장했다. 슘페터는 "우편 마차에서 비행기까지"로 표현한 운송 산업의 사례 등 다양한 예시를 제시했다.[10] 하지만 영국 철도 역사를 살펴본 브라이언 로즈비Brian Loasby는 마차 제작자들이 공장을 개조해 첫 열차 칸을 생산했다는 것을 발견했다!* (도표 9.1 참조)

로즈비는 이 주제에 대한 그의 저서에서 마셜, 나이트, 섀클, 로저 펜로즈의 연구에서 등장한 개념들과 파리 파텔과 키스 파비트[11], 그리

---

* 개인적 대화.

도표 9.1 마차와 매우 유사한 초기 기차 칸

출처: www.railroad.lindahall.org/

고 마틴 프랜스맨[12]의 실증 연구를 종합하여 혁신의 지속성에 대한 자세하고 조심스러운 사례를 제시했다.[13]

> 지역적이고 임시적인 균형은 지식과 사람들이 유용한 새로운 관계를 만드는 데 사용할 다양한 연결성인 지식과 관계를 잘 나타낸다. 혁신은 지속성으로 유지되고 지속성은 특정한 지식, 기관, 조직의 구조에 적용된 적절한 균형의 개념에 의해 표현된다.[14]

현실을 새로운 가능성으로 변화시켜 혁신을 이루는 한 가지 방법은 단지 현재 가능한 수단으로 무엇을 할 수 있는지 묻는 것이 아니라 그것으로 무엇을 더 할 수 있는지 생각하는 것이다. 이러한 과정은 다른 기원에서 현재 역할에 반영된 특성인 선택적 진화로 이어진다.[15] 나는 이 개념을 5장에서 다룬 수중의 새 원칙과 연결하여 살펴보았다. 하지만 정착 개념과 연관 지어 다시 반복할 가치가 있다고 생각한다. 조엘 모키르 선택적 진화를 다음과 같이 설명했다. "기존 한 가지 특성에 선택된 기술이 우연히 취득한 다른 특성을 통해 이후 성공과 생존으로 이어졌다는 것이 기본 개념이다."[16]

굴드와 브르바는 적응이라는 용어가 역사적 기원과 현재 활용이라는 두 가지 의미를 내포한다는 것을 알았다. 하지만 특성의 역사적 기원과 현재 활용이 항상 일치하는 것은 아니다. 사실 이 둘은 완전히 다른 원인을 갖기도 한다. 미국 우체국이 최근 소개한 셀프 우편 서비스 사례를 살펴보자. 이 기계로 고객들은 편지와 소포를 보내거나 우표를 사는 등의 업무를 스스로 할 수 있다. 하지만 이 기계에서 나오는 우표는 창구나 우표 자동판매기에서 사는 것과 다르다. 20개로 이루어진 보통 우표책 대신에 셀프서비스에서는 아주 얇은 직사각형 종이에 18개 우표가 나오는 이유를 물어보았다. 그리고 이 셀프서비스 기계는 사실 무게 측정 기계가 부착된 ATM이었다는 것을 알아냈다. 그래서 우표 종이가 달러 두께와 정확하게 일치하도록 설계되었다는 것이다! 이 경우 ATM은 정착한 활용 또는 기존에 적응한 활용처에서 최소한의 혁신을 거쳐 새로운 용도에 선택적으로 진화했다고 할 수 있다.

정착한 현실에서 새로운 가능성을 발견한다는 실용주의 개념은 기술적 혁신과 경영 사례뿐 아니라[17] [18] 5장에서 살펴본 바와 같이 기업가가 다른 이해관계자와 겪는 실현적 상호작용도 포함한다. 하지만 끊임없는 변화 과정을 통한 급진적 혁신은 우연성의 역할에 대한 의문점을 불러일으킨다. 실용주의자들은 단순히 우연성의 도구가 되는 것을 넘어 실제로 어떤 범위까지 실행할까? 윌리엄 V. 퀸, 도널드 데이비드슨, 리처드 로티 등 신실용주의자들은 이 문제를 해결할 기반을 제공한다.

우연성은 새로운 시장을 낳는다

리처드 로티는 프랑스 혁명과 낭만주의로 인해 나타난 유럽의 역사적 변화를 우연성에 기초하여 설명한다.

> 유럽은 낭만주의 시 구절, 사회주의 정치 또는 갈릴레오 기계 등을 받아들이기로 결정한 것이 아니었다. 그런 변화는 의지가 담긴 행동이기보다 논쟁의 결과였다. 유럽에서는 특정한 단어를 쓰는 습관이 점점 없어졌고 점차 다른 단어를 쓰는 습관이 생겼다.[19]

그는 좀 더 설명한다.

> 낭만주의자들이 이성보다 상상력이 인간의 중점적 역량이라고 주장한 배경은 논쟁을 잘하는 것보다 다르게 말하는 재능이 문화적 변화의 주요한 수단이라는 것을 깨달았기 때문이다.[20]

나는 이러한 언어적 습관이 낭만주의 시에서 언어의 우연성을 통해 바뀐 것처럼 갈릴레오 기계가 가져온 기술을 포함한 인공물의 우연성을 통해서도 변한다는 것을 알았다. 브라이언 로즈비는 기술적 변화가 어떻게 일어나는지 그리고 새로운 소비 습관과 수요, 그로 인한 신규 시장이 어떻게 형성되는지에 대해 비슷한 주장을 펼쳤다. 유사하게 로티가 언어의 우연성을 통한 문화적 변화의 방법을 설명한 것은 실현적 기업가가 사회적 변화의 주요 수단으로 더 나은 예측과 계획이 아닌 다른 방식으로 실행하는 것을 강조하는 것과 비슷하다.[21]

로티는 강력한 시인strong poet을 언급하면서 새로운 세상을 만들 때 우연성의 역할을 설명한다. 강력한 시인은 해럴드 블룸이 전임자를

"오해"하고 그들의 권위적 목소리를 거부하며 영향을 받기보다 주기를 바라는 시인들을 보여주기 위해 제시한 개념이다. 로티는 이렇게 말했다.

> 니체는 오직 시인만이 우연성을 진심으로 이해할 수 있다고 믿었다. 나머지는 단 하나의 진정한 선적 목록이 있고 인간 조건에 하나의 설명이 있으며 우리 삶의 공통적 맥락이 있다고 주장하는 철학자 신세가 된다. 우리는 살아 있는 동안 강력한 시인처럼 우연성을 인지하고 활용하기보다 우연성을 피하려고 노력하면서 보낼 운명이다.[22]

나는 실현적 기업가는 그 누구보다 우연성을 인지하고 잘 활용한다는 점을 강조하고 싶다. 강력한 시인이 정치와 문화를 바꿨듯이 실현적 기업가는 사회 경제적 시스템을 변화시킨다. 실현적 기업가는 현실을 그대로 반복하는 것이 아니라 살아가고 존재하는 새로운 방식, 그리고 자신과 이해관계자를 위한 의미를 담은 제품과 서비스로 만들어 우연성을 인지하고 활용한다. 스펜서 실버는 포스트잇 메모지를 발명할 의도가 없었다. 잘 붙지 않는 이상한 풀을 만들었을 때 다른 사람들도 유용하다고 생각하고 지불할 용의가 있는 새로운 활용처를 상상해냈다. 리얼네트웍스 창업자 롭 글레이저는 "소리가 없는 인터넷에 목소리를 주는" 생각을 하지 않았다. 하지만 월드 와이드 웹에 긍정적으로 반응하며 그와 비슷한 사람들이 가치 있다고 생각할 무언가를 만들어냈다. 다른 기업가들도 유사하게 우연성을 받아들이고 생명력과 가치가 있는 새로운 시장을 만들어냈다. 4장에서 자세하게 설명한 것처럼 이펙추에이션은 우연성을 피하는 것이 아니라 활용하고자 한다. 하지만 또 다른 예시를 살펴볼 필요도 있을 것이다. 아래 이베이 창업자인 피에르 오미디아르의 서술에서 우연성의 역할을 살펴보자. (여기서는 우연성을 강조하고

자 했지만 이 설명에는 다섯 가지 이펙추에이션 원칙이 모두 담겨 있다)

예상치 못한 일에 대응할 능력 없이는 오늘날 이베이가 없었을 거라고 장담한다. 아무리 자신이 스스로의 아이디어를 지배한 다고 확신하더라도 가끔은 아이디어가 스스로의 생각이 있다는 것을 깨닫는 것이 중요하다. 시스템 디자인에서 이는 아주 정확 하다. 나와 대화를 나눈 대부분의 산업 분석가와 경영 기자들은 이베이의 강점이 바로 자급자족 시스템, 즉 어떤 중앙 집권적 개 입 없이 고객의 요구 사항에 적응할 수 있는 능력이라고 본다. 그래서 사람들은 가끔 나에게 말한다. "시스템을 설계할 때 이베 이가 매일 4,000만 명의 고객이 사용하는 시스템이 되려면 스 스로 지속할 수 있게 만드는 것이 유일한 방법이라는 것을 깨달 았겠네요." 음… 그렇지 않다. 내가 자급자족 시스템을 만든 이 유는 딱 한가지다. 이것이 내 취미였기 때문이다. 스스로 지속하 는 시스템을 만들 수밖에 없었다…. 왜냐하면 매일 아침 출근해 야 하는 본업이 있었기 때문이다. 나는 10시부터 7시까지 소프 트웨어 엔지니어로 근무했고 주말에는 내 삶을 즐기고 싶었다. 그래서 팸과 내가 산악자전거를 타러 나가 집에는 우리 고양이 만 있을 때도 계속해서 돌아가는 시스템, 불만을 감지하고 피드 백을 수집하는 시스템을 만들었다.[23]*

만약 거대 투자 회사에서 백지수표를 받고 많은 직원이 돌아

---

* 오미디아르가 여자친구 팸이 페즈 사탕병을 교환할 수 있도록 이베이를 창업했다는 사실은 아주 잘 알려져 있지만 출처가 불분명한 이야기가 있다. 훗날 이베이가 된 '옥션 웹'이라는 실제 스타트업 회사의 이야기는 사탕병 이야기보다는 실현적 설명에 더 도움이 된다. 실제 이야기는 애덤 코헨의 『완벽한 가게: 이베이 속으로The Perfect Store: Inside Ebay』를 참고하라.

다녔다면 더 나쁜 상황을 맞았을 수도 있다. 아마 나는 모든 투자를 정당화할 수 있는 아주 복잡하고 정교한 시스템을 만들었을 것이다. 하지만 시간과 돈 측면에서 아주 빠듯한 예산으로 운영해야 했기 때문에 단순함에 집중할 필요가 있었다. 그래서 나는 스스로 지속하기에 충분한 단순한 시스템을 만들었다.

몇 가지 원칙으로 단순한 시스템을 만들자 이베이는 유기적인 성장 가능성을 지니게 되었다. 어느 정도의 자기 조직화를 달성할 수 있었다. 그래서 내가 말하고자 하는 바는 어떤 미래를 준비하고 있다 하더라도 모든 것을 프로그래밍하려고 하지 말아라. 소비에트연방의 5개년 계획은 실패했다. 사실 어느 것이든 중앙 집권적 계획은 실패로 이어진다. 이러한 계획은 우리 누구에게도 통하지 않을 확률이 크다.

플랫폼을 만들고 예상치 못한 것에 대비하라…. 당신이 만든 플랫폼이 예상치 못한 방식으로 움직일 때 성공했다는 것을 알게 될 것이다. 이베이를 구축하는 과정에서 내가 배운 아주 확실한 진리다. 마음 속 깊은 곳에서 이베이는 단순한 취미가 아니었다. 사업도 아니었다. 그것은 하나의 커뮤니티였고 지금도 그렇다. 공통의 관심사를 바탕으로 살아 있고 진화하며 개별적 관계망을 스스로 조직하는 웹이다.[24]

이 설명은 기업가가 설립한 대부분의 위대한 기업들의 초기 역사와 크게 다르지 않다. 실용주의 철학은 최근에도 반복되어왔다. 인식론적, 정치적, 문학적, 법학적 사상에 분명한 영향을 준다(데이비드슨, 웨스트, 로티, 포즈너). 하지만 기업가적 전문성의 현상에서 실용주의 철학이 실행되는 것을 볼 수 있다. 실현적 기업가정신은 실용주의를 살고 내뱉고 실행한다. 즉 이펙추에이션은 실용주의를 실행 가능하게 만들어 현실에서 작동하게 한다. 실현적 논리에서 실행은 원초적이다. 생각이 중요해지기 위해서, 그리고 단어가 의미를 갖기 위해 실행은 필수적이다. 그리고 실행은 물질과 경험을 유용한 인공물로 바꿔놓는다. 하지만 이 실현적 행동은 실용주의에서 고유한 철학적 지위를 갖는다.

그러나 실현적 기업가가 실용주의자여만 한다는 뜻일까? 단순한 대답은 '아니오'다! 뉴턴은 연금술사였다. 그 사실이 뉴턴의 광학 연구를 과학적이지 않게 만드는 것은 아니었다. 비슷하게 실현적 기업가가 개인적 철학에서는 실용주의자가 아닐지라도 실현적 기업가정신은 실용주의일 수 있다. 기업가들은 칸트주의나 포스트모더니즘을 믿거나 환생론자 또는 불신론자일 수도 있고 단순히 진부하거나 사악한 성격을 가지고 있을 수도 있다. 실현적 세계에서는 강경한 자유주의자 테드 터너와 극보수주의자 루퍼트 머독 모두 언론 제국을 세울 수 있다. 그리고 천재 (혹은 괴짜?) 이상주의자 존 하비 켈로그 박사는 국가 전체의 아침 식사 습관을 바꿀 수 있다. 사실 이펙추에이션 논리는 이펙추에이터가 누구인지에 대해서는 어떠한 추정도 하지 않는다.

1. 필요성이 없는 충분함

사회과학에서 결과를 설명하기에 충분하거나 충분하지 않은 필요조건을 찾는 것은 관습이다. 예를 들어 기업과 경제가 성공하기 위해서는 5대 성격 유형이나 특정한 과세 유형 또는 좀 더 일반적으로 재산권 등이 필요하다고 주장할 수 있다.

각 필요조건의 강도와 범위를 밝히기 위해 한 가지씩 실험 방식 또는 대규모의 계량경제학 연구를 통해 혼합하여 실증 데이터를 수집한다. 귀납적 방법을 사용할 때조차 이후 좀 더 연역적인 연구로 검증될 수 있는 필요조건을 찾는 것이 일반적인 목적이다. 필요충분조건이나 원인을 찾는 것은 만약 아예 없는 것이 아니라면 아주 드문 이유가 있다. 과학자들은 다수의 방법과 데이터 원천을 활용한 여러 다른 연구를 통해 결국 원인에 대한 의견 일치를 이룰 수 있다.

이펙추에이션은 이와 정반대의 방향으로 진행한다. 이펙추에이터들은 이 모든 조건이 필요하지 않다고 해도 충분조건을 탐색하고 만든다. 예를 들어 "열정을 가진 사람들이 세상을 바꿀 수 있다"라고 말한 열정적인 성격의 스티브 잡스와 "현실적일 필요가 있다. 우리가 경쟁력의 영역을 정확하게 정의해야 한다. 우리가 모르는 것을 알아야 하며 현혹되지 않아야 한다."라고 말한 워런 버핏 같이 비교적 감정에 좌우되지 않는 개인 모두 성공적인 사업을 이룰 수 있다. 비슷하게 홀푸드 창업자인 존 매키처럼 목적성이 있는 사람과 바이오콘의 창업자 키란 마줌다르 쇼처럼 우연한 기업가도 사업에 성공할 수 있다. 사실 열정과 목적은 모두 실현적 과정을 통해 만들어지는 인공물이 될 수 있다. 실현적 기업가정신은 제도가 있을 때도 없을 때도 발생한다. 인생의 상황이나 환경과 같은 조건도 마찬가지다. 나는 강의나 강연에서 사람들에게 성공하는 데 극복할 수 없는 장애물이라고 믿는 성격, 상황, 사회 문화적 환경을 말해달라고 물어보곤 한다. 그 후 내가 하는 일은 처음부터 그런 장애물을 가진 채 성공에 충분한 조건을 만들고 공동 창조하고 구축한 성공한 기업과 기업가의 예시를 떠올리는 것이다. 지금까지 1,000번은 해봤다.

좀 더 일반적으로는 현실에 존재하는 모든 성공적 사업의 각각의 조건이 그 자체로는 불필요할지라도 성공을 위한 충분조건의 합을 가지고 있다고 주장할 수 있다. 맥도날드가 상징적 사례다. 배고픔이 맥도날드를 위한 시장의 존재를 수반하지 않는다. 맥도날드는 깨끗한 환경과 편리한 위치에서 값싼 패스트푸드를 제공한다는 일련의 충분조건을 제공한다. 하지만 동일하게 성공할 충분조건의 합은 엄청나게 많다. 따라서 맥도날드 자체는 불필요하다. 이펙추에이션 원칙을 사용하자면 일반적인 사람들은 단순히 무엇이 이미 자신의 제어 안에 있는지부터 시작해 어느 시점이든 성공에 대한 충분조건을 세울 수 있다. 이 사람들과 이들을 연구하고 이들에게 조언하는 사람들은 성공은 절대 불가피하지 않다는 점을 명심해야 한다. 어느 특정한 성공 기업도 필요하지 않다. 실현적 과정을 통해 만들어진 인공물은 충분하지만 필요가 아닌 조건들의 집합이다. 게다가 충분성은 특정 기간에만 충분한 것이지, 영원한 것이 아니다.

달리 말하면 이펙추에이션 논리는 설령 인간 행동과 상황에 대한 특정한 추정들이 유지되지 않더라도 인공물이 작동하게 한다. 실현적 경제에 열쇠를 쥔 개념이 이 '설령'이다.

실증 경제학과 실현적 경제학의 관계

한스 파이힝거는 저서 『만약의 철학Die Philosophie des Als Ob』에서 비이성적인 세상에서 평화롭게 살기 위해 인간은 거짓이나 허구를 자발적으로 받아들인다고 주장했다.[25] 파이힝거는 칸트 철학과 실용주의 관점을 잇는 연결 고리를 그의 '마치' 가정을 통해 구축하고자 했다. 이러한 가정 없이는 이 세계에서 살아남거나 잘 살아갈 수 있도록 하는 유용한 과학이나 윤리, 기관을 발전시킬 수 없다고 주장했다. 예를 들어 '물은 같은 수준을 추구한다.'라는 문장을 고려해보자. 물론 물은 무언가를 추구할 의식적인 의도가 없다. 그러나 '마치' 물이 항상성을 추구한다는 설계를 통해 먼저 압력이 표면이 아니라 밀도와 깊이에만 적용된다는 것을 이해하지 않고서도 행동을 예측할 수 있게 해준다. 이 방법으로 '마치' 가정은 지식이 완전하지 않을 때도 과학이 발전할 수 있게 하고 공학이 효과적일 수 있게 한다.

밀턴 프리드먼Milton Friedman은 특징적으로 뛰어난 글인 「실증 경제학의 방법론」에서 파이힝거의 마치 철학 정신을 활용하여 실증적 또는 과학적 경제학의 비평에 반대되는 주장을 펼쳤다.[26] 만약 그의 주장을 따라가 이펙추에이션 논리의 핵심 요소와 병렬적인 실증 경제학의 특징을 나열한다면 실현적 경제학의 개요를 도출할 수 있을 것이다. 분석 결과 요약은 표 9.1을 참고하자.

프리드먼은 무엇이 되어야 하는지보다 무엇을 연구하는 학문으로서 실증적 과학에 대한 케인즈의 정의를 사용한다. 따라서 실증 경제학은 '상대적으로 단기간에 화폐의 양이 상당히 늘어난다면 가격의 상승으로 이어진다'와 같은 사실이나 안정적인 실증적 관계를 추구하고자 한다.[27] 실현적 경제학은 무엇이 될 수 있는지 검토한다. 주어진 것을 기반으로 관련된 사람이나 공동체에 가치 창출로 이어질 가능성이 있는 일련의 행동을 구축하고자 한다. 앞서 설명한 SUV 문제에 대한 다양한 해결 방안은 실현적 경제학이 가능하게 할 수 있는 것들의 예시다. 종합하면 실증 경제학이 경제학을 사회과학으로 보는 반면, 실현적 경제학은 7장에서 논의한 바와 같이 경제학을 인공과학으로 정의한다.

그다음으로 프리드먼은 실증 경제학의 가치중립적인 입장을 구축하고자 하며 다음과 같이 그 객관성을 주장한다.

> 실증 경제학은 특정한 윤리적 입장이나 규범적 판단에서 독립적인 원칙이다. 케인즈가 말했듯이 '무엇이 되어야 하는지'가 아니라 '무엇인지'를 다룬다. 상황의 변화에 따른 결과를 정확하게 예측할 때 사용될 수 있는 일반화 체계를 만드는 것이 그 목표다. 그 성과는 목표로 하는 예측의 정확성, 범위, 경험과의 적합성에 의해 평가할 수 있다. 요약하면 실증 경제학은 여느 물리 과학과 정확히 동일한 관점에서 '객관적' 학문이거나 그렇게 될 수 있다.[28]

표 9.1 실증 경제학과 실현적 경제학의 단계별 비교

	실증 경제학	실현적 경제학
학문의 종류	무엇인가	무엇이 될 수 있는가
과학의 종류	사회과학	인공과학
인식론상 주안점	객관적	상호 주관적
결과 추정	예측 가능	예측 불가능
인간 행동 추정	마치 …인 것처럼	설령 …라 하더라도
최종 목표	실험 가능한 예측을 따르는 가설	인간의 인공물을 만드는 설계 원칙
목표가 필요한 이유	정책 처방	새로운 세계 설계
규범적 태도	우리가 무엇을 해야 하는지 주장	가능성을 실행하지 않을 이유를 기각. 특정한 행동 처방을 내릴 수 없음

실현적 경제학 역시 특정한 윤리적 관점이나 규범적 전망으로 시작하지 않는다. 하지만 전반적인 자세는 객관적이기보다 상호 주관적인 경향이 있다. 이펙추에이션은 정확한 예측을 추구하지 않는다. 대신 설계 과정의 모든 단계에서 이해관계자의 가치 평가를 하는 것을 제약으로 고려하여 세계를 디자인하고자 한다. 윌리엄 맥도노우가 미하엘 브라운가르트와 협업하여 제작한 『요람에서 요람으로』 성명서가 그 사례이다.[29] 맥도노우는 환경에 무관심한 자본가들을 위해 일하는 건축가였고 브라운가르트는 그린피스 창업자 중 한 명이었다. 두 명의 가치를 담은 성명서는 자본가들이 환경문제를 바라보는 관점과 환경론자들이 자본주의를 바라보는 관점을 극적으로 재구성하고자 한다.

실증 경제학에서 객관성을 찾고자 하면서 프리드먼은 인간적 요소가 불러오는 특별한 어려움에 무관심하지 않다. 하지만 프리드먼은 이를 객관성의 가능성을 의심할 원인이나 물리적 과학에 반대되는 개념으로 사회과학을 분리할 이슈로 생각하지 않는다. 그의 위치는 물리적 과학의 중심에 있는 불확정성을 이해하는 실용주의자에 가깝다. 비트겐슈타인이 지적했듯이 불확정성은 궁극적으로는 공식 논리의 적이자 자연어의 개방성의 원인이다. 프리드먼은 그의 논문 각주에 이를 암시했다.

프리드먼이 실증 경제학을 옹호하는 요지는 이 논리의 가정들이 실증 경제학 비판론자들이 주장하듯 거짓이라는 근거가 충분하지 않다는 것이다. 또한 경쟁 이론의 실험 가능한 예측을 생성할 대안을 제공하는 것도 필요하다.

> 살펴봤듯이 이 유형의 비판은 이 논리의 측면에서 서로 다른 가설이 현상의 범위가 넓을 때 더 나은 예측을 보인다는 증거가 없다면 논점에서 벗어난다. 하지만 대부분의 비판은 보완되지 않으며 대부분 '실제 세상'과 '추측' 간에 직접적으로 인지한 차이에 기반한다.[30]

따라서 유효한 대안이 부재하다면 마치 추정은 유용한 가설을 만드는 적정한 방식이다. 그제야 우리는 과학을 실행할 수 있다. 그렇지 않으면 우리는 무엇을 해야 하는지 결정하다가 영원히 마비되어 있거나 우리가 내리는 결정은 완전히 독단적일 것이다. 마지막 분석에서 프리드먼은 실증 경제의 목적을 명확히 밝힌다.

> 실증과학의 궁극적인 목표는 '이론' 또는 '가설'을 만들어 아직 관찰되지 않은 현상에 대한 유효하고 의미 있는 예측, 예컨대 진부하지 않은 예측을 내놓는 것이다.[31]

실증과학 측면의 경제학은 상황 변화의 결과를 예측하는 데 쓰일 수 있는 경제 현상에 관해 시험적으로 수용할 수 있는 일반화의 집합이다.[32]

프리드먼은 이러한 예측이 필요한 이유도 명확히 논한다.

실증 경제학의 결론은 무엇을 해야 하고 어떻게 주어진 목표를 얻는지에 대한 질문과 중요한 규범적 문제와 즉각적으로 관련한다.[33]

그가 다루지 않은 점은 다음과 같다. 유의미한 예측을 할 수 없는 상황에서 무엇을 해야 할까? '설령even-if' 접근법을 소개하면서 이 질문에 대응해보고자 한다. 나는 '설령' 접근법이 '마치as-if' 접근법과 일관성이 있을 뿐만 아니라 사실 '설령' 접근법이 '마치' 접근법을 일반화한다고 주장한다.

설령 낙관적인 미래를 예측할 수 없더라도

1. 결과에 대한 설령 추정

설명과 예측 모델에서 한 가지 이상적인 것은 일련의 검증 가능한 성명을 제공해야 한다는 것이다.

만약 A라면 B다

예를 들어 '만약 행위자가 가격 순응 역할을 하고 시장이 완전하다면 (경쟁적) 균형 할당은 파레토 효율을 갖는다.'는 문장처럼 말이다.

프리드먼이 주장한 바와 같이 좀 더 실용적인 모델을 활용하는 것
도 가끔은 충분하다.

마치 A인 듯한 B

중요한 것은 선행 사건인 A(원인)가 아니라 결과인 B(효과)라고 추정하
기 때문에 이것은 실용주의적 방법론이다. 마치 원인이 '진짜' 원인처럼
효과적이라면 토론할 이유가 없다. 조금 달리 말하면 '마치 A인 듯한 B'
는 설령 A가 실제로 참이 아니어도 여전히 B를 설명하는 데 (그럴듯하
다는 이유 외에도 다른 이유로) 충분하다는 것이다. 마치 문장은 '설령'진
술을 기반으로 하기 때문에 이러한 진술이 무엇을 수반하는지 고려해
볼 필요가 있다. 다음과 같은 문장을 살펴보자.

> 설령 대부분의 기업이 실패할지라도 대부분의 기업가는 실패하
> 지 않는다.[*]

실제로는 현실에 대한 두 가지 진술을 하는 셈이다.

> 1. 만약 대부분의 기업이 실패하지 않으면 (당연히) 대부분의 기
>   업가는 실패하지 않는다. 즉 '만약 A가 아니라면 B다.'
> 2. 하지만 대부분의 기업이 실패한다고 가정하면 대부분의 기업가
>   는 여전히 실패하지 않을 것이다. 즉 '만약 A라면 여전히 B다.'

---

[*]　참인지 거짓인지는 중요하지 않다. (우리는 주장의 논리적 측면에만 관심이 있다)

전통적 논리 (비관련성 논리) 맥락에서 이는 대부분의 기업가가 실패하지 않는다는 주장에 허무하게 무너질 것이다.

$$\text{만약 (A가 아니거나 A이면) B다} \equiv \text{참이면 B다} \equiv \text{B}$$

그러므로 논리적으로 '설령' 조항은 선행 사건을 제거할 수 있으므로 필요가 없는 듯 보인다. 이 잘못된 결론은 전통적 논리를 활용했기에 도출되었다.

$$\text{A 또는 A가 아니다} \equiv \text{참}$$

또는 동등하게 이중부정 제거 논리는 이러하다.

$$\text{A} \equiv \text{(A가 아니다) 아니다}$$

관련성 논리에서 이중부정 제거는 보통 유지되지 않는다.[34] 그래서 진술 1과 2가 각각 참이라고 해서 합쳤을 때 공허한 시사점을 수반하는 것은 아니다. 그렇다고 가정하는 것은 단지 물질적 시사점이 수반된다고 암묵적으로 가정하는 것이다.[35] **

　이러한 우회는 '마치' 이론화가 반대론자들이 종종 주장하는 것처럼 현실에서 잘못된 가정을 고수하는 요령이 아님을 설명한다. '만약 A

** 'A에도 불구하고 B'를 문법적으로 해석하자면 A는 B를 위해 불필요하지만 가능한 조건이라고 읽을 수 있다. 하지만 '마치' 절의 뜻을 논의하는 관련된 논리가 자연적인 체계라는 다른 주장도 있다. 이 생각이 물질적 시사점을 수반하기 때문에 앤더슨의 언급은 큰 의미가 없다. "이러한 추정이 웃음거리에 지나지 않는다는 점에 모두 동의하길 바란다."

라면 B다'라는 조건이 불충분하여 세련되게 벗어나는 것으로 보일 수 있다. 이러한 회피는 '설령' 근거의 중요 혜택 중 하나이고 아래 형태의 진술을

마치 A인 듯한 B

다음의 진술로 대체하거나 일반화할 것을 제안한다.

설령 A가 아니더라도 B다

예를 들어 '마치' 활용성을 극대화하는 것처럼 행동하는 주체의 경제 모델의 '설령' 버전은 위험 개요와 유사한 활용 극대화 개요를 소개하고 기존 모델을 특별한 사례로 만든다.

신고전주의 관점에서 경제학의 '설령' 사고방식은 분포가 있는 어려운 가정을 가능한 추정의 집합으로 대체한다.

이중부정 제거 원칙((A가 아니다) 아니다 → A)을 어기는 것은 자기 참조로 고려하면 그다지 중요하지 않다. 이는 왜 부정적 근거가 기업가적 의사 결정에 거의 영향을 미치지 않는지 설명할 수 있다. 인공물이 X 또는 상황이 X라고 말하는 것은 'X가 아니지' 않다는 것을 말하는 것이 아니다. 예를 들어 인터넷이 카탈로그라고 말하는 것은 카탈로그가 아닌 것이 아니라고 말하는 것과는 다르다. 이제 백과사전이 비카탈로그 유형 중 하나라고 동의한다고 가정하자. 좀 더 투명하게 인터넷이 카탈로그라고 말하는 것은 그것이 백과사전이 아니라고 말하는 것과는 다르다. 가장 중요한 것은 인터넷이 카탈로그라는 증거는 인터넷이 백과사전이 아니라는 증거가 되지 않는다.[36][*]

이는 왜 중요한가? X의 증거 존재는 비X의 부재 증거가 아니다.

한 기업가가 왜 대기업에서 일해야 하는지(R) 여러 좋은 이유가 있다고 가정해보자. 하지만 모든 이유는 기업가가 자신의 회사를 시작하면 안되는 이유와 특별히 관련이 없을 수도 있다. 물어보는 기업가에게 다음처럼 말할 수 있다.

> 설령 모든 이유가 R이더라도 나는 여전히 창업을 할 것이다.

이 기업가는 이유가 상관이 없다는 말을 하려는 것이 아니다. 사실 기업가의 결론은 관련성 논리에 기반한다. 예를 들어 높은 연봉의 직업을 그만두고 자신의 회사를 시작하려는 급강하 결정을 하는 기업가가 있다고 해보자. 자기 자신에게 '만약 내 사업을 시작한다면 나는 내가 늘 원했던 대로 성공적인 기업가가 될 거야.'라고 최면을 걸 수 있다. 하지만 가설에 긍정적인 방법론을 적용하면 데이터는 대개 급강하 결정을 하지 말라는 결과를 보여줄 것이다. 그리고 대상자를 연구하는 과학자들처럼 우리는 기업가가 과신 편향을 겪을 때에만 급강하 결정을 할 것이라고 결론지을 수밖에 없다. 하지만 기업가들은 일상적으로 가설의 부정적 조합에 기반해 의사 결정을 내린다. '만약 내가 급강하 결정을 하면 나는 성공적인 기업가가 될 수도 되지 않을 수도 있다. 하지만 만약 급강하 결정을 하지 않으면 나는 성공적인 기업가가 되지 않을 것이다.' 이것은 5장에서 다룬 것처럼 실현적 세계에서 무언가를 하지 않을 계산 가능한 기회비용은 무언가를 했을 때 계산 불가능한 기회비용을 넘어선다고 주장한 것과 비슷하다.

실현적 세계관의 핵심에는 이중부정 제거, 즉 부정의 부정은 긍

---

* 헴펠의 까마귀 역설raven paradox과 이중 누락 법칙 사이의 관계를 다룬 슈미트 프리드먼의 놀라운 2003년의 논문을 참고하라.

정이라는 논리적 추정에 대한 도전이 있다. 동일한 도전은 굿맨의 그루 역설과 앞서 살펴본 프리드먼이 각주에 언급한 세 종류의 불확실성에도 적용된다. 이러한 도전을 극복하기 위해서는 제임스가 말한 목숨을 건 도약salto mortale, 설령 긍정적 결과를 명확히 예측할 수 없다 해도 현실에서 실행에 뛰어드는 행위가 필요하다. 이펙추에이션 논리는 그 도약을 합리적인 방식으로 할 수 있도록 도와주고 그런 도약이 개별적 목표나 공동의 행복을 파괴하지 않도록 설계 원칙을 발전시키는 것을 돕는다. 적어도 이것이 실현적 경제의 궁극적 목표가 될 것이다.

결과에 대한 설령 논의 예시

학자들은 사회에서 자유가 번영과 자산으로 이어지기 때문에 중요하다고 오랫동안 주장했다. 하지만 나는 배럿이나 아마르티아 센Amartya Sen이 주장한 것처럼 자유를 위한 '설령' 논의를 하는 것이 옳다고 생각한다. 이들은 우리가 그 방향으로 행동하기 위해 실증과학에서 실증적 증거에만 의존해야 한다면 아주 오래 기다려야 할 수도 있다는 점을 이해한다. 하지만 주장의 부정적 형태로 증거를 살펴본다면 결론은 피할 수 없다. 배럿이 이야기한 대로 "자유를 위한 최고의 주장은 자유가 없는 세계의 공포다."[37]

그렇다면 사회를 설계한다는 측면에서 그들의 주장은 다음과 같은 형태를 띤다. 설령 자유가 어떤 정의든 좋은 삶으로 이어진다는 확신이 없다고 해도 진정한 선택과 진정한 희망이 있는 더 자유로운 세상을 설계하기 위해 계속 노력해야 한다. 그 후 우리가 할 일은 우리 자신이 원하거나 원하게 될 것, 다른 사람들이 지금 또는 미래에 원하는 것, 그리고 함께 노력하면서 맞설 새로운 도전과 실패에 대한 불확실성을 포함해 많은 유형의 불확실성을 고려하며 설계하는 것이다.

우리는 종교 정치 분리처럼 다른 사례에도 '설령' 주장을 적용할 수 있다. 종교와 국가를 분리하는 것은 설령 그것이 오래 지속될 좀 더 관용적인 사회로 이어진다는 확신을 가지고 예측할 수 없다고 하더라도 훌륭한 설계 원칙이다. 종교 정치 분리를 하지 않은 국가는 종교 자유의 예시가 아니며 대다수의 시민에게 지속적이고 공평한 환경을 제공할 수 없다.

유사하게 실현적 논리는 기업가적 행동을 이끄는 '설령' 설계 원칙으로 채워진다. 우리에게 충분한 자원이 없다고 하더라도 감당 가능한 손실로 사업을 시작할 수 있다. 시장이 존재하지 않다고 하더라도 가치를 창출하는 회사를 설립할 수 있다. 자신이 무엇을 원하는지 몰라도 가치 있는 목표를 개발하기 위해 행동할 수 있다. 아무도 이전에 시도해보지 않았다고 하더라도 자신이 할 수 있다고 생각하는 것을 시도할 수 있다. 우리가 시작한 기업이 실패하더라도 우리는 성공적인 기업가가 될 수 있다. 예는 계속 이어진다. 이는 단순히 믿음이나 신뢰, 인식의 문제가 아니다. 이는 현실에서 실행하고 다른 사람들과 상호작용하면서 실현적 가설을 구체화하거나 변조하는 것이다.

'자유를 위한 설계'는 모순된 느낌을 준다. 그리고 실제로 그렇다. 실현적 논리에서 비롯된 설계 원칙은 사람들이 어떻게 행동해야 하는지 또는 사회가 어떻게 설립되어야 하는지에 대한 처방전이 아니다. 실현적 논리는 현실 상황과 다른 시간대에 다른 여러 가지를 원하거나 원하지 않는 다양한 이해관계자들로 인한 제약을 고려하여 사람들이 현실에서 무언가를 할 수 있는 방법에 대한 새로운 가능성을 만들어낸다. 즉 실현적 경제는 우리가 무엇을 해야 할지 절대 말해줄 수 없다. 결과에 대한 '설령' 과정에 기반하여 우리가 할 수 있다고 믿고 꿈꾸는 것들을 하지 않을 이유들을 기각할 수 있다. 사실 실현적 논리는 인간 인공물을 설계하는 규범적인 접근 방식이 아주 필요하다는 것을 부인하고 자발적으로 참여한 이해관계자 간 상호 주관적인 상호작용과 우리 설계의 주요한 요인인 전념을 주장한다. 그러므로 실현적 경제학은 무엇이 가능한지 살펴보기 위해 인간 행동에 대한 '설령' 가정을 기반으로 한다.

2. 인간 행동에 대한 설령 가정

과학적 방법론은 자연을 이해하고 길들이고자 한다. 그리고 앞 장에서 살펴본 대로 기업가적 방법론은 인간 본성을 자유롭게 한다. 하지만 인간 본성은 어떻게 이루어져 있고 어떤 추정을 해볼 수 있을까? 실증 경제학에서 널리 퍼진 인간 행동에 대한 추정에는 위험 회피, 기회주의, 잘 정돈된 선호도 등이 포함된다.

　　각각은 광범위한 관련 문헌을 보유한다. 하지만 실증적 연구는 이러한 추정이 잘못될 수 있다고 제안한다. 연구를 나 혼자 검증하는 대신에 각 사례에서 한 명 또는 두 명의 전문가를 인용할 것이다. 내가 언급하는 학자들은 학문적 일생의 많은 부분을 이러한 행동 추정을 이해하는 데 바쳤다는 사실로 내 주장을 마친다. 예를 들어 폴 슬로빅은 미국심리학협회 102회 연례행사에서 유발의 과정에서 사람들이 선호를 어떻게 구성하는지 보여주는 20년에 걸친 연구를 요약했다.

> 선호의 의미와 가치의 지위는 세 명의 야구 심판 사이의 잘 알려진 교환으로 쉽게 설명할 수 있다. "보면서 선언한다." 첫 번째 심판이 말했다. "있는 그대로 선언한다." 두 번째 심판은 동의하지 않았다. "내가 선언하기 전에는 아무것도 아니다." 세 번째 심판이 말했다.[38]

나는 이미 위험 성향 문헌에서 혼란스러운 결과에 대해 언급해왔다. 기업가들은 모든 스펙트럼을 가지고 있는 것처럼 보인다. 최근 두 개의 메타 분석은 반대 방향을 가리킨다.[39][40] 기회주의는 크게 다를 바 없다.

포괄적인 내용은 매튜 라빈의 연구를 참조하라.[41] 로널드 코스가 보여주듯이 애덤 스미스조차 인간 행동의 복잡한 변주에 대해 알고 있었고 '보이지 않는 손'에 대한 논문을 쓰는 데 활용했다.[42] 예를 들어 스미스의 깊은 이해도는 대부분 우리가 사리사욕에 대해 실증적으로 알고 있는 내용을 반영한다.

1. 사람들은 오로지 또는 크게 사리사욕에 집중하지 않는다. 그러나 완전히 이타적인 것은 아니다.
2. 어떤 때는 이타적인 사람이라도 다른 때에는 기회주의적일 수 있다. (앤드루 카네기 같은 벼락부자robber barons)
3. 한 영역에서 원래는 기회주의적인 사람인 동시에 이타적일 수 있다. (대부)

이 결과가 나온 한 가지 이유는 리 톰프슨이 말한 바와 같이 진화에 의해 발전한 사회적 선택 체계로 사람들은 개인주의와 공동체주의 행동의 신호를 기민하게 알아채고 행동할 수 있게 되었다는 것이다.[43]

진화론적 선택에 있어 가끔은 개인주의적인 행동을, 가끔은 공동체주의적 행동이 유리했기 때문에 인류는 두 종류의 행동을 할 수 있는 역량뿐 아니라 주어진 상황에서 어떤 행동이 최고의 유전적 결과물을 낼 수 있는지 결정하는 복잡한 인지적 장치도 발전시켜왔다.[44]

톰슨의 주장은 좀 더 광범위하게 적용 가능하다. 우리가 인간 유전학에 대해 알고 있는 내용은 다양하고 흥미로운 형태를 제시한다. 어떻게 생각하면 우리는 다른 사람들과 다른 점보다는 같은 점이 많다. 지형적,

역사적, 민족적, 문화적 변수를 고려했을 때 여전히 우리는 하나의 종족이다. 하지만 우리는 또한 다른 사람들과 놀라울 정도로 다르다. 예를 들어 상대적으로 잘 보존되고 유전적으로 동일한 원주민 인구에서 인간이 가진 모든 다양성의 84% 이상을 발견할 수 있다.[45] 이 흥미로운 현상은 인공물의 분포에서도 발견할 수 있다. 예를 들어 즈비 그릴리시와 그의 동료들이 진행한 일련의 산업 연구에서 표본 오류나 합리적인 분산이라고 설명하기에는 너무 큰 이질성이 개인 차원에서 지속적으로 발견되었고 그들은 "단순한 생산 기능이 심각하게 잘못 지정된 것이 틀림없다."라고 결론 내릴 수밖에 없었다.[46] 이들은 기업 분포의 이질적 특성을 이렇게 표현했다.

> 각각의 빵집이 서로 가지고 있는 차이점은 마치 제철 산업과 제조 산업이 가지고 있는 차이만큼 크다.[47]

종합하면 인간 행동의 비예측성은 다음의 세 가지 특성에서 비롯된 것일지도 모른다.*

- ▸ **이질성:** 사람들은 서로 아주 다르다. 사람들을 유형으로 분류하더라도 분류 안에서의 다양성은 분류 사이의 다양성만큼 빈번하고 중요할 것이다.
- ▸ **가변성:** 사람들은 시간에 따라 변한다. 행동뿐 아니라 특성과

---

* 실증 경제학 추정은 형식을 만들기 위한 것이었다. 언뜻 보면 이펙추에이션 모델을 만들기 위해 전통적 방식을 거부하는 것처럼 보일 수 있다. 그렇지 않다. 사실 11장에서 나는 실현적 방법론의 공식 설계를 가능하게 할 가능성과 논리를 새로운 발전을 제시하고자 한다.

선호도 변화한다.

  ▸ **맥락성:** 사람들은 다양한 역할을 수행한다. 예를 들어 비행기에서 뛰어내리는 것처럼 위험을 즐기는 사람이라도 호황 시장에서 주식을 단기 매도할 때에는 아주 위험 회피 성향을 띨 수 있다.

여기서 일부러 '상황'이라는 개념을 사용하지 않았는데 그 이유는 이 용어가 두 가지 분리된 개념을 혼용하기 때문이다. 행동을 위한 환경으로서의 맥락, 즉 특정한 행동이 발생하는 영역과 행동의 결정 요인으로서의 맥락, 즉 사람들이 특정한 방식으로 행동하게 하는 환경을 뜻한다. 유전이나 유년기 경험처럼 상황은 사람들마다 각기 다르거나 시간에 따라 변하거나 다양한 역할을 맡게 되는 이유와 방식을 설명한다. 인간 행동의 성격은 한 사람의 행동이 다른 사람들과 다른 이유와 방식, 또는 사람들이 시간에 따라 변하는 이유와 방식, 또는 개인이 다양한 역할을 하는 이유와 방식을 설명할 수 있지만 그 자체로 특성에 의존하거나 상황에 의존하지 않는다. 상황에 의존적인 선택과 자유 선택은 이론 수립에 '마치' 접근을 필요로 하는 인간 행동에 대한 불충분하지만 필요한 설명인 반면, 위의 세 가지 특성은 '설령' 이론 수립에서 인간 행동에 대한 불필요하지만 충분한 추정이다.

앞에서 언급한 바와 같이 실현적 경제학의 최종 목표는 행동을 예측하는 것이 아니라 인공물을 만들 설계 원칙을 개발하는 것이다. 이러한 원칙은 인간 행동에 대해 '마치' 추정 대신 '설령' 원칙을 사용할 것이다. 다시 말하면 기회주의 추정에 기반한 이론은 마치 사람들이 허점에서 이득을 취하려 하는 것처럼 경영관리 시스템을 설계한다고 규정한다. 반대로 실현적 논리는 유형 1 오류와 유형 2 오류를 정반대 방향으로 전환하며 동일한 이득을 얻고 모든 사람이 모든 상황에서 동시에 이타적으로 행동하지 않더라도 지적 이타주의를 활용할 수 있는 경영관리 프로세스를 설계할 가능성에 집중한다. 유사하게 가망 기업가들에게 위험을 감수하라고 기대하거나 지시하는 대신, 또는 과신하지 말라고 주의를 주는 대신 실현적 기업가정신 과정은 기업가들이 위험 성향의 어느 지점에 있더라도 그들의 성향이 시간이나 영역에 따라 바뀌더라도 어떻게 기업가가 될 수 있는지 가르친다.

시장 형성에 '설령' 적용하기

'설령' 추정은 '마치' 추정보다 좀 더 일반적이다. '설령' 추정은 불필요하지만 충분한 행동의 조건이다. 이 추정은 결과가 불확실하고 행동이 외재적이며 불안정하고 맥락에 따라 다를 때도 유효하다. 하지만 결과가 예측 가능하고 특성이나 선호도가 안정적이며 행동이 일관적인 일부 상황에서 우리는 '마치' 추정에 따라 결정하고 행동할 수 있다. '마치' 추정은 우리가 한 일과 하지 않은 일에 대해 배울 수 있는 사후 분석에 특히 유용하다. 하지만 이러한 교훈을 미래 설계로 변환하기 위해서 이펙추에이션 논리는 객관적 기법이 과거에 얼마나 열정적으로 개발되었거나 성공적으로 실행되었는지와는 별개로 적당하지 않다고 제안한다. 대신 이 장의 시작에서 비트겐슈타인, 하이데거, 그리고 다른 철학자들의 러셀의 선언에 맞서 펼친 설득력 있는 주장을 고려한다. 아무리 실증과학이나 신중한 계량경제학 또는 신탁과 같은 전문성이 있어도 신규 시장과 같은 인공물을 창조하는 데 필요한 지속적 대화나 인간 판단의 꾸준한 노력 그리고 상호 주관적인 상호작용 등을 완전히 대체할 수 없다.

도표 9.2의 마우리츠 에스허르의 그림은 경제가 실현적 기업가정신과 함께 앞으로 나아갈 수 있는 방법을 묘사한다.

도표 9.2 〈세 개의 구 II〉

▸ 오른쪽 불투명한 구는 기업가에게 필요 없는 경제학과 같다. 완
  벽한 정보와 잘 정리된 선호도, 외재성의 환경을 갖춘 세계다.
▸ 왼쪽의 구는 기술적 변화의 경제학과 불완전한 정보와 기회
  발견이 시장 구성에 중요한 역할을 하는 최근의 기업가정신
  이론을 뜻한다.
▸ 중간의 구는 인간의 행동이 예측 불가능한 미래와 목표 불명
  확성, 환경적 등방성에서 중심적 역할을 하고 시장이 이러한
  행동의 결과로 공동 창조된 인공물인 실현적 경제학의 가능
  성을 나타낸다.

물론 나는 시장 장치에 자동적이거나 즉흥적인 점이 없으며, 시장 형성
은 상호 주관적인 인공물을 만드는 것과 같이 실제 노력이 필요하다고

주장하는 첫 번째 사람이 아니다. 이 논쟁의 뿌리는 애덤 스미스까지 올라간다. 애덤 스미스는 협상과 흥정, 설득을 포함한 상호 주관적인 수준의 활동과 노력을 인정한다.

> 다른 천재성은 노동의 분할의 이유가 무엇인지 교환하려는 성향의 기반이 아니다. 진짜 기반은 무엇이 인간 본성에 만연한지 설득하는 원칙이다. 우리는 설득의 힘을 중점적으로 키워야 하며 의도하지 않고서도 그렇게 할 수 있다. 인생은 평생 동안 설득을 연습하는 과정이기에 서로와 협상하는 방식은 의심할 여지없이 필요하다.[48]

올슨과 사투 캐쾨넨은 시장의 인공적 본성에 대해 비슷하게 주장했다.[49]

> 경제학의 네 번째 초기적 관점은 아주 기초적이고 자연스러워서 공식적 이론의 공리로 언급되거나 소개되지 않는다. 시장이 인공적인 장치나 정부의 창조물이 아니라 즉흥적으로 발생한 자연적인 존재라는 추정은 반의식적이다.[50]

시장이 수요와 공급 사이의 희소한 자원을 효율적으로 분배하는 가차 없는 힘이라고 생각하는 대중적 시각이 존재한다. 시장이 경제적 부를 위해 개별적 선택을 끊임없이 자동화한다는 이미지는 신화적이거나 도달할 수 없는 이상이다. 뛰어난 정통 경제학자인 케네스 애로우가 철저한 사회적 선택이 불가능함을 증명한 것도 우연이 아니며[51] 철학자 아마르티아 센은 상호 주관적인 상호작용을 통해 그 불가능함을 극복할 건설적인 방식을 실용주의자 데이비드슨과 논의했다.[52] 실현적 경제학은 이러한 건설적인 방법론을 만들며 설계 원칙을 고안하고 조정할 유용한 도구를 제공할 수 있다.

이러한 방법론은 본래의 시장 개념과 반대되는, 개인이 잘 살기 위해 노력하는 도구로서의 실용주의 철학적 시장 개념에 반영된다.

> 종합적인 시장경제는 무언가를 극대화하거나 최소화하지 않는다. 단순히 참가자들이 선호도나 타인의 자질에 따라 각자가 중요하게 여기는 가치를 일반적인 '게임 규칙'의 제한 속에서 추구하도록 하며 각 개인이 무언가를 하는 데 새로운 방식을 시도할 수 있는 유인을 제공한다.[53]

이펙추에이션 논리는 이질적이고 불안정하며 맥락적인 본성의 인간 행동이 수반한 창조적 파괴가 어떻게 아직 구축되지 않은 세계에 내재된 예측 불가능성과 결합하여 바닥에서부터 다양한 시장을 서로 만들어낼 수 있는지 보여준다. 그렇다면 실현적 경제 자체는 종종 뜯겨져서 기업가적 방식으로 급진적으로 재구성되는 인간의 다양한 목적을 담은 시장의 조각 퀼트와 닮아 있다.

10장

인류
희망의 가치

이 장의 주제를 두고 많이 고민했다. 궁금한 점은 이것이었다. '왜 우리는 르완다의 번영을 위한 선물 계약을 사지 못할까? 또는 브라질의 환경보호를 위한 선택지는? 또는 아프가니스탄 여성의 해방은? 우리가 생화학 기술의 가능성에 투자하고 싶으면 겐자임의 주식을 사거나 마우스 클릭 몇 번으로 바이오테크놀로지펀드에 투자할 수 있다. 하지만 콩고 델타의 문맹률의 가능성이나 로스앤젤레스 남부의 청소년 발달에 참여하고 싶다면 우리는 위태로운 자선사업 단체를 찾아 수표를 보내고 세금 공제 양식을 쓰고 내 돈이 좋은 일에 쓰이기를 바랄 수밖에 없다. 우리는 다른 경쟁력 있는 모델을 분석하거나 선택할 수 없고 투자를 모니터링 할 수도 없으며 유동성을 위해 거래하거나 긍정적 결과를 현금화할 수도 없다.

바이오테크놀로지에 투자하는 것은 수익성을 기대할 수 있고 인간의 고통을 없애는 데 투자하는 것은 그렇지 않다고 말할 수 있을까? 사실 후자가 투자의 개념에 좀 더 부합하지만 기부라는 특성 때문에 긍정적인 소득 없이 자본을 희생한다는 이미지를 준다. 줄리언 사이먼은 인간이 절대적인 자원이라고 주장하는 데 그의 인생을 바쳤다.[1] 그의 데이터는 광범위하며 그의 분석은 설득력 있게 조심스럽고 분명하다. 하지만 삼겹살에 투자하는 것이 인간의 미래 가능성에 투자하는 것보다 더 쉽다. 바이오 기술이나 삼겹살이 문맹이나 가난의 종식보다 덜 중요하다는 것은 아니다. 내 입장은 모든 경제적인 가치가 결국은 인간에게서 나오기 때문에 인간 고통을 없애는 데 투자하는 것은 생존 가능하고 귀중하다는 것이다.

이 장은 모든 시장이 궁극적으로는 인간의 희망에 관한 것이고 영리와 비영리 구역을 나누어 제품이나 서비스 아이디어를 내는 것은 불필요하며 어리석다고 말한다. 이 관점은 분리 테제라고 불리며 프리먼에 의해 구축되었고[2] 기업 윤리 분야에서 잘 알려져 있다.[3][4]

가치 창출과 관련하여 정부나 조직 체계에 대비한 시장의 효과성은 잘 알려져 있고 유망하다. 시장 실패에 대한 연구도 마찬가지다. 정치 경제 철학자들은 복지 관점에서 문제를 대해왔다. 나는 동일한 문제를 다른 관점에서 보면서 인간의 조건을 개선하기 위해 무언가를 하는 사람들을 자선가 또는 투자자, 혁명가 또는 사회적 기업가로 부를 것이다. 게다가 이펙추에이션 논리를 불러일으키는 방안에 한해 탐구할 것이다.

앞 장에서 다룬 이펙추에이션 논리는 은연중에 새로운 기업은 영리 목적이며 새로운 시장은 경제적 상품을 위한 것이라고 가정한다. 하지만 이 논리에는 비영리 기업이나 사회적 상품과 서비스를 위한 시장에 적용하지 못할 부분이 없다. 이 장에서 후자의 경우에 적용된 이펙추에이션의 역할뿐 아니라 이 두 가지 경우를 애초에 분리할 필요가 있는지 질문을 던진다.

인류 희망을 위한 시장을 생각하다

일반적으로 시장은 우리의 경제적, 정치적, 사회적 삶을 영위하기 위해 기업과 정부 그리고 비영리사업과 경쟁한다. 최근의 역사는 시장이 이러한 다른 개체보다 이점이 있다고 말한다. 특히 베를린장벽이 무너진 이후로 자유 시장이라는 이상적 개념을 심어주는 것은 쉽다. 그러므로 시장과 비시장 요소의 상대적인 이점을 분석할 때 나는 세 개의 중요한 비평으로 시작하고자 한다.

1. 시장 실패
정부의 개입이나 비시장 요소가 시장 실패로 인한 비효율성을 해결하는 데 사용되어야 한다는 주장이 있었다.[5][6] 시장 실패는 사회적으로 필요한 활동을 유지하거나 사회적으로 원치 않는 행동을 막거나 방지하는 시장의 기능을 수행하지 못했다는 뜻이다.[7] 시장 실패의 배경엔 다양한 이유가 있지만 보통은 외부적 요인에 의해 발생한다.

외부적 요인은 긍정적일 수도 부정적일 수도 있다. 긍정적인 외부 요인은 이 이익을 만드는 사람들에 의해 탄생되었지만 전부 적용되지 않는 이익을 말한다. 부정적인 요인은 이 비용을 발생시킨 사람들에 의해 탄생했지만 회복 불가능한 비용을 말한다. 환경오염은 부정적 외부 요인의 교과서적 사례이고 교육은 긍정적인 사례를 보여준다. 정부의 개입이 오염을 일으킨 사람이 비용을 부담하게 하는 데 필요하다고 주장한다. 왜냐하면 최종 고객보다 지리적 권한을 가지고 있는 정부가 비용을 넘길 유인이 더 크기 때문이다. 비슷하게 교육에 필요한 모든 혜택을 수혜받는 학생들에게 돈을 청구할 수 있기 때문에 민간 기업에 교육을 맡기면 투자하지 않을 유인이 크다.

하지만 민간 체계는 외부 요인을 다루기 위해 발전해왔다. 얼마나 효과적인지에 대해서는 논란이 있을 수 있지만 새로운 민간 체계를 만들기 위한 노력은 지속된다.[8] 예시로 오염의 경우에서의 배출량 교환과 [9][10] 교육의 경우에서의 인적자원 계약을 고려해보자.[11]

외부 요인은 비시장 개체가 사회적 영역을 지배하고 있는 이유 중 하나다.[12] 그레고리 디스가 목격한 대로 최근 영리기업을 포함해 인류의 희망과 관련된 다양한 서비스를 제공하는 사회적 기업의 수가 늘어나고 있다. 하지만 외부 요인이 비시장 구조로 눈을 돌린 유일한 이유는 아니다.

찰스 울프는 시장 실패의 네 가지 이유를 설명했다.[13]

1. **외부 요인과 공공재**

2. **증가하는 이익:** 이익이 증가하고 비용이 감소하는 상품과 서비스 시장은 독점 시장이 되기 쉽고, 이는 가격 비효율성과 혁신 저하로 이어진다. 마이크로소프트가 잠식한 소프트웨어 시장이 그 예다.

3. **시장 불완전성:** 이는 완벽하게 경쟁적인 시장에서 세부 구조들이 변경된 시장을 말한다. 불완전한 시장에는 독점, 소수 독과점 등이 있다.

4. **분배의 불평등:** 자유주의 경제학자들은 분배의 평등이 시장 경제에 꼭 필수적이거나 이상적인 결과는 아니라고 주장해왔다.[14] 자선가와 기업의 개입이 부의 재분배를 위해서는 필수적이다. 자유 시장 자체로는 해결할 수 없다.

각각의 시장 실패를 설명한 후 울프는 다음과 같이 비시장 체계도 비슷한 실패에 연관성이 있다고 주장한다.

1. **내재성과 사적 목표:** 비시장 체계에서 직접적인 성과 수준과 지표가 없으므로 조직의 기존 목표를 모호하게 하거나 배제하는 내부 해석이 생긴다. 특히 울프는 예산 증가(더 많을수록 좋다), 기술 발전(새롭고 복잡할수록 좋다) 그리고 정보 습득과 통제(다른 사람이 모르는 것을 아는 것이 좋다)의 내재성을 나열했다.

2. **중복적이고 상승하는 비용:** 내재성과 외부 경쟁의 부족으로 비시장 환경에서는 비용을 줄이려는 지속적 노력이 없을 수 있다.

3. **외부 요인 유래:** 비시장 해결 방안은 때때로 유지하기 어려운

예상치 못한 부작용이 있다. 울프는 소음 공해에 대한 미국환경보호국의 제약에서 비롯된 프랑스와 영국과의 긴장 관계를 포함해 여러 예시를 제공한다.

4. **분배의 불평등:** 비시장 해결 방안은 새로운 분배 불평등을 야기한다.

울프가 분석한 종합 결과는 시장과 비시장 체계 모두 완벽하지 않다고 귀결된다. 그러므로 시장 실패는 비시장 해결책에 필요하지만 충분하지는 않은 조건이다. 울프는 기존 정책의 좀 더 상세한 실행 분석을 옹호할 뿐만 아니라 시장과 비시장 해결책 모두에 가장 적합한 창의적인 장치가 필요하다고 주장한다.

멘슈어 올슨은 시장과 비시장 해결 방안 문제를 완전히 다른 시각으로 바라본다.[15] 주된 주장은 시장이 정부가 만든 인공물이라는 점이다. 즉 정부의 개입이 애초에 시장을 생성할 때 필수적이라는 말이다.

2. 시장의 인공적 특성

올슨은 경제적 번영의 차이점이 생기는 이유를 이해하기 위해 기존의 공산주의 국가와 개발도상국을 포함해 다양한 나라를 연구했다. 대규모 이주에 대한 수많은 연구, 특히 빈곤 국가에서 선진국으로 진행된 사례를 종합했을 때 올슨은 "제도와 경제적 정책의 압도적인 중요성"을 주장했다.[16] 올슨은 이민의 역사가 자원과 생산 수준의 효과를 배제하고 경제적 성장과 번영에 대한 경제정책의 효과를 자연적으로 실험한 결과를 제공한다고 주장했다. 연이은 연구 결과 올슨은 공공 정책과 제도의 차이가 가장 중요한 설명이라고 결론지었다.

국가 간 일 인당 소득의 대규모 격차는 현재의 생산기술이나 주식시장에 대한 접근성 차이, 인구 대비 토지나 천연자원의 비율 차이, 가용 인력이나 개인적 문화 수준 차이로 설명할 수 없다. 합계 수준이 높다고 하더라도 이는 일 인당 소득의 국제적인 차이 중 대부분을 설명할 수 있는 생산의 각 요소를 제거한다. 국가의 부 수준이 크게 차이 나는 것은 주로 제도나 경제적 정책의 수준 차이 때문이라는 것이 유일하게 남은 타당한 설명이다.[17]

언뜻 보면 올슨의 결론은 울프의 결론과 반대된다. 일반적인 비시장 체계와 특정한 정부의 개입은 모두 불필요하거나 불충분하다는 생각은 경제성장과 번영을 설명할 때 정부 정책의 중요성은 부인할 수 없으며 독보적이라는 것과는 완전히 정반대다. 이 모순을 해결하는 열쇠는 올슨의 연구에서 정의된 제도와 경제정책의 세부적 차이에 달려 있다.

올슨이 사망하기 세 달 전, 카네기멜론대학교에서 진행된 일일 강연에서 그는 시장 확대적market-augmenting 정부와 그와 반대되는 시장 저해적market-hindering 정부에 대한 생각을 장시간 설명했다.

어디에나 있는 기업가정신과 어디에나 있는 시장을 결정하는 가장 중요한 결정 요인, 이들이 성공과 풍요로운 경제를 달성할 것인가를 결정하는 가장 중요한 요인은 시장을 확장하는 정부의 존재 여부라고 생각한다. 우리가 아는 것처럼 시장과 정부를 대안으로 여기는 것은 이제 관습이다. 시장의 역할이나 정부의 역할이 더 커져야 할까? 물론 정부가 해야 하는 일과 민간과 시장이 해야 하는 일이 정해진다면 정부와 시장이 대안이 될 수 있다는 것을 안다. 그리고 실제로 그런 일은 일어난다. 하지만 성공적인 경제의 정부는 순수하게 시장을 확장한다고 생각한다. 그런 정부는 시장을 대체하거나 억압하기보다 더 많은 시장을

생성하고 설명한다. 정보는 경제가 제 역할을 할 때 넓은 의미에
서 시장의 원천이 된다.[18]

하지만 올슨의 설명에서는 정부가 어떻게 시장을 확장하는지 확실히
드러나지 않는다. 한 가지 설명은 순수한 역사 발전, 특히 광범위한 통
신 연결망으로 점점 세계화되는 시스템을 통해서다. 또 다른 방식으로
는 무기명 자산의 기명화, 계약 의무화 등 규제 개혁을 주장하고 추진
하는 정치적 사회적 운동도 가능하다.[19] 하지만 전문 기업가가 이해관
계자들을 불러 모아 현실을 바꾼다는 이펙추에이션 논리에 대한 이해
단계의 초기에서 시장을 확장하는 제도를 만드는 데 중요한 수단을 간
과하고 있는 것은 아닌지 자문하게 된다.

바꿔 말하면 영리기업에 이펙추에이션 논리를 적용시킬 근거는
무엇인가? 대신 인류의 희망에 대한 모든 시장을 포함할 수 있도록 시
장을 재정의하고 정부에 속한 기업가(공공 기업가)와 시민 영역(사회적
기업가?) 등 모든 기업가를 포함하도록 기업가를 재정의할 수도 있지
않은가? 이러한 재구성은 즉시 경제와 비경제적 문제 사이의 구분, 영
리와 비영리의 구분 또는 좀 더 최신의 사회적 기업 등을 구분해야 하
는 문제에 처한다. 예술, 스포츠, 철학, 자선사업 등 현실에서 잘 살아가
기 위한 모든 노력은 시장을 확장하는 접근 방식에 열려 있으며 혜택을
받는지도 모른다.

하지만 이 가능성을 좀 더 살펴보기 전에 다른 유형의 체제보다
시장을 맹목적으로 선호하는 것을 반대하는 마지막 항목을 다뤄야 하
는데 이는 가정에서 좀 더 찾아볼 수 있다. 수직적 조직의 편재성과 우
선순위에 대한 기고에서 사이먼은 현실의 완강한 사실보다는 사무적인
이론에 지나치게 의존하는 "새로운 제도적 경제"를 비판했다.[20]

3. 수직적 조직의 편재성과 우선순위

새로운 제도적 경제는 신고전주의 경제학을 기반으로 제도의 새로운 역할을 포함한다.

> 인간의 상호작용을 구성하는 사람이 관여한 제약 사항은 공식적 제약 (규칙, 법률, 헌법), 비공식적 제약 (행동 규범, 관습, 스스로의 행동 강령), 그리고 강행 특성을 반영한다.[21]

새로운 제도적 경제학의 지적 혈통은 코스가 분석한 기업의 존재 이유까지 거슬러 올라갈 수 있다.[22] 사이먼이 정확하게 지적했듯이 시장이 중심인 세계에서만 문제가 되는 질문이다. 시장 거래가 기본 선택 사항인 세계에서는 다음과 같이 이상한 질문들이 자연적으로 발생한다. '왜 대부분의 사람들은 무역업자나 자영업자가 아닌 고용인일까?' '무엇이 기업과 시장의 경계를 결정하는가?' '직원들이 회사의 이익을 위해 일하는 동인은 무엇인가?' 등이 있다.

이 체계에서 사이먼이 주로 지적한 점은 실증적 사실을 관찰하여 이론을 만든다면 인간 행동에 대해 교활하게 자신의 이익을 추구하는 기회주의로 대표되는 신고전주의 경제학의 추정보다 더 어려운 추정이 필요하다는 것이다. 사이먼은 우리는 시장경제보다는 조직적 경제에 주로 머물러 있다는 좀 더 단순한 접근 방식을 제안하며 유순함(사람들은 조언을 주고받는 것을 좋아한다)과 같은 좀 더 인색한 추정을 기반으로 이론을 주장했다. 사이먼에게 실증적 사실은 틀림없는 것이다. 조직은 규범이다. 설명이 필요한 것은 시장 체제인데 그 이유는 그 수가 아주 적고 멀리 떨어져 있으며 복잡한 형태는 비교적 최근에 생겼기 때문이다. 그래서 사이먼은 실현적 세계에서 시장은 인간이 만든 인공물이라는 나의 연구에 아주 만족해 했다. 시장을 창조하기 위해서는 노력이 필요하다. 기업가들이 지속하는 조직을 만들고 의도적이든 아니든 새로운 시장을 만들게 되는 과정이 이러한 노력의 예다.

사이먼은 윌리엄 제임스가 말한 것처럼 "완고한 사실에도 불구하고" 만들어진 미시경제학의 기초부터 거시경제학을 구축해야 한다는 요구로 비평을 마무리했다. 특히 사이먼은 조직적 효율성의 집행자로서의 이익의 위치를 사람들이 성공적인 조직에서 함께 일하는 다양한 실제 이유로 대체할 것을 제안했다.[23] 주요 이유로는 금전적인 보상뿐 아니라 외부 시장과 내부 이해관계자들에게 중요한 조직의 목표를 세우고 실행하는 역량, 그리고 더 큰 조직의 정체성에 포함되고자 하는 인간의 욕구와 즐거움 등이 있다.

역사적으로 기업가적 과정의 편재성에 관한 증거는 개인들이 모여 생산과 공공 업무, 무역, 정부 자체까지 조직하는 등 충분하다. 이러한 노력은 금전적, 비금전적 동기나 활동 간의 경계를 항상 구분 짓는 것은 아니며 올슨이 집단행동 이론a logic of collective action이라고 지칭한 개념을 포함한다.[24] 집단행동을 통해 조직의 다양한 목표를 달성하고자 하는 노력은 우리가 시장이라고 부르는 영웅적 제도를 포함하여 우리가 현실에서 볼 수 있는 제도들을 만들어낸다. 그러므로 만약 영리기업과 비영리적 사회 목적 사이의 잘못된 분리에 맞서 고안해낸 우리가 가지고 있는 가장 유용한 도구를 포기했다면 심각한 문제였을 것이다.

그래서 나는 자유 시장에 맡기면 모든 것이 제자리를 찾는다는 자유방임주의의 측면에서 시장을 옹호하는 의견에 제기된 다양한 반대 의견들을 검토해왔다. 이러한 반대 의견을 살펴보니 자유에 대한 개별적 욕구와 공동체를 위한 진실한 행복의 가능성을 모두 반영한 이 어색한 인공물의 실재적 힘이 엄청남을 느낄 수 있었다. 하지만 인류 희망의 시장을 향한 나의 실제 사례는 공들인 이론, 변함없는 경험주의, 유수한 학자들이 지속하는 대화에 머무르지 않는다. 훌륭한 변호인이라면 알고 있듯이 배심원이 판결을 심사숙고하도록 들려주는 설득력 있는 이야기에 달려 있다. 다음 이야기에서는 많은 측면에서 유사한 삶을 살았지만 중요한 기점으로 모든 것이 달라진 두 기업가를 나란히 설명하겠다.

4. 애덤스와 유누스: 인류의 희망에 대한 사례 연구

기업가의 정의와 관련하여 유일하게 객관적인 기능인 금전적 이익을 제외한다면 제인 애덤스Jane Addams는 기업가의 자격이 충분하다. 애덤스는 1860년부터 1935년까지 살았는데 인생 대부분을 투표권 없이 보냈다. 27세에 친구 앨런 스타와 함께 시카고의 불우한 동네에서 헐하우스Hull House라는 사회 복지관을 설립했다. 이 복지관에서는 빈곤한 지역으로 이사 온 대학 졸업생들이 참여하여 지역 사람들을 위한 동호회와 오락, 교육 활동을 주관했다. 이 복지관의 차별화된 특징은 전문 사회복지사나 복지 기관 직원을 고용하지 않은 상태로 서비스를 제공하는 역량이었다. 이러한 전문가들은 극빈층과 관련하여 종종 비판적이거나 가혹하기도 했다. 헐하우스는 애덤스의 기업가적 경력의 시작일 뿐이었다. 애덤스의 전기에는 이러한 내용이 있다.

> 애덤스와 스타는 이웃의 필요성에 대해 연설하고 자금을 모금하고 부유한 가정의 젊은 여성들이 봉사하도록 설득했으며 아이들을 돌보고 병자를 간호하고 방황하는 사람들의 목소리를 들어주었다. 헐하우스는 설립 2년차가 되자 매주 2,000명을 수용했다. 아침에는 유치원 수업, 오후에는 어린이들을 위한 동호회, 저녁에는 성인들을 위한 활동과 야간학교나 다름없던 수업이 열렸다. 헐하우스에 처음 만들어진 시설은 미술관이었고 두

번째는 공용 부엌이었으며 커피숍, 체육관, 수영장, 소녀들을 위한 협동 모임, 제본소, 미술 작업실, 음악학교, 연극단, 이동식 도서관, 고용 사무소, 노동 박물관 등이 차례로 생겼다.[25]

노벨 평화상을 수상한 것은 애덤스의 성과 중 일부에 지나지 않았다. 멀 커티는 제임스와 듀이의 이론이 애덤스의 극단적 경험주의에 영향을 주기 전에도 어떻게 "실제 삶의 실험실에서 삶의 가치와 생각을 시험해보는" 실용주의자가 될 수 있었는지 설명한다.[26] 애덤스는 무모하게도 미국 건국의 아버지들의 이상주의적 태도에 불만을 가졌는데 "이들의 이상주의는 경험을 두려워하는 유형이었기 때문이다."[27] 애덤스의 이상주의는 경험을 전혀 두려워하지 않았다. 애덤스는 항상 인간의 가능성의 깊이와 범위를 발견하는 데 즐거움을 느꼈다. 애덤스는 이렇게 말했다.

정착 생활은 '인간 본성의 탁월한 유연성'으로 불려온 모든 것을 발견하게 한다. 그리고 이상적인 사회 및 교육 환경 아래 펼쳐질 도덕적 역량에 한계를 두는 것은 불가능하다.

정착은 사람을 합리적이고 올바르게 하는 모든 것을 뒤로하고 고생스럽고 값싼 노동으로 자신을 찾을 수 없던 많은 사람에게도 해당된다고 주장한다. 게다가 지성의 즐거움이라는 공공재에 접근하는 것이 그 사람의 경제적 위치 때문에 어려워서는 안 되며 삶의 섬세하고 자유로운 측면을 좌우하는 '문명의 최선의 결과'라고 확신한다. 민주주의가 지속되려면 공동생활에 통합되어야 하고 사회의 모든 요소를 통해 자유로운 이동이 가능해야 한다.[28]

한때 애덤스는 시인이자 산문에 뛰어난 작가이기도 했다. 저서『길게 펼쳐진 여성들의 기억The Long Road of Women's Memory』에서 애덤스는 수많은 여성의 고통스럽고 소외된 이야기를 듣고 동정심을 걷어낸 명확함과 끊임없는 희망으로 그들의 이야기를 담았다.[29] * 가련한 여성들의 실제 경험담에서 애덤스는 더 나은 세상의 가능성을 놓치지 않았다. 애덤스의 사회학적 상상력은 스터즈 터클 같은 여느 사회 철학자들과 견주어도 손색이 없었다. 그 일부분을 살펴보자.

> 이 불굴의 영혼은 다수 중 세 명에 불과하다. 인생의 경주에서 장애가 있는 사람들은 자신이 무엇을 가지고 있는지 알기를 그만두면서 인생 그 자체라는 보석과 관련하여 엄청난 마법을 부리기도 한다.[30]

시간을 거슬러 우리에게 감명을 준 글을 쓴 애덤스를 잠시 책상에 모셔두고, 2004년 11월 어느 추운 날 버지니아 샬러츠빌로 가서 그라민 은행Grameen Bank, GB의 창립자 무함마드 유누스Muhammad Yunus의 강의를 들어보자. 유누스는 방글라데시 교외에서 주로 여성인 극빈층과 일했다. 다든경영대학원에서 루핀의 기업 윤리 강연의 기조 연설자로서 방문했을 때 유누스는 함께 일했던 빈곤층을 "분재와 같은 사람들"이라고 표현했다. 그들이 문맹이고 수백 년 동안 사회적으로 핍박받았음에도 불구하고 이들은 숲의 여느 삼나무와 같다고 말했다. 이들은

---

* 애덤스의 비평은 종종 감상적이라는 평을 듣는다. 시어도어 루즈벨트는 애덤스를 "불쌍한 피 흘리는 제인" 또는 "진보적인 쥐"라고 불렀다고 알려져 있다. 내 생각에 애덤스의 산문은 그 자체로 유효하다. 그 글은 루즈벨트의 발언이 진정한 판단이 아니라 정치적 견해에서 비롯된다는 점을 강조한다.

아주 작은 화분에 메마른 흙으로 심었기 때문에 너무 작고 형편없어 보인다. 화분이 깨지고 양지로 나오면 그들, 특히 그들의 아이들은 크고 강하고 똑똑해지며 자연적 성향이 발현된다.

많은 지점에서 유누스의 이야기는 애덤스와 비슷하다. 애덤스는 의학 경력을 포기하게 만들었던 긴 투병 생활 후에 런던을 방문한 이야기를 한다. 난생 처음으로 가난을 마주하고 "동부 런던의 믿을 수 없는 고통과 자정 무렵 대도시의 과밀집한 구역"은 생생한 기억으로 남았다. 애덤스는 마일 엔드로路에서 토요일 밤 값싼 음식을 경매로 구하려고 몰려든 가난한 군중들을 묘사한다.

> 창백한 얼굴에는 사랑스러움을 찾아볼 수 없는 표정이 가득했고 만약 음식을 구하지 못하면 굶는 사냥꾼의 교활하고 영악한 모습을 보였지만, 끝 인상은 낡고 더러운 옷도 창백하고 누르스름한 옷도 아니었다. 무수한 손들이 텅 빈 채로 한심하고 무기력하고 피곤하고 거리의 뿌연 빛에 더욱 하얗게 보였으며 이미 먹을 수 없는 상태인 음식을 향해 손을 뻗치고 있었다.
>
> 아마도 인간의 손만큼 의미 있는 것은 없을 것이다. 야만의 시기를 가장 오래된 도구인 손으로 파면서 지내왔고 계속 앞을 향해 뻗고 있다. 이 기억은 그 후 체조할 때 리듬에 맞춰 움직이는 손을 볼 때, 선생님의 질문에 열성적으로 손을 드는 통통한 아이들의 손을 볼 때마다 계속 떠올랐다. 그리고 그때의 절망과 원망이 심장을 움켜쥐었다.[31]

유누스 역시 극심한 빈곤에 처했던 상황을 묘사했다. 미국 밴더빌트대학교에서 경제학박사 학위를 취득한 후 방글라데시가 독립한 1971년 이후에 고국의 치타공대학교 농업경제학 프로그램을 맡기 위해 고향으로 돌아갔다. 주기적인 농성과 기근 동안 봉사하면서 유누스는 사람들이 아주 적은 양의 자본이 없어서 엄청난 곤경을 겪는 것을 발견했다. 유누스는 마을에서 고생하는 사람들의 목록을 만들기로 결심했다. 첫 리스트에는 42명이 있었고 이들이 당면한 고통을 도와주기 위해 필요한 금액은 27달러였다! 지역 은행에 문의했을 때 유누스는 이러한 많은 사람이 '금융에 적합하지 않은' 사람들로 분류되어 돈을 빌려줄 수 없다는 것을 알았다.

그리하여 당시 '융자 확보 가능성'이 대략 500달러였던 유누스는 자신의 신용으로 돈을 빌려주기 시작했고 그의 소액 대출 운영은 결국 성장하여 그라민은행이 되었다. 2004년 7월 기준 GB는 370만 명의 대출 신청자를 보유하고 있었으며 그중 96%가 여성이었다. GB는 1,257개의 지점을 바탕으로 4만 6,000개의 마을에 서비스를 제공하고 있는데 이는 방글라데시 전체 지역의 68% 이상을 포함한다.

유누스가 다든경영대학원에서 한 연설의 제목은 "우리는 가난이 없는 세계를 만들 수 있습니다"였다. 훌륭한 음향 시설을 갖춘 따뜻하고 편안한 대형 강의실에서 주로 학생인 관객들이 유누스의 사례를 듣기 위해 기다렸다. 유누스는 조용한 목소리로 이론적이거나 규범적인 강의 대신 단순히 개인적 경험에 비추어 GB 이야기를 해나갔다. 점차 설명한 자세한 내용들은 주류 경제학과 경영학의 고정관념에 도전했고 인간의 고통을 완화하는 것보다 인간의 가능성에 투자하는 효용이 훨씬 크다고 끊임없이 강조했다. 유누스가 강연을 마칠 때에 우리는 그 순간만이라도 완전히 설득되어 작은 대륙의 한 나라에서만 실질적으로 가능한 것이 아니라, 이론적으로 말이 되는 원칙들로 가난이 없는 세상을 만드는 것이 좀 더 일반적으로 가능할 수 있다고 생각했다. (자세한 내용은 다음에)

나는 유누스의 강연을 듣기 전날 밤 이 장의 초고를 완성했다. 그래서 유누스의 강연이 마치 끝나지 않을 것 같은 우렁찬 박수 소리로 마무리되고 나서 계단을 뛰어 올라가 공항에 갈 리무진을 타려고 서두르는 유누스의 뒤에 다가갔다. 나는 그에게 혹시 같이 탈 수 있냐고 물었고 그는 놀라거나 화내지 않고 동의했다. 이동하는 동안 나는 그에게 이 책에 대해 말했고 그의 강연을 활용해도 좋다는 허락을 얻었으며 그의 이야기에 얼마나 감동했는지 표현했다. 필연적으로 나는 그를 위해 내가 무엇을 할 수 있는지 물었다. "저에게 돈을 보내지 마세요. 그라민 은행은 기금이 필요 없습니다."

그리고 여기에 애덤스와 유누스 사이의 중점적인 차이가 있다. 애덤스의 전기와 자서전을 조사했을 때 나는 도표 10.1에 나와 있는 것처럼 1932년 12월 8일자 편지를 찾아냈다.

인간이 발휘할 수 있는 엄청난 힘을 이해할 수 있는 여성이 앉아서 위의 편지를 43년 동안 썼다는 모습에는 무언가 잘못된 것이 있을 것이다. 그리고 유누스가 나에게 수표를 쓰지 말라고 말한 자발적인 반응에도 무언가 옳은 것이 있을 것이다. 그리고 그것이 인류 희망의 시장에 대한 나의 사례다.

달리 말하면 애덤스는 부의 재분배가 가능한 자선단체로서 문제를 설정했다. 유누스는 같은 문제를 부의 창조가 가능한 투자의 개념으로 접근했다. 애덤스의 노력은 인간의 요구에 집중되었고 유누스의 노력은 인간의 희망과 가능성에 집중되었다. 양쪽의 접근 방식 모두 사람들이 자신과 자신의 상황이 더 나아지도록 노력했지만 애덤스의 주요한 수단은 사회적 서비스였고 유누스는 시장을 발명하고 변화시키고 활용하며 구축했다.

도표 10.1 기부자들에게 보내는 제인 애덤스의 편지

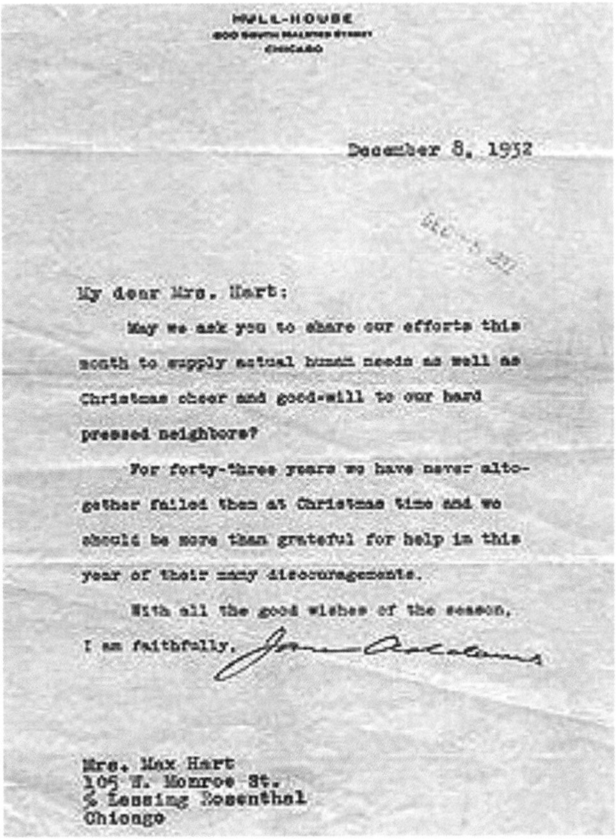

HULL-HOUSE
800 SOUTH HALSTED STREET
CHICAGO

December 8, 1932

My dear Mrs. Hart:

May we ask you to share our efforts this month to supply actual human needs as well as Christmas cheer and good-will to our hard pressed neighbors?

For forty-three years we have never altogether failed them at Christmas time and we should be more than grateful for help in this year of their many discouragements.

With all the good wishes of the season,

I am faithfully,

Mrs. Max Hart
105 W. Monroe St.
% Lessing Rosenthal
Chicago

인류 희망의 시장을 구축하는 이펙추에이션 논리

아래는 유누스가 연설에서 제시한 원칙 목록이다. 나는 연설에서 직접 내용을 따왔지만 대부분 내용은 GB 웹사이트의 여러 곳에 실려 있고 GB와 관련한 논문과 저서에도 담겨 있다. 원칙들은 이펙추에이션 논리와 상당히 호환된다. 사실 유누스는 이 원칙들을 은행을 설립하는 실제 과정을 통해 개발했는데 특정한 문제 상황이 생기거나 의사 결정이 필요하거나 새로운 시장이 열리는 과정을 반영했다. 그가 말하길, 지나고 나서 보니 이 원칙들은 전통적인 은행 운영의 사실상 모든 원칙을 뒤집는 것이었다.

1. GB 경험에 반영된 원칙과 실행

해결책이 아닌 문제에서 시작하라

유누스는 GB를 창업하면서 학자들의 멀리 보는 시각을 포기하고 근시안적 시각을 받아들였다고 설명했다. "고차원의 맥락과 이론적인 문제들을 더 이상 보지 않는다. 하지만 작은 문제들을 본다. 그리고 그 문제들을 명확하고 자세하게 살펴본다." 그 결과 그의 해결책은 정확하고 각 상황에 고유하게 적용된다. GB의 웹사이트에는 "신용 체계는 기존의 은행 기법이 아닌 사회적 경험의 조사를 기반을 이루어져야 한다"라고 쓰여 있다. 해결책은 지역성과 우연성을 최대한 활용하여 설계된다.

최빈곤층에게 빌려주어라

전통적인 은행은 가난한 사람들에게 대출을 해주지 않는다. 하지만 빈곤층은 GB의 주요 이해관계자이자 고객이다. 그리고 GB 시장에는 높은 가능성을 가진 빈곤층만 있는 것이 아니다. GB는 최빈곤층에게도 열려 있고 대출을 지원한다. 예를 들어 GB가 최근 신설한 '구걸 프로그램'을 살펴보자. 유누스는 처음에 삼대 이상 구걸해온 가족 출신의 거지들에서부터 시작했다고 말했다. 이 거지들은 집집마다 다니면서 소량의 쌀을 구걸했다. GB는 이들이 훌륭한 영업 사원이 될 수 있다고 생각해 쌀과 교환할 수 있는 상품 선택지를 주었다. 한 사례는 특히 흥미로웠는데 다리가 없는 거지의 이야기였다. 하지만 유누스가 말한 대로 이러한 거지들은 이미 "전략적 지역"이 있었으며 그렇지 않으면 구걸에서 살아남지 못했을 것이다. 프로그램 결과, 이들에게는 훌륭한 영업 잠재력이 내재되어 있었던 것으로 밝혀졌다. 두 구걸 프로그램은 투자로서 상당한 성공을 거두었다.

담보 없이 대출하라

GB의 투자 중 상당량은 감당 가능한 손실을 기반으로 진행된다. GB의 대출 금액은 종종 너무 미약해서 계약서를 작성하고 집행하는 것이 오히려 비용적으로 비효율적이다. 전통적인 은행들이 가난한 채무자를 '융자 가능성이 없다'고 생각하는 이유가 바로 이것이다. 하지만 다른 소액 금융 사업에서도 나타난 것처럼 세계에서 가장 가난한 사람들이 종종 가장 신용이 높았다. GB의 상환 비율은 거의 100%에 가깝다. GB는 웹사이트에 전통적인 금융 이론과 반대되는 이론을 발표한다. "'낮은 소득, 낮은 저축, 낮은 투자'의 악순환을 '낮은 소득, 신용 투입, 투자, 더 큰 소득, 더 많은 저축, 더 많은 투자, 더 큰 소득'의 선순환"으로 전환한다는 것이다.

은행이 고객에게 찾아간다. 고객은 은행에 가지 않는다.

GB가 주로 여성에게 대출을 해주기 때문에 (여성에게 부정적 편향이 있는 금융 원칙과 역시 반대) 보통은 대처하기 힘든 것처럼 보이는 문화적 문제를 다루어야 했다. 다른 문화권처럼 방글라데시에서 여성은 수익이 없을 뿐만 아니라 많은 여성은 말 그대로 단 한 번도 돈을 만져본 경험조차 없었다. 이들을 신용 대출 시장의 적극적 참여자로 만들고 경제적 자립성을 추구하도록 격려하기 위해 집집마다 방문하여 그들의 입장에서 어려움을 체험하고 경청하고 이해하고 배우고 신뢰를 쌓는 것이 필요했다. 유누스는 어떻게 이러한 방식을 달성했는지 설명했다. 문화적 가치를 단번에 거절하는 것이 아니라 (예를 들어 여성 인권에 대한 강의를 통해) 작은 발걸음을 내딛을 수 있도록 소소한 연습을 통해 (작은 금액의 통화를 다룰 수 있도록 아내가 남편의 허락을 받는 것처럼) 달성할 수 있었다. 각각의 특정한 단계는 최소한의 투자로 (자본과 다른 측면) 개인들이 손실을 감당할 수 있는지 결정하도록 했다. 제임스의 말을 빌리자면 "구두쇠처럼 의지에 가득 차 한 알 한 알" 저축하면서 새로운 습관이 형성되고 결국은 새로운 실행의 영역으로 이어진다.

GB는 사업이나 경제가 번창하는 데 필요하지 않은 사람들에게 투자한다. 이해관계자들의 문제와 요구 사항을 시장과 경제개발의 장애물이 아닌 설계 제약으로 받아들인다. 유누스는 문맹을 예로 들었다. 그는 컴퓨터나 다른 가전을 설계할 때 요즘 엔지니어들은 시각장애인 고객들을 포기하지 않는다고 언급했다. 대신에 이들은 점자 키보드나 음성인식 체계를 개발한다. 이와 유사하게 유누스는 기술과 다른 수단을 활용하여 문맹을 고려한 설계를 하자고 제안했다. "누군가 문맹이라고 해서 그 사람이 똑똑하지 않다는 뜻은 아니"다. 그는 또한 이러한 '분재' 여성들이 가치와 부를 창출할 잠재력을 세상이 얼마나 과소평가했는지 여러 번 강조했다. "인간의 가능성을 활용하거나 존중하지 않고 내버리는 것은 너무나 쉽다!" 과연 줄리언 사이먼이 가슴 깊이 지지했을 탄식이다.

비영리사업이 사업이 아니라 비손실 사업의 관점에서 생각하라

이 원칙은 GB 원칙에서 명백한 궁극적 도치를 나타낸다. 강연의 막바지에 유누스는 두 가지를 강조했다. 사회적 명분을 위한 자본 시장 과 비영리 기업과 반대되는 비손실 기업이다. 비손실 기업은 목표 기능으로 이윤 극대화를 두지 않을 것이다. 대신 (사회적) 목표 기능의 제약으로 손실을 만들지 않는다는 원칙을 추가할 것이다.

양쪽의 제안에서 유누스는 분리 테제에 좀 더 기우는 것처럼 보인다. 이는 사회적 명분을 위한 분리된 자본시장과 비영리 기업을 대체할 새로운 유형의 기업을 지지한다. 부끄러움을 무릅쓰고 나는 그 대신 모든 사업이 비손실이나 수익을 강력한 제약으로 삼아야 하며 각자의 특정한 목표 기능을 자유롭게 개발할 수 있어야 한다고 제안한다. 잉크펜 시장에서 리더가 되거나 지속 가능한 에너지 솔루션의 선발 주자가 되거나 더 나은 모형 장난감을 만들거나 가난이 없는 세계를 만드는 것처럼 말이다. 그리고 모든 사업이 모든 곳의 자산 시장에서 거래 가능해야 한다. 이는 이번 장의 처음에서 제기했던 질문으로 다시 돌아온다. 왜 우리는 르완다의 번영과 관련한 미래 계약을 살 수 없을까?

2. 자산 시장의 이점

무함마드 유누스가 실제로 창조한 것은 빚과 현금 요소가 있는 인류 희망의 자산 시장이다. GB는 적은 금액을 대출해주거나 창업가들에게 신제품과 서비스를 제공할 뿐만 아니라 소유권을 만든다. 실제로 은행의 94%는 대출한 사람들이 소유하고 있다.

자산이 우리에게 무엇을 사 주는가? 금융 경제학에서 소유권은 잔여 청구권으로 구성된다. 즉 모든 계약 의무는 회사가 충족하고 잔여 이득과 책임은 기업의 소유주에게 귀속된다.[32] 보통 합리적으로 예측할 수 있는 청구는 원칙적으로 공식 또는 완전한 계약으로 작성할 수 있다. 소유권은 계약 조항이 무엇을 해야 하는지 명시하지 않는 상황에서만 유의미하다.

아이의 경우를 예로 들어보자. 신중하게 계획을 세운다면 보모, 탁아소, 선생님, 의사, 친구의 부모 등 사실상 다른 사람을 통해 완전히 아이를 양육할 수 있다. 하지만 예를 들어 세찬 눈보라로 휴교하는 등 예상치 못한 일이 일어나고 돌봄의 고리가 끊어질 때마다 아이를 돌보는 의무는 나에게 되돌아온다.*

달리 말하면 계약 청구는 미래에 대한 인과관계적 청구다. 이는 미래의 예측 가능한 영역에서 가치를 얻는다. 사전에 정해진 상환 일정을 두고 돈을 빌리면 GB 회원들은 개별적 미래의 예측 가능한 부분에 투자할 수 있다. 저축을 투자하고 은행의 회원이 되면 그 전에는 상상하거나 예측하지도 못했던 새로운 사업을 포함해 모든 회원의 상향 잠재력에 참여할 수 있다. 물론 동일하게 예측 불가능한 하향 위험도 존재한다. 하지만 인간 행동에 대한 '설령' 주장과 그 결과에 설득당했다면 새로운 이득은 행동적 실패로 인한 손실을 뛰어넘을 가능성이 높다. 상향과 하향 모두 예측할 수 없지만 하향은 동료들의 압박과 자발적으로 참여한 이해관계자들의 참여 등 비예측적 제어 기술을 통해 억제할 수 있다.

앨버트 허시먼이 개념화한 잘 알려진 내용을 인용하자면 뉴욕증권거래소처럼 거대한 자산 시장은 어디에 투자할지에 관한 의견인 목소리뿐 아니라 자산을 사고팔 기회인 출구와 충성도 제공한다.[33] 금융

---

* 나는 아이들이 소유의 영역이라고 말한 것이 아니다. 이 비유는 사실 반대의 의미다. 대부분의 기업가에게 사업의 소유권이란 아이에게 헌신하는 부모의 감정과 조건 없는 책임감처럼 소중한 존재다. 기업가들은 자신의 기업을 종종 자기 자식이라고 부르기도 한다.

시장에 관한 폭넓은 연구를 검토하거나 금융에 현존하는 이론 또는 해결되지 않은 질문들에 대한 입장을 밝히지도 않을 것이다. 대신에 발전한 자산 시장의 네 가지 핵심 이점을 살펴본다. 내 관점은 전문 중개인이나 금융 경제학자가 아닌 개인 투자자의 것이다. 그리고 주식 거래에서 현재는 배재되어 있는 인류의 희망에 관한 상품과 서비스에서 실제로 자산 시장을 구축하는 사례를 설명하는 것이 내 목적이다.

경쟁 모델

공공 자산 시장을 통해 특정한 산업이나 기술의 다양한 경쟁 모델을 체계적으로 탐구하고 분석하고 평가할 수 있다. 비슷한 방식으로 가난, 문맹, 다른 질병 등을 근절하기 위해 경쟁 모델 중에서 선택할 수 있기를 바란다. 단일 모델에서도 서로 다른 기업가들이 다른 방식으로 실행하거나 전혀 다른 혁신을 생각해낸다. 하이에크는 경쟁이 혁신을 육성하고 상품의 차원 수를 늘린다고 주장했다.[34] 인류의 희망에서 공공으로 거래되는 자산은 비슷한 방식으로 사회문제를 해결할 새로운 모델이 탄생하도록 유도할 뿐만 아니라 귀중한 혁신의 빠른 모방과 확산을 장려한다.

모니터링

공공 자산 시장에서는 내가 한 투자를 모니터링할 수 있다. 표준화된 양식과 지표를 활용하는 분기별 리포트를 통해 경영의 변화, 새로운 전략적 과제, 재무 성과 등의 관점에서 투자를 관찰할 수 있다. 아프가니스탄 여성들이나 소외 지역 교육 등에 대한 투자도 그렇게 하고 싶지만 지금으로서는 종종 받는 뉴스레터나 더 많은 기부를 유도하는 홍보 활동에 의지해야 한다. 게다가 내가 기여한 다양한 과제에서 내 돈이 어떻게 쓰이고 있는지 비교할 수 있는 방법은 사실상 없다. CNBC 방송을

켜고 인간의 고통을 다룰 수 있는 최신 기술에 대한 정보를 듣거나 기업가들이 자신의 모델이 문제 해결에 더 낫고 빠르고 저렴한 이유를 발표하는 것을 듣고 싶다.

유동성

특정한 자선단체에 기부한다면 그 돈은 간단히 사라진다. 주식시장의 거품에도 불구하고 나는 현금이 필요할 때 투자한 돈을 현금화하고 은행에 잉여 자금이 있을 때 다시 투자할 수 있는 역량을 즐긴다. 나는 무함마드 유누스가 내 돈을 원하지 않았다는 사실을 인정하고 이를 흥미롭게 생각한다. 하지만 다른 사업에서 또는 또 다른 대륙이나 인간 희망 영역에서 또 다른 유누스, 내 돈을 실제 세상에 유용하게 만들도록 동인과 에너지, 유쾌함을 주는 누군가를 지원하고 싶다. 그가 공개적으로 발행한 주식을 가지면 내가 써야 할 때 그에게 돌려달라고 하지 않아도 된다. 나와 같은 또 다른 투자자에게 단순히 내 자산을 팔 수 있다.

상향 가능성

물론 비손실 사업이 영리사업처럼 실패할 가능성도 있다. 오늘날 비영리 및 사회적 기업에는 이미 참이다. 다시 주식시장 거품에도 불구하고 자선 투자보다 주식시장에서 돈을 잃는 것이 더 어렵다는 주장도 할 수 있다. 여전히 금전적 수익에 대한 기대 없이 수십억 달러가 사회문제에 매년 쓰이고 있다. 그러므로 상향 가능성은 비손실 사업 투자의 필수 조건이 될 필요는 없다. 하지만 상향 가능성이 낮다는 뜻은 아니다. 사실 인간에게 투자하는 것이 유익하지 않으면 신기술에 투자하는 것이 어떻게 수익성이 있다고 할 수 있는가? 일부 기업은 다른 사람들에게 없는 잠재력이 있다. 모든 기술, 산업, 인간 행동과 관련해서도 마찬가지다. 하지만 인간 행동 유형의 시장성 유무를 구분하는 근거는 무엇인가?

일부 사람에게만 잠재력이 있다는 무언의 추정에 답이 있는 듯 보인다. 다른 사람들을 단지 그 체계의 배수관처럼 보거나, 아마르티아 센이 말하듯 적극적 참가자보다는 피해자나 환자처럼 보기도 한다. 하지만 줄리언 사이먼, 멘슈어 올슨과 같은 경제학자든 내 연구 대상자든 이 책에 언급된 기업가들이든 상관없이 실증적 증거는 이 추정에 반대된다. 모든 경제적 가치는 궁극적으로 인간에게서 나온다는 대체 추정에 근거하여 어떤 사람은 가끔 타인에게 짐이 된다고 하더라도 다음과 같이 주장한다.

> ▸ **모두를 위한 시장 이론:** 공공 자산 시장을 영리, 비영리, '사회적' 기업으로 구분하지 않고 모든 사업에 공개하는 것은 실현 가능하고 가치 있는 일이다.
> ▸ **비손실 이론:** 강력한 비손실 제약으로 인류의 희망에 관한 모든 측면을 둘러싼 모든 사업을 설계할 수 있다.
> ▸ **인류의 희망=경제적 가치 이론:** 장기적으로 공공 자산 시장과 비손실 사업은 경제적 수익 증가와 모든 사업 및 시장 밖의 인원을 포함한 이해관계자의 성장으로 이어질 것이다.

9장에서 언급한 바와 같이 이러한 연구는 사후에 실험하는 단순 가정이 아니라 실행을 요구한다. 이것은 현실에서 실행하면서 구체화되고 변조된 설계 원칙들이다.

이 책의 여러 부분에서 나는 실현적 세계의 다중적 특성을 강조했다. 사실 이 책은 다원주의를 위한 주장으로 가득 차 있다. 그러므로 위에서 내 주장은 부조화를 이룬 것처럼 보이기도 한다. 모든 사업을 위한 하나의 조직적 형태를 옹호하는 것처럼 보일 수 있다. 나는 그런 해석의 겉모습은 서둘러 벗어던진다. 인류 희망의 시장에 대한 나의 주장은 진정으로 다원주의를 포용하기 위해 필요한 원칙과 아주 유사하다. 다원주의는 다양한 해결 방법을 승인하고 동시에 모든 해결책이 동일하게 유용하다는 생각을 기각하기 때문에 우리는 어떤 목적에 무엇이 가장 잘 맞는지 능동적으로 대화할 필요가 있으며 그것이 여기서 내가 하고자 하는 일이다.

투자자가 소유한 회사처럼 이익을 창출하는 하나의 조직적 형태를 옹호하는 대신에 나는 이익이라는 동기와 조직적 양식 선택을 분리해야 한다고 생각한다. 그러므로 내 주장은 기존의 다양한 조직적 형태와 호환 가능할 뿐만 아니라 미래에 발생할 조직적 혁신의 증가하는 속도에도 맞출 수 있다. 임의로 기업을 영리와 비영리라는 두 가지 상호 배타적인 유형으로 분류한다면 문제를 심각하게 잘못 구체화하고 있는 것이다. 게다가 우리는 인류의 희망에 관한 모든 문제를 수익의 관점에서 영리적인지 아닌지 정의하게끔 강제하고 있다. 수익을 대신 설계 제약으로 만든다면(사실 우리가 명쾌하게 인지하고 있는지 아닌지) 원하는 어떤 형태의 조직적 형태도 자유롭게 발명할 수 있고 인간의 고통과 관련하여 어떤 문제든 선택하여 해결할 수 있다. 전문 기업가들은 모든 인간 행동의 영역 안에서 사업마다 그런 행동을 해왔다.

3. 최종 변론

구체적으로 세계를 영리와 비영리 기업으로 나누어야 할 경제적 필요성이 없다고 생각한다. 역사적, 문화적, 심리적 근거는 있을 수 있다. 예를 들어 프리먼은 다양한 학문과 사회집단에서 "사업은 밥맛이다"라고 이야기한다.[35] 하지만 단순한 분리 테제에는 경제적 근거가 없다. 확실한 예를 들어보자. 영리, 비영리 이사회 모두에서 일해본 사람들은 내가 설명하려고 하는 바를 당연히 경험했다.

당신이 지구에 찾아온 외계인이라고 가정해보자.[36] [37] * 나아가 당신이 이익이라는 개념을 전혀 이해하지 못한다고 가정하자. 당신은 영리기업의 이사회 미팅이라고 불리는 무언가에 초대받았다. 감각적인 가구와 손수건, 유리잔이 있는 안락한 방에 들어간다. 그 방에 있는 사람들은 잘 차려입고 친절했지만 서로 상호작용하는 데 조심하는 듯 보였다. 당신은 이들이 다양한 프로젝트에 자금을 모으고 분배하는 의사 결정 과정을 관찰한다. 이러한 결정을 내릴 때 이들은 타깃 고객군과 고객 가치 제안, 매출 모델, 원금 회수 비율, 출구 전략 그리고 프로젝트와 관련한 다른 세부 사항들에 대해 아주 걱정한다. 그 우려는 대개 '결과'라고 불리는 무언가를 추가하는 흥분으로 이어진다. 이들은 편안하고 속 시원하게 방을 떠난다. 서로 등을 다독이고 웃음을 지어 보이며 질 좋은 시가를 피우기도 할 것이다. 당신은 방을 떠나며 그들이 생각보다 따뜻한 사람들이라고 생각한다. 그리고 저런 사람들이 저런 방식으로 의사 결정을 한다면 세상은 문제없을 것이라고 생각한다.

다음으로 당신은 또 다른 이사회 미팅에 참석하는데 이번에는 비영리 기업이다. 회의실은 고급스럽진 않지만 테이블에 놓인 쿠키와 음료가 따뜻하게 맞아준다. 방 안의 사람들은 첫 번째 방 사람들보다 부스스하긴 하지만 아주 따뜻하고 세심하다. 다시 한번 당신은 이들이 다양한 프로젝트에 자금을 모으고 분배하는 의사 결정 과정을 관찰한다. 당신은 이들이 프로젝트에 대해 좀 더 신이 나 있고 진정성이 있으며 열정적으로 말한다는 것을 발견했다. 하지만 이들은 프로젝트의 상세 사항을 논하는 것보다 자금을 모으는 방법을 걱정하는 데 오랜 시간을 할애했다. 프로젝트에 대해서는 의구심이 덜한 듯 보이지만 '충분한' 돈을 모을 수 있는지 걱정하는 것 같았다. 이들은 마치 미팅이 끝나 다행

---

* 과거에 사이먼(1991)과 셰퍼(1999)가 효과적으로 사용한 이 도구를 그대로 사용한 점에 대해 사과한다.

인 듯 보이며 자금 모금 외에 무언가로 빨리 옮겨 가고 싶은 듯 완전히 다른 이야기를 하며 방을 떠난다. 당신은 세상에 대해 걱정하는 아주 좋은 사람들을 만났지만 세상의 모든 것이 좋지만은 않을 것 같다는 걱정을 하며 방을 떠난다.

당신은 앞으로 쉽게 잠에 들지 못할 것이다. 첫 번째 방에 있던 사람들은 투자하고 있는 프로젝트에 대한 확신이 없었지만 자금에 대해서는 크게 걱정하지 않았다는 점, 그리고 두 번째 방에 있었던 사람들은 프로젝트에 대한 확신은 있었지만 필요한 자금 유입의 전망을 걱정했고 약간 기가 죽었다는 점을 어떻게 생각해야 하는가? 이 퍼즐을 좀 더 헷갈리게 만드는 것은 몇몇 사람들은 양쪽 방 모두에 있었다는 점이다! 그리고 몇몇 프로젝트 또한 동일한 영역의 프로젝트였다!

한 방에 있는 사람들에겐 세상에 대해 걱정할 필요가 없으며 확실히 돈만 벌면 된다고 말하고, 다른 방에 있는 사람들에겐 세상을 걱정하는 것이 이들의 일이지만 전혀 돈을 벌 수 없다고 말하는 근거는 무엇인가? 다른 방에서 성공한 사람에게서만 들을 수 있을 것이다. 구걸을 해서 아니면 세금을 매겨서? 이 이상한 시스템이 말이 되게 하는 유일한 것은 양쪽 방을 오가는 사람들이다.

다시 한번 나는 이 분리 테제에 근거, 그중에서도 경제적 근거는 확실히 없다고 주장한다. 양쪽 모두 자금의 모금과 활용을 수반한다. 양쪽 모두 가치를 창출하기 위한 투자를 한다. 양쪽 모두 이러한 투자가 어떻게 사용되는지 상세한 내용을 걱정할 필요가 있다. 양쪽 모두 사회적 가치뿐 아니라 증가하는 경제가치로 이어져야 한다. 그리고 양쪽 모두 자본과 자산 시장에 접근성을 가져야 한다. 양쪽 모두 의존적 성향처럼 보이는 '버는' 것이 힘들다기보다 창의적 관점으로 돈을 '만드는' 것에 집중하여 이득을 볼 수 있다.

자산 시장을 구축한 비영리 기업들의 이야기

9장에서 강조했듯이 이펙추에이션 논리는 규정하거나 예측하지 않는다. 하지만 신규 시장 형성을 위한 일련의 실제 행동에 적용될 수 있는 유용한 허구를 만들 수 있다. 이러한 측면에서 인류 희망의 자산 시장이 어떤 모습이 될 수 있는지 제안하는 세 개의 짧은 이야기를 소개하겠다. 각 이야기는 실제 비영리 벤처기업으로 시작하고, 세 회사는 그 자체로 흥미로운 기업가적 이야기를 들려준다.

첫 번째 회사는 문학예술 육성을 돕는 비영리 기관인 국제현대문학재단IIML이다. 이는 라스베이거스 문학 프로그램에서 파생된 기관으로, 네바다대학교 이사 리처드 와일리Richard Wiley와 나이지리아 극작가, 시인, 수필가, 무대감독이자 1986년 노벨 문학상 수상자인 월레 소잉카Wole Soyinka, 그리고 라스베이거스의 리조트(서커스서커스, 엑스칼리버, 룩소르, 만달레이베이, 몬테카를로) 다섯 군데를 포함해 전국적으로 고급 리조트 사업을 펼치는 만달레이 리조트 그룹의 회장 글렌 셰퍼Glenn Schaeffer가 발전시켰다. 셰퍼는 와일리와 아이오와 작가 워크숍에 참여한 적이 있었는데, 그 후 성공적인 경영자의 길을 걸었다. 소잉카는 살만 루슈디와 국제작가의회IPW를 공동 창립했는데, 알제리 작가들의 암살이 늘어나자 억압받는 작가들을 위한 프로그램 망명의 도시Cities of Asylum를 만들었다. 기존의 사업에서 라스베이거스는 미국에서 첫 망명의 도시가 되었고, IIML을 포함해 다양한 스핀오프가 이루어졌다.

두 번째 회사는 이타카아워스Ithaca Hours라는 지역 화폐 서비스로 뉴욕 이타카의 그래픽 디자이너이자 지역 경제학자인 폴 글러버 Paul Glover의 머릿속에서 탄생했다. 글러버는 사람들이 현금이나 물물교환에 의존하지 않고 노동력을 교환할 수 있도록 하는 인쇄된 어음 시스템인 지역 가증권을 개발했다. 그리고 1991년 이후로 10만 달러 이상의 가치가 있는 이타카아워스(1만 아워스마다 10달러)가 다섯 종류의 화폐 단위로 발행되었다. 글러버는 회사 300곳을 포함해 대략 1,600명의 참가자들이 아워스를 벌고 소비했으며, 거래된 아워스의 총 가치는 200만 달러와 300만 달러 사이로 추정된다. 이 통화의 거래량은 다른 지불 방식보다 적긴 하지만 톰킨스 카운티에서는 널리 쓰이는 듯하다. 이 시스템의 비평가에 따르면 경제학적으로 적어도 두 가지 문제가 있다. 첫 번째로 아워스가 미국 달러(1아워스당 10달러)에 고정되어 있고, 두 번째로 미국연방국세청의 영향하에 있다.

회사의 목표는 단순히 경제적이지만은 않다. 회사의 명백한 사회적 목표는 "상업의 사회적, 환경적 효과를 통제"하게 되는 것이다. 주요 과제는 지역 사람들과 지역 환경을 기리기 위해 기념 아워스를 발행하는 것을 포함한다. 예를 들면 미국의 첫 지폐는 아프리카계 미국인을 기리기 위한 것이었다. 발행된 아워스의 10%는 지역 기관에 보조금으로 전달된다. 현재 회사는 비영리 건강관리 시스템인 이타카건강기금과 이타카주식거래소WISE 또한 운영하고 있다.

마지막 사례는 비영리 사회적 기업인 아쇼카다. 1980년에 빌 드레이턴Bill Drayton이 설립한 아쇼카의 미션은 전 세계에 사회적 기업가정신의 직업을 개발하는 것이다. 아쇼카는 "지역의 변화를 꾀할 수 있는 유례없는 아이디어가 있는 탁월한 개인"으로 정의되는 사회적 기업가들을 위한 세계를 탐색한다. 아쇼카 그러한 기업가들을 찾아 '아쇼카 장학금'이라고 부르는 지급금과 전문적인 지원을 투자한다. 그리하여 그들이 교육, 청년 발전, 보건, 환경, 인권, 기술 접근성, 경제 발전 등의 영역에서 사회적 변화를 이끌어낼 수 있는 아이디어에 전적으로 집중할 수 있도록 한다. 아쇼카는 53개국의 1,500명 이상의 아쇼카 장학생에게 투자해왔고, 현재 총 투자 금액은 연간 약 1,700만 달러이다.

이어지는 세 개의 파트는 위 회사들의 미래의 역사적 순간을 소설화한 내용이다.

1. 라스베이거스의 새 게임

2010년 5월, 라스베이거스

만달레이베이리조트는 고객들에게 새로운 '수영장'을 선보인다. IIML 작가들이 노벨 문학상을 수상할 확률이 커지고 있다. 월레 소잉카는 글렌 셰퍼의 사무실로 들어가 사표를 내고 그를 고소하겠다고 협박한다.

셰퍼는 의자에 차분히 기대어 소잉카에게 흐름은 IIML로 가고 있다고 설명한다. 전 세계에서 추방당한 작가들의 숫자가 늘 때 중국과 인도에서는 인터넷 접속이 원활해지며 식자율이 늘고 있다. 그리고 인도의 종교 집단의 근본주의자 반발, 중국의 단단한 공산주의 등 IIML은 새로운 투자 원천이 필요하다. 개인적으로 자선한 지도 오래되었고 셰퍼는 끊임없는 모금 행사를 하기에는 너무 나이가 들었다. 혁명적 사고의 강력한 시인인 소잉카는 물러난다. 일단은. 그는 여전히 화를 내고 있다.

2010년 7월 4일, 라스베이거스

소잉카는 네바다대학교 작문 수업의 최근 졸업생들의 일곱 개의 '알려지지 않은' 문학작품으로 이루어진 주식 포트폴리오의 개인적 위치를 찾는 홍보 자료를 배포했다. 각각은 유한회사로 설립되었으며 선도적 문학과 영화 평론가들이 진행한 미래 수익 전망과 위험 평가를 담고 있다. 셰퍼는 소잉카의 사무실로 들어간다. 소잉카는 차분하게 경주마와 마굿간 주인 사이의 차이를 설명한다. 이제 셰퍼가 물러날 차례다.

2010년 7월 15일

《라스베이거스 비즈니스 프레스》의 헤드라인은 다음과 같다. "소잉카의 공고는 크게 붐볐다." 만달레이 로비에는 격렬한 거래장이 있다. 시에라리온에서 추방당한 시인이자 IIML의 첫 상주 작가인 실 체니코커는 미국 주식시장의 비첨단 기술 IPO 역사상 최초로 첫날 오프닝에서 모든 기록을 깼다.

물론 만달레이는 주식시장이 아니었고 체니 코커는 심지어 소잉카의 포트폴리오에도 없었다. 뭐, 아직까지는 말이다.

2. 히말라야아워스

2020년, 네팔 카트만두

가르기 니티Gargi Neeti는 카트만두의 깨끗하고 차갑고 건조한 길을 혼자 걷고 있다. 가르기는 마음을 비우고 의심을 털어내며 전쟁을 준비하기 위해 빨리 걷는다.

그는 스스로에게 이 모든 것은 가치가 있고 자신 또한 가치 있다고 되새겼다. 코넬대학교에 가지 못했는가? 회계법인 KPMG에서 구미가 당기는 (꼴사나운?) 제안을 거절한 용기가 없었는가? 집으로 돌아가 히말라야아워스를 시작할 용기? 돈을 인쇄하는 무모함!

그리고 얼마나 지금까지 힘들었나. 폴 글러버의 이타카아워스 프로젝트를 같이 하며 법이 지켜주는 안전한 미국 이타카에서 일할 때는 쉬운 듯 보였고 기본 원칙들이 분명하다고 생각했다.

하지만 네팔에서의 히말라야아워스는 아주 달랐다. 자신이 실수를 했다고 인정했고 너무 몰아붙이거나 너무 시끄럽거나 듣기보다는 강의를 하려고 했었다. 실제로는 위임 정부인 친힌두교 정부와 왕족은 니티의 단체를 친절하게 받아들이지 않았다. 아마 여성 인권, 언론 자유, 공통 웹 접근 등에 대해 목소리를 높여 지지하면서 너무 많은 발을 밟았을 수도 있다.

니티는 어깨를 으쓱했다. 그 자세는 나는 내 자신이 되어야 한다라고 말하는 것 같았다. 그는 문제의 근원이 아니었다. 문제는 니티가 자신의 상상보다 더 성공했다는 것이다. 히말라야아워스는 엄청난 성공을 거두었다. 2018년 이후 니티는 도시에서 유일하게 지불 능력이 있는 사람이나 마찬가지였다. 사실상 아무도 루피를 받아주지 않는다. 니티의 아워스는 아주 잘하고 있었다. 너무 잘 진행되었다.

히말라야아워스는 사실 기존 미국 달러 기반의 공식 가격보다 말도 안 되게 높은 가격으로 암시장에서 거래되고 있다. 니티는 암시장을 양성화하는 방법을 찾아야 했다. 그러지 않으면 그의 모든 노력이 헛수고로 돌아간다. 니티는 지난 18개월을 문제를 이해하는 데 보냈다. 이제 그는 행동해야 했다.

니티는 무엇을 해야 하는지 알았다. 세상과 다시 어울려 진짜 주식거래소에 히말라야아워스의 진짜 주식을 발행하는 것이다. 샌프란시스코? 뉴욕? 그의 속도는 일정해졌다.

니티는 돌아섰다. 이미 죽고 없는 철학자의 말이 그에게 편안함을 안겼다. 목숨을 건 도약salto mortale.

3. DC에서의 점심

「세계 기근을 없애기 위해 점심을 먹는다?」,《워싱턴 시티 페이퍼》,
2008년 9월 30일

아쇼카의 창업자 빌 드레이턴은 전 세계에서 모인 아쇼카 장학생 중 네 명과 어제 비데일리아에서 점심을 먹었다. 드레이턴은 그들에게 선도적인 경영 전문가로 이루어진 팀을 소개했다. 회계사, 투자 은행가, 재무 경제학자, 기업 변호사로 이루어져 있다. 그들의 업무는 만약 가능하다면 현존하는 주식시장에 기업가들이 설립한 사회적 기업 IPO를 진행하는 실행 가능한 계획을 세우는 것, 새로운 지표와 재무적 수단, 규제 방안을 생각하는 것이었다. 이들은 만약 필요하다면 새로운 거래소를 만들 수도 있었다. 슈바프재단의 회원들과 구세군, 그리고 조지 소로스는 참여 관찰자로 초대되었다.

모든 사업에 열린 자산 시장을 위하여

나는 의문점을 가지고 이 장을 시작했다. 왜 우리는 르완다의 선물 계약을 살 수 없을까? 한 가지 대답은 이 예시에 시장 실패의 유효한 경제적 이유가 있다는 점이다. 나는 그런 근거에 반대되는 경우를 만들었다. 게다가 자유 시장은 즉흥적인 탄생의 측면에서 자유롭지 않으며 상상력과 노력이 필요하다는 점, 그리고 인간의 행동에서 비롯된 인공물이라는 점을 주장했다. 내 목적은 인류의 희망을 기반으로 시장을 형성하는 방법을 보여주는 것이 아니었다. 오히려 좀 더 적합한 사람들이 그 일을 해주도록 초대하는 것에 가까웠다. 새로운 자금 시장과 새로운 투자 방법은 계속해서 생겨난다.[38] [39] 예를 들어 유기농 제품과 오염 물질 거래에 관한 신규 시장을 생각해보자. 그리고 미국에서 자산 크라우드펀딩을 위해 설계되어 2012년 제정된 JOBS Jumpstart Our Business Startups 법안도 있다. 이 책의 1판 발간 이후 영국, 캐나다, 싱가포르 등 여러 나라에서 사회적 주식거래소가 생겨났다. 아직 자산을 평가하는 표준화된 측정법을 활용하여 대중에 공개된 완전한 형태의 거래소는 없지만 이러한 움직임은 이 장의 방향성과 정신에 부합한다. 내가 이 장에서 다룬 활동들은 여전히 수행할 수 있으며 할 가치가 있다.

종합하면 나는 이 장에서 두 가지 주장을 하고자 했다. 먼저 시장 체계는 가치 창출 측면에서 인간의 노력을 조직하는 유용하고 강력한 도구다. 사실 이는 너무 유용하고 강력해서 영리와 비영리 기업을 잘못된 방식으로 구분한다. 시장 체계를 불신하는 것은 자본주의 그 자체보다 오래갈 수도 있다. 하지만 경제와 사회 사이의 존재하지 않는 구분이라는 사회적 측면에서 시장을 활용하려는 사람들에게 유효한 선택지로 제공하지 않는 것은 유감이다.

그다음으로 자산 시장은 모든 사업에 열려 있을 수 있고 그래야만 한다. 사업을 시작하고 운영하는 기업가와 자금을 투자하는 투자자 모두에게도 그렇다. 특히 인간의 가능성에 투자하고자 하는 사람에게는 인류 위기의 즉각적인 요구와 인간적 고통의 일시적 완화를 넘어서 내 목적은 매일같이 가치가 생성되고 교환되는 생동적인 시장경제를 제공하고자 함이었다.

두 주장 모두 이펙추에이션 논리와 일관성을 형성하며 자연스럽게 연결된다.

4부

앞으로 나아갈 길

11장

현실은
만들어지는 중

내가 연구했던 전문 기업가들과 마찬가지로 이 여정을 계획할 때 나도 이 연구가 어디로 흘러갈지, 시간이 흐름에 따라 어떻게 발전할지 전혀 예상하지 못했다. 이 책의 초판을 발간했을 때 내 학문적 경력을 아주 단기적으로나마 예측할 수 있었다. 하지만 이펙추에이션 자체가 기업가정신 연구에 상당한 영향을 줄 정도로 지속될지는 명확하지 않았다.

그래서 세 명의 자발적인 초기 이해관계자인 니컬러스 듀, 스튜어트 리드, 로버트 윌트뱅크와 함께 이펙추에이션 연구를 실현적으로 추진하는 우리만의 모험을 감행했다. 우리는 각자가 진행하고 싶은 이펙추에이션에 관련한 다양한 아이디어를 고민하기 위해 일주일에 한 시간씩 투자하기 시작했다. 연구 과제나 결과를 가르치고 전파하는 방법도 아이디어에 포함됐다. 이 사업은 이제 연구자들과 교육자들의 공동체로 성장하여 실현적행동연구회로 발전했다. 그와 함께 우리는 교과서를 쓰고 토론에 참여하고 비평가들과 대화하며 이펙추에이션을 중심으로 한 일곱 개의 국제 컨퍼런스 및 기업가정신을 방법론으로 한 박사급 세미나를 포함한 다양한 세미나에 참여해서 흥미로운 대화를 나누며 배웠다. 그리고 이펙추에이션을 활용하여 세운 기업가적 사업들의 수백 개 사례와 이야기, 역사를 수집했다.

자발적으로 참여한 이해관계자들이 계속해서 커지는 조각 퀼트를 공동으로 창조하려는 노력을 통해 이펙추에이션이 기업가정신에 영향을 미치며 지속될 것이라는 가정은 자만이나 소망만은 아닐 것이다. 어떤 경우에도 이 결론을 쓰는 나에게 그 가정은 감당 가능한 손실이며 공동 창조를 위한 수중의 새처럼 이 시점에서 가능한 것이다. 나는 현재 이펙추에이션의 상태에서 시작해서 어떻게 여기에 도달하고 어디로 향하는지, 그리고 미래에 대한 비전이나 조언 없이 현재 진행하고 있는 새로운 조사 회사의 윤곽을 그리고 있다. 독자들이여! 이 책에 있는 아이디어로 미래를 만들기 위해 그대들이 하는 일이 아이디어 자체 또는 나의 보잘것없는 예측이나 오랜 열망보다 훨씬 중요할 것이다.

이펙추에이션의 현 위치

미국 샬러츠빌의 버지니아대학교 다든경영대학원에서 열린 제6회 《국제 이펙추에이션 콘퍼런스》에서 스튜어트 리드가 말했듯이 이펙추에이션은 2001년 한 장의 종이로 시작해 2014년 42장, 2015년 106장, 2016년 755장의 논문으로 발전했다. 2019년 《중소기업 경제학 저널》에서 발간한 이펙추에이션 특집 기사를 위해 우리는 27개의 나라에서 13개가 넘는 다른 방법을 사용해 수집한 50개 이상의 데이터를 받았다.

본래 이펙추에이션과 관련한 출간물의 온라인 저장소로 설계했던 www.effectuation.org 웹사이트는 이제 이펙추에이션 공동체가 정보와 행사를 위해 모이는 구심점이 되었다. 이 웹사이트는 공동 감수된 기사와 책을 포함한 이펙추에이션 업데이트 기록과 실행 중심의 블로그, 비디오, 웹사이트들에 대한 정보를 제공한다. 여기에는 이펙추에이션 교육을 위해 개발된 암호화된 교육자료들도 있다. 이는 강의 노트, 실습, 슬라이드와 다른 자료들을 포함한다. 공동 집필한 교과서 『실현적 기업가정신Effectual Entrepreneurship』은 여섯 개의 언어로 번역되어 전 세계 500개 대학에서 사용되고 있다.

이 웹사이트는 연 사용자가 25만 명 이상으로 알렉사Alexa에서 집계한 상위 100만 개 웹사이트 순위에 들어 있다. 5,000명의 기업가정신 교육자 중 1,500명이 웹사이트에 등록되어 있다. 구글 트렌드 웹사이트에 따르면 2004년 이후 '이펙추에이션' 검색량이 꾸준히 상승했으며 2019년 이후에도 이는 계속되고 있다.

하지만 이펙추에이션과 관련하여 가장 놀라운 발전은 이펙추에이션이 기업가정신 연구와 대학 교육 외 영역에도 영향을 미치고 있다는 것이다. 매킨지와 같은 컨설팅 회사를 포함하여 미국 전문대학 회장단, 덴마크와 남아프리카를 포함한 여러 나라의 교육과정, 음악학교, 교육과 미술, 그리고 의회나 국회에서 희망을 논하고 법안을 통과시키기 위한 기관 등에서 이펙추에이션을 활용하고 투자하고 있다. 앞서 말한 특별호 기사에는 스리랑카의 영세 기업가들부터 20세기 초 피카소와 브라크가 큐비즘을 공동 창조했던 사례까지 다양한 영역의 이펙추에이션 활용 사례가 포함되어 있다. 최근 기사에서 우리는 로스앤젤레스 수도 권리에 대한 엘리너 오스트럼의 역사적 사례를 다시 분석했으며 다중심적 통치 기관으로 이어지는 복잡한 공동 창조 과정에서 어떻게 이펙추에이션이 적용될 수 있었는지 보여주었다.[1]

이펙추에이션 연구 커뮤니티가 고전하고 있는 분야 중 하나는 실증적 측정과 관련이 있다.

1. 이펙추에이션 측정

측정은 어려운 과제다. 이펙추에이션이 기업가적 전문성을 포함하기 때문에 전문가가 아닌 대부분의 기업가가 내리는 의사 결정 과정을 관찰할 수 있다고 기대하지 않는다. 전문성은 의식적인 연습이 부재한 환경에서 (다음 대목에서 상세하게 다룬다) 경험을 통해 획득할 수 있기 때문에 좀 더 숙련된 기업가의 경우 더 많은 근거로 기업가적 의사 결정을 추적할 수 있다. 그래서 대부분의 실증적 기업가 연구는 인과관계와 이펙추에이션 논리, 그리고 시행착오와 실험을 섞어가며 근거를 찾는다.[2] 실제로 여러 연구는 이를 정확히 밝혀냈다.[3][4][5][6][7][8]

여러 연구는 이펙추에이션 논리가 반응적이기보다 형성적임을 밝혀냈다.[9] 즉 인과관계적 요소가 하나의 구조로 모여 있고 상관관계가 높은 반면에 이펙추에이션의 요소는 상관관계가 항상 있지는 않으며 원칙이 분리되거나 다양한 결합으로 사용될 수 있다는 것을 보여준다.[10][11] 여기에는 두 가지 원인이 있다. 첫 번째로 이펙추에이션은 형성적이다. 두 번째로 예측적 방식은 기업가정신 교육에서 멀리 퍼져 있어서 사람들은 표준화된 설명을 찾기 위해 인과관계 논리를 사용한다. 만약 이펙추에이션에 기반한 분석이 좀 더 널리 퍼지면 이펙추에이션 원칙을 좀 더 밀접하게 사용한 증거를 찾을 수 있을 것이다. 하지만 교육과정을 통해 그 증거가 만들어진다고 전제하면 단순히 이펙추에이션의 활용을 뒷받침하는 것은 연구 주제로서 덜 흥미로울 것이다. 좀 더 흥미로운 연구 주제로는 사전 테스트-사후 테스트 설계를 사용하여 계속 반복되는 사이클로 측정하는 것이다. 이는 「기업가 교육과정 내용」에서 어떻게 달성하는지 설명할 것이다.

　　팀과 회사 수준의 분석을 측정하는 것 또한 도전적이다.[12] 이펙추에이션의 특성적 측면을 학습적 측면과 혼동하기 쉽다. 예를 들어 창립 팀의 여러 구성원은 서로 다른 접근법을 활용하는 데 각자만의 선호 있을 수 있다 그렇다면 팀 차원의 이펙추에이션을 어떻게 측정할 수 있을까? 회사의 여러 결정은 신제품 개발이나 공급망 물류처럼 다른 논리를 활용해야 할 수도 있다. 이 중 몇몇 문제는 정성적 기술을 통해 해결해 왔다.[13][14] 더 심화된 연구를 위해 실험이나 경험 표본 등의 방법을 고려하는 것도 흥미로울 것이다.

2. 비평

그동안 이펙추에이션에 대한 다양한 비평이 출간되었고 나를 포함한 여러 사람이 그에 반응했다. 초기에는 과신과 관련된 비평이 있었고[15][16] 그중 호주 경제학자 라흐만의 기업 개념화에 관한 대화도 있었다.[17][18] 좀 더 직접적인 비평은 《미국경영학회 리뷰》에 출판되었고[19] 네 차례의 반응을 이끌어냈다.[20][21][22][23] 이러한 모든 중요하고 흥미로운 지적들이 이펙추에이션 연구가 앞으로 전진할 수 있도록 도와주었다. 하지만 거의 5년을 들여 대응하고 있는 비평은 배런이 제시한 대로 기업가적 역량을 개발하기 위한 의식적인 연습을 개발해야 한다는 지적이었다.[24]

계속해서 질문하고 의식적으로 연습하라

에릭손은 전통적인 학습 모델이 보여주듯 참가자들이 새로운 활동을 접하면 이들은 특정한 수준의 성과를 얻길 원한다고 지적했다.[25] 초기 경험으로 이들은 실수하지 않고 원하는 역량을 반복한다. 이는 의도적으로 집중하지 않아도 되는 상황으로 이어진다. 50시간 정도 투자한다면 많은 여가 활동에서 사회적으로 경쟁력을 갖추게 된다 (운전 등). 하지만 사람들이 교육과정에 의식적인 관심을 두지 않기 때문에 개인은 충분한 성과와 개선의 안정기를 갖는다. 따라서 기존의 기업가정신 문헌은 관찰 결과를 공유하지만 에릭손이 제기한 더 큰 질문에 대해서는 답하지 않는다. "전문적 성과를 내는 이들은 오랫동안 자신의 성과를 계속해서 개선할 수 있는 반면, 대부분의 사람들과 전문가들이 제한된 시간에 어떻게 안정된 성과 점근선에 도달하는지 설명하는 것이 이론의 근본적 도전이다."[26]

연습, 특히 의식적인 연습이 핵심인 것을 알 수 있다. 의식적인 연습은 다음과 같이 적어도 다섯 가지 성격을 띤다.

1. 성과를 동기부여하는 더 큰 목표
2. 반복할 수 있는 활동으로 이루어진 연습
3. 간단한 연습에서 복잡한 과제로 이어지는 과정으로 점차 진화할 수 있도록 한다.

4. 즉각적이고 질이 높은 피드백은 추가적인 실행으로 이어진다.

5. 과제는 개인의 지식과 한계에 맞추어 디자인된다.

나는 교실에서 이러한 기업가정신 관련 과제를 찾기 시작했다. 과제는 상호적이어야 하고 조각 퀼트 원칙을 담아야 한다는 것을 알았다. 첫 번째 과제 후보는 사업 아이디어 발표였다. 하지만 실현적 기업가정신을 가르치는 동료와 저자 들과 일하면서 발표는 너무 좁고 구체적인 과제라는 것을 알았다. 또한 사업성 발표는 예측에 의존적이었다. 발표를 준비하면서 기업가는 누구에게 발표하는지, 무엇을 발표하는지 그리고 심지어 이 발표에서 비롯될 수 있는 계약의 윤곽을 알아야 한다. 이에 내 생각은 좀 더 일반적인 과제인 '질문Ask'으로 기울었다.

학생들에게 그들이 만나는 누구나, 모든 사람에게 가서 말을 걸고 직접 투자금을 요청하라고 가르치기 시작하면서 거대한 반항에 부딪혔다. 학생들은 어떻게 요청할지 고민했을 뿐만 아니라 그저 애초에 그렇게 하기를 거부했다. 대부분의 학생들은 완전한 초보자였다. 이미 안정적인 사업을 운영하고 있는 소상 공인들에게 같은 과제를 시도했을 때 학생들이 겪는 동일한 거부감이 있다는 것을 알고 놀랐다. 나는 이 점을 좀 더 심층적으로 조사하고자 마음먹었다. 이에 따라 세 개의 연구를 진행했다.

1. 미국 전역의 250개 중소기업 소유주의 경험 수집

2. 《잉크Inc》 선정 500/5,000대 기업 중 85명의 기업가를 대상으로 한 심층 인터뷰

3. 전체 사업 경험의 각 단계에 걸쳐 있는 2,000명의 기업가로부터 실험적 증거 수집

현재 위 세 연구는 학술지나 저서 형태의 다양한 단계로 출판되고 있다. 그러므로 여기서는 간략하게 결과를 요약하겠다. 경험 수집 연구에서는 성장하기를 원하는 250명의 미국 전역 중소기업 소유주에게 자동 응답을 통해 몇 주간 5분씩 무엇을 하려고 했는지, 무엇을 했는지 그리고 이러한 질문과 관련된 모든 것을 말하도록 요청했다. 이러한 음성 메시지에서 알게 된 것은 새로운 이해관계자에게 다가가 참여하기를 요청할 때 망설임(몇몇은 경직되었다)을 보였을 뿐만 아니라 외부 이해관계자들이 실제로 참여하기로 결정했을 때 일부는 불안(극단적 경우 공황 상태)를 보였다! 요약하면 연구 결과는 다음과 같다.

▸ 기업가들은 다른 사람들에게 사업 확장을 위해 참여하라고 부탁하는 원치 않는다. 일부 이유는 질문하기 두렵거나 거절 당할까 두렵기 때문이다.
▸ 자신들이 원할 때도 어떻게 하는지 방법을 모른다.
▸ 자신들이 방법을 안다고 생각할 때도 이해관계자들이 원하는 바에 대해 잘못된 추정을 할 때가 많다.
▸ 요청할 때 이들은 너무 머뭇거리거나, 관계를 요청하기보다는 피드백이나 충고 또는 도움을 요청하기도 하고 지나치게 공격적으로 상승 가능성을 설명하거나 과장하기도 한다.
▸ 이해관계자들이 동의했을 때 놀랍게도 이 기업가들은 관계를 쌓을 여부와 방법에 대해서 불안해하거나 심지어 공포를 느끼기도 한다.

도표 11.1 전문성 개발 곡선

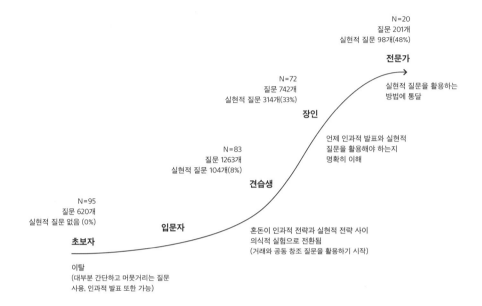

도표 11.1에서 전문성과 관련된 영역을 활용해서 연구 참가자들을 전문성 개발 곡선에 따라 분류했다.

3분의 1이 조금 넘는 참가자들이 초보자였고, 3분의 1이 조금 안 되는 사람들이 전문가였으며 나머지는 중간에 위치했다. 가장 경험이 많은 기업가들은 주로 질문을 던졌고 더 많은 수의 질문을 했을 뿐만 아니라 이들은 실현적 질문을 하는 경향을 보였다. 실현적 질문은 보상에 대한 대가를 바라거나 특정한 자원을 목적으로 특정한 이해관계자에게 구체적인 발표를 하는 것이 아니다. 대신 실현적 질문은 기업가들이 가는 길에 다른 사람들을 초대하는 좀 더 열린 대화를 통해 생기고 자연적으로 좀 더 관계 지향적이다. 중소기업 소유주 표본에서 우수 성과자들은 초보자보다 세 배 이상 실현적 질문을 하는 경향이 있었다.

실현적 기업가 전문성의 발전으로 이어지는 의식적인 연습의 일부로서 질문의 역할을 증명하면서 기업가정신을 방법으로 가르치는 교육과정을 개발하는 것이 좀 더 쉬워졌다. 다음 장에서 도표 4.3의 예측-제어 체계가 어떻게 기업가정신 교육 과정에서 일반적으로 쓰일 수 있는지 살펴볼 것이다.

기업가정신 교육과정에 관하여

예측-제어 프레임워크는 5장에서 소개했던 것과 동일하며 윌트뱅크 외 연구에서 발간했던 내용의 단순화 버전이다.[27] 이는 또한 기업가정신을 과학적 방법론으로 보는 벵카타라만과 나의 견해와 맥락을 함께한다.[28] 게다가 이 체계는 데이트나 양육부터 우주탐사나 기후변화까지 다양한 인간 행동에 일반적으로 적용할 수 있다. 하지만 과학적 방법론이 더 넓은 범위에 적용될 수 있지만 특정한 현상을 중심으로 과학 과정을 만드는 물리처럼 이 체계를 여러 종류의 사업을 수립하는 데 적용하는 것으로 한정하고자 한다. 기업은 영리, 비영리, 사회적, 또는 혼합 형태일 수 있고 협동조합이나 아직 발명되지 않은 구조와 같이 폭넓은 조직적 구조일 수 있다. 내용의 구분을 위해 두 가지 배타적인 기준을 사용할 것이다. 한쪽은 창업을 제외하고, 다른 한쪽은 대기업과 정부, 군대와 같은 정치적 구조(이러한 구조도 기업가적 사업을 시작하고 울타리 안에서 사업을 육성할 수 있지만)를 제외하고자 한다. 이러한 제외는 꽤 임의적이다. 하지만 지금은 이 경계가 체계를 설명하고 논의하는 데 집중할 수 있도록 해준다고 생각한다.

도표 11.2a에서 예측-제어 영역은 실제 또는 인식된 예측 가능성과 제어 가능성 측면에서 광범위하게 해석할 수 있다. 또한 신규 사업

을 위한 예측 기반, 또는 제어 기반의 마음가짐과 기술을 구체적으로 언급할 수 있다. 예를 들어 실행과 상호작용의 기반으로서 예측적 정보를 활용하거나 특정한 참가자들의 제어 내외에서 요소를 활용하는 상황을 고려해보자. 도표 11.2b에서 기업가적 행동(연관된 연구의 참고문헌은 표 11.1 참고)과 관련이 있다고 밝혀진 다양한 심리적 (마음가짐) 변수를 연결했다. 도표 11.2c는 기업가정신 교육학에 반영되는 주요한 도구와 기술을 표현한다. 도표 11.2d는 실현적 기업가 전문성으로 이어질 수 있는 의식적인 연습과 관련된 질문의 분류 체계를 표현한다. 종합적으로 다양한 종류의 최신 내용이 체계에 유용하게 배치될 수 있다는 것을 보여준다.

기업가적 방법의 기반을 이루는 과학적 방법

나는 이 책의 1판을 마무리하며 기업가정신을 과학적 방법과 같은 방법으로 본다는 주장을 펼쳤다. 내 주장은 과학이 철옹성 같은 방법이라고 말하는 것이 아니라 열심히 따르다 보면 과학적 발전을 가져올 수 있다는 점을 강조했다. 파울 파이어아벤트처럼 심오한 비평을 인지하면서 이러한 주장을 펼치는 것은 위선적일 수 있다.[29] 동시에 과학적 방식의 관점에서 세계관을 구조화하는 것은 세계에서 큰 변화를 만들 수 있는 차이다. 이는 우리의 삶을 감싸는 다양한 기술과 치료법과 편안함으로 이어졌을 뿐만 아니라 세상과 그 세상의 진화의 일부로 우리 자신을 이해하는 의식적인 과정으로 이어졌다.

　　나는 기업가정신 역시 비슷한 역사적 약속의 방법이었다고 믿었다. 10년 후 그 믿음은 더 깊어졌고 기업가적 교육이 더 많은 인간 활동 영역에 스며들어 설득력을 얻었다는 점에서 그 약속은 명확해졌다.

도표 11.2 예측-제어 공간 원칙과 성격 및 교수법 제안

(a) 예측-제어 체계 (윌트뱅크 외 연구 변형)[30]

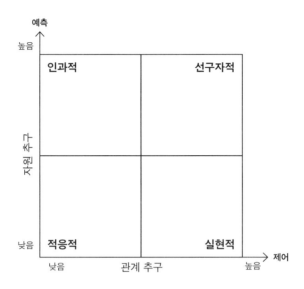

(b) 예측-제어 체계 (심리학적 변수 연계)

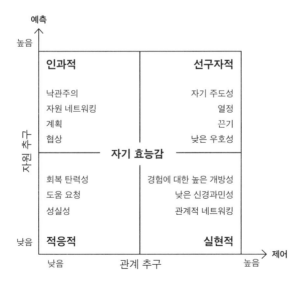

(c) 예측-제어 체계 (교수법 연계)

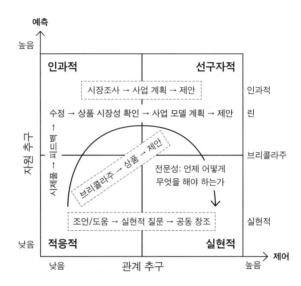

(d) 예측-제어 체계 (질문에 적용)

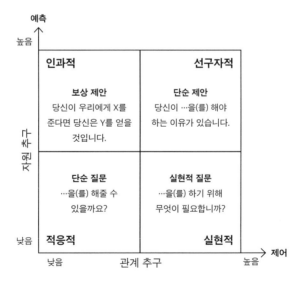

표 11.1 기업가정신의 심리적, 행동 변수 요약 검토

심리적 변수/행동 변수	관련 인용문 (연구자, 연도)
자기 효능감	밴듀라A. Bandura, 1997[31], 2006[32] 첸C. Chen 외, 1998[33] 자오H. Zhao 외, 2005[34]
5대 성격 요인 중 4개 요인 ▶ 높은 성실성 ▶ 경험에 대한 높은 개방성 ▶ 낮은 신경과민성 ▶ 낮은 우호성	자오와 세이버트S. Seibert, 2006[35]
자기 주도성	글라우프M. Glaub 외, 2014[36]
열정	카든M. Cardon 외, 2009[37], 2013[38]
끈기	카든과 커크C. Kirk, 2015[39]
회복 탄력성	벌로우A. Bullough 외, 2014[40] 윌리엄스N. Williams와 볼리T. Vorley, 2014[41]
도움 요청	샤S. Shah와 트립사스M. Tripsas, 2007[42]
계획	델마F. Delmar와 셰인S. Shane, 2003[43] 호니그B. Honig, 2004[44] 셰인과 델마, 2004[45] 브린크만J. Brinckmann 외, 2010[46] 카우토넨T. Kautonen 외, 2015[47]
협상	허드슨R. Hudson과 맥아더A. McArthur, 1994[48] 배이저먼M. Bazerman 외, 2000[49] 아르틴저S. Artinger 외, 2015[50]
자원 획득	하이트J. Hite와 헤스털리W. Hesterly, 2001[51] 룽A. Leung 외, 2006[52] 올드리치H. Aldrich와 킴P. Kim, 2007[53] 디 도메니코M. Di Domenico 외, 2010[54]
실현적 네트워킹	코비엘로N. Coviello와 조셉R. Joseph, 2012[55] 커J. Kerr와 코비엘로, 2019[56]

이 지점에서 기업가정신을 과학적 방법과 비교하는 것뿐 아니라 이 둘을 서로 비교하는 것도 유용할 것이다. 한편으로 기업가정신 교육은 유행이 되고 있다. MBA 프로그램의 수업뿐 아니라 대학교 캠퍼스와 고등학교에서 가르치고 있고 어떤 나라에서는 더 일찍이 기업가 교육을 시작하고 있다. 글로벌 기업가 주간, 스타트업 주간, 해커톤hackathons과 같은 이벤트도 여기저기서 일어나고 있다. 너무 많아서 기업가와 혁신이라는 현란한 포장지와 열린 발표라는 리본, 유니콘에 대한 꿈같은 이야기 안에는 어떤 내용이 담기지 않을까 의아할 정도다.

도전과 오류부터 근성과 실패까지 모든 것이 사업을 하는 '과학적'인 방법이라는 망토에 몸을 숨긴다. 가설 검증, 인터뷰 그리고 실험 같은 기술은 기업가정신을 가르치는 목적에 좀 더 부합한다. 하지만 이러한 기술들이 사업을 하는 데는 유용할 수 있지만 과학적 방법이 할 수 없는 것을 가능하게 해주는 기업가적 방식의 중요한 요소를 놓치고 있다. 과학적 방법은 세상이 인간의 행동에 영향을 미친다고 가정한다. 과학은 객관적인 입장을 원한다. 이는 세상을 외재적이며 주어진 것으로 본다. 우리는 이런 세계를 탐험하고 발견하며 배울 수 있다. 이것이 세계의 문을 두드려보고 답을 들어보며 우리의 가설을 확인해볼 수 있는 이유다. 물론 여기서 가설이란 과거 발견에 기반한 예측과 기대치를 의미한다.

넬슨 굿맨의 혜안처럼 "우리는 많은 가능한 세계 중 하나가 진짜 세계라고 생각한다. 우리는 이 그림을 다시 그려야 한다. 모든 가능한 세계가 진짜 세상에 놓여 있다."[57] 기업가적 방법은 세상이 만들어지고 있는 중이라고 생각해야 한다. 도공이 진흙에서 도자기와 예술을 만들어내듯 우리는 대부분 직접 만들어가기도 하는, 우리가 살아가고 있는 세계와 본질적으로 얽혀 있다. 우리의 목적은 우리에게 주어진 것이 아니다. 우리의 목적은 우리가 주관적으로 창조하거나 상호 주관적으로 공동 창조하기 위함이다. 세계는 단지 우리가 가로지를 수 있는 풍경이나 해답을 얻을 수 있는 책이 아니다. 단지 우리의 예측과 기대치를 영민하게 시험해서 찾을 수 있는 것만이 아니다. 세계는 구성원에게 투입되는 인풋이자 구성원으로부터 나오는 아웃풋이다. 그러므로 만들어가는 방식은 발견하는 방식이 만듦에서의 쓸모를 계속 찾아갈 때도 기업가정신 교육의 핵심이 되어야 한다. 다른 사람들과 함께 현재를 새로운 미래로 빚고 변화시키는 데 분명하게 집중하지 않으면 각각은 서로 다르거나 다르게 형성되거나 심지어 형성되지 않은 목적으로 노력하게 될 수 있고, 따라서 기업가적 방법론의 요지를 놓치게 된다. 이것이 이펙추에이션과 실험, 만드는 것과 발견하는 것, 내재적 목표와 외재적 목표를 구분하는 것이 중요한 이유다.

요약하면 과학적 방법은 우리의 목적을 달성하도록 세상을 움직인다. 하지만 기업가적 방법은 추구할 만한 목적 또한 함께 만들도록 한다. 물론 살 만한 세계도 그중 하나다.

경영의 중산층

과학을 누구에게나 가르친 가장 중요한 결과 중 하나는 18세기 경제 중산층의 탄생이었다. 예측-제어 체계를 열성적으로 활용하여 만든 내용과 과정으로 기업가정신을 가르친다면 경영의 중산층을 구축할 수 있을 것이라고 본다. 도표 11.3이 보여주듯이 중산층은 평범한 성장률과 상당한 지속력의 계층이다. 일반적인 목표층의 크기와 연수는 5-300명의 직원(규모)을 두고 16년 이상 재무적으로 살아남은 (기간) 기업이 될 것이다.

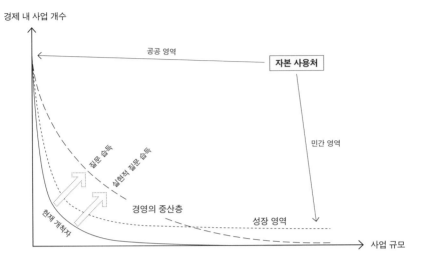

도표 11.3의 현재 개척자 곡선은 대부분의 경제에서 일반적인 기업 규모 분포를 보여준다. 수직 축은 기업의 개수이고 수평 축은 기업의 크기다. 대부분의 기업은 2차원 영역의 왼쪽 부분에서 수직 축 곡선의 높이로 알 수 있듯이 0명 또는 1명의 직원을 둔 작은 기업들이다. 500명 이상의 큰 기업들은 비중이 아주 작다. 따라서 오른쪽의 곡선은 수평 축에 접근한다. 나라에 따라 차이가 다양하지만 이 곡선은 대부분 경제에서 전형적이다. 최근 대부분의 정책이나 투자는 오른쪽 위나 오른쪽 아래를 각각 목표로 한다. 벤처 성장에 대한 연구는 현재 개척자 곡선을 점선의 성장 곡선으로 상승시켜 가젤 기업과 유니콘 기업의 숫자를 늘리기 위함이다.[58] [59] [60]

하지만 정책의 목표는 높은 수익률을 얻는 것뿐 아니라 일자리나 경제 성장도 포함해야 한다. 이러한 목적으로 시간이나 지속 연수가 더 나은 사전 지표가 될 수 있다.[61] [62] 대부분의 신규 직업은 오래되지 않은 회사에서 생성되고 성숙한 기업은 성장이 더 느리지만 이들이 대부분의 사람을 고용하고 있다.[63][64] 이를 해석하는 하나의 방법은 기업들이 얼마나 생겼는지 그리고 얼마나 크게 성장했는지 관계없이 분포도 중간의 기업 지속 시간을 늘리는 것이다. 도표 11.3은 경영 중산층을 늘리는 것은 기업의 크기뿐 아니라 수평 축의 지속 시간을 늘리는 것이 중요하다는 개념을 다시 보여준다. 또한 의식적인 연습에 기반한 실현적 질문이 현재의 사업 규모 분포곡선을 만들었다는 것도 보여주고 있다.

다시 처음으로

나는 이 책의 1판을 스페이스십원이 발사된 날에 쓰기 시작했다. 우주 기업가정신은 계속해서 자라고 있다. 아프리카의 나노 위성의 발사를 포함해 새로운 개발 소식이 들리고 있고 스페이스 X와 협업하여 케냐에서도 학생들이 디자인한 위성을 쏘아 올렸다. 앞으로 200년 후 모든 나라의 15%가 대학에 갈 수 있는 시점이 되면 세계가 어떻게 변화할지 기대된다. 우리가 맡은 바를 잘 해낸다면 이 모든 것을 학교 안팎에서 기업가정신 교육을 통해 배울 수 있을 것이다.

이것은 물론 끝난 일이 아니다. 너무나 거대한 변화들이 우리 앞에 놓여 있다. 기후변화, 국가주의, 난민 문제, 전염병 사태 등은 그저 몇 가지 사례일 뿐이다. 큰 위험이 닥칠 때 현재 필요한 것은 이러한 것일지도 모른다.

우리가 영감이 필요할 때 긍정적인 관점이 필요하다. 세계는 흥분할 수 있고 인류를 하나로 묶을 수 있는 긍정적인 도전이 필요하다.
ー일론 머스크, 스페이스 X 창업자

그런 영감은 어디에서 찾을 수 있을까? 가끔 카뮈의 걸작인 『시지프 신화』를 즐기는데, 특히 시지프스가 하루 종일 바위를 굴려 산 위로 올리지만 하루의 마지막엔 결국 바위가 다시 굴러 내려가는 모습을 보는 그를 묘사하는 마지막 두 페이지를 자주 읽었다.

> 신들은 시지프스에게 산꼭대기까지 바위를 끊임없이 끌고 올라가 그 무게로 인해 다시 굴러떨어지게 했다. 그들은 어떤 이유에서인지 무의미하고 희망이 없는 노동보다 더 끔찍한 형벌은 없을 것이라고 생각했다.

그러나 허레이쇼 앨저 신화의 기업가들을 떠올려 보면 카뮈의 시지프스도 비록 이상하긴 하지만 영웅임에 틀림없다.

> 하늘이 없는 공간과 깊이가 없는 시간에서 긴 노력을 끝낸 후 목적은 달성되었다. 시지프스는 바위가 굴러가는 것을 바라보았다. 이제 그는 다시 정상으로 끌어올려야 한다.
> 그 순간, 그 귀환이 시지프스를 흥미롭게 만든다. 그는 평온하게 다시 내려갔다. 바위 앞에서 땀 흘리는 얼굴은 이미 바위 그 자체다! 마치 끝을 전혀 모른다는 듯이 다시 산을 내려가 고통받는 그를 본다. 그의 고통에서 잠시 숨을 돌리는 그 순간이 의식의 시간이다. 높은 곳을 벗어나 신의 땅으로 가라앉는 매 순간 그는 자신의 운명보다 강하다. 그는 그의 바위보다 강하다.

위 문단은 존재론적 순간의 성취와 불안을 동시에 강력하게 그려냈다. 나는 이 불안에서 기업가를 떠올렸다. 나는 언젠가 이러한 순간을 경험한 대부분의 인간과 그 공감과 수치를 공유한다.

이 걸작의 마지막 부분에서 카뮈는 가장 이상하면서도 고무적인 문장을 남긴다. "어떤 사람들은 시지프스가 행복하다고 생각할 것이다." 이펙추에이터들은 절망의 원인도 행복의 원인도 아닌 이 문장을 배우며 살아간다. 그들은 누군가 시지프스가 행복하다고 생각할 수 있다는 사실뿐 아니라 그러기 위해 무엇이 필요한지 안다. 그들은 시지프스가 사업이 의미와 목적, 진실을 찾는 과제인 예측의 세상에서는 절망적이라고 생각할 것이다. 그러나 미래를 근본적으로 알 수 없는 세계에서는 모든 바위와 산과 인간과 신이 만들어지는 실제 세상에서 시지프스는 그 일을 혼자 하지 않아도 된다.

E5의 사고 구술 프로토콜

이 회사로 몇몇 사람들이 돈을 벌 수는 있지만 거대 기업으로 성장할 수는 없을 듯하다. 기본적으로 이 상품은 스타트업 시뮬레이션이기 때문에 마치 시험비행처럼 전자동으로 운전하면서 충돌하지 않을 수 있는 방식이다. 그래서 경영 환경에 맞춰 연습하고 미리 수많은 반사작용과 사고 과정을 경험할 수 있다. 따라서 되도록 여러 다양한 시장에 진입할 수 있도록 하는 대규모 마케팅으로 첫 번째 상품을 성공적으로 출시한다면 두 번째 상품도 성공적일 수 있다. 예를 들어 큰 규모의 기업에서 성공하고 번창하며 성장하고 승진하는 방법을 상품으로 만들 수 있다. 기업가와는 반대로 조직의 일원에게 적용할 수 있는 상품을 만든다면 IBM, AT&T, 엑손 등에서 일하는 야망 있는 모두가 고객이 될 수 있다. 이는 후속 상품이 될 수 있다. 조사 방식과 제품 개발 과정은 비슷할 것이고 생산 과정도 동일하며 일부 마케팅 채널도 공용일 것이다. 비슷한 방식으로 학생을 위한 제품도 만들 수 있다. 스탠퍼드나 하버드, 예일에서 상위 10%로 졸업하는 방법처럼 학교에서의 학습 과정을 가정해볼 수 있다. 성공을 가르는 연구 특성, 공부 습관, 좋은 학생이 되는 많은 방법은 가르칠 수 있다. 예를 들어 내 경우에는 내가 인지하고 있는 공부 습관들이 있고 성과가 좋은 학생들을 대상으로 조사를 진행할 수 있으며 특정한 프로필을 개발할 수 있다. 마케팅 제안은 '대학을 상위 10%로 졸업하는 학생들은 우연히 똑똑한 것은 아니다'가 될 것이다. 이들은 성공으로 이어지는 남들과 다른 습관과 방식을 가지고 있고 이러한 것들은 유전이나 지능과 관련이 없다. 학습이 가능하다. 따라서 전국의 학생들에게 판매할 수 있는 상품이 바로 이것이다. 기업가 비즈니스, 대기업, 학생들을 살펴봤으니 모의 학습이 유용할 수 있는 상호작용 상황의 교육 모두가 대상이 될 수 있다. 다음으로는 협상을 생각할 수 있다. 협상에 관한 유명한 책들이 있지만 책을 읽는 것은 상호적인 3D 협상 게임을 하는 것보다는 효과적이지 않다. 따라서 훌륭한 협상가가 되는 연습을 할 수 있는 상품은 성공 가능성이 있다. 이 제품을 구매하지 않을 영업 사원은 미국에 없을 것이다. 당신이 아는 것을 판매하려면 더 잘 판매할 수 있도록 행동하고 사람들에게 영향을 주는 또 다른 학습 상황을 알아야 한다. 그리고 그다음이 판매다. 따라서 계속해서 반복하다 보면 일종의 기술적 지식을 필요로 하는 어떤 상황에든지 일반화할 수 있을 것이다. 협상의 기술, 생체분자 지식, 조직과 사람들에 대한 것, 도움을 주는 회사 외부 사람들과 회사의 방식과 목표를 이해할 수 있게 하는 회사 내부의 사람들을 다루는 방식 등이 있다. 따라서 조직은 기술적 요구 사항이 필요한 학습 환경이다. 네다섯 가지의 예시를 든 것처럼 이러한 특성의 모의 상황은 더 넓혀갈 수 있다. 생각해보니 이 회사의 성장 가능성에 대한 내 의견을 바꿔야 할 듯하다. 이 회사를 통해 1시간 내에 열 개의 제품을 쉽게 생각해 낼 수 있고 각각의 제품은 100달러 이상을 지불할 경제력이 있는 《포춘Fortune》 선정 500대 기업의 직원들과 같은 거대한 시장을 대표할 수 있다. 따라서 갑자기 이 제품은 로터스Lotus가 스프레드시트 시장에 가져왔던 정도의 성공 규모를 가진 소프트웨어의 가능성을 보여준다. 따라서 여기서 수억 달러의 회사가 탄생할 가능성이 있는 것이다.

그다음은?

니컬러스 듀, 스튜어트 리드, 로버트 월트뱅크

러시아 화학자인 드미트리 멘델레예프Dimitri Mendeleev는 1869년 원소의 주기율표를 만든 인물로 알려져 있다. 하지만 멘델레예프가 기본적 원소표를 만든 첫 번째 과학자는 아니다. 그 영광은 그로부터 7년 전 알렉상드르에밀 베기어 드 샹쿠르투아Alexandre-Émile Béguyer de Chancourtois에게 주어졌다. 멘델레예프는 자신의 나무 책상에 솔리테르 카드 게임의 구조를 활용하여 각각의 카드를 배열하기 시작했고 원자량에 따라 화학원소를 시각적으로 표현하는 천재성을 보였다. 그 구조는 어떻게 원소가 생성되는지 패턴으로 보여주어 요소의 물리적 구성을 직관적으로 이해하게 했다. 또한 멘델레예프는 새로운 원소의 발견을 예측할 수 있었는데 책상의 빈 공간의 패턴이 새로운 원소의 자리를 보여줬기 때문이다.

이 책에서 다루는 수많은 흥미로운 지적 맥락 중 하나는 물리적 세계를 이해하려는 노력에 집중한 과학적 방법론과 인간 세계에서 의미 있는 인공물을 만드는 방법으로서의 기업가정신 사이의 연관성이었다. 우리는 주기율표를 은유적 장치로 활용하여 기업가정신 연구를 축적하고 무엇이 올지 고려하기 위해 이 연관성을 수립한다. 종종 우리의 연구가 아직 연결되지 않은 기업가정신의 비유적 주기율표에 부합하는지 궁금해하지 않은 사람이 우리 중에 있을까? 기업가정신의 원소표에 새로운 특성을 더해줄 기회들은 어떤 것이 있을까? 기업가의 중요한 활동에 대한 집합적 아이디어를 풍성하게 해줄 수 있는, 앞으로 탄생할 이론적 요소는 무엇이 있을까?

우리가 기업가정신 연구를 구성하면서 멘델레예프 수준의 통찰력을 반영하지 않았다는 것을 인정한다. 멘델레예프는 주기율표를 구성할 때의 상상력으로 인정받지만 물리적 세계를 이해하는 데는 상상보다는 관찰이 필요하다. 반면에 기업가정신은 인간 요소에 의한 모든 불확실성을 담은 인간 행동이다. 기업가정신 연구 요소의 상상 속 주기율표가 새로운 요소를 공동으로 직감할 수 있게 도와주는 반면, 새로운 무언가를 예측할 수 있는 방법은 없다. 사람들은 습관이 있지만 전자가 하는 것처럼 반복적인 행동으로 생각하는 것은 그다지 유용하지 않다. 우리는 사람을 영구적으로 즉흥적 창의성의 존재로 생각하는 것이 좀 더 유용하다는 것을 알았다.[1] 그리고 우리가 멘델레예프의 과정에서 영감을 얻었지만 그와 다른 점은 주기율표에 나 있는 공백을 채우는 것에 덜 집중하고 기업가적 연구의 주기율표가 어떤 모습일지 상상하는 것에 좀 더 집중한다는 것이다.

실증에서 영감을 얻은 가능성

멘델레예프 주기율표의 행과 열은 과학적 발전을 독려하는 닻을 제공하고 과학자들이 채우고 싶어하는 공백을 제공하며 어느 곳을 바라봐야 하는지 방향성을 제공한다. 기업가정신 연구의 주기율표는 다른 관점으로 공백을 보여준다. 이 분야가 조사하는 끊임없이 변화하는 현상과 잘 이해하기 위해 학문이 이성적으로 주장해야 하는 것 사이의 차이다. 그러므로 이펙추에이션이 현재 잘 다루거나 전혀 다루지 못하는 기업가적 상황을 살펴보는 것으로 시작한다. 이는 기업가정신의 비유적 주기율표에 새롭게 기여할 가능성이 있다는 것을 보여준다. 현재의 기업가정신 세계를 살펴보면 잘 이해되지 않거나 설명하기 어려운 여섯 개의 흥미로운 현상을 발견할 수 있다.

공동 창조

공동 창조 과정은 다수의 경제활동에서 찾아볼 수 있지만 기업가정신 연구와 교육에서 어떻게 구현되는지에 대한 정보는 상당히 제한적이다.[2][3] 기업가정신 이론은 특히 혁신적 기업가가 경제 시스템의 균형을 흔든다는 이론의 슘페터와 중재하는 기업가가 경제 시스템을 다시 균형으로 끌어온다는 이론의 커즈너의 유산으로 더 큰 시스템과 과정의 맥락에서 기업가적 역할을 고려해온 이력이 있다. 하지만 양쪽 모두 명확하게 기업가를 중심적 인물로 두고 경제와 더 넓은 사회 체계에서 다른 모든 구성원을 배경으로 둔다.

공동 창조 기업가정신은 가치를 함께 만드는 시스템 안에서 각자가 기업가적 역할을 맡고 있는 이해관계자의 집단으로 세상을 바라본다. 실증적으로 바라보면 고객, 공급자, 기업가, 투자자, 국가기관, 은행, 대학 등이 함께 창의적인 과정을 만들어가는 공동체 무리와 같다. 기업가들은 더 이상 이 과정에서 중심적인 역할을 맡지 않고 대신에 이해관계자 상호작용과 헌신을 관리하는 중재자로 변화한다. 기업가적 역할은 핵심적인 자원을 소유하는 것이 아니라 체계 안에서 찾을 수 있는 자원을 통합하는 역할로 변하고 있다. 일화로 기업가들이 공동 창조 과정을 육성하는 이유 중 하나는 명확히 인적자원이나 자원의 제약이 있어 행동을 공동 창조 방식으로 조정하는 것이 더 유리하기 때문이다.

이는 기업가정신의 비유적 주기율표에 원소를 더할 수 있는 기회를 나타낸다. 기업가정신 세계에 무언가가 일어나고 있고 이펙추에이션 과정에서 공동 창조가 중심적임에도 불구하고 우리는 훌륭하고 완전한 설명을 아직 찾지 못했다.

플랫폼

경제학에서 발현된 상업에 대한 초기 연구는 애덤 스미스까지 거슬러 올라가며 물리적인 상품과 제품에 집중되었다. 비재화 사업과 연관된 경영 활동의 성장을 지켜보면서 마케팅 분야의 학자들은 1980년대 학문적 범위를 서비스까지 넓혔다. 연구에 따르면 서비스는 상품과는 어떤 방식에서 근본적으로 다르며 서비스를 관리하거나 마케팅하기 위해서는 새로운 접근법이 필요하다. 이에 따라 완전한 서비스 과학과 마케팅 활동 전반에 서비스 중심 논리를 도입한 새로운 이론으로 이어졌다.[4][5] 기업가들이 서비스 기업을 창조하는 방식을 이해하는 것은 마케팅 핵심 활동에 선행하며 기업가적 주기율표를 강화할 수 있다.[6] 오늘날 플랫폼이라고 불리는 새로운 비즈니스 유형은 애플, 아마존, 알리바바, 페이스북, 이베이 등 경쟁자의 제품과 서비스를 상당히 뛰어넘는 세계적으로 가치 있는 기업들을 포함한다. 플랫폼은 단순 서비스나 제품이 아니라 판매자와 구매자 모두가 서비스나 제품을 사용하고 교환할 수 있는 중개 역할을 하는 것을 뜻한다.[7] 이러한 영향력 있는 조직에 대한 학문적 이해는 여전히 성장 중이며 오늘날의 논의는 실용적 적용을 중심으로 진행되고 있다.[8][9] 기업가들이 플랫폼을 창조하는 방식에 이펙추에이션이 영향을 줄 수 있을까? 기업가정신의 다른 연구가 통찰력을 제공할 수 있을까? 상품과 비교해 서비스가 완전히 다르고 새로웠던 것처럼 플랫폼도 근본적으로 새로운 요소가 될 수 있을까? 각각의 질문은 학자들이 답을 만들어 기업가정신의 원소주기율표에 더할 수 있는 기회를 대변한다.

유니콘 기업

유니콘 기업이란 10억 달러 이상의 가치를 가지고 있는 비상장 스타트업을 뜻한다. 이러한 사업 유형이 유니콘이라고 불린 이유는 초기에는 이러한 기업이 아주 희소했기 때문이었다. 하지만 2020년 4월 15일 기준 452개의 유니콘 스타트업(www.chinsight.com)이 존재했고 그 이후에도 더 많은 기업이 생겨났을 것이다. 유니콘 기업과 플랫폼 기업 사이에는 강한 상관관계가 있는데, 연구 결과 60%의 유니콘 기업이 플랫폼 비즈니스에 속한다는 것을 알 수 있다.[10] 하지만 어떤 연구나 이론이 유망한 기업가에게 10억 달러의 비상장 기업을 만들어내는 방법을 알려줄 수 있을까? 교과서『실현적 기업가정신』에서 우리는 실제 적용되는 이펙추에이션 원칙을 설명하기 위해 잘 알려진 유니콘 기업인 에어비엔비 사례를 사용한다.[11] 하지만 이펙추에이션은 세 명의 룸메이트가 아파트 소파를 대여해주던 것이 어떻게 10억 달러 가치를 가진 사업을 발전했는지 완벽히 설명하지는 못한다. 주기율표에 더할 새로운 기회가 여기 있다.

가상 기업

새로운 프로젝트를 시작할 때 대면으로 모이는 기회는 항상 반갑지만 이 문서를 쓰는 지금 우리는 코로나-19 전염 사태로 인해 가상 환경에서 협업하고 있다. 줌에서 만나고 온라인으로 문서를 공유하면서 기업가적 회사들이 동일하게 적응했다는 것에 감사했다. 코로나 사태가 완전히 가상으로 운영되는 기업가적 회사들의 탄생을 시작한 것은 아니지만 이를 통해 이러한 활동이 장려되고 중요성이 강조된 것은 확실하다. 유망한 기업가들은 지역 스타벅스가 임시로 휴업하거나 드라이브 스루만 가능해진 상태에서 이해관계자들을 모아 제품, 서비스 또는 플랫폼 등 새로운 가치를 만들고 협업할 수 있는 또 다른 방법을 찾아야 했다. 그리고 이펙추에이션이 이해관계자와의 협업과 전념을 주장하긴 하지만 만나지 않으면서 이러한 활동을 할 수 있는 방식과 인간 역동성은 표에 추가할 또 다른 기회 요소가 된다.[12]

스타트업 속도

주목해야 할 주제 중 하나는 속도의 문제다. 속도는 오늘날 기업가적 활동의 중요한 요소로 부상하고 있다. 온라인상에서 기업가들이 활용할 수 있는 도구와 자원에 획기적인 발전이 있었기에 가능한 일이며 이펙추에이션에서는 수단의 역동성 변화로 볼 수 있다. 또한 경쟁, 외부 환경, 참여하는 이해관계자들의 반응이 진화하는 속도가 전반적으로 빨라졌기에 맞이한 변화이며, 이는 이펙추에이션의 또 다른 핵심 변수인 불확실성에 영향을 미친다. 표에 포함될 가능성이 있는 요소임이 분명하다.

99% 모방 스타트업

마지막으로 이 장에서 99% 모방 기업이라고 불리는 사업 방식의 가능성에 매료되었다. 사실상 전 세계 어느 상품이나 서비스에 대한 정보를 휴대전화 하나로 누구나 볼 수 있다. 이 정보를 바탕으로 하면서 1%를 바꾸어 복제품을 만드는 방식은 최근에 굉장히 흔한 접근법으로 보인다.[13] 세계 여러 지역과 산업에서 나타난 99% 모방 사례를 보여준 카네기멜론대학교 경영학부의 두 뿌리인 윈터와 가브리엘 슐란스키의 연구를 '그대로 복사'해서 이펙추에이션의 요소와 결합하는 것도 잠재적으로 흥미로운 프로젝트가 될 수 있을 것이다.[14] 주기율표에 하나 더 올려보자.

개념에서 영감을 받은 가능성

기업가정신의 세계에서 설명하기 어려운 현상을 찾는 것은 유익하지만 기업가정신 주기율표에 포함할 기회들을 개발하는 유일한 방법은 아니다. 주기율표의 구조를 좀 더 멘델레예프 방식에 가깝도록 구성하려면 개념적인 요소를 살펴보는 것도 유용할 것이다.

구성 요소

현재 주기율표 버전은 118개 원소를 담고 있다. 94개 원소는 자연적으로 존재하며 나머지는 통제된 실험실 환경에서, 가끔은 아주 짧은 기간 동안 관찰된 원소들이다. 기업가정신의 경우 알려진 요소를 표에 채워 넣는 것처럼 명확하지 않다. 하지만 멘델레예프는 우리가 어떻게 시작해야 하는지에 대한 비유를 제공한다. 멘델레예프의 원소주기율표는 원소를 작은 것부터 크기에 따라 정렬한다. 열은 원자 외부의 전자 수를 오름차순으로 정렬한다. 수평 축은 전자의 고리 개수를 나타낸다. 표의 윗줄에는 가장 단순하고 기본적인 원소들이 자리 잡고 있다. 이는 기업가정신 연구에 적절한 비유다. 이 영역의 연구는 거인의 어깨에서 시간이 지날수록 더욱 더 복잡한 요소를 발견하는 방식이다. 기업가정신 연구는 윌리엄 제임스의 미국 실용주의[15], 카네기멜론대학교의 석학 허버트 사이먼[16]과 짐 마치[17], 그리고 저명한 경제학자들을 기반으로 한다.[18] 멘델레예프는 이러한 공헌을 각각 카드로 만들 것이다. 카드에는 핵심 데이터가 있어서 책상 위에서 카드를 이리저리 배치하고 특정한 영역, 영역 간 중요한 관계성, 그리고 새로운 지식으로 이어지는 잠재적 기회 등에 통찰력을 제공할 수 있는 구조를 찾아낼 때까지 여러 조합으로 배열할 수 있다.

우리는 실현적 세계관의 본질적 측면을 더 깊이 이해할 수 있는 상당한 기회가 여전히 있다고 생각한다. 이는 실증주의자들이 실현적 세계관의 근원적 성격을 더 잘 이해할 수 있는 신호다. 실용주의자들에게는 이펙추에이션이 발현되는 방식과 이유를 설명하는 데 유용한 새로운 이야기를 풀어놓을 수 있는 초대장이다. 철학적 선호와 상관없이 학문 공동체는 이펙추에이션의 기반을 여전히 발굴 중이다. 사실 이러한 역동적이고 개방적인 이론에서 지난 20년 동안 상대적으로 개념적 재개발이 부족했다는 사실이 놀랍다. 개념적 재구축 및 개선이 가능한 몇 가지 영역을 제안하고자 한다.

복합체

기업가정신 연구의 기본적 구성 요소를 조합하면서 즉각적으로 알 수 있는 분명한 통찰력 중 하나는 복합체의 역할이다. 주기율표는 근본적인 원소를 유형화하고자 한다. 여기에는 기본적인 구성 요소가 있다. 하지만 우리가 자연에서 볼 수 있는 대부분의 물질은 원소의 조합이다. 복합체는 두 가지 이상의 원소를 결합하여 구성된다. 소금은 NaCl이다. 물은 H2O다. 이론 역시 복합체이며 이펙추에이션은 다섯 가지 기초적인 요소가 결합한 결과물이다. 이미 우리는 이펙추에이션 원칙(수단, 감당 가능한 손실, 파트너십, 우연과 제어)이 단일 구성으로 단순한 항목이 아니라는 것을 알고 있다.[19] [20] 각각의 이펙추에이션 원칙은 기본 구성 요소이며 이펙추에이션은 그들을 조합한 결과다. 우리는 하나 이상의 이펙추에이션 요소가 재결합되거나 다른 이론과 합성하여 긍정적 영향을 주고 기업가정신 또는 다른 행동 영역의 측면을 설명할 수 있다는 것을 상상할 수 있다. 또한 이펙추에이션 요소와 결합하여 어떤 목적에 더 유용하게 만들 수 있는 원소들이 원칙적으로 있을 수 있다고 생각한다.

비평

이펙추에이션 연구를 하면서 비평을 즐기지는 않았지만 항상 진중하게 받아들여왔다. 그리고 확실히 충분한 비평을 감수해왔다. 2016년 학술지에 제출했던 이펙추에이션 논문 중 거절당한 모든 내용을 종합했다. 그중 일부는 이제 출간되었고 몇 개는 여전히 하드 드라이브에 보관되어 있다. 100개가 넘어가면서 이제 집계를 멈췄다. "안 돼요."라는 말은 충분히 들었다. 하지만 이는 이 영역의 동료들이 우리와 공유한 많은 지식을 나타내기도 한다. 각각의 비평에서 무언가를 배웠고 모든 거절의 일부분이 지금은 출간된 개정된 논문에 담겨 있어 우리가 읽을 수 있다. 우리가 해야 할 일 중 하나는 모든 반려 내용을 살펴보고 유형화하여 코드를 붙이고 주요한 테마를 추출하는 것이다. 이를 통해 이펙추에이션 중심의 공헌이나 다른 새로운 개념 기반의 가능성으로 이어질 수 있도록 기업가정신 주기율표에 더 많은 기회를 부여할 수 있을 것이다.

이펙추에이션에 대한 비평문들은 이미 찾아볼 수 있다. 이 책의 다른 장에서 좀 더 살펴볼 것이다. 여기서는 우리의 표를 채워갈 수 있도록 미래 지향적 시사점에 집중하도록 하자. 과신에 대한 논쟁은 기업가정신 연구에서 여전히 눈에 띄는 몇 가지 질문을 던진다.[21][22] 신뢰는 이 표에서 이미 유형화된 기본 요소 중 하나다. 불확실한 상황에서 기업가들이 이해관계자의 활용에 대한 양방향적 문제를 더 잘 관리할 수 있게 해주는 미지의 새로운 요소가 있을까? 라흐만의 개념적 기획에 대한 논쟁은 계획이 기업가적 사업에서 하나 이상의 역할을 한다는 점을 전면에 내세운다.[23][24]

《미국경영학회 리뷰》에 실린 유명한 리처드 아렌드 외의 비평은 다양한 이슈를 제기했다.[25] 우리는 여전히 몇몇 비평들은 이펙추에이션에 대한 불완전한 이해를 반영했다고 생각하지만 이러한 문제는 결국 이론을 제시하고 소통하는 역량이 부족했던 우리의 정당한 책임이다.[26] 하지만 실증주의자의 방향성과 비교하여 이펙추에이션을 검증하는 것은 우리의 주기율표 관점에 대한 고민을 돕는다. 효과적으로 기업가정신 연구를 실행하기 위해 실증주의자와 구성주의자의 관점이 필요할까?《미국경영학회 리뷰》비평에 대한 네 가지 답변은 기업가적 주 기율표에 건설적인 가능성을 제시한다고 생각한다.[27] [28] [29] [30] 2009년 으로 돌아가서《벤처 경영 저널Journal of Business Venturing》에 실린 내용으로 기업가적 전문성 개발에 의식적인 연습이 미치는 영향에 대 한 글은 아주 거대한 담론을 열었고 그로 인한 프로젝트를 우리는 10년 넘게 진행해오고 있다.[31] 전문성의 본성에 대한 연구를 통해 근본적 요 소를 정의하면서[32] [33] 그 질문은 기업가적 질문, 즉 새로운 요소로 추가 될 아이디어에 대한 연구로 우리를 이끌었다.[34]

하지만 비평 외에도 동료 학자들의 의견을 들을 수 있는 방법이 있었다. 비슷한 분야의 연구 역시 신선한 시각을 제공했다. 마케팅 영역 의 연구는 신규 시장 진입과 국제화 분야에서 새로운 기업가적 요소의 가능성을 제시했다.[35] [36] 이러한 기여가 특히 중요한 이유는 이해가 필 요한 여러 상황에 대한 질문을 던질 뿐만 아니라 통합, 조합, 합성을 통 해 새로운 이론적 기초를 탄생시킬 수 있기 때문이다.

메타 수준 휴리스틱

실행을 통해 자신의 상황을 제어하고자 노력하는 기업가의 중요한 메 타 지향성은 이펙추에이션의 핵심 이론 요소이다.[37] 이펙추에이션과 같 은 제어 기반의 휴리스틱이 어떤 모습일지 이해하기 위해 예측 휴리스 틱과 비교하고 대비하는 것은 당연했다. 예측과 제어 휴리스틱의 직각 기준선은 이 책에서 상세히 다룬 바 있다. 학문 영역에서 잘 알려지고 다뤄진 바와 같이 예측 방법론에 대해 휴리스틱을 대입하는 방식은 제 어를 고유하게 하는 요소를 구분할 때 유용했다. 하지만 우리는 예측과 제어에 대한 두 개의 메타 휴리스틱 관점에 따라 전체 상황을 대입할 수 있다고 생각하지는 않는다. 따라서 그다음은 어떤 형태의 다른 메타 휴리스틱이 있는지 질문할 차례다. 예를 들어 질문에 관해 사라스와 연구한 결과 중 하나는 역질문reverse Ask이다. 질문 연구에 대해 알게 된 많은 기업가들은 자신들이 기업가정신의 세계에 입문한 것은 누군가에 의해 요청받았기 때문이라고 말했다. 누군가 그들에게 회사를 시작하자고 했을 때 그들은 자신의 일에 집중하고 있었다. 약간의 예측과 약간의 제어, 그리고 분명히 무언가 근본적으로 사회적이고 상호적인 요소가 합쳐진 방법론이 메타 휴리스틱 수준에서 진행되고 있어 주기율표에 펼쳐놓고 조합해볼 만하다는 것을 느꼈다.[38] [39]

그리고 마지막으로: 사라스의 컴퓨터 하드 드라이브!

마지막이지만 처음 못지않게 중요한 것은 기업가정신 연구의 비유적 주기율표가 어떤 형식이 될지 상상할 때 언급해야 할 주제가 있다는 점이다. 바로 사라스의 컴퓨터 하드 드라이브. 이 책을 읽는 이 시점에도 확신을 가지지 못하는 독자가 있다면 20년 이상의 협업을 통해 사라스가 독창적인 아이디어를 가진 사람이라고 확신할 수 있다. 기업가정신을 이해하기 위한 상상력으로 사라스는 처음부터 우리와 함께 열심히 노력해왔다. 대학원생 시절 이펙추에이션의 발전으로 이어진 사라스의 실험이 사실은 그의 지도 교수 고 허버트 사이먼과 함께 설계한 열 개의 각기 다른 실험 중 하나였을 뿐이라는 사실은 그다지 알려지지 않았다. 따라서 남아 있는 아홉 개의 실험 중에는 기업가적 주기율표에 추가할 가능성이 있는 무언가가 있다고 추정해볼 수 있다.

그 외에 또 무엇이 있을까? 당신이 우리에게 직접 보여주길 바란다.

감사의 글

▸ 렌딩 트리Lending Tree의 창업자이자 스파링 상대, 이펙추에이션의 현실 점검을 해준 더그 렙다.

▸ 이펙추에이션을 실행하게 도와주고 그 결과를 이펙추에이션 학자들에게 전달해준 레네 마우어와 미하엘 파싱바우어.

▸ 현장에서 다양한 방법으로 참여해준 이언 에이어스, 오타비오 프라이르, 칩 랜슬러, 세라 위펜 그리고 짐 주폴레티.

▸ 다든의 배튼인스티튜트를 통해 아낌없는 지원을 해준 제이슨 브루스터, 숀 카, 고시아 글린스카, 마이크 레녹스 그리고 아시프 메디.

▸ 54개국 이상에 이펙추에이션을 전파할 수 있도록 도와준 실현적행동연구회 회원들에게도 감사를 전한다. 호주의 페르 다비드손과 글렌 휘틀리, 브라질의 엘레나 카자노바스 비에이라, 로지 메리 알메이다 로페스 그리고 브루누 론다니, 캐나다의 니콜 코비엘로와 제르맹 올리비에르, 칠레의 곤살로 히메네스, 중국의 장위리와 레이첼 텐리, 크로아티아의 슬라비차 신게르, 덴마크의 포울 린 크리스텐센, 헬레 네르가 그리고 크리스티안 닐센, 프랑스의 티아구 하팅우, 필리프 실베르잔, 도미니크 비앙 그리고 리지앙, 독일의 미하엘 파싱바우어, 그라시엘라 쿠에슐레 그리고 레네 마우어, 인도의 수레시 바가바툴

라, 다르샨 도시, 누레인 파잘, 프라산나 크리슈나무르티, K. 쿠마르, 마단 파다키 그리고 만줄라 슈리다르, 인도네시아의 이반 산자야, 일본의 마키노 에미, 스스무 다카세 그리고 요시다 마리, 멕시코의 마리아 도 로스 돌로레스 곤살레스 사우세도, 네덜란드의 아르트 흐룬과 예룬 크라이엔브링크, 뉴질랜드의 수시 모리시, 노르웨이의 그뤼알소소, 톰미 클레우센 그리고 솔비 솔볼리, 스페인의 올리베 토마스 안토니, 스웨덴의 망누스 아론손과 헨리크 베리룬드, 영국의 앤 허프, 모두 감사하다.

‣ 다든경영대학원생들과 벵갈로르의 인도경영대학원생들 그리고 크로아티아, 덴마크, 인도네시아, 멕시코, 남아프리카공화국, 스웨덴의 드림DREAM 프로그램 참가자들.

‣ 교내외에서 나를 한계까지 이끌어준 수많은 다든경영대학원 동창생들.

위에서 언급한 모든 사람과 함께 걷고 이야기하면서 얻은 통찰력으로 이 책의 내용을 다듬고 명확하게 하며 개선할 수 있었다. 이 점을 감사하게 생각하지만, 무엇보다 이리도 적극적이고 자발적인 이해관계자들과 상호작용할 수 있어서 순수한 기쁨을 느꼈다.

참고 문헌

들어가며

1   Read, S., Sarasvathy, S., Dew, N. and Wiltbank, R. (2016a), Effectual Entrepreneurship, Abingdon, Oxon, UK: Routledge.

1장 기업가와 기업가정신

1   Branson, R. (2004), Virgin Group sign deal with Paul G. Allen's Mojave Aerospace; Licensing the technology to develop the world's first commercial space tourism operator. http://www.spaceref .com/ news/ viewpr .html ?pid=15138.

2   Royce Carlton Inc. (2004), Brian Binnie: Civilian Astronaut, Spaceship One: www.roycecarlton .com/ speakers/ binnie .html.

3   McClelland, D. C. (1967), The Achieving Society, New York: Simon & Schuster.

4   Chen, C. C., Greene, P. G. and Crick, A. (1998), Does entrepreneurial self-efficacy distinguish entrepreneurs from managers?, Journal of Business Venturing, 13(4): 295-316.

5   Busenitz, L. W. and Barney, J. B. (1997), Differences between entrepreneurs and managers in large organizations: Biases and heuristics in strategic decision-making, Journal of Business Venturing, 12(1): 9-30.

6   Camerer, C. and Lovallo, D. (1999), Overconfidence and excess entry: An experimental approach, American Economic Review, 89(1): 306-318.

7   Markman, G. D., Baron, R. A. and Balkin, D. B. (2005), Are perseverance and self-efficacy costless? Assessing entrepreneurs' regretful thinking, Journal of Organizational Behavior, 26(1): 1-19.

8   McGrath, R. G. and MacMillan, I. C. (2000), Entrepreneurial Mindset: Strategies for Continuously Creating Opportunity in an Age of Uncertainty, Boston: Harvard Business School Press.

9   Zhao, H. and Seibert, S. E. (2006), The big five personality dimensions and entrepreneurial status: A meta-analytical review, Journal of Applied Psychology, 91(2): 259-271.

10   Zhao, H., Seibert, S. E. and Lumpkin, G. T. (2010), The relationship of personality to entrepreneurial intentions and performance: A meta-analytic review, Journal of Management, 36(2): 381-404.

11   Brandstätter, H. (2011), Personality aspects of entrepreneurship: A look at five meta-analyses, Personality and Individual Differences, 51(3): 222-230.

12   Gartner, W. B. (1988), 'Who is the entrepreneur?' is the wrong question, American Journal of Small Business, 12(4): 11-32.

13   Shane, S. A. and Venkataraman, S. (2000), The promise of entrepreneurship as a field of research, Academy of Management Review, 25(1): 217-227.

14   Aldrich, H. E. (1999), Organizations Evolving, Thousand Oaks: Sage Publications Incorporated.

15   Schmookler, J. (1962), Economic sources of inventive activity, Journal of Economic History, 22(1): 1-20.

16   Utterback, J. M. and Abernathy, W. J. (1975), A dynamic model of product and process innovation, Omega, 3(6): 639-656.

17   Tushman, M. L. and Anderson, P. (1986), Technological discontinuities and organizational environments, Administrative Science Quarterly, 31: 439-465.

18   Aldrich. H. E. and Kenworthy, A. (1999), The accidental entrepreneur: Camphellian antinomies and organizational foundings, in J. A. C. Baum and B. McKelvey (eds), Variations in Organization Science: In Honor of Donald T. Campbell (pp. 19-33), Newbury Park, CA: Sage.

19   Campbell, D. T. (1982). The 'blind-variation-and-selective-retention' theme, in J. M. Broughton and D. J. Freeman-Moir (eds), The Cognitive-developmental Psychology of James Mark Baldwin: Current Theory and Research in Genetic Epistemology, Norwood, NJ: Ablex Publishing.

20   앞의 책, Aldrich, H. E. (2001).

21   앞의 책, Aldrich, H. E. (2001), 333쪽.

22   앞의 책, Aldrich, H. E. (2001), 332쪽.

23   Aldrich, H. E. and Ruef, M. (2018), Unicorns, gazelles, and other distractions on the way to understanding real entrepreneurship in America, Academy of Management Perspectives, 32(4): 458-472.

24   Baker, T. and Welter, F. (2014), The Routledge Companion to Entrepreneurship, Routledge.

25   Welter, F., Smallbone, D. and Pobol, A. (2015), Entrepreneurial activity in the informal economy: a missing piece of the entrepreneurship jigsaw puzzle, Entrepreneurship & Regional Development, 27(5-6): 292-306.

26   Taleb, N. N. (2007), The Black Swan: The Impact of the Highly Improbable, New York: Random House.

27   앞의 논문, Aldrich, H. E. and Ruef, M. (2018).

28   Schumpeter, J. A. (1975 [1942]), The process of creative destruction, in Capitalism, Socialism and Democracy, New York: Harper Torchbooks, pp. 81-86.

29   Kirzner, I. (1979), Perception, Opportunity, and Profit: Studies in the Theory of Entrepreneurship, Chicago: University of Chicago Press.

30   Baumol, W. J. (1993), Entrepreneurship: Productive, unproductive, and destructive, in Entrepreneurship, Management, and the Structure of Payoffs, Cambridge, MA: The MIT Press, pp. 25-48.

31   Evans, D. S. and Jovanovic, B. (1989), An estimated model of entrepreneurial choice under liquidity constraints, Journal of Political Economy, 97(4): 808-827.

32   Minniti, M., Andersson, M., Braunerhjelm, P., Delmar, F., Rickne, A., Thorburn, K. Wennberg, K. and Stenkula, M. (2019), Boyan Jovanovic: Recipient of the 2019 global award for entrepreneurship research, Small Business Economics, 53(3): 547-553.

33   Shackle, G. L. S. (1966), Policy, poetry and success, Economic Journal, 76(304): 755-767.

34   Dosi, G. (1997), Opportunities, incentives and the collective patterns of technological change, Economic Journal, 107(444): 1530-1547.

35   위의 논문, 1544-1545쪽.

36   Winter, S. G. (2016), The place of entrepreneurship in 'the economics that might have been', Small Business Economics, 47(1): 15-34., 19쪽.

37   Casson, M. (2003), The Entrepreneur: An Economic Theory (2nd ed.), Cheltenham, UK and Northampton, MA, USA: Edward Elgar Publishing.

38   Shane, S. A. (2003), A General Theory of Entrepreneurship: The Individual-Opportunity Nexus, Cheltenham, UK and Northampton, MA, USA: Edward Elgar Publishing.

39   Venkataraman, S. (1997), The distinctive domain of entrepreneurship research: An editor's perspective, in J. Katz and R. Brockhaus (Eds.), Advances in Entrepreneurship, Firm Emergence and Growth, Vol. 3, Greenwich, CT: JAI Press, pp. 119-138.

40   Foss, N. J. and Klein, P. G. (2012), Organizing Entrepreneurial Judgment: A New Approach to the Firm, Cambridge University Press.

41   앞의 책, Casson, M. (2003).

42   Smith, A. (1822), The Theory of Moral Sentiments, J. Richardson. https://books.google.com/books?id=cu A3AQAAMAAJ&printsec=frontcover#v=onepage&q&f=false

43   앞의 책, Shane, S. A. and Venkataraman, S. (2000).

참고 문헌

44   Alvarez, S., Afuah, A. and Gibson, C. (2018), Editors' comments: Should management theories take uncertainty seriously?, Academy of Management Review, 43(2): 169-172.

45   Townsend, D. M., Hunt, R. A., McMullen, J. S. and Sarasvathy, S. D. (2018), Uncertainty, knowledge problems, and entrepreneurial action, Academy of Management Annals, 12(2): 659-687.

46   Shepherd, D. A. (2015), Party on! A call for entrepreneurship research that is more interactive, activity based, cognitively hot, compassionate, and prosocial, Journal of Business Venturing, 30(4): 489-507.

47   Ahuja, G., Soda, G. and Zaheer, A. (2012), The genesis and dynamics of organizational networks, Organization Science, 23(2): 434-448.

48   Slotte-Kock, S. and Coviello, N. (2010), Entrepreneurship research on network processes: A review and ways forward, Entrepreneurship Theory and Practice, 34(1): 31-57.

49   Kerr, J. and Coviello, N. (2019), Formation and constitution of effectual networks: A systematic review and synthesis, International Journal of Management Reviews, 21(3): 370-397.

50   Kerr, J. and Coviello, N. (2020), Weaving network theory into effectuation: A multi-level reconceptualization of effectual dynamics, Journal of Business Venturing, 35(2): 105937.

51   Llewellyn, D. J. and Wilson, K. M. (2003), The controversial role of personality traits in entrepeneurial psychology, Education & Training, 45(6): 341-345.

52   Thornton, P. H. (1999), The sociology of entrepreneurship, Annual Review of Sociology, 25: 19-46.

53   Mitchell, R. K. (1994), The composition, classification, and creation of new venture formation expertise, Doctoral Thesis, David Eccles School of Business, University of Utah.

54   Ericsson, K. A., Krampe, R. T. and Tesch-Römer, C. (1993), The role of deliberate practice in the acquisition of expert performance, Psychological Review, 100(3): 363-406.

55   Foley, M. and Hart, A. (1992), Expert novice differences and knowledge elicitation, in R. R. Hoffman (Ed.), The Psychology of Expertise: Cognitive Research and Empirical AI, Mahwah NJ: Springer-Verlag, pp. 233-269.

56   Baron, R. A. (2009), Effectual versus predictive logics in entrepreneurial decision making: Differences between experts and novices: Does experience in starting new ventures change the way entrepreneurs think? Perhaps, but for now, 'caution' is essential, Journal of Business Venturing, 24(4): 310-315.

57   Dew, N., Ramesh, A., Read, S. and Sarasvathy, S. D. (2018a), Toward deliberate practice in the development of entrepreneurial expertise: The anatomy of the effectual ask, in K. A. Ericsson, R. R. Hoffman and A. Kozbelt (Eds.), The Cambridge Handbook of Expertise and Expert Performance, pp. 389-412.

58   앞의 논문, Venkataraman, S. (1997).

59   Kahneman, D., Slovic, P. and Tversky, A. (1982), Judgment under Uncertainty: Heuristics and Biases, New York: Cambridge University Press.

60   Smith, N. R. and Miner, J. B. (1983), Type of entrepreneur, type of firm, and managerial motivation: Implications for organizational life cycle theory: Summary, Strategic Management Journal (pre-1986), 4(4): 325-340.

61   Hartwell, J. K. and Torbert, W. R. (1999), Analysis of the group interview with Andy Wilson: An illustration of interweaving first-, second-, and third-person research/practice, Journal of Management Inquiry, 8(2): 191-204.

62   Sexton, D. L. (2001), Wayne Huizenga: Entrepreneur and wealth creator, Academy of Management Executive, 15(1): 40-48.

63   Lounsbury, M. and Glynn, M. A. (2001), Cultural entreprenuership: Stories, legitimacy, and the acquisitions of resources, Strategic Management Journal, 22(6/7): 545-564.

64   Ericsson, K. A. and Simon, H. A. (1993), Protocol Analysis: Verbal Reports as Data, Cambridge MA: The MIT Press.

65   Chase, W. G. and Simon, H. A. (1973), The mind's eye in chess, in W. G. Chase (Ed.), Visual Information Processing, New York: Academic Press, pp. 215-281.

66   위의 책.

67   Taylor, I. A. (1975), A retrospective view of creativity investigation, in I. A. Taylor and J. W. Getzels (Eds.), Perspectives in Creativity, Chicago: Aldine, pp. 1-36.

68   Ceci, S. J. and Liker, J. (1986), Academic and nonacademic intelligence: An experimental separation, in R. Sternberg and R. Wagner (Eds.), Practical Intelligence: Nature and Origins of Competence in the Everyday World, New York: Cambridge University Press, pp. 119-142.

69   Doll, J. and Mayr, U. (1987), Intelligenz und schachleistung - eine untersuchung an schachexperten [Intelligence and achievement in chess - a study of chess masters], Psychologische Beitrge, 29: 270-289.

70   Kalakoski, V. and Saariluoma, P. (2001), Taxi drivers' exceptional memory of street names, Memory and Cognition, 29(4): 634-638.

71   Boshuizen, H. P. and Schmidt, H. G. (1992), On the role of biomedical knowledge in clinical reasoning by experts, intermediates and novices, Cognitive Science, 16(2): 153-184.

72   Krampe, R. T. and Ericsson, K. A. (1996), Maintaining excellence: Deliberate practice and elite performance in young and older pianists, Journal of Experimental Psychology: General, 125(4): 331-359.

73   Hoc, J. M. and Moulin, L. (1994), Controlled-process speed and planning in a dynamic micro-world, Annee Psychologique, 94(4): 521-552.

74   Selnes, F. (1989), Buying expertise, information search, and problem solving, Journal of Economic Psychology, 10(3): 411-428.

75   Klahr, D. and Simon, H. A. (2001), What have psychologists (and others) discovered about the process of scientific discovery?, Current Directions in Psychological Science, 10(3): 75-79.

76   Ericsson, K. A., Charness, N. E., Feltovich, P. J. and Hoffman, R. R. (Eds.) (2006), The Cambridge Handbook of Expertise and Expert Performance, Cambridge University Press.

77   Ericsson, K. A., Hoffman, R. R., Kozbelt, A. and Williams, A. M. (2018), The Cambridge Handbook of Expertise and Expert Performance, Cambridge University Press.

78   Angus, R. W. (2019), Problemistic search distance and entrepreneurial performance, Strategic Management Journal, 40(12): 2011-2023.

79   Dew, N., Sarasvathy, S. D., Read, S. and Wiltbank, R. (2008), Immortal firms in mortal markets? An entrepreneurial perspective on the 'innovator's dilemma', European Journal of Innovation Management, 11(3): 313-329.

80   Gardner, H. (1995), Why would anyone become an expert?, American Psychologist, 50(9): 802-803.

81   VanLehn, K. (1996), Cognitive skill acquisition, Annual Review of Psychology, 47(1): 513-539.

82   Simon, H. A. (1996), The Sciences of the Artificial (3rd edition), Cambridge and London: MIT Press.

83   Sarasvathy, S. D. (2003), Entrepreneurship as a science of the artificial, Journal of Economic Psychology, 24(2): 203-220.

84   Sarasvathy, S. D., Dew, N., Velamuri, S. R. and Venkataraman, S. (2003), Three views of entrepreneurial opportunity, in Z. J. Acs and D. B. Audretsch (Eds.), Handbook of Entrepreneurship Research: An Interdisciplinary Survey and Introduction, Vol. 1, New York: Springer-Verlag, pp. 141-160.

85   Sarasvathy, S. D., Dew, N. and Venkataraman, S. (2020), Shaping Entrepreneurship Research: Made, as Well as Found, Routledge.

86   Sarasvathy, S. D., Menon, A. R. and Kuechle, G. (2013), Failing firms and successful entrepreneurs: Serial entrepreneurship as a temporal portfolio, Small Business Economics, 40(2): 417-434.

2장 기업가의 사고방식

1   Hacking, I. (1983), Representing and Intervening: Introductory Topics in the Philosophy of Natural Science, New York: Cambridge University Press, 3쪽.

2   Nelson, R. R. and Winter, S. G. (1982), An Evolutionary Theory of Economic Change, Cambridge, MA: Belknap Press.

3   Charness, N. (1989), Expertise in chess and bridge, in D. Klahr and K. Kotovsky (Eds.), Complex Information Processing: The Impact of Herbert A. Simon, Hillsdale, NJ: Erlbaum Associates, pp. 183-208.

4   Johnson, P. E., Duran, A. S., Hassebrock, F., Moller, J., Prietula, M., Feltovich, P. J. and Swanson, D. B. (1981), Expertise and error in diagnostic reasoning, Cognitive Science, 5(3): 235-283.

5   Webb, N. L. (1975), An exploration of mathematical problem solving processes, Doctoral dissertation, Dissertation Abstracts International, 36, 2689A (UniversityMicrofilms No. 75-25625), Stanford University.

6   앞의 책, Ericsson, K. A. and Simon, H. A. (1993).

7   Montgomery, H. and Svenson, O. (1989), Process and Structure in Human Decision Making, Hoboken: John Wiley & Sons Incorporated.

8   Belkaoui, A. R. (1989), Human Information Processing in Accounting, Westport, CT: Greenwood Publishing Group Incorporated.

9   Young, R. O. (1989), Cognitive processes in argumentation: An exploratory study of management consulting expertise, Doctoral Dissertation, Carnegie Mellon University, Pittsburgh, PA.

10   Mukhopadhyay, T., Vicinanza, S. S. and Prietula, M. J. (1992), Examining the feasibility of a case-based reasoning model for software effort estimation, MIS Quarterly, 16(2): 155-171.

11   Kuusela, H. and Paul, P. (2000), A comparison of concurrent and retrospective verbal protocol analysis, American Journal of Psychology, 113(3): 387-404.

12   Sarasvathy, D. K., Simon, H. A. and Lave, L. (1998), Perceiving and managing business risks: Differences between entrepreneurs and bankers, Journal of Economic Behavior and Organization, 33(2): 207-225.

13   Silver, A. D. (1985), Entrepreneurial Megabucks: The One-Hundred Greatest Entrepreneurs of the Last Twenty-Five Years, Bognor Regis: John Wiley & Sons Limited.

14   K. R., Wehrung, D. A. and Stanbury, W. T. (1986), Taking Risks: The Management of Uncertainty, London: Collier Macmillan.

15   Kahneman, D. and Tversky, A. (1979), Prospect theory: An analysis of decision under risk, Econometrica, 47(2): 363-391.

16   Knight, F. H. (1921 [2002]), Risk, Uncertainty and Profit, New York: Houghton Mifflin.

17   Kamien, M. (1994), Entrepreneurship: What is it?, Business Week Executive Briefing Service, 7: 1-24.

18   Ellsberg, D. (1961), Risk, ambiguity, and the savage axioms, Quarterly Journal of Economics, 75(4): 643-669.

19   Kamien, M. (1994), Entrepreneurship: What is it?, Business Week Executive Briefing Service, 7: 1-24.

20   Simon, H. A. (1959), Theories of decision-making in economics and behavioral science, American Economic Review, 49(3): 253-283.

21   Payne, J. W., Bettman, J. R. and Johnson, E. J. (1993), The Adaptive Decision Maker, Cambridge University Press.

22   Bar-Hillel, M. (1980), The base-rate fallacy in probability judgements, Acta Psychologica, 44(3): 211-233.

23   Tversky, A. and Kahneman, D. (1982), Judgment and uncertainty: Heuristics and biases, in P. S. D. Kahneman and A. Tversky (Eds.), Judgment Under Uncertainty, New York: Cambridge University Press

24   Gigerenzer, G., Hell, W. and Blank, H. (1988), Presentation and content: The use of base rates as a continuous variable, Journal of Experimental Psychology: Human Perception and Performance, 14(3): 513-525.

25   앞의 책, Knight, F. H. (1921[2002]), 225쪽.

26   앞의 책, Knight, F. H. (1921[2002]), 227쪽.

27   Bakeman, R. and Gottman, J. M. (1986), Observing Interaction, Cambridge, UK: Cambridge University Press.

28   Everitt, B. S. (1992), Some aspects of the analysis of categorical data, in G. Keren and C. Lewis (Eds.), A Handbook for Data Analysis in the Behavioral Sciences, Hillsdale, NJ: Lawrence Erlbaum Associates.

29   Saari, D. G. (1995), Basic Geometry of Voting, Springer Science & Business Media.

30   Haines, G. H. (1974), Process models of consumer decision making, in G. D. Hughes and M. L. Rays (Eds.), Buyer/Consumer Information Processing, Chapel Hill, NC: University of North Carolina Press, pp. 89-107.

31   Kotler, P. (1991), Marketing Management: Analysis, Measurement, Planning and Control (7th ed.), Englewood Cliffs, NJ: Prentice Hall.

32   위의 책.

3장 탁월한 기업가의 특성

1   Sarasvathy, S. D. (2000), Report on the seminar on research perspectives in entrepreneurship, Journal of Business Venturing, 15(1): 1-57.

2   Dew, N., Read, S., Sarasvathy, S. D. and Wiltbank, R. (2009a), Effectual versus predictive logics in entrepreneurial decision-making: Differences between experts and novices, Journal of Business Venturing, 24(4): 287-309.

3   위의 책.

4   앞의 책, Kotler, P. (1991).

5   Read, S., Dew, N., Sarasvathy, S. D., Song, M. and Wiltbank, R. (2009), Marketing under uncertainty: The logic of an effectual approach, Journal of Marketing, 73(3): 1-18.

6   Dew, N., Read, S., Sarasvathy, S. D. and Wiltbank, R. (2018b), Microfoundations for new market creation: Differences between expert entrepreneurs and expert managers, International Review of Entrepreneurship, 16(1): 1-28.

7   Wiltbank, R., Read, S., Dew, N. and Sarasvathy, S. D. (2009), Prediction and control under uncertainty: Outcomes in angel investing, Journal of Business Venturing, 24(2): 116-133.

8   Dew, N., Read, S., Sarasvathy, S. D. and Wiltbank, R. (2015), Entrepreneurial expertise and the use of control, Journal of Business Venturing Insights, 4: 30-37.

9   앞의 논문, Read, S. et al. (2009), 표3.

10   Rust, R. T. and Cooil, B. (1994), Reliability measures for qualitative data: Theory and implications, Journal of Marketing Research, 31(1): 1-14.

11   Alsos, G. A., Clausen, T. H., Mauer, R., Read, S. and Sarasvathy, S. D. (2020), Effectual exchange: From entrepreneurship to the disciplines and beyond, Small Business Economics, 54(3): 605-619.

12   McKelvie, A., Chandler, G. N., DeTienne, D. R. and Johansson, A. (2020), The measurement of effectuation: Highlighting research tensions and opportunities for the future, Small Business Economics, 54(3): 689-720.

13   Grégoire, D. A. and Cherchem, N. (2020), A structured literature review and suggestions for future effectuation research, Small Business Economics, 54(3): 621-639.

14   Kuechle, G., Boulu-Reshef, B. and Carr, S. (2014), Antecedents of entrepreneurial decision-making: Prediction and control oriented strategies, Econometric Modeling: Corporate Finance & Governance eJournal.

15   Mauer, R., Wuebker, R., Schlüter, J. and Brettel, M. (2018), Prediction and control: An agent-based

simulation of search processes in the entrepreneurial problem space, Strategic Entrepreneurship Journal, 12(2): 237-260.

16   Welter, C. and Kim, S. (2018), Effectuation under risk and uncertainty: A simulation model, Journal of Business Venturing, 33(1): 100-116.

17   Harmeling, S. S. and Sarasvathy, S. D. (2013), When contingency is a resource: Educating entrepreneurs in the Balkans, the Bronx, and beyond, Entrepreneurship Theory and Practice, 37(4): 713-744.

18   Olive-Tomas, A. and Harmeling, S. S. (2019), The rise of art movements: An effectual process model of Picasso's and Braque's give-and-take during the creation of Cubism (1908-1914), Small Business Economics, 54: 819-842.

19   Coviello, N. E. and Joseph, R. M. (2012), Creating major innovations with customers: Insights from small and young technology firms, Journal of Marketing, 76(6): 87-104.

20   Yusuf, J.-E. and Sloan, M. F. (2015), Effectual processes in nonprofit start-ups and social entrepreneurship: An illustrated discussion of a novel decision-making approach, American Review of Public Administration, 45(4): 417-435.

21   Pompe, V. (2013), Moral entrepreneurship: Resource based ethics, Journal of Agricultural and Environmental Ethics, 26(2): 313-332.

22   Brettel, M., Mauer, R., Engelen, A. and Küpper, D. (2012), Corporate effectuation: Entrepreneurial action and its impact on R&D project performance, Journal of Business Venturing, 27(2): 167-184.

23   Fischer, E. and Reuber, A. R. (2011), Social interaction via new social media: (How) can interactions on Twitter affect effectual thinking and behavior?, Journal of Business Venturing, 26(1): 1-18.

24   Berends, H., Jelinek, M., Reymen, I. and Stultiëns, R. (2014), Product innovation processes in small firms: Combining entrepreneurial effectuation and managerial causation, Journal of Product Innovation Management, 31(3): 616-635.

25   Schweizer, R., Vahlne, J.-E. and Johanson, J. (2010), Internationalization as an entrepreneurial process, Journal of International Entrepreneurship, 8(4): 343-370.

26   Harms, R. and Schiele, H. (2012), Antecedents and consequences of effectuation and causation in the international new venture creation process, Journal of International Entrepreneurship, 10(2): 95-116.

27   Galkina, T. and Chetty, S. (2015), Effectuation and networking of internationalizing SMEs, Management International Review, 55(5): 647-676.

28   Murnieks, C. Y., Haynie, J. M., Wiltbank, R. E. and Harting, T. (2011), 'I like how you think': Similarity as an interaction bias in the investor–entrepreneur dyad, Journal of Management Studies, 48(7): 1533-1561.

29   Akemu, O., Whiteman, G. and Kennedy, S. (2016), Social enterprise emergence from social movement activism: The Fairphone case, Journal of Management Studies, 53(5): 846-877.

30   Nelson, R. and Lima, E. (2020), Effectuations, social bricolage and causation in the response to a natural disaster, Small Business Economics, 54(3): 721-750.

31   Murphy, M., Danis, W. M., Mack, J. and Sayers, J. (2020), From principles to action: Community-based entrepreneurship in the Toquaht Nation, Journal of Business Venturing, 35(6): 106051.

32   Garonne, C., Davidsson, P. and Steffens, P. R. (2010), Do strategy choices matter for nascent firms? A study on effectuation and causation impacts on new ventures outcomes, Proceedings of the 7th AGSE International Entrepreneurship Research Exchange.

33   McKelvie, A., DeTienne, D. R. and Chandler, G. N. (2013), What is the appropriate dependent variable in effectuation research?, Frontiers of Entrepreneurship Research, 33(4): 4.

34   McKelvie, A., Haynie, J. M. and Gustavsson, V. (2011), Unpacking the uncertainty construct: Implications for entrepreneurial action, Journal of Business Venturing, 26(3): 273-292, 275쪽.

35   Arend, R. J., Sarooghi, H. and Burkemper, A. (2015), Effectuation as ineffectual? Applying the 3E

theory-assessment framework to a proposed new theory of entrepreneurship, Academy of Management Review, 40(4): 630-651.

36 Garud, R. and Gehman, J. (2016), Theory evaluation, entrepreneurial processes, and performativity, Academy of Management Review, 41(3): 544-549.

37 Gupta, V. K., Chiles, T. H. and McMullen, J. S. (2016), A process perspective on evaluating and conducting effectual entrepreneurship research, Academy of Management Review, 41(3): 540-544.

38 Read, S., Sarasvathy, S. D., Dew, N. and Wiltbank, R. (2016b), Response to Arend, Sarooghi, and Burkemper (2015): Cocreating effectual entrepreneurship research, Academy of Management Review, 41(3): 528-536.

39 Reuber, A. R., Fischer, E. and Coviello, N. (2016), Deepening the dialogue: New directions for the evolution of effectuation theory, Academy of Management Review, 41(3): 536-540.

40 Jiang, Y. and Rüling, C.-C. (2019), Opening the black box of effectuation processes: Characteristics and dominant types, Entrepreneurship Theory and Practice, 43(1): 171-202.

41 앞의 논문, Kerr, J. and Coviello, N. (2019).

42 앞의 논문, Kerr, J. and Coviello, N. (2020).

43 Kahneman, D. and Tversky, A. (1979), Prospect theory: An analysis of decision under risk, Econometrica, 47(2): 363-391.

44 Martina, R. A. (2020), Toward a theory of affordable loss, Small Business Economics, 54(3): 751-774.

45 앞의 논문, McKelvie et al. (2020).

46 Rutgers, M. R. (1999), Be rational! But what does it mean? A history of the idea of rationality and its relation to management thought, Journal of Management History, 5(1): 17-35.

47 Klaes, M. and Sent, E.-M. (2005), A conceptual history of the emergence of bounded rationality, History of Political Economy, 37(1): 27-59.

48 Posner, R. A. (1995), Overcoming Law, Cambridge, MA: Harvard University Press, 4쪽.

49 James, W. (1992), William James Pragmatism in Focus, London and New York: Psychology Press (Routledge), 40쪽.

4장 문제를 해결하는 이펙추에이션의 힘

1 March, J. G. (1978), Bounded rationality, ambiguity, and the engineering of choice, Bell Journal of Economics, 9(2): 587-608.

2 Hannan, M. T. and Freeman, J. (1977), The population ecology of organizations, American Journal of Sociology, 82(5): 929-964.

3 앞의 책, Nelson, R. R. and Winter, S. G. (1982).

4 Ries, F. (2017), Population ecology: How the environment influences the evolution of organizations, in R. Biermann and J. A. Koops (Eds.), Palgrave Handbook of Inter-Organizational Relations in World Politics, Springer, pp. 157-168.

5 Weick, K. E. (1979), The Social Psychology of Organizing (2nd ed.), Reading, MA: Addison-Wesley.

6 Henderson, A. D. and Stern, I. (2004), Selection-based learning: The coevolution of internal and external selection in high-velocity environments, Administrative Science Quarterly, 49(1): 39-75.

7 Murmann, J. P. (2013), The coevolution of industries and important features of their environments, Organization Science, 24(1): 58-78

8 앞의 책, Weick, K. E. (1979).

9 앞의 책, Knight, F. H. (1921).

10 March, J. G. (1982). The technology of foolishness, in J. G. March and J. P. Olsen (Eds.), Ambiguity and Choice in Organization, Bergen: Universitetsforlaget, pp. 68-91.

11 Sarasvathy, S. D. and Simon, H. A. (2000), Effectuation, near-decomposability, and the creation and growth of entrepreneurial firms, Paper presented at the First Annual Research Policy Technology Entrepreneurship Conference, University of Maryland.

12 Koehn, N. F. (2001), Brand New: How Entrepreneurs Earned Consumers' Trust from Wedgwood to Dell, Boston, MA: Harvard Business School Press.

13 Schultz, H. and Yang, D. J. (1997), Pour Your Heart Into It: How Starbucks Built a company One Cup at a Time, New York, NY: Hyperion.

14 앞의 책, Koehn, N. F. (2001), 219쪽.

15 앞의 책, Koehn, N. F. (2001), 213쪽.

16 앞의 책, Koehn, N. F. (2001), 213쪽.

17 Christensen, C. M. (1997), The Innovator's Dilemma: When New Technologies Cause Great Firms to Fail (first ed.), Boston, MA: Harvard Business School Press.

18 위의 책.

19 O'Reilly III, C. A. and Tushman, M. L. (2008), Ambidexterity as a dynamic capability: Resolving the innovator's dilemma, Research in Organizational Behavior, 28: 185-206.

20 Schilke, O., Hu, S. and Helfat, C. E. (2018), Quo vadis, dynamic capabilities? A content-analytic review of the current state of knowledge and recommendations for future research, Academy of Management Annals, 12(1): 390-439.

21 Fodor, J. A. (1983), Modularity of Mind: An Essay on Faculty Psychology, Cambridge, MA: MIT Press.

22 위의 책.

23 앞의 책, Weick, K. E. (1979).

24 Heller, J. (1961), Catch-22, New York: Simon and Schuster. 국내에는 「화이트 하프오트 추장」, 『캐치-22 1』, 조지프 헬러 지음, 안정효 옮김(민음사, 2021)에 번역되어 있으나 본 책은 원서를 참고해 번역했다.

25 앞의 책, Schultz, H. and Yang, D. J. (1997).

26 Giddens, A. (1984), The Constitution of Society, Cambridge: Polity Press.

27 Lewin, A. Y. and Volberda, H. W. (1999), Prolegomena on coevolution: A framework for research on strategy and new organizational forms, Organization Science, 10(5): 519.

28 Gustavsson, V. 2004. Entrepreneurial decision-making: individual, tasks and cognitions. Unpublished dissertation no. 022, Jonkoping University, Jonkoping, Sweden.

29 앞의 논문, Simon, H. A. (1959).

30 Lévi-Strauss, C. (1962), The Savage Mind, Chicago, IL: University of Chicago Press.

31 Baker, T. and Nelson, R. E. (2005), Creating something from nothing: Resource construction through entrepreneurial bricolage, Administrative Science Quarterly, 50(3): 329-366.

32 Fisher, G. (2012), Effectuation, causation, and bricolage: A behavioral comparison of emerging theories in entrepreneurship research, Entrepreneurship Theory and Practice, 36(5): 1019-1051.

33 Desa, G. (2012), Resource mobilization in international social entrepreneurship: Bricolage as a mechanism of institutional transformation, Entrepreneurship Theory and Practice, 36(4): 727-751.

34 Senyard, J., Baker, T., Steffens, P. and Davidsson, P. (2014), Bricolage as a path to innovativeness for resource-constrained new firms, Journal of Product Innovation Management, 31(2): 211-230.

35 Krishnan, R. T. (2010), From Jugaad to Systematic Innovation: The Challenge for India, Utpreraka Foundation Bangalore.

36 Jauregui, B. (2014), Provisional agency in India: Jugaad and legitimation of corruption, American Ethnologist, 41(1): 76-91.

37 앞의 논문, Harmeling, S. S. and Sarasvathy, S. D. (2013).

38 앞의 논문, Nelson, R. and Lima, E. (2020).

39 Shane, S. A. (2000), Prior knowledge and the discovery of entrepreneurial opportunities, Organization

Science, 11(4): 448-469.

40   Wiklund, J. and Shepherd, D. (2003), Knowledge-based resources, entrepreneurial orientation, and the performance of small and medium-sized businesses, Strategic Management Journal, 24(13): 1307-1314.

41   Hite, J. M. and Hesterly, W. S. (2001), The evolution of firm networks: From emergence to early growth of the firm, Strategic Management Journal, 22(3): 275-286.

42   Uzzi, B. (1997), Social structure and competition in interfirm networks: The paradox of embeddedness, Administrative Science Quarterly, 42(1): 35-67.

43   Kisfalvi, V. (2002), The entrepreneur's character, life issues, and strategy making: A field study, Journal of Business Venturing, 17(5): 489-518.

44   Farmer, S. M., Yao, X. and Kung-Mcintyre, K. (2011), The behavioral impact of entrepreneur identity aspiration and prior entrepreneurial experience, Entrepreneurship Theory and Practice, 35(2): 245-273.

45   Murnieks, C. Y., Mosakowski, E. and Cardon, M. S. (2014), Pathways of passion: Identity centrality, passion, and behavior among entrepreneurs, Journal of Management, 40(6): 1583-1606.

46   York, J. G., O'Neil, I. and Sarasvathy, S. D. (2016), Exploring environmental entrepreneurship: Identity coupling, venture goals, and stakeholder incentives, Journal of Management Studies, 53(5): 695-737.

47   Qureshi, M. S., Saeed, S. and Wasti, S. W. M. (2016), The impact of various entrepreneurial interventions during the business plan competition on the entrepreneur identity aspirations of participants, Journal of Global Entrepreneurship Research, 6(1): 9.

48   Wry, T. and York, J. G. (2017), An identity-based approach to social enterprise, Academy of Management Review, 42(3): 437-460.

49   Alsos, G. A., Clausen, T. H., Hytti, U. and Solvoll, S. (2016), Entrepreneurs' social identity and the preference of causal and effectual behaviours in start-up processes, Entrepreneurship & Regional Development, 28(3-4): 234-258.

50   March, J. G. (1994), A Primer on Decision Making: How Decisions Happen, New York: Free Press.

51   Simon, H. A. (1978), Rationality as process and as product of thought, American Economic Review, 68(2): 1-16.

52   Slovic, P. (1995), The construction of preference, American Psychologist, 50(5): 364-371, 364쪽.

53   Schelling, T. C. (1984), Self-command in practice, in policy, and in a theory of rational choice, American Economic Review, 74(2): 1-11.

54   Gould, S. J. and Vrba, E. S. (1982), Exaptation - a missing term in the science of form, Paleobiology, 8(1): 4-15.

55   Mokyr, J. (2000), Evolutionary phenomena in technological change, in J. Ziman (Ed.), Technological Innovation as an Evolutionary Process, Cambridge: UK: Cambridge University Press, pp. 52-65.

56   Cattani, G. (2006), Technological pre-adaptation, speciation, and emergence of new technologies: How Corning invented and developed fiber optics, Industrial and Corporate Change, 15(2): 285-318.

57   Andriani, P. and Cattani, G. (2016), Exaptation as source of creativity, innovation, and diversity: Introduction to the special section, Industrial and Corporate Change, 25(1): 115-131, 115쪽.

58   Andriani, P. and Carignani, G. (2014), Modular exaptation: A missing link in the synthesis of artificial form, Research Policy, 43(9): 1608-1620, 1617쪽.

59   Dew, N. and Sarasvathy, S. D. (2016), Exaptation and niche construction: Behavioral insights for an evolutionary theory, Industrial and Corporate Change, 25(1): 167-179.

60   앞의 논문, Kahneman, D. and Tversky, A. (1979).

61   앞의 논문, Martina, R. A. (2020).

62   Miner, J. B. and Raju, N. S. (2004), When science divests itself of its conservative stance: The case of risk propensity differences between entrepreneurs and managers, Journal of Applied Psychology, 89(1): 14-21.

63   앞의 논문, Sarasvathy, S. D. et al. (1998).

참고 문헌

64   Fatjo Jr., T. J. (1981), With No Fear of Failure, Nashville TN: Word Publishing Group.

65   Behn, R. D. and Vaupel, J. W. (1982), Quick Analysis for Busy Decision Makers, New York: Basic Books.

66   Dew, N., Sarasvathy, S., Read, S. and Wiltbank, R. (2009b), Affordable loss: Behavioral economic aspects of the plunge decision, Strategic Entrepreneurship Journal, 3(2): 105-126, 활용.

67   McGrath, R. G. (1997), A real options logic for initiating technology positioning investments, Academy of Management Review, 22(4): 974-996.

68   Adner, R. and Levinthal, D. A. (2004), What is not a real option: Considering boundaries for the application of real options to business strategy, Academy of Management Review, 29(1): 74-85.

69   앞의 논문, Shackle, G. L. S. (1966).

70   앞의 논문, Shackle, G. L. S. (1966), 765쪽.

71   Porter, M. (1980), Competitive Strategy, New York: Free Press.

72   Lindblom, C. E. (1959), The science of muddling through, Public Administration Review, 19(2): 79-88.

73   Shackle, G. L. S. (1953), The logic of surprise, Economica, 20(78): 112-117.

74   앞의 책, Knight, F. H. (1921[2002]), 227쪽.

75   Kahneman, D. and Lovallo, D. (1993), Timid choices and bold forecasts: A cognitive perspective on risk taking, Management Science, 39(1): 17-31.

76   앞의 책, Simon, H. A. (1996).

77   Mintzberg, H. (1994), The Rise and Fall of Strategic Planning, New York: The Free Press.

78   앞의 책, Christensen, C. M. (1997).

79   앞의 논문, Dew, N. et al. (2015).

80   Wiltbank, R., Dew, N., Read, S. and Sarasvathy, S. D. (2006), What to do next? The case for non-predictive strategy, Strategic Management Journal, 27(10): 981-998.

81   Ahmetoglu, G., Leutner, F. and Chamorro-Premuzic, T. (2011), EQ-nomics: Understanding the relationship between individual differences in trait emotional intelligence and entrepreneurship, Personality and Individual Differences, 51(8): 1028-1033.

82   Cardon, M. S., Foo, M. D., Shepherd, D. and Wiklund, J. (2012), Exploring the heart: Entrepreneurial emotion is a hot topic, Entrepreneurship Theory and Practice, 36(1): 1-10.

83   앞의 논문, Shepherd, D. A. (2015).

5장 이팩추에이션 과정 따라가기

1   Sarasvathy, S. D. and Dew, N. (2005), New market creation as transformation, Journal of Evolutionary Economics, 15(5): 533-565.

2   앞의 논문, Venkataraman, S. (1997), 120쪽.

3   앞의 논문, Venkataraman, S. (1997), 121쪽.

4   Coase, R. H. (1988), The Firm, the Market, and the Law, University of Chicago Press.

5   Menard, C. (1995), Markets as institutions versus organizations as markets? Disentangling some fundamental concepts, Journal of Economic Behavior & Organization, 28(2): 161-182.

6   Denrell, J., Fang, C. and Winter, S. G. (2003), The economics of strategic opportunity, Strategic Management Journal, 24(10): 977-990.

7   March, J. G. (1991), Exploration and exploitation in organizational learning, Organization Science, 2: 71-87.

8   위의 논문, 71쪽.

9   위의 논문, 85쪽.

10   Rogers, E. M. (2003), Diffusion of Innovations (5th ed.), New York: Free Press Imprint, Simon & Schuster.

11   Gort, M. and Klepper, S. (1982), Time paths in the diffusion of product innovations, Economic Journal, 92(367): 630-653.

12   Bala, V. and Goyal, S. (1994), The birth of a new market, Economic Journal, 104: 282-290.

13   Geroski, P. (2003), The Evolution of New Markets, New York: Oxford University Press.

14   K. D. and Folta, T. B. (2002), Option value and entry timing, Strategic Management Journal, 23(7): 655-665.

15   Lee, B. H., Struben, J. and Bingham, C. B. (2018), Collective action and market formation: An integrative framework, Strategic Management Journal, 39(1): 242-266, 242쪽.

16   Santos, F. M. and Eisenhardt, K. M. (2009), Constructing markets and shaping boundaries: Entrepreneurial power in nascent fields, Academy of Management Journal, 52(4): 643-671, 645쪽.

17   Goodman, N. (1983), Fact, Fiction and Forecast, Cambridge, MA: Harvard University Press, 57쪽.

18   위의 책.

19   Hume, D. (2000), An Enquiry Concerning Human Understanding: A Critical Edition, Oxford University Press on Demand.

20   Abrams, J. J. (2002), Solution to the problem of induction: Peirce, Appel and Goodman on the grue paradox, Transactions of the Charles S. Peirce Society, 38(4): 543-558, 544쪽.

21   Akeroyd, F. M. (1991), A practical example of grue, British Journal for the Philosophy of Science, 42: 535-539.

22   Reid, R. (1997), Architects of the Web, New York: John Wiley & Sons.

23   Leiner, B. M., Cerf, V. G., Clark, D. D., Kahn, R. E., Kleinrock, L., Lynch, D. C., Postel, J., Roberts, L. G. and Wolff, S. (2002), Brief history of the internet, Internet Society https:// www .internetsociety .org/ wp -content/ uploads/ 2017/ 09/ ISOC -History -of -the -Internet 1997 .pdf.

24   Fodor, J. A. (1987), Modules, frames, fridgeons, sleeping dogs, and the music of the spheres, in Z. W. Pylyshyn (Ed.), The Robot's Dilemma: The Frame Problem in Artificial Intelligence, Norwood, NJ: Ablex.

25   Cohen, M. D., March, J. G. and Olsen, J. P. (1972), A garbage can model of organizational choice, Administrative Science Quarterly, 17(1): 1-25.

26   Dew, N., Sarasvathy, S. D. and Venkataraman, S. (2004), The economic implications of exaptation, Journal of Evolutionary Economics, 14(1): 69-84.

27   앞의 책, Simon, H. A. (1996).

28   앞의 책, Reid, R. (1997).

29   Maney, K. (2003), 10 years ago, who knew what his code would do?, USA Today, Sunnyvale, CA.

30   Jensen, O. W. (1982), Opportunity costs – their place in the theory and practice of production, Managerial and Decision Economics, 3: 48-51.

31   Buchanan, J. M. (1979), Cost and Choice: An Inquiry in Economic Theory, Chicago: University of Chicago Press, vii쪽.

32   Simon, H. A. (1964), On the concept of organizational goal, Administrative Science Quarterly, 9(1): 1-22.

33   Joas, H. (1996), The Creativity of Action, Chicago: University of Chicago Press.

34   위의 책, 158쪽.

35   앞의 논문, Lindblom, C. E. (1959).

36   Simon, H. A. (1993a), Altruism and economics, American Economic Review, 83(2): 156-161.

37   앞의 책, Simon, H. A. (1996).

38   Koehn, N. F. (1997), Josiah Wedgwood and the first industrial revolution, in T. K. McCraw (Ed.), Creating Modern Capitalism, Cambridge, MA: Harvard University Press, pp. 17-48.

39   Williamson, O. E. (1985), The Economic Institutions of Capitalism: Firms, Markets, Relational Contracting, New York: Free Press.

40   Wicks, A. C., Berman, S. L. and Jones, T. M. (1999), The structure of optimal trust: Moral and strategic

implications, Academy of Management Review, 24(1): 99-116.

41　Coleman, J. S. (1990), Foundations of Social Theory, Cambridge, MA: Harvard University Press.

42　Olson, M. (1986), Toward a more general theory of governmental structure, American Economic Review, 76(2, Papers and Proceedings of the Ninety-Eighth Annual Meeting of the American Economic Association): 120-125.

43　앞의 논문, Simon, H. A. (1993a).

44　Ghoshal, S. and Moran, P. (1996), Bad for practice: A critique of the transaction cost theory, Academy of Management Review, 21(1): 13-47.

45　Moschandreas, M. (1997), The role of opportunism in transaction cost economics, Journal of Economic Issues, 31(1): 39-57.

46　Rabin, M. (1998), Psychology and economics, Journal of Economic Literature, 36(1): 11-46.

47　Thompson, W. E. (1998), A New Look at Social Cognition in Groups: A Special Issue of Basic and Applied Social Psychology, Mahwah: Lawrence Erlbaum Associates, Inc.

48　앞의 논문, Sarasvathy, S. D. and Dew, N. (2005).

49　앞의 논문, Dosi, G. (1997).

50　Loasby, B. J. (1999), Knowledge, Institutions and Evolution in Economics, London: Routledge.

51　Rosenberg, N. (1996), Uncertainty and technological change, in J. C. Fuhrer and S. L. J.(Eds.), Technology and Growth: Conference Series No.40, Boston: Federal Reserve Bank of Boston.

52　Klepper, S. and Simons, K. L. (2000), Dominance by birthright, Strategic Management Journal, 21: 997-1016.

53　앞의 책, Geroski, P. (2003).

54　Griliches, Z. and Mairesse, J. (1995), Production functions: The search for identification, NBER Working Paper No. w5067, available at SSRN: https:// ssrn .com/ abstract= 225845.

55　Dosi, G. (2004), On some statistical regularities in the evolution of industries: Evidence, interpretation, and open questions, Paper presented at the International Joseph A. Schumpeter Society 10th Conference, Università Bocconi, Milan, 9-12 June 2004.

56　Lancaster, K. (1971), Consumer Demand: A New Approach, New York: Columbia University Press.

57　Stigler, G. J. and Becker, G. S. (1977), De gustibus non est disputandum, American Economic Review, 67: 76-90.

58　Langlois, R. N. and Cosgel, M. M. (1993), Frank Knight on risk, uncertainty, and the firm: A new interpretation, Economic Inquiry, 31(3): 456.

59　Earl, P. E. (1998), Consumer Goals as Journeys into the Unknown, London: Routledge.

60　앞의 책, Geroski, P. (2003).

61　Mowery, D. and Rosenberg, N. (1979), The influence of market demand upon innovation: A critical review of some recent empirical studies, Research Policy, 8(2): 102-153.

62　앞의 논문, Dosi, G. (1997).

63　앞의 책, Geroski, P. (2003), 46쪽.

64　앞의 논문, Gort, M. and Klepper, S. (1982).

65　앞의 논문, Sarasvathy, S. D. and Dew, N. (2005).

66　앞의 논문, Fischer, E. and Reuber, A. R. (2011).

67　Reymen, I. M., Andries, P., Berends, H., Mauer, R., Stephan, U. and Van Burg, E. (2015), Understanding dynamics of strategic decision making in venture creation: A process study of effectuation and causation, Strategic Entrepreneurship Journal, 9(4): 351-379.

68　Galkina, T. and Lundgren-Henriksson, E.-L. (2017), Coopetition as an entrepreneurial process: Interplay of causation and effectuation, Industrial Marketing Management, 67: 158-173.

69　앞의 논문, Kerr, J. and Coviello, N. (2019).

70   앞의 논문, Berends, H. et al. (2014).

71   Sitoh, M. K., Pan, S. L. and Yu, C.-Y. (2014), Business models and tactics in new product creation: The interplay of effectuation and causation processes, IEEE Transactions on Engineering Management, 61(2): 213-224.

72   앞의 논문, Reymen, I. M. et al. (2015).

73   Evald, M. R. and Senderovitz, M. (2013), Exploring internal corporate venturing in SMEs: Effectuation at work in a new context, Journal of Enterprising Culture, 21(03): 275-299.

74   Maine, E., Soh, P.-H. and Dos Santos, N. (2015), The role of entrepreneurial decision-making in opportunity creation and recognition, Technovation, 39-40: 53-72.

75   Smolka, K. M., Verheul, I., Burmeister-Lamp, K. and Heugens, P. P. (2018), Get it together! Synergistic effects of causal and effectual decision-making logics on venture performance, Entrepreneurship Theory and Practice, 42(4): 571-604.

76   Nummela, N., Saarenketo, S., Jokela, P. and Loane, S. (2014), Strategic decision-making of a born global: A comparative study from three small open economies, Management International Review, 54(4): 527-550.

6장 이펙추에이션을 성과로

1   Stinchcombe, A. L. (1965), Organizations and social structure, in J. G. March (Ed.), Handbook of Organizations, Chicago, IL: Rand McNally, pp. 142-193.

2   Hannan, M. (1984), Structural inertia and organizational change, American Sociological Review, 49(2): 149-164.

3   Low, M. B. and MacMillan, I. C. (1988), Entrepreneurship: Past research and future challenges, Journal of Management, 14(2): 139.

4   Fichman, M. and Levinthal, D. A. (1991), Honeymoons and the liability of adolescence: A new perspective on duration dependence in social and organizational relationships, Academy of Management Review, 16(2): 442-468.

5   Aldrich, H. E. and Martinez, M. A. (2001), Many are called, but few are chosen: An evolutionary perspective for the study of entrepreneurship, Entrepreneurship Theory and Practice, Summer: 41-56.

6   Headd, B. (2003), Redefining business success: Distinguishing between closure and failure, Small Business Economics, 21: 51-61.

7   Nielsen, K. and Sarasvathy, S. D. (2018), Exit perspective on entrepreneurship, in R. V. Turcan and N. M. Fraser (Eds.), The Palgrave Handbook of Multidisciplinary Perspectives on Entrepreneurship, Springer, pp. 223-245

8   Cooper, A. C., Woo, C. and Dunkelberg, W. (1988), Entrepreneurs' perceived chances for success, Journal of Business Venturing, 3(2): 97-108.

9   Griffin, D. and Tversky, A. (2002), The weighing of evidence and the determinants of confidence, in T. Gilovich, D. Griffin and D. Kahneman (Eds.), Heuristics and Biases: The Psychology of Intuitive Judgment, Cambridge University Press, pp. 230-249.

10   Mansfield, E. (1962), Entry, Gibrat's Law, innovation, and the growth of firms, American Economic Review, 52(5): 1023-1051.

11   Geroski, P. (1995), What do we now about entry?, International Journal of Industrial Organization, 13(4): 421-440.

12   Aldrich, H. E. and Fiol, C. M. (1994), Fools rush in? The institutional context of industry creation, Academy of Management Review, 19(4): 645-671.

13   Henderson, A. D. (1999), Firm strategy and age dependence: A contingent view of the liabilities of

newness, adolescence, and obsolescence, Administrative Science Quarterly, 44: 281-314.

14   앞의 책, Stinchcombe, A. L. (1965).

15   앞의 논문, Hannan, M. (1984).

16   앞의 논문, Fichman, M. and Levinthal, D. A. (1991).

17   Bruderl, J., Ziegler, R. and Preisendorfer, P. (1992), Survival chances of newly founded business organizations, American Sociological Review, 57(2): r92.

18   Baum, J. A. C. (1989), Liabilities of newness, adolescence, and obsolescence: Exploring age dependence in the dissolution of organizational relationships and organizations. Paper presented at the Proceedings of the Administrative Science Association of Canada, Canada

19   Barron, D. N., West, E. and Hannan, M. T. (1994), A time to grow and a time to die: Growth and mortality of credit unions in New York City, 1914-1990, American Journal of Sociology, 100(2): 381-421.

20   Christensen, L. R. (1971), Entrepreneurial income: How does it measure up?, American Economic Review, 61(4): 575-585.

21   Moskowitz, T. J. and Vissing-Jorgensen, A. (2002), The returns to entrepreneurial investment: A private equity premium puzzle?, American Economic Review, 92(4): 745-778.

22   Blanchflower, D. G. and Oswald, A. J. (1998), What makes an entrepreneur?, Journal of Labor Economics, 16(1): 26-60.

23   Hamilton, B. H. (2000), Does entrepreneurship pay? An empirical analysis of the returns to self-employment, Journal of Political Economy, 108(3): 604-631.

24   Gimeno, J., Folta, T. B., Cooper, A. C. and Woo, C. Y. (1997), Survival of the fittest? Entrepreneurial human capital and the persistence of underperforming firms, Administrative Science Quarterly, 42: 750-783.

25   Benz, M. and Frey, B. S. (2008), Being independent is a great thing: Subjective evaluations of self-employment and hierarchy, Economica, 75(298): 362-383.

26   Dillon, E. W. and Stanton, C. T. (2017), Self-employment Dynamics and the Returns to Entrepreneurship, National Bureau of Economic Research.

27   Min, P. G. (1984), From white-collar occupations to small business: Korean immigrants' occupational adjustment, Sociological Quarterly, 25(3): 333-352.

28   Holmes, T. J. and Schmitz Jr., J. A. (1995), On the turnover of business firms and business managers, Journal of Political Economy, 103(5): 1005.

29   위의 논문, 1007쪽.

30   위의 논문, 1037쪽.

31   위의 논문, 1032쪽.

32   앞의 논문, Gartner, W. B. (1988).

33   Bates, T. (1990), Entrepreneur human capital inputs and small business longevity, Review of Economics and Statistics, 72(4): 551-559.

34   앞의 논문, Busenitz, L. W. and Barney, J. B. (1997).

35   Baron, R. A. (2000b), Psychological perspectives on entrepreneurship: Cognitive and social factors in entrepreneurs' success, Current Directions in Psychological Science, 9: 15-18.

36   앞의 논문, Gimeno, J. et al. (1997).

37   Brandstätter, H. (1997), Becoming an entrepreneur - a question of personality structure?,Journal of Economic Psychology, 18: 157-177.

38   Miner, J. B. (1997), The expanded horizon for achieving entrepreneurial success, Organizational Dynamics, 25(3): 54-67.

39   Burton, M. D., Sørensen, J. B. and Dobrev, S. D. (2016), A careers perspective on entrepreneurship,

Entrepreneurship Theory and Practice, 40(2): 237-247.

40 Folta, T. B., Delmar, F. and Wennberg, K. (2010), Hybrid entrepreneurship, Management Science, 56(2): 253-269.

41 Raffiee, J. and Feng, J. (2014), Should I quit my day job? A hybrid path to entrepreneurship, Academy of Management Journal, 57(4): 936-963.

42 Nielsen, K. and Sarasvathy, S. D. (2016), A market for lemons in serial entrepreneurship? Exploring type I and type II errors in the restart decision, Academy of Management Discoveries, 2(3): 247-271.

43 Macmillan, I. C. (1986), To really learn about entrepreneurship, let's study habitual entrepreneurs, Journal of Business Venturing, 1(3): 241-243.

44 McGrath, R. G. (1996), Options and the entrepreneur: Towards a strategic theory of entrepreneurial wealth creation, Paper presented at the Academy of Management Proceedings, pp. 101-105.

45 Scott, M. and Rosa, P. (1996), Opinion: Has firm level analysis reached its limits? Time for rethink, International Small Business Journal, 14: 81-89.

46 Westhead, P. and Wright, M. (1998), Novice, portfolio, and serial founders: Are they different?, Journal of Business Venturing, 13(3): 173-204.

47 Ronstadt, R. (1984), Entrepreneurship: Text, Cases and Notes, Dover, MA: Lord.

48 Schollhammer, H. (1991), Incidence and determinants of multiple entrepreneurship, in N. C. Churchill, W. D. Bygrave, D. L. S. J. G. Covin, D. P. Slevin, K. H. Vesper and J. W. E. Wetzel (Eds.), Frontiers of Entrepreneurship Research, MA, Babson College, pp. 11-24.

49 Birley, S. and Westhead, P. (1993), A comparison of new businesses established by 'novice' and 'habitual' founders in Great Britain, International Small Business Journal, 12: 38-60.

50 Kolvereid, L. and Bullvag, E. (1993), Novices versus experienced business founders: An exploratory investigation, in S. Birley, I. C. MacMillan and S. Subramony (Eds.), Entrepreneurship Research: Global Perspectives, Elsevier Science, pp. 275-285.

51 Alsos, G. A. and Kolvereid, L. (1999), The business gestation process of novice, serial, and parallel business founders, Entrepreneurship Theory and Practice, Summer: 101-114.

52 Caves, R. E. (1998), Industrial organization and new findings on the turnover and mobility of firms, Journal of Economic Literature, 36(4): 1947.

53 앞의 논문, Sarasvathy, S. D. et al. (2013).

54 Feller, W. (1968), An Introduction to Probability Theory and its Applications (3rd edn), New York: Wiley Eastern.

55 Samuelson, P. A. (1967), General proof that diversification pays, Journal of Financial and Quantitative Analysis, 2(1): 1-13.

56 위의 논문.

57 Feller, W. (1943), On a general class of contagious distributions, Annals of Mathematical Statistics, 14(4): 389-400.

58 Taibleson, M. H. (1974), Distinguishing between contagion, heterogeneity and randomness in stochastic models, American Sociological Review, 39(6): 877-880.

59 Xekalaki, E. (1983), The univariate generalized Waring distribution in relation to accident theory: Proneness, spells or contagion?, Biometrics, 39(4): 887-895.

60 Greenwood, M. and Yule, G. U. (1920), An inquiry into the nature of frequency distributions representative of multiple happenings with particular reference to the occurrence of multiple attacks of disease or of repeated accidents, Journal of the Royal Statistical Society, 83(2): 255-279.

61 Simon, H. A. (1955), On a class of skew distribution functions, Biometrika, 42(3/4): 425-440.

62 Ijiri, Y. and Simon, H. A. (1975), Some distributions associated with Bose-Einstein statistics, Proceedings of the National Academy of Sciences of the United States of America, 72(5): 1654-1657.

63 앞의 논문, Sarasvathy, S. D. (2000), 14쪽.

64 Bass, F. M. (1969), A new product growth model for consumer durables, Management Science, 15(5): 215-227.

65 앞의 논문, Busenitz, L. W. and Barney, J. B. (1997).

66 Begley, T. and Boyd, D. (1987), Psychological characteristics associated with performance in entrepreneurial firms, Journal of Business Venturing, 2: 79-93.

67 Stewart, W. H. and Roth, P. L. (2001), Risk propensity differences between entrepreneurs and managers: A meta-analysis review, Journal of Applied Psychology, 86(1): 145-153.

68 앞의 논문, Miner, J. B. and Raju, N. S. (2004).

69 Dew, N. (2003), Lipsticks and Razorblades: How the Auto ID Center used Pre-commitments to build The Internet of Things, Dissertation, University of Virginia, Charlottesville, VA.

70 위의 책.

71 Gensler, K. (1987), Poetry and the impossible, in P. J. Davis and D. Park (Eds.), No Way: The Nature of the Impossible, New York: W.H. Freeman & Co., pp. 272-286.

72 앞의 책, Joas, H. (1996).

73 Bruner, J. S. (1990), Actual Minds, Possible Worlds, Cambridge, MA: Harvard University Press.

74 앞의 책, Joas, H. (1996).

75 Lakoff, G. and Johnson, M. (2000), Philosophy in the Flesh: The Embodied Mind and Its Challenge to Western Thought, New York: Basic Books.

76 Schwartz, J. M. and Begley, S. (2002), The Mind and the Brain: Neuroplasticity and the Power of Mental Force, Regan Books.

77 Marshall, A. (1890), The Principles of Economics, McMaster University Archive for the History of Economic Thought.

78 McCloskey, D. N. (1990), If You're So Smart, Chicago: University of Chicago Press.

7장 사람이 만드는 기업가정신

1   Nethercot, A. (1954), Bernard Shaw, philosopher, Publications of the Modern Language Association of America, 69(1): 57-75.

2   Descartes, R. (1999), Meditations and Other Metaphysical Writings, Harmondsworth: Penguin Books.

3   Dewey, J. (1930), From absolutism to experimentalism, in L. A. Hickman and T. M. Alexander (Eds.), The Essential Dewey, Bloomington: Indiana University Press.

4   Freeman, R. E. (1994), The politics of stakeholder theory: Some future directions, Business Ethics Quarterly, 4(4): 409-422.

5   Rorty, R. (1991), Objectivism, Relativism and Truth, Cambridge, UK: Cambridge University Press.

6   앞의 책, McCloskey, D. N. (1990).

7   Hackner, J. and Nyberg, S. (1996), Vanity and congestion: A study of reciprocal externalities, Economica, 63(249): 97-111.

8   Wicks, A. C. (1996), Overcoming the separation thesis: The need for a reconsideration of business and society research, Business and Society, 35(1): 89-119.

9   앞의 책, Koehn, N. F. (1997).

10 Simon, H. A. (1981), The Sciences of the Artificial (2nd edition), Boston, MA: MIT Press, 4-5쪽.

11 위의 책, 5쪽.

12 위의 책, 8쪽.

13 위의 책, 9쪽.

14 Black, D. (2000), The purification of sociology, Contemporary Sociology, 29(5): 704-709.

15   Wilson, E. O. (1980), Sociobiology, Cambridge, MA: Belknap Press of Harvard University Press.

16   Mayhew, B. H. (1980), Structuralism versus individualism: Part 1, shadowboxing in the dark, Social Forces, 59(2): 335-375.

17   Kirsch, I. and Lynn, S. J. (1999), Automaticity in clinical psychology, American Psychologist, 54(7): 504-515.

18   Wegner, D. M. (2003), The mind's best trick: How we experience conscious will, Trends in Cognitive Science, 7(2): 65-69.

19   Vaihinger, H. (Ed.) (1924), The Philosophy of As If: A System of the Theoretical, Practical and Religious Fictions of Mankind (Translated by C. K. Ogden). Abingdon, Oxon: Routledge.

20   Friedman, M. (1966), The methodology of positive economics, in Essays in Positive Economics, Chicago: University of Chicago Press, pp. 3-43.

21   Tooby, J. and Cosmides, L. (1992), The psychological foundations of culture, in J. H. Barkow, L. Cosmides and J. Tooby (Eds.), The Adapted Mind: Evolutionary Psychology and the Generation of Culture, New York, NY: Oxford University Press.

22   LeDoux, J. (1998), The Emotional Brain: The Mysterious Underpinnings of Emotional Life, NY: Simon & Schuster, Inc.

23   Friedman, J. (1996), Introduction: Economic approaches to politics, in J. Friedman(Ed.), The Rational Choice Controversy: Economic Models of Politics Reconsidered, New Haven, CT: Yale University Press.

24   Mantegna, R. N. and Stanley, E. H. (2000), An Introduction to Econophysics: Correlations and Complexity in Finance, Cambridge, UK: Cambridge University Press.

25   앞의 책, Simon, H. A. (1981), 113쪽.

26   앞의 책, Simon, H. A. (1981), 113쪽.

27   Sarasvathy, S. D. (2004), The questions we ask and the questions we care about: Re-formulating some problems in entrepreneurship research, Journal of Business Venturing, 17: 707-717.

28   Sarasvathy, S. D., Dew, N., Read, S. and Wiltbank, R. (2008), Designing organizations that design environments: Lessons from entrepreneurial expertise, Organization Studies, 29(3): 331-350.

29   Simon, H. A. and Ando, A. (1961), Aggregation of variables in dynamic systems, Econometrica, 29(2): 111-138.

30   앞의 책, Simon, H. A. (1981).

31   앞의 책, Simon, H. A. (1981), 147쪽.

32   앞의 논문, Simon, H. A. and Ando, A. (1961).

33   Schilling, M. (1989), Towards a general modular systems theory and its application to inter-firm product modularity, Academy of Management Journal, 25(2): 312-334, 312쪽.

34   Garud, R., Jain, S. and Kumaraswamy, A. (2002), Institutional entrepreneurship in the sponsorship of common technological standards: The case of Sun Microsystems and Java, Academy of Management Journal, 45(1): 196-214.

35   앞의 논문, Simon, H. A. and Ando, A. (1961).

36   Kemeny, J. G. and Snell, J. L. (1960), Finite Markov Chains, Princeton, NJ: Van Nostrand.

37   Pollack, G. H. (2001), Cells, Gels and the Engines of Life, Seattle, WA: Ebner and Sons Publishers.

38   앞의 논문, Simon, H. A. and Ando, A. (1961).

39   Simon, H. A. (2002), Near decomposability and the speed of evolution, Industrial and Corporate Change, 11(3): 587-599.

40   Alexander, C. (1988), The city is not a tree, in J. Thackara (Ed.), Design After Modernism: Beyond the Object, London: Thames and Hudson.

41   Schelling, T. C. (1971), Dynamic models of segregation, Journal of Mathematical Sociology, 1(2): 143-186.

42   Mostow, G. D. (1975), Mathematical Models of Cell Rearrangement, New Haven, CT: Yale University Press.

43 Alexander, C. (1959), Perception and modular co-ordination, Journal of the Royal Institute of British Architects, 66: 425-429.

44 앞의 책, Alexander, C. (1988).

45 Ryle, G. (1949), The Concept of Mind, London, UK: Penguin Publishers.

46 Langlois, R. N. and Robertson, P. L. (1992), Networks and innovation in a modular system: Lessons from the microcomputer and stereo component industries, Research Policy, 21(4): 297-313.

47 Henderson, R. M. and Clark, K. B. (1990), Architectural innovation: The reconfiguration of existing product technologies and the failure of established firms, Administrative Science Quarterly, 35, 9-30.

48 앞의 논문, Langlois, R. N. and Robertson, P. L. (1992), 25쪽.

49 Kron, G. (1953), A set of principles to interconnect the solutions of physical systems, Journal of Applied Physics, 24(8): 965-980.

50 앞의 논문, Sarasvathy, S. D. and Simon, H. A. (2000).

51 앞의 책, Koehn, N. F. (1997).

52 Baldwin, N. (1995), Edison: Inventing the Century, NY: Hyperion.

53 앞의 책, Silver, A. D. (1985).

54 Waterman, R. H. (1990), Adhocracy: The Power to Change, Knoxville, TE: Whittle Direct Books.

55 Drucker, P. F. (1947), Big Business: A Study of the Political Problems of American Capitalism, London, Toronto: W. Heinemann Ltd.

56 Chandler, A. D. (1962), Strategy and Structure: Chapters in the History of the Industrial Enterprise, Cambridge, MA: MIT Press.

57 앞의 책, Simon, H. A. (1981), 178쪽.

58 Kohonen, T. (1982), Self-organized formation of topographically correct feature maps, Biological Cybernetics, 43(1): 59-69.

59 앞의 책, Simon, H. A. (1981), 9쪽.

60 앞의 책, Simon, H. A. (1981).

61 Simon, H. A. (1993b), Strategy and organizational evolution, Strategic Management Journal, 14(S2): 131-142.

62 Schumpeter, J. A. (1939), Business Cycles: A Theoretical, Historical and Statistical Analysis of the Capitalist Process, New York: McGraw Hill, 243쪽.

63 앞의 논문, Sarasvathy, S. D. et al. (2008).

8장 기업의 경쟁력과 기회

1 Hitt, M. A., Ireland, R. D., Camp, S. M. and Donald, L. S. (2001), Guest editors' introduction to the special issue: Strategic entrepreneurship: Entrepreneurial strategies for wealth creation, Strategic Management Journal, 22(6/7): 479-491.

2 Jones, T. M., Harrison, J. S. and Felps, W. (2018), How applying instrumental stakeholder theory can provide sustainable competitive advantage, Academy of Management Review, 43(3), 371-391.

3 Collis, D. J. (1994), Research note: How valuable are organizational capabilities?, Strategic Management Journal, 15: 143.

4 Winter, S. G. (2003), Understanding dynamic capabilities, Strategic Management Journal, 24(10): 991.

5 Teece, D. J., Pisano, G. and Shuen, A. (1997), Dynamic capabilities and strategic management, Strategic Management Journal, 18(7): 509.

6 위의 논문.

7 앞의 논문, Collis, D. J. (1994).

8 앞의 논문, Collis, D. J. (1994), 143쪽.

9   Milgrom, P. and Stokey, N. (1982), Information, trade and common knowledge, Journal of Economic Theory, 26(1): 17-27.

10 Denrell, J. and March, J. G. (2001), Adaption as information restriction: The hot stove effect, Organization Science, 12(5): 523.

11 Salvato, C. and Vassolo, R. (2018), The sources of dynamism in dynamic capabilities, Strategic Management Journal, 39(6): 1728-1752.

12 Peteraf, M., Di Stefano, G. and Verona, G. (2013), The elephant in the room of dynamic capabilities: Bringing two diverging conversations together, Strategic Management Journal, 34(12), 1389-1410.

13 앞의 책, Weick, K. E. (1979).

14 Weick, K. E. (1995), Sensemaking in Organizations, Thousand Oaks, CA: Sage Publications.

15 Eisenhardt, K. M. (1989), Making fast strategic decisions in high-velocity environments, Academy of Management Journal, 32(3): 543.

16 Moorman, C. and Miner, A. S. (1998), Organizational improvisation and organizational memory, Academy of Management Review, 23(4): 698-723.

17 Dew, N., Sarasvathy, S. D. and Venkataraman, S. (2004), The economic implications of exaptation, Journal of Evolutionary Economics, 14(1): 69-84.

18 앞의 논문, Winter, S. G. (2003).

19 앞의 논문, Winter, S. G. (2003), 992쪽.

20 Simon, H. A. (1997), Models of Bounded Rationality Volume 3: Empirically Grounded Economic Reason, Cambridge and London: MIT Press.

21 Winter, S. G. (2000), The satisficing principle in capability learning, Strategic Management Journal, 21(10/11): 981.

22 Olegario, R. (1997), IBM and the two Thomas J. Watsons, in T. K. McCraw(Ed.), Creating Modern Capitalism, Cambridge, MA: Harvard University Press, pp. 349-395.

23 위의 책, 384-385쪽.

24 위의 책, 367쪽.

25 위의 책, 392쪽.

26 Busenitz, L. W., West III, P. G., Dean, S., Nelson, T., Chandler, G. N. and Zacharakis, A. (2003), Entrepreneurship research in emergence: Past trends and future directions, Journal of Management, 29(3): 285-308.

27 앞의 논문, Venkataraman, S. (1997).

28 Schumpeter, J. (1934), The Theory of Economic Development, Oxford: Oxford University Press.

29 Kirzner, I. (1973), Competition and Entrepreneurship, Chicago, IL: University of Chicago Press.

30 앞의 논문, Venkataraman, S. (1997).

31 앞의 책, Aldrich, H. E. (1999).

32 앞의 책, Shane, S. A. (2003)

33 Casson, M. (1982), The Entrepreneur, Totowa, NJ: Barnes & Noble Books.

34 앞의 논문, Shane, S. A. and Venkataraman, S. (2000), 220쪽.

35 Sarason, Y., Dean, T. and Dillard, J. F. (2006), Entrepreneurship as the nexus of individual and opportunity: A structuration view, Journal of Business Venturing, 21(3): 286-305.

36 Alvarez, S. A. and Barney, J. B. (2007), Discovery and creation: Alternative theories of entrepreneurial action, Strategic Entrepreneurship Journal, 1(1-2): 11-26.

37 Dimov, D. (2007), Beyond the single-person, single-insight attribution in understanding entrepreneurial opportunities, Entrepreneurship Theory and Practice, 31(5): 713-731.

38 McMullen, J. S., Plummer, L. A. and Acs, Z. J. (2007), What is an entrepreneurial opportunity?, Small Business Economics, 28(4): 273-283.

39 Vaghely, I. P. and Julien, P.-A. (2010), Are opportunities recognized or constructed? An information perspective on entrepreneurial opportunity identification, Journal of Business Venturing, 25(1): 73-86.

40 Eckhardt, J. T. and Shane, S. A. (2013), Response to the commentaries: The individual-opportunity (IO) nexus integrates objective and subjective aspects of entrepreneurship, Academy of Management Review, 38(1): 160-163.

41 Davidsson, P. (2003), The domain of entrepreneurship research: Some suggestions, in J. A. Katz and D. A. Shepherd (Eds.), Cognitive Approaches to Entrepreneurship Research, Emerald Group Publishing Limited, pp. 315-372.

42 Dimov, D. (2011), Grappling with the unbearable elusiveness of entrepreneurial opportunities, Entrepreneurship Theory and Practice, 35(1): 57-81.

43 앞의 논문, Sarasvathy, S. D. et al. (2003).

44 De Carolis, D. M. and Saparito, P. (2006), Social capital, cognition, and entrepreneurial opportunities: A theoretical framework, Entrepreneurship Theory and Practice, 30(1): 41-56.

45 Venkataraman, S., Sarasvathy, S. D., Dew, N. and Forster, W. R. (2012), Reflections on the 2010 AMR decade award: Whither the promise? Moving forward with entrepreneurship as a science of the artificial, Academy of Management Review, 37(1): 21-33.

46 McBride, R. and Wuebker, R. (2020), Social objectivity and entrepreneurial opportunities: Implications for entrepreneurship and management (20 March) Available at SSRN: https:// ssrn .com/ abstract = 2427142 or http:// dx .doi .org/ 10 .2139/ ssrn.2427142.

47 Davidsson, P. (2015), Entrepreneurial opportunities and the entrepreneurship nexus: A re-conceptualization, Journal of Business Venturing, 30(5): 674-695.

48 앞의 책, Shane, S. A. (2003).

49 앞의 책, Kirzner, I. (1979), 8쪽.

50 앞의 책, Foss, N. J. and Klein, P. G. (2012), 8쪽.

51 Forster, W. and Sarasvathy, S. D. (2019), An error based theory of entrepreneurial overconfidence, in S. D. Barbosa and A. Fayolle (Eds.), A Research Agenda for Entrepreneurial Decision Making, Cheltenham, UK and Northampton, MA, USA: Edward Elgar.

52 Russo, J. E. and Schoemaker, P. J. (1992), Managing overconfidence, Sloan Management Review, 33(2): 7-17.

53 Simon, M. and Houghton, S. M. (2003), The relationship between overconfidence and the introduction of risky products: Evidence from a field study, Academy of Management Journal, 46(2): 139-149.

54 앞의 책, Tverksy, A. and Kahneman, D. (1982).

55 앞의 논문, Kahneman, D. and Lovallo, D. (1993), 30쪽.

56 Shepherd, D. A., Williams, T. A. and Patzelt, H. (2015), Thinking about entrepreneurial decision making: Review and research agenda, Journal of Management, 41(1): 11-46.

57 Zhang, S. X. and Cueto, J. (2017), The study of bias in entrepreneurship, Entrepreneurship Theory and Practice, 41(3): 419-454.

58 Brenner, L. A., Koehler, D. J., Liberman, V. and Tversky, A. (1996), Overconfidence in probability and frequency judgments: A critical examination, Organizational Behavior and Human Decision Processes, 65(3): 212-219.

59 Griffin, D. W. and Varey, C. A. (1996), Towards a consensus on overconfidence, Organizational Behavior and Human Decision Processes, 3(65): 227-231.

60 Dawes, R. M. and Mulford, M. (1996), The false consensus effect and overconfidence: Flaws in judgment or flaws in how we study judgment?, Organizational Behavior and Human Decision Processes, 65(3): 201-211

61 Stotz, O. and von Nitzsch, R. (2005), The perception of control and the level of overconfidence: Evidence

from analyst earnings estimates and price targets, Journal of Behavioral Finance, 6(3): 121-128.

62   Wickham, P. A. (2006), Overconfidence in new start-up success probability judgement, International Journal of Entrepreneurial Behaviour & Research, 12(4): 210-227.

63   앞의 논문, Camerer, C. and Lovallo, D. (1999).

64   Forbes, D. P. (2005), Are some entrepreneurs more overconfident than others?, Journal of Business Venturing, 20(5): 623-640.

65   Burson, K. A., Larrick, R. P. and Klayman, J. (2006), Skilled or unskilled, but still unaware of it: How perceptions of difficulty drive miscalibration in relative comparisons, Journal of Personality and Social Psychology, 90(1): 60-77.

66   Larrick, R. P., Burson, K. A. and Soll, J. B. (2007), Social comparison and confidence: When thinking you're better than average predicts overconfidence (and when it does not), Organizational Behavior and Human Decision Processes, 102(1): 76-94.

67   Bolger, F., Pulford, B. D. and Colman, A. M. (2008), Market entry decisions: Effects of absolute and relative confidence, Experimental Psychology, 55(2): 113-120.

68   Townsend, D. M., Busenitz, L. W. and Arthurs, J. D. (2010), To start or not to start: Outcome and ability expectations in the decision to start a new venture, Journal of Business Venturing, 25(2): 192-202.

69   Hayward, M. L., Shepherd, D. A. and Griffin, D. (2006), A hubris theory of entrepreneurship, Management Science, 52(2): 160-172.

70   Gervais, S. and Odean, T. (2001), Learning to be overconfident, Review of Financial Studies, 14(1): 1-27.

71   Weiner, B. (1986), An Attributional Theory of Motivation and Emotion, New York, NY: Springer-Verlag.

72   Eggers, J. and Song, L. (2015), Dealing with failure: Serial entrepreneurs and the costs of changing industries between ventures, Academy of Management Journal, 58(6): 1785-1803.

73   Baù, M., Sieger, P., Eddleston, K. A. and Chirico, F. (2017), Fail but try again? The effects of age, gender, and multiple-owner experience on failed entrepreneurs' reentry, Entrepreneurship Theory and Practice, 41(6): 909-941.

74   Dahlin, K. B., Chuang, Y.-T. and Roulet, T. J. (2018), Opportunity, motivation, and ability to learn from failures and errors: Review, synthesis, and ways to move forward, Academy of Management Annals, 12(1): 252-277.

75   Kalnins, A. (2007), Sample selection and theory development: Implications of firms' varying abilities to appropriately select new ventures, Academy of Management Review, 32(4): 1246-1264.

76   앞의 논문, Busenitz, L. W. and Barney, J. B. (1997).

77   앞의 논문, Forbes, D. P. (2005).

78   Wu, B. and Knott, A. M. (2006), Entrepreneurial risk and market entry, Management Science, 52(9): 1315-1330.

79   Sarasvathy, S. D. (2014), The downside of entrepreneurial opportunities, M@n@gement, 17(4): 305-315.

80   Dutta, D. K. and Crossan, M. M. (2005), The nature of entrepreneurial opportunities: Understanding the process using the 4I organizational learning framework, Entrepreneurship Theory and Practice, 29(4): 425-449.

81   Saemundsson, R. and Dahlstrand, Å. L. (2005), How business opportunities constrain young technology-based firms from growing into medium-sized firms, Small Business Economics, 24(2): 113-129.

82   Van Gelderen, M., Van de Sluis, L. and Jansen, P. (2005), Learning opportunities and learning behaviours of small business starters: Relations with goal achievement, skill development and satisfaction, Small Business Economics, 25(1): 97-108.

83   Corbett, A. C. (2007), Learning asymmetries and the discovery of entrepreneurial opportunities, Journal of Business Venturing, 22(1): 97-118.

84 Mueller, P. (2007), Exploiting entrepreneurial opportunities: The impact of entrepreneurship on growth, Small Business Economics, 28(4): 355-362.

85 Corner, P. D. and Ho, M. (2010), How opportunities develop in social entrepreneurship, Entrepreneurship Theory and Practice, 34(4): 635-659.

86 Elfring, T. and Hulsink, W. (2019), Dynamic networking by entrepreneurs: Collaborative efforts in developing opportunities and mobilizing resources, in Jeff Reuer and Sharon Matusik (Eds.), Handbook on Entrepreneurship and Collaboration, Oxford University Press.

87 Kihlstrom, R. E. and Laffont, J.-J. (1979), A general equilibrium entrepreneurial theory of firm formation based on risk aversion, Journal of Political Economy, 87(4): 719-748.

88 앞의 논문, Evans, D. S. and Jovanovic, B. (1989).

89 Amit, R., Muller, E. and Cockburn, I. (1995), Opportunity costs and entrepreneurial activity, Journal of Business Venturing, 10(2): 95-106.

90 Douglas, E. J. and Shepherd, D. A. (2000), Entrepreneurship as a utility maximizing response, Journal of Business Venturing, 15(3): 231-251.

91 앞의 논문, Busenitz, L. W. and Barney, J. B. (1997).

92 앞의 논문, Camerer, C. and Lovallo, D. (1999).

93 Baron, R. A. (2000a), Counterfactual thinking and venture formation: The potential effects of thinking about 'what might have been', Journal of Business Venturing, 15(1): 79-91.

94 앞의 논문, Dew, N. et al. (2009b).

95 앞의 논문, Kahneman, D. and Tversky, A. (1979).

96 Kahneman, D. and Tversky, A. (1984), Choices, values, and frames, American Psychologist, 39(4): 341-350.

97 Amabile, T. M., Conti, R., Coon, H., Lazenby, J. and Herron, M. (1996), Assessing the work environment for creativity, Academy of Management Journal, 39(5), 1154-1184.

98 Sternberg, R. J. (1999), Handbook of Creativity, Cambridge, UK: Cambridge University Press.

99 Ramesh, A., Dew, N., Read, S. and Sarasvathy, S. D. (2018), The choice to become an entrepreneur as a response to policy incentives, International Review of Entrepreneurship, 16(4).

100 앞의 논문, Nielsen, K. and Sarasvathy, S. D. (2016).

101 Barberis, N. C. (2013), Thirty years of prospect theory in economics: A review and assessment, Journal of Economic Perspectives, 27(1): 173-196.

102 앞의 책, Tverksy, A. and Kahneman, D. (1982).

103 Gigerenzer, G. (1991), How to make cognitive illusions disappear: Beyond 'heuristics and biases', European Review of Social Psychology, 2(1): 83-115.

104 Popper, K. R. (2002), Conjectures and Refutations: The Growth of Scientific Knowledge(5th ed.), New York: Routledge.

105 James, W. (1996), Collected Essays and Reviews, 1920 Edition (Reprint ed.), Bristol Georgetown: Thoemmes Press Routledge Chapman & Hall Incorporated Distributor

106 위의 책, 69쪽.

107 앞의 책, Joas, H. (1996).

108 앞의 책, Joas, H. (1996), 35쪽.

109 앞의 논문, Nielsen, K. and Sarasvathy, S. D. (2018).

110 잎의 논문, Welter, F. et al. (2015).

111 Williams, C. C. and Nadin, S. J. (2013), Beyond the entrepreneur as a heroic figurehead of capitalism: Re-representing the lived practices of entrepreneurs, Entrepreneurship & Regional Development, 25(7-8): 552-568.

112 Shah, S. K. and Tripsas, M. (2007), The accidental entrepreneur: The emergent and collective process of

user entrepreneurship, Strategic Entrepreneurship Journal, 1(1-2): 123-140.

113   Eftekhari, N. and Bogers, M. (2015), Open for entrepreneurship: How open innovation can foster new venture creation, Creativity and Innovation Management, 24(4): 574-584.

114   Nambisan, S., Siegel, D. and Kenney, M. (2018), On open innovation, platforms, and entrepreneurship, Strategic Entrepreneurship Journal, 12(3): 354-368.

115   앞의 논문, Aldrich, H. E. and Ruef, M. (2018).

116   앞의 책, Taleb, N. N. (2007).

117   Prahalad, C. K. and Hammond, A. (2002), Serving the world's poor, profitably, Harvard Business Review, 80(9): 48-57.

9장 행동을 부르는 경제학

1   Russell, B. and Whitehead, A. N. (1927 [1910]), Principia Mathematica, Cambridge, UK: Cambridge University Press.

2   Barrett, W. (1978), The Illusion of Technique, London: William Kimber.

3   Papini, G. (1927 [1913]), Introduction, Pragmatismo 1905-1911, Milan: Mondadori.

4   Wiener, P. P. (1974), The Dictionary of the History of Ideas: Studies of Selected Pivotal Ideas, Vol. 3. New York: Charles Scribner's Sons, http:// www.pragmatism.org/research/wiener_pragmatism.htm

5   James, W. (1907), What pragmatism means, in Pragmatism: A New Name for Some Old Ways of Thinking, New York: Longman Green and Co., pp. 17-32.

6   위의 책, 21쪽.

7   Anscombe, E. (1958), Modern moral philosophy, Philosophy, 33(124): 1-19.

8   앞의 책, Posner, R. A. (1995).

9   앞의 책, Posner, R. A. (1995), 4쪽.

10   앞의 책, Schumpeter, J. A. (1975[1942]).

11   Patel, P. and Pavitt, K. (1997), The technological competences of the world's largest firms: Complex and path-dependent, but not much variety, Research Policy, 26(2): 141-156.

12   Fransman, M. (1995), Japan's Computer and Communication Industry, Oxford: Oxford University Press.

13   Loasby, B. J. (1998), The organisation of capabilities, Journal of Economic Behavior & Organization, 35(2): 139-160.

14   Loasby, B. J. (2001), Time, knowledge and evolutionary dynamics: Why connections matter, Journal of Evolutionary Economics, 11(4): 393-412, 409쪽.

15   앞의 논문, Gould, S. J. and Vrba, E. S. (1982).

16   앞의 책, Mokyr, J. (2000), 57쪽.

17   앞의 논문, Andriani, P. and Cattani, G. (2016).

18   Garud, R., Gehman, J. and Giuliani, A. P. (2016), Technological exaptation: A narrative approach, Industrial and Corporate Change, 25(1): 149-166.

19   Rorty, R. M. (1989), Contingency, Irony, and Solidarity, Cambridge: Cambridge University Press, 6쪽.

20   위의 책, 7쪽.

21   Harmeling, S. S., Sarasvathy, S. D. and Freeman, R. E. (2009), Related debates in ethics and entrepreneurship: Values, opportunities, and contingency, Journal of Business Ethics, 84(3): 341-365.

22   앞의 책, Rorty, R. M. (1989), 28쪽.

23   Cohen, A. (2003), The Perfect Store: Inside eBay, UK: Piatkus Books.

24   Omidyar, P. (2002), From self to society: Citizenship to community for a world of change, Paper presented at the Tufts University's 2002 Commencement ceremonies, Medford, MA.

25   앞의 책, Vaihinger, H. (Ed.) (1924).

26 앞의 책, Friedman, M. (1966).

27 위의 책, 11쪽.

28 위의 책, 4쪽.

29 McDonough, W. and Braungart, M. (2002), Cradle to Cradle: Remaking the Way We Make Things, New York: North Point Press.

30 앞의 책, Friedman, M. (1966), 31쪽.

31 앞의 책, Friedman, M. (1966), 7쪽.

32 앞의 책, Friedman, M. (1966), 39쪽.

33 앞의 책, Friedman, M. (1966), 4쪽.

34 Dunn, J. M. and Restall, G. (2002), Relevance logic, in Handbook of Philosophical Logic (pp. 1-128), Springer.

35 Anderson, A. R. (1967), Some nasty problems in the formal logic of ethics, Noûs, 1(4): 345-360.

36 Friedemann, S. L. (2003), Why Hempel's paradox isn't a paradox (and what we could do if it was), https://www.ellipsis.cx/~liana/phi/920spr03.pdf

37 앞의 책, Barrett, W. (1978), 197쪽.

38 앞의 논문, Slovic, P. (1995), 364쪽.

39 앞의 논문, Stewart, W. H. and Roth, P. L. (2001).

40 앞의 논문, Miner, J. B. and Raju, N. S. (2004).

41 앞의 논문, Rabin, M. (1998).

42 Coase, R. H. (1976), Adam Smith's view of man, Journal of Law and Economics, 19(3): 529-546.

43 앞의 책, Thompson, W. E. (1998).

44 위의 책, 305쪽.

45 Lewontin, R. C. (1972), The Apportionment of Human Diversity in Evolutionary Biology, New York: Appleton-Century-Crofts.

46 Mairesse, J. and Griliches, Z. (1990), Heterogeneity in panel data: Are there stable production functions?, in P. Champsaur et al. (Eds.), Essays in Honour of Edmond Malinvaud, Vol. 3, MIT Press, pp. 192-231.

47 Griliches, Z. and Mairesse, J. (1995), Production functions: The search for identification, NBER Working Paper No. w5067, available at SSRN: https://ssrn.com/abstract=225845

48 Smith, A. (1766), Lectures in Jurisprudence, The Glasgow Edition of the Works and Correspondence of Adam Smith (1981-1987), Vol. 5, 171쪽.

49 Olson, M. and Kahkonen, S. (2000), A Not-so-dismal Science: A Broader View of Economics and Societies, Oxford, UK: Oxford University Press.

50 위의 책, 1-2쪽.

51 Arrow, K. J. (1951), Social Choice and Individual Values, New York: John Wiley and Sons.

52 Sen, A. (1999), The possibility of social choice, American Economic Review, 89(3): 349-378.

53 Buchanan, J. M. and Vanberg, V. J. (1991), The market as a creative process, Economics and Philosophy, 7(2): 167-186.

10장 인류 희망의 가치

1 Simon, J. L. (1981), The Ultimate Resource, Princeton, NJ: Princeton University Press.

2 앞의 논문, Freeman, R. E. (1994).

3 앞의 논문, Freeman, R. E. (1994).

4 앞의 논문, Wicks, A. C. (1996).

5 Zerbe, J., Richard O. and McCurdy, H. (1999), The failure of market failure, Journal of Policy Analysis and Management, 18(4): 558-571.

6   Schmidt, P. (2018), Market failure vs. system failure as a rationale for economic policy? A critique from an evolutionary perspective, Journal of Evolutionary Economics, 28(4): 785-803.

7   Bator, F. M. (1958), The anatomy of market failure, Quarterly Journal of Economics, 72(3): 351-379.

8   Hahn, R. W. (1989), Economic prescriptions for environmental problems: How the patient followed the doctor's orders, Journal of Economic Perspectives, 3(2): 95-114.

9   Foster, V. and Hahn, R. W. (1995), Designing more efficient markets: Lessons from Los Angeles smog control, Journal of Law and Economics, 38(1): 19-48.

10 Fisher-Vanden, K. and Olmstead, S. (2013), Moving pollution trading from air to water: Potential, problems, and prognosis, Journal of Economic Perspectives, 27(1): 147-172.

11 Lleras, M. P. (2007), Investing in Human Capital: A Capital Markets Approach to Student Funding, Cambridge, UK: Cambridge University Press.

12 Dees, J. G. (1994), Social Enterprise: Private Initiatives for the Common Good, Boston, MA: Harvard Business School Publishing 9-395-116.

13 Wolf, C., Jr. (1979), A theory of nonmarket failure: Framework for implementation analysis, Journal of Law and Economics, 22(1): 107-139.

14 Von Mises, L. (1949), Catallactics or economics of the market society, Human Action, The Mises Institute, available at www.mises.org, pp. 232-684.

15 Olson, M. (1996), Distinguished lecture on economics in government: Big bills left on the sidewalk: Why some nations are rich, and others poor, Journal of Economic Perspectives, 10(2): 3-24.

16 위의 논문, 19쪽.

17 위의 논문, 19쪽.

18 앞의 논문, Sarasvathy, S. D. (2000), 6쪽.

19 De Soto, H. (2000), The Mystery of Capital: Why Capitalism Triumphs in the West and Fails Everywhere Else, New York: Basic Books.

20 Simon, H. A. (1991), Organizations and markets, Journal of Economic Perspectives, 5(2): 25-44.

21 North, D. C. (1997), Economic performance through time, in T. Persson (Ed.), Nobel Lectures, Economics 1991-1995, Singapore: World Scientific Publishing Co.

22 Coase, R. H. (1937), The nature of the firm, Economica, 4(16): 386-405.

23 앞의 논문, Simon, H. A. (1991).

24 Olson, M. (1971), The Logic of Collective Action: Public Goods and the Theory of Groups, Second Printing with a New Preface and Appendix, Cambridge, MA: Harvard University Press.

25 Haberman, F. W. (1972), Editor, Nobel Lectures, Peace 1926-1950, Amsterdam: Elsevier Publishing Company.

26 Curti, M. (1961), Jane Addams on human nature, Journal of the History of Ideas, 22(2): 240-253.

27 Addams, J. (1905), Problems of municipal administration, American Journal of Sociology, 10(4): 425-444.

28 Addams, J. (1998), Twenty Years at Hull-House: With Autobiographical Notes, New York: Penguin Group (USA) Incorporated, 289쪽.

29 Addams, J. (1916), The Long Road of Woman's Memory, New York: The Macmillan Company.

30 앞의 책, Addams, J. (1998), 118쪽.

31 앞의 책, Addams, J. (1998), 49-50쪽.

32 Fama, E. F. and Jensen, M. C. (1983), Separation of ownership and control, Journal of Law and Economics, 26(2) (Corporations and Private Property: A Conference Sponsored by the Hoover Institution): 301-325.

33 Hirschman, A. O. (1970), Exit, Voice and Loyalty: Responses to the Decline in Firms, Organizations and States, Cambridge, MA: Harvard University Press.

참고 문헌

34 Hayek, F. A. (1984), Competition as a discovery procedure, in C. Nishiyama and K. Leube (Eds.), The Essence of Hayek, Stanford: Stanford University Press, p. 257.

35 Freeman, R. E. (2001), The 'business sucks' story, VaRoom (Virginia Resource Online On Management), Biz Views: July 2, 2001.

36 앞의 논문, Simon, H. A. (1991).

37 Schaefer, R. T. (1999), Sociology: A Brief Introduction with Testprep (3rd ed.), Berkshire: McGraw-Hill Education.

38 Shiller, R. J. (1998), Macro Markets: Creating Institutions for Managing Society's Largest Economic Risks, Oxford, UK: Oxford University Press.

39 Reiser, D. and Dean, S. (2014), Creative financing for social enterprise, Stanford Social Innovation Review, 12(3): 50-54.

11장 현실은 만들어지는 중

1 Sarasvathy, S. D. and Ramesh, A. (2019), An effectual model of collective action for addressing sustainability challenges, Academy of Management Perspectives, 33(4): 405-424.

2 Chandler, G. N., DeTienne, D. R., McKelvie, A. and Mumford, T. V. (2011), Causation and effectuation processes: A validation study, Journal of Business Venturing, 26(3): 375-390.

3 Gabrielsson, J. and Politis, D. (2011), Career motives and entrepreneurial decision-making: Examining preferences for causal and effectual logics in the early stage of new ventures, Small Business Economics, 36(3): 281-298.

4 앞의 논문, Harms, R. and Schiele, H. (2012).

5 앞의 논문, Berends, H. et al. (2014).

6 앞의 논문, Reymen, I. M. et al. (2015).

7 앞의 논문, Alsos, G. A. et al. (2016).

8 앞의 논문, Jiang, Y. and Rüling, C. C. (2019).

9 Coltman, T., Devinney, T. M., Midgley, D. F. and Venaik, S. (2008), Formative versus reflective measurement models: Two applications of formative measurement, Journal of Business Research, 61(12): 1250-1262.

10 앞의 논문, Chandler, G. N. et al. (2011).

11 Perry, J. T., Chandler, G. N. and Markova, G. (2012), Entrepreneurial effectuation: A review and suggestions for future research, Entrepreneurship Theory and Practice, 36(4): 837-861.

12 Alsos, G. A., Clausen, T. H. and Solvoll, S. (2014), Towards a better measurement scale of causation and effectuation, Paper presented at the Academy of Management Proceedings, 13785.

13 Andersson, S. (2011), International entrepreneurship, born globals and the theory of effectuation, Journal of Small Business and Enterprise Development, 18(3): 627-643.

14 Ortega, A. M., García, M. T. and Santos, M. V. (2017), Effectuation-causation: What happens in new product development?, Management Decision, 55(8): 1717-1735.

15 Goel, S. and Karri, R. (2006), Entrepreneurs, effectual logic, and over-trust, Entrepreneurship Theory and Practice, 30(4): 477-493.

16 Sarasvathy, S. D. and Dew, N. (2008a), Effectuation and over-trust: Debating Goel and Karri, Entrepreneurship Theory and Practice, 32(4): 727-737.

17 Chiles, T. H., Gupta, V. K. and Bluedorn, A. C. (2008), On Lachmannian and effectual entrepreneurship: A rejoinder to Sarasvathy and Dew (2008), Organization Studies, 29(2): 247-253.

18 Sarasvathy, S. D. and Dew, N. (2008b), Is effectuation Lachmannian? A response to Chiles, Bluedorn, and Gupta (2007), Organization Studies, 29(2): 239-245.

19 앞의 논문, Arend, R. J. et al. (2015).

20 앞의 논문, Garud, R. and Gehman, J. (2016).

21 앞의 논문, Gupta, V. K. et al. (2016).

22 앞의 논문, Read, S. et al. (2016b).

23 앞의 논문, Reuber, A. R. et al. (2016).

24 앞의 논문, Baron, R. A. (2009).

25 Ericsson, K. A. (2004), Deliberate practice and the acquisition and maintenance of expert performance in medicine and related domains, Academic Medicine, 79(10): S70-S81.

26 위의 논문, S73쪽.

27 앞의 논문, Wiltbank, R. et al. (2006).

28 Sarasvathy, S. D. and Venkataraman, S. (2011), Entrepreneurship as method: Open questions for an entrepreneurial future, Entrepreneurship Theory and Practice, 35(1): 113-135.

29 Feyerabend, P. (1993), Against Method, London, New York: Verso.

30 앞의 논문, Wiltbank, R. et al. (2006).

31 Bandura, A. (1997), Self-efficacy: The Exercise of Control, New York: W.H. Freeman and Company.

32 Bandura, A. (2006), Toward a psychology of human agency, Perspectives on Psychological Science, 1(2): 164-180.

33 앞의 논문, Chen, C. C. et al. (1998).

34 Zhao, H., Seibert, S. E. and Hills, G. E. (2005), The mediating role of self-efficacy in the development of entrepreneurial intentions, Journal of Applied Psychology, 90(6): 1265-1272.

35 앞의 논문, Zhao, H. and Seibert, S. E. (2006).

36 Glaub, M. E., Frese, M., Fischer, S. and Hoppe, M. (2014), Increasing personal initiative in small business managers or owners leads to entrepreneurial success: A theory-based controlled randomized field intervention for evidence-based management, Academy of Management Learning & Education, 13(3): 354-379.

37 Cardon, M. S., Wincent, J., Singh, J. and Drnovsek, M. (2009), The nature and experience of entrepreneurial passion, Academy of Management Review, 34(3): 511-532.

38 Cardon, M. S., Grégoire, D. A., Stevens, C. E. and Patel, P. C. (2013), Measuring entrepreneurial passion: Conceptual foundations and scale validation, Journal of Business Venturing, 28(3): 373-396.

39 Cardon, M. S. and Kirk, C. P. (2015), Entrepreneurial passion as mediator of the self-efficacy to persistence relationship, Entrepreneurship Theory and Practice, 39(5): 1027-1050.

40 Bullough, A., Renko, M. and Myatt, T. (2014), Danger zone entrepreneurs: The importance of resilience and self-efficacy for entrepreneurial intentions, Entrepreneurship Theory and Practice, 38(3): 473-499.

41 Williams, N. and Vorley, T. (2014), Economic resilience and entrepreneurship: Lessons from the Sheffield City Region, Entrepreneurship & Regional Development, 26(3-4): 257-281.

42 앞의 논문, Shah, S. K. and Tripsas, M. (2007).

43 Delmar, F. and Shane, S. (2003), Does business planning facilitate the development of new ventures?, Strategic Management Journal, 24(12): 1165-1185.

44 Honig, B. (2004), Entrepreneurship education: Toward a model of contingency-based business planning, Academy of Management Learning & Education, 3(3): 258-273.

45 Shane, S. A. and Delmar, F. (2004), Planning for the market: Business planning before marketing and the continuation of organizing efforts, Journal of Business Venturing, 19(6): 767-785.

46 Brinckmann, J., Grichnik, D. and Kapsa, D. (2010), Should entrepreneurs plan or just storm the castle? A meta-analysis on contextual factors impacting the business planning-performance relationship in small firms, Journal of Business Venturing, 25(1): 24-40.

47 Kautonen, T., van Gelderen, M. and Fink, M. (2015), Robustness of the theory of planned behavior

in predicting entrepreneurial intentions and actions, Entrepreneurship Theory and Practice, 39(3): 655-674.

48   Hudson, R. L. and McArthur, A. W. (1994), Contracting strategies in entrepreneurial and established firms, Entrepreneurship Theory and Practice, 18(3): 43-59.

49   Bazerman, M. H., Curhan, J. R., Moore, D. A. and Valley, K. L. (2000), Negotiation, Annual Review of Psychology, 51(1): 279-314.

50   Artinger, S., Vulkan, N. and Shem-Tov, Y. (2015), Entrepreneurs' negotiation behavior, Small Business Economics, 44(4): 737-757.

51   Hite, J. M. and Hesterly, W. S. (2001), The evolution of firm networks: From emergence to early growth of the firm, Strategic Management Journal, 22(3): 275-286.

52   Leung, A., Zhang, J., Wong, P. K. and Der Foo, M. (2006), The use of networks in human resource acquisition for entrepreneurial firms: Multiple 'fit' considerations, Journal of Business Venturing, 21(5): 664-686.

53   Aldrich, H. E. and Kim, P. H. (2007), Small worlds, infinite possibilities? How social networks affect entrepreneurial team formation and search, Strategic Entrepreneurship Journal, 1(1-2): 147-165.

54   Di Domenico, M., Haugh, H. and Tracey, P. (2010), Social bricolage: Theorizing social value creation in social enterprises, Entrepreneurship Theory and Practice, 34(4): 681-703.

55   앞의 논문, Coviello, N. E. and Joseph, R. M. (2012).

56   앞의 논문, Kerr, J. and Coviello, N. (2019).

57   앞의 책, Goodman, N. (1983).

58   Wiklund, J. (1998), Small firm growth and performance: Entrepreneurship and beyond, Doctoral Dissertation, Internationella Handelshögskolan, Jönköping, Sweden.

59   McKelvie, A. and Wiklund, J. (2010), Advancing firm growth research: A focus on growth mode instead of growth rate, Entrepreneurship Theory and Practice, 34(2): 261-288.

60   Wright, M. and Stigliani, I. (2013), Entrepreneurship and growth, International Small Business Journal, 31(1): 3-22.

61   Haltiwanger, J., Jarmin, R. S. and Miranda, J. (2013), Who creates jobs? Small versus large versus young, Review of Economics and Statistics, 95(2): 347-361.

62   Decker, R., Haltiwanger, J., Jarmin, R. and Miranda, J. (2014), The role of entrepreneurship in US job creation and economic dynamism, Journal of Economic Perspectives, 28(3): 3-24.

63   Coad, A. (2009), The Growth of Firms: A Survey of Theories and Empirical Evidence, Cheltenham, UK and Northampton, MA, USA: Edward Elgar Publishing.

64   Hathaway, I. and Litan, R. (2014), The Other Aging of America: The Increasing Dominance of Older Firms, Brookings Institution.

그다음은?

1   Simon, J. L., Beisner, E. C. and Phelps, J. (Eds.) (1995), The State of Humanity, Oxford: Blackwell. 694쪽.

2   Prahalad, C. K. and Ramaswamy, V. (2004), The Future of Competition: Co-creating Unique Value with Customers, Harvard Business Press.

3   Karami, M. and Read, S. (2021), Co-creative entrepreneurship, Journal of Business Venturing, 36(4).

4   Maglio, P. P. and Spohrer, J. (2008). Fundamentals of service science, Journal of the Academy of Marketing Science, 36(1): 18-20.

5   Vargo, S. L. and Lusch, R. F. (2004), Evolving to a new dominant logic for marketing, Journal of Marketing, 68(1), 1-17.

6   Salunke, S., Weerawardena, J. and McColl-Kennedy, J. R. (2013). Competing through service innovation:

The role of bricolage and entrepreneurship in project-oriented firms, Journal of Business Research, 66(8): 1085-1097.

7   Cusumano, M. A., Yoffie, D. B. and Gawer, A. (2020), The future of platforms, MIT Sloan Management Review, 61(3): 46-54.

8   McIntyre, D. P. and Srinivasan, A. (2017), Networks, platforms, and strategy: Emerging views and next steps, Strategic Management Journal, 38(1): 141-160.

9   Zhu, F. and Furr, N. (2016), Products to platforms: Making the leap, Harvard Business Review, 94(4): 72-78.

10 앞의 논문, Cusumano, M. A. et al. (2020).

11 앞의 책, Read, S. et al. (2016a).

12 O'Hear, S. (2020), Meet the European startups that pitched at EF's 13th (and first virtual) Demo Day. TechCrunch. Accessed online December 2020: https://techcrunch.com/2020/03/26/ef13/

13 Schmidt, T., Braun, T. and Sydow, J. (2019), Copying routines for new venture creation: How replication can support entrepreneurial innovation, in M. S. Feldman, D'Adderio, L., Dittrich, K. and Jarzabkowski, P. (Eds.), Routine Dynamics in Action: Replication and Transformation, Emerald Publishing Limited.

14 Winter, S. G. and Szulanski, G. (2001). Replication as strategy, Organization Science, 12(6): 730-743.

15 James, W. and Burkhardt, F. (1975). Pragmatism (Vol. 1), Harvard University Press.

16 Simon, H. A. (1972), Theories of bounded rationality, Decision and Organization, 1(1): 161-176.

17 앞의 논문, March, J. G. (1982).

18 앞의 책, Knight, F. H. (1921).

19 앞의 논문, Chandler, G. N. et al. (2011).

20 앞의 논문, McKelvie, A. et al. (2020).

21 앞의 논문, Goel, S. and Karri, R. (2006).

22 앞의 논문, Sarasvathy, S. D. and Dew, N. (2008a).

23 앞의 논문, Chiles, T. H. et al. (2008).

24 앞의 논문, Sarasvathy, S. D. and Dew, N. (2008b).

25 앞의 논문, Arend, R. J. et al. (2015).

26 Read, S., Sarasvathy, S. D., Dew, N. and Wiltbank, R. (2015), Unreasonable assumptions in ASB. Accessed online December 2020: https://www.effectuation.org/?research-papers=unreasonable-assumptions-in-asb

27 앞의 논문, Garud, R. and Gehman, J. (2016).

28 앞의 논문, Gupta, V. K. et al. (2016).

29 앞의 논문, Read, S. et al. (2016b).

30 앞의 논문, Reuber, A. R. et al. (2016).

31 앞의 논문, Baron, R. A. (2009).

32 앞의 논문, Ericsson, K. A. et al. (1993).

33 Mitchell, R. K., Smith, B., Seawright, K. W. and Morse, E. A. (2000), Cross-cultural cognitions and the venture creation decision, Academy of Management Journal, 43(5): 974-993.

34 앞의 논문, Dew, N. et al. (2018a).

35 Chetty, S., Ojala, A. and Leppäaho, T. (2015), Effectuation and foreign market entry of entrepreneurial firms, European Journal of Marketing, 49(9/10).

36 앞의 논문, Galkina, T. and Chetty, S. (2015).

37 앞의 논문, Wiltbank, R. et al. (2006).

38 Buss, D. M. (1987), Selection, evocation, and manipulation, Journal of Personality and Social Psychology, 53(6): 1214.

39 위의 논문, Venkataraman, S. et al. (2012).